화엄경 나들이
첫째 둘레

화엄경 나들이, 첫째 둘레

신규탁 지음
2025년 2월 25일 초판 1쇄 인쇄
2025년 2월 28일 초판 1쇄 발행

펴낸곳 :　운당문고
등　록 :　제2020-000223호
보급처 :　화엄학연구소
주　소 :　경기도 고양시 일산동구 호수로 640
　　　　　청원레이크빌 1508호
E-mail :　ananda@yonsei.ac.kr
　　　　　값: 25,000원

ISBN 979-11-972912-7-2

화엄학연구소총서 5

화엄경 나들이
첫째 둘레

신규탁 지음

운당문고

보은의 향을 피워
한 소리는 법성교해 삼보님께
또 한 소리는 시방세계 중생들께
마지막 소리는 다경실 조사님께
올립니다.

역자 합장

개경게
開經偈

무상심심미묘법
無上甚深微妙法
백천만겁난조우
百千萬劫難遭遇
아금견문득수지
我今見聞得受持
원해여래진실의
願解如來眞實義

높고깊은 부처님법

만나옵기 어렵건만

제가이제 받아지녀

참된의미 깨치리다

화엄경 나들이, 첫째 둘레

신규탁 지음

운당문고

화엄종 제4대 조사 청량 징관 국사 진영

청량, 화엄경수소연의초 현담〈봉은사판〉

화엄경 소초 과도집 · 화엄품목

‖ 필자 서문 ‖

1.

우리나라는 사상이나 종교나 문화 등 각 방면에 『화엄경』의 영향이 크며, 불교계로 좁히면 절대적이다. 이런 배경 속에서 출가자, 그리고 현대에 들어 불교 연구자가 『화엄경』 관련 책들을 적잖이 출간했지만, 『화엄경』 본문은 널리 보급되지 못한 실정이다. 분량이 많아서 그런 탓도 있지만, 필자가 보기에 경(經) 본문(本文)을 연구하는 전문가가 적기 때문이라고 생각한다.

경학(經學) 연구 방법으로 불교 연구를 시작한 필자로서 일말의 책임도 느낀다. 원론적인 이야기이지만, 경학을 하는 과정에서 그것을 불교에서처럼 교학(教學)이라 칭하든, 혹은 유학자들처럼 의학(義學)이라 칭하든, 본문 비평과 해석 과정에서 이런저런 교리와 학설이 만들어진다. 물론 경학과 교·의학(教義學)은 보완의 관계이기는 하지만, 조선 이래 이 지역에서는 불교나 유교나 할 것 없이 경학의 전통이 상대적으로 약하다.

불교 방면에 한정해서 보더라도 '교학' 방법으로 접근한 단행본은 좀 있는데, '경학' 방법으로 본문(本文)을 대상으로 한 단행본은 드물다. 조선시대부터 내려오는 치경(治經)의 전통이 있는데도, 활용하지 못하는 실정이 안타깝다.

필자는 봉선사 월운(月雲; 1929~2023) 강백의 은혜로 경학(經學) 전통에 의한 치경(治經)의 방법을 배울 수 있었다. 치경의 대표적인 방법에는 본문의 과판(科判)과 교리의 행상(行相) 가닥 잡기가 있다. 이는 경학의 오랜 훈고(訓詁) 전통이다. 이 책에서는 이런 전통의 치경 방법을 활용하여 『화엄경』 본문에 주목했다.

2.

필자는 1994년 교수 초년 시절, '문헌학으로서의 선어록 읽기'를 〈주간불교〉에 게재한 적이 있는데, 세월이 한참 지난 2022년 초부터 2년간 '경학 방법으로 『화엄경』 읽기'를 매주 〈법보신문〉에 게재했다. 전자는 『선문답의 일지미』(정우서적, 2014년)로 출간했고, 이제 후자를 『화엄경 나들이, 첫째 둘레』(운당문고, 2025년)로 선보인다. 제목에 '첫째 둘레'라고 넣은 까닭은, '둘째'와 '셋째'를 이어서 출간하려 하기 때문이다.

『화엄경』 전체는 세 둘레[三遍]로 구성된다. 첫째 둘레는 제7품에서 제37품까지이고, 둘째 둘레는 제38품이고,

셋째 둘레는 제39품이다. 제1품에서 제6품까지는 각 둘레의 공동 기반이다. 그리고 각 둘레는 모두 여섯 층위[六位]로 순환 반복하는데, 각 층위의 주제어(主題語)는 제1단은 확신[信], 제2단은 지혜[解], 제3단은 수행[行], 제4단은 회향(廻向), 제5단은 체험의 시작[證入], 제6단은 체험의 완성[等佛]이다.

3.
끝으로 매우 중요하고도 어려운 문제인데, 그것은 대승 경전의 유래를 어떻게 볼 것인가. 이 문제를 포함하여 필자는 [80화엄]은 대승 경전 구성 작가가 편집한 불전문학(佛傳文學; 불교 문화권 속에 전승되는 문학)이라는 '가설(假説)'을 세워, 『화엄경』은 물론, 불경이나 심지어는 선어록도 그 가설 위에서 연구해 왔다.

전승되는 과정에서 크고 작은 '이야기'가 모여지고 갈라진다. 그 '이야기'를 필자는 '화소(話素)'라 부르는데, 이 '화소'를 단위로 그 이합집산을 추적한다. 그리하여 '화소'를 만든 지역과 사람(들)의 사상을 추려보고 나아가서는 다수의 '화소'를 방대한 경전으로 엮어내는 사람(들)의 사유 유형을 분석하여, 결국에는 인간은 무슨 생각을 어떻게 해왔는지를 확정한다. 확정된 그것을 재료 삼고 대상화하여 궁극에는 대체 사람답게 사는 게 무엇인지를 조망(照望)한다. 이런 일련의 탐구를 필자는 '문헌 방법으로서의 인간학'이라 부른다. 기존의 소위 '불교학'과는 바라보는 곳도 방법도 차이가 있으니, 독자께서는 이 점도 살피시길 바란다. 이 책에서 필자는 위에서 말한 '문헌 방법으로서의 인간학'의 입장을 견지하며, 『화엄경』 본문에 등장하는 수많은 '질문과 답변을 짝짓고, 그것들을 문단 별로 정리'하는 '방법'을 더 보탰다.

그간 필자의 연구와 교수 생활을 돌아보니, 속인으로 철학(哲學)과 경학(經學) 방법으로 불경을 공부할 수 있었던 건 월운(月雲) 사부님의 그늘이었다. 가려주시고 막아주신 은혜 감사합니다. 조선 최고의 교종(敎宗) 본산 운악산 봉선사(奉先寺), 이 도량 다경실(茶經室)에서 경전 읽고 차 마시던 운허당 대종사님과 화엄종주 월운당 대강백, 이 도량의 이분들께서 이토록 섬기시는 '세상에서 가장 높으신 사람'[世尊], 그 생각을 배우고 익히면서 전하는 일에 필자의 노년을 매진하려 한다.

2025년 2월 19일
연세대 문과대학 외솔관 601호실에서
신규탁 삼가 씀.

14 화엄경 나들이, 첫째 둘레

‖차례‖

· 필자 서문 _ 10
· 프롤로그 _ 23

제1부. 확신

제1장 법사 및 대중의 운집 ·········· 37
  · 세주묘엄품 제1 _ 43
제2장 청법과 삼매 ·········· 71
  · 여래현상품 제2 _ 76
  · 보현삼매품 제3 _ 86
제3장 우주법계의 성립을 밝힘 ·········· 95
  · 세계성취품 제4 _ 97
  · 화장세계품 제5 _ 105
  · 비로자나품 제6 _ 114

제2부. 지혜

제4장 쏟아지는 질문들 ·················· 123
 · 여래명호품 제7 _ 126
제5장 수행의 준거인 부처님 과보 ·················· 137
 · 여래명호품 제7 _ 139
 · 사성제품 제8 _ 143
 · 광명각품 제9 _ 146
제6장 확신의 측면에서 답변① ·················· 155
 · 보살문명품 제10 _ 163
 · 정행품 제11 _ 172
 · 현수품 제12 _ 180

16 화엄경 나들이, 첫째 둘레

제7장 지혜의 측면에서 답변② ·································· 189
· 승수미산정품 제13 _ 198
· 수미정상게찬품 제14 _ 202
· 십주품 제15 _ 208
· 범행품 제16 _ 227
· 초발심공덕품 제17 _ 236
· 명법품 제18 _ 239
제8장 수행의 측면에서 답변③ ·································· 253
· 승야마천궁품 제19 _ 259
· 야천궁게찬품 제20 _ 265
· 십행품 제21 _ 269
· 십무진장품 제22 _ 292
제9장 회향의 측면에서 답변④ ·································· 299
· 승도솔천궁품 제23 _ 305
· 도솔천궁게찬품 제24 _ 312
· 십회향품 제25 _ 318
제10장 체험 시작의 측면에서 답변⑤ ························ 349
· 십지품 제26 _ 357

제11장 체험 완성의 측면에서 답변⑥ 427
  · 십정품 제27 _ 436
  · 십통품 제28 _ 462
  · 십인품 제29 _ 471
  · 아승기품 제30 _ 478
  · 여래수량품 제31 _ 485
  · 제보살주처품 제32 _ 487
제12장 수행하면 부처가 된다 491
  · 불부사의법품 제33 _ 495
  · 여래십신상해품 제34 _ 501
  · 여래수호광명공덕품 제35 _ 510
  · 보현행품 제36 _ 518
  · 여래출현품 제37 _ 529

· 에필로그 _ 569
· 부록 _ 577
· 참고 서적 _ 582
· 찾아보기 _ 583

‖ 일러두기 ‖

1. 이 책에 인용한 『화엄경』의 한글 번역은 『화엄경 42·43』(이운허 역, 동국역경원, 1966·1968)이다. 참고로 운허 번역의 대본은 『大方廣佛華嚴經(대방광불화엄경)』(實叉難陀 譯, 高麗大藏經 所收)이다.

2. 이 책은 청량 국사의 『大方廣佛華嚴經疏鈔(대방광불화엄경소초)』(전 78책, 봉은사본)를 기준으로 과문(科文)을 나누고 해설하였다.

3. 이 책은 경학(經學)이나 교학(敎學)을 전공하지 않은 일반 독자에게 방대한 『화엄경』 일부라도 접할 수 있도록, 본문을 원형대로 인용했다.

4. 이 책에 사용한 약호는 다음과 같다.

   " " : 인용문
   ' ' : 중요 개념 및 용어, 또는 그것을 한글로

　　　　　풀어 번역한 경우
(　) : 　번역자가 임의로 보충한 어구, 한자의
　　　　　소릿값
[　] : 　한자의 소릿값이 다를 경우, 전집류
〈 　 〉 : 　과목 이름이나 강조하는 부분
「 　 」 : 　책의 편명이나 품명
『 　 』 : 　책 이름
[아함] : 　아함부 소속 경전
[한글대장경] :『한글대장경』(동국역경원 간행)
[80화엄] 　　:『大方廣佛華嚴經』(實叉難陀 譯, 80권본)
[청량소초] 　:『대방광불화엄경소초』
　　　　　　　(전 78책, 봉은사 소장본)

프롤로그

한국 불교의 전통

고려 말 조선 초, 우리나라 불교의 전통은 달마 스님에서 혜능 스님 등 남종선(南宗禪)을 계보로 하는 '선종'과, 현수-청량-규봉 등의 법성교학(法性敎學)에 기반한 '화엄종'의 양대 산맥으로 계승되었다. 그리고 그 내용을 조선의 헌법 『경국대전』에 담아 공포했다. 그러나 성리학 쪽으로 이념 편향이 심해지면서 『경국대전』의 불교 관련 조문도 죽은 문서가 되었고, 불교계는 인재난을 비롯해 여러 어려움에 빠졌다. 억불숭유의 정책으로 불교는 산중에서 선종의 법맥(法脈)만 이어갈 정도였고, 선종이건 화엄종이건 학승을 배출할 여건이 못 되었다.

그러다 16세기 말 17세기 초, 임진왜란의 긴 전쟁 통에 승려들의 구국 애민 활동이 높이 평가되고 또 신분제가 무너져가면서, 글 읽는 집 자손들도 출가하기 시작했다. 사원 내에 강원(講院)을 운영하며 교과과정도 정비하게 되었다. 게다가 영·정조 시대 학문 진흥 풍조에 힘입어, 불교계에도 선종과 화엄종 관련 서책을 읽고, 나아가 제 생각을 한문으로 기록할 수 있는 학승들이 생기기 시작했다.

강원(講院) 교육을 통해, 『대승기신론』주석서로 대승불교의 총체적 틀을 잡게 했고, 『금강경』주석서로 부파불교의 외적 요소 실재론은 물론 유식의 내적 의식 실재론을 논파하는 훈련을 시켰고, 『능엄경』과 『원각경』주석서로 부정의 논법으로 일관하는 공(空) 도리의 소극성을 극복하여 불성(佛性) 사상을 정립하게 했고, 『화엄경』주석서로 전(全) 불교사상을 종합 통일하여 일승(一乘)이자 원교(圓教)로서 보살의 실천[行]과 발원[願]을 임무로 삼게 했다.

역시 강원 교육을 통해, 『도서』와 『절요』를 외우게 하여 화엄 교학을 기준으로 선(禪)을 마름질하는 교선일치(教禪一致)의 논리를 숙지시켰으며, 선 수행 입문자에게 화두 들 때 범하기 쉬운 사례를 일러주기 위해 『서장』을, 나아가 간화선의 본분 수행을 위해 『선요』를, 또 선종 역사를 교육하기 위해 『경덕전등록』을, 또 스스로 화두를 점검하는 도구로 『선문염송집』 등을 학습시켰다.

이상과 같은 문헌 훈련을 마치면, 형편에 따라 선원(禪院)이나 염불원(念佛院)에서 안거하였다. 그리하여 아집(我執)과 법집(法執)을 떨쳐 불성(佛性)을 활성화하여 조사(祖師)의 등불을 이었다. 선종(禪宗)의 이런 교육 방법을 중국에서는 '자교오종(藉教悟宗)'이라 이름했고, 조선에서는

'사교입선(捨敎入禪)'이라 말했다.

요약하면, 교학(敎學)과 선학(禪學) 관련 문헌 '읽기' 훈련을 시키고, 그러면서 참선과 염불로 '실천'을 몸에 익히게 했다. 그렇기는 하지만 이는 일부 승려들에나 해당될 뿐, 많은 스님은 국토방위를 위한 보조나 조정의 특산물 조달에 내몰렸고, 일부 범패승들은 왕실이나 민간의 각종 재(齋)를 비롯하여 불공과 기도에 주력했다.

세상은 급변했다. 근대를 지나 현대로 들어와 종교의 자유가 보장되어 가면서, 불교는 국가적으로나 이념적으로나 부당한 과거의 정책에서 벗어나 종단 자체로 불교의 본모습을 정비할 수 있게 되었다. 1962년 '대한불교조계종'으로 문화공보부에 단체 등록을 마치면서, 포교·역경·도제 양성이라는 3대 사업을 내걸고 옛 전통을 계승하며 새 시대를 열어갔다. 흩어진 인재를 모으고 새 인재 배출에 종단적 관심이 높아지면서 전래의 강원(講院)과 선원(禪院)의 체제와 내실을 다지기 시작했다.

불교계의 이런 분위기 속에서 주목받고 역할을 완수한 대표적 인물로 운허 용하(耘虛龍夏; 1892~1980) 스님을 꼽을 수 있다. 스님은 봉선사, 범어사, 통도사, 해인사, 동학사에서 강원을 재건하여 많은 인재를 길러냈고, 그렇게 배출된 인재들은 1964년 3월 25일 스님이 세운 동국역경원(東國譯經院)의 [한글대장경] 역경(譯經) 사업에 중요한 재원이 되었다.

『화엄경』 본문 읽기와 요령

세상에 유통되는 『화엄경』은 여러 대본이 있지만, 조선시대 이래 우리나라에서는 서역의 우전국 출신 실차난타(實叉難陀; 652~710) 삼장 법사가 695년에서 699년 사이에 80권으로 한역(漢譯)한 『화엄경』이 주류였다. 그리고 이 경의 최초 한글 번역은 일제강점기 시절인 1927년 용성 스님이 하셨지만, 현재 널리 보급되는 한글 『화엄경』은 운허 스님이 동국역경원에서 [한글대장경] 시리즈로 번역한 상책(1966년 11월 간행)과 하책(1968년 3월 간행)이다. 요즈음 유통되는 대부분의 번역도 운허 스님의 번역에 신세를 지고 있다. 이 책에 필자가 인용하는 『화엄경』 본문도 운허 스님의 번역본이다.

『대방광불화엄경』에는 수많은 '질문-답변'이 등장한다. 이 경의 이름에 들어 있는 '방광(方廣)'은 범어 '바이푸리아 vaipulya'를 번역한 것인데, 거기에 '문답'이란 뜻도 들어있다. 무수하다는 뜻의 대(大) 자도 붙듯이 셀 수 없이 많은 '문답'이 등장하는데 어떤 경우에는 첫 입새에서 제기된 질문의 답변이 끄트머리에 나오기도 한다.

전통 화엄 강사들은 이런 '문답의 연결 고리 찾기'에 주목했다. 필자도 이런 전통을 살려 '과목치기'와 '문답의 연결 고리 찾기'를 요령 삼아, 『화엄경』 본문의 내용을 고스란히 소개하려 한다. 『화엄경』의 '과목치기' 방법으로, '10종 분과(分科)'가 옛부터 사용되었다. 그중 하나가 품(品)별로 읽어가는 방법인데, 이 방법만으로는 각 품(品)의 연결 관계를 놓치기 십상이다. 그래서 전체 구조와 연결을 염두에 둔 독서 방법으로, 중국의 지엄-현수-청량-규봉 등 법성교학(法性敎學)의 전통 강사(講師)들은 문답상속과(問答相屬科)를 겸용했다.

조선의 전통 강사들도 그랬고 필자의 사부 월운 스님도 이상의 법성교학의 경학(經學) 방법으로 학인(學人)을 지도했다. 경학에는 사법(師法)이 중요한데, 이 책의 집필 방법도 그런 전통을 따르려 노력했다. 그리하여 필자의 철학적 견해나 해석적 요소는 줄이고, 경전에 담긴 내용으로 경전을 설명하려 노력했다. 경학에서는 이런 방법을 '이경해경(以經解經)'이라고 말한다.

이렇게 되기까지는 많은 인연이 있었다. 필자는 은혜롭게도 연세대학교 학부 시절부터 봉선사 월운 강백(講伯)과의 인연으로 전통 강원의 교재와 학습 방법을 배울 수 있었다. 그 후 동경대학 대학원 시절에는 '중국사상사'라는 사상사 연구 방법으로 중국불교 문헌을 탐구했다. 그리고 전통의 '훈고학'과 '목록학' 방법도 단련 받았다. 그 후 연세대학교 교수로 재직하는 30여 년 세월, 〈화엄교학〉과 〈선학〉 그리고 〈중국철학사〉와 〈중국도교사〉를 강의하면서 이 방면 관련 서적 '읽기'에 주력했고, 그 부산물로 철학적 글 '쓰기'에 노력했다. 이 과정은 언제나 '생각하기'와 함께 되었다. 이제 독자들에게 내놓는 『화엄경 나들이, 첫째 둘레』 속에 그런 지난 경험을 담았다.

『화엄경』에 수많은 '질문-답변'이 등장한다는 이야기는 앞에서 했다. 문답상속과(問答相屬科)란 그런 '질문-답변'이 서로 어떻게 짝을 이루는지를 기준 잡아 '과목치기' 한 것이라는 이야기도 했다. 문답상속과에 따르면, 『화엄경』 전체는 다음과 같이 크게 네 과목으로 쪼개지며, 그 과목에는 '중심되는' 질문들이 쏟아진다. ①거과권락생신분(擧果勸樂生信分) 과목에서 40가지 질문이, ②수인계과생해분(修因契果生解分) 과목에서 40가지 질문이, ③탁법진수성행분(托法進修成行分) 과목에서 200가지 질문이, ④의인증입성덕분(依人證入成德分) 과목에서 60가지 질문이 각각 쏟아진다. '중심되는' 질문 이외에 '자잘한 질문'은 말 그대로 하염없지만, 이런 문답은 해당 부분의 문단 근처에서 해결되므로 쉽게 찾을 수 있다. 문제는 '중심되는' 질문의 줄거리 잡기이다. 이상 네 과목은 '①신(信)-②해(解)-③행(行)-④증(證)'이라는 용어로도 많이 알려졌다. 아시다시피, [80화엄]은 모두 39품(品)으로 구성되었는데, 위의 ①에 총 6품(총 11권), ②에 총 31품(총 41권), ③에 총 1품(총 7권), ④에 총 1품(총 21권)이 배당된다.

강원의 강사(講師)들은 네 과목 속에 들어 있는 대위문답(大位問答)을 비롯하여 하위(下位) 과목까지 외움은 물론, 그사이에 제기된 질문을 어느 대목에서 어떻게 답변하는지를 염두에 두고 『화엄경』을 강론(講論)해 왔다. 이렇게 경학(經學)의 전통을 배우고 익혀 '경전 본문을 해석'하는 '석사(釋辭)'와 나아가 각 '경전에 제시되는 주장들의 판을 짜는' '교판(敎判)'을 겸하려 노력했다. 월운 스님은 평소 석사강사(釋辭講師)를 넘어 교판강사(敎判講師)가 되라고 당부하곤 하셨다. 3장(三藏)을 다루는 일은 참으로 어렵고도 중한 일이다. 경전 본문의 원문이 범어든 한문이든 어떤 언어이든 경우는 마찬가지다.

대승 경전을 대하는 필자의 가설

『화엄경』을 포함하여 대승 경전의 유래를 어떻게 볼

것인가? 이와 관련하여 필자가 세운 '가설'을 밝혀, 『화엄경 나들이, 첫째 둘레』가 어떤 관점에서 서술되는지를 드러내고자 한다.

근대적 불교 연구에서도 밝혀지다시피, [아함]이 비록 문자로 기록되기 시작한 시기가 기원전 1세기라고 하더라도, 역사상 석가모니불의 언행과 관계있음은 부인할 수 없다. 그런데, 대승 경전은 그렇지 않다. 대승 경전이 문자로 정착하는 시기는 [아함]과 큰 차이가 없지만, 역사상의 석가모니 부처님 말씀은 아니다. 당연 [아함]처럼 암송의 전통도 없다. 문학적 표현으로 용궁보장(龍宮寶藏) 운운하지만, 말 그대로 그것은 문학적 수사이다. 대승 경전의 성립과 전승은 학문적으로 불교 경전을 연구하는 전문가들을 항상 고민하게 하는 주제이다.

이 문제 해결을 위해서는 문헌과 사적 발굴 등 고고학과 역사학 방면의 연구가 '병행'되어야 한다. 무엇과 '병행'해야 하는가? 그것은 대승 경전 본문에 담긴 수많은 '이야기'의 내력을 추적하는 문헌 분석 방법과의 '병행'이다. 경전에 담긴 '이야기'를 구성하는 최소 단위인 화소(話素)의 시간적 그리고 지역적 발생 유래를 찾아내고, 나아가서는 그런 화소들을 결합하여 방대한 작품을 엮어내는 사유 방식 등을 분석한다.

이런 연구 방법을 필자는 「저자 서문」에서도 밝혔듯이 '문헌 방법으로서의 인간학'이라 이름 붙였다. 이런 인간학은 문헌자료 분석을 '방법' 삼아 지난 세월 쌓인 인간 지성의 지형도를 그려보고, 그리하여 궁극으로는 인간답게 산다는 게 대체 무엇인가 제시함을 '목표'로 한다. 대승 경전의 출현과 전래에 연관된 이상의 '가설'에 따른 '목표' 성취의 하나로, 필자는 『화엄경』이라는 작품을 다음과 같은 관점에서 분석하려 한다.

기원후 1~2세기 무렵, 대승 경전 구성 작가는 '기존의 수많은 이야기'를 활용하여 중앙아시아 지역에서 『화엄경』 편집을 구상한다. 작가는 우선 설일체유부(說一切有部)와 경량부(經量部)를 비롯한 각 부파(部派)에 속한 스님들이 외워 전승하던 [아함] 속에 들어있는 '이야기'를 비롯하여, 그와 관련된 부파의 해석 이론을 『화엄경』에 담아내려고 작업했다. 또 [베다]를 포함한 인도 고유 사상가들의 이야기도 섭렵했다. 나아가 기원 전후로 등장한 '대승'을 자처하는 새 불교 운동가들이 지어낸 수많은 이야기도 모아들였다. 이렇게 많은 '이야기'를 모은 구성 작가는 작가 정신을 발휘하여 『화엄경』 편집을 위한 다중적 플롯(plot)을 구성한다. 그 구성에는 다음과 같은 작가의 생각이 작동한다.

첫째, 작가는 생각했다. '진리' 또는 '진리 체험자'는 공간적으로나 시간적으로나 모든 곳에 항상 존재한다. 그리고 그것들은 복수(plural)이고 상호 연관되어 있다. 『화엄경』에 나오는 비유처럼, '세상의 모든 물[水]'이 '바닷물'에 의지하듯이, 모든 존재는 진리 그 자체인 '비로자나 부처님'에 의지한다. 뒤의 본문에서 독자들도 알아가겠지만, 작가가 말한 진리는 4성제(四聖諦)이다.

둘째, 진리와 그 체험자가 무수하므로, 구성 작가는 진리 체험을 말하는 방식을 고려해야 했다. 그는 '광명' 즉 '빛'에 착안했다. 태양으로 인하여 생물이 자라고 제 색깔을 내듯이, 비로자나 부처님의 '광명'을 받아 모든 존재가 존재의 실상을 스스로 드러내게 했다.

『화엄경』에 자주 등장하는 '광명'은 무엇을 만드는 창조자가 아니고, 개별적 존재를 가능하게 하는 의지처이다. 「십지품 제26」에 나오는 "3계소유(三界所有), 유시일심(唯是一心), 여래어차(如來於此), 분별연설(分別演說)"의 '일심(一心)'도 '허공'처럼 일체 만물의 의처(依處)이지 생처(生處)가 아니다. 일심에 의지하여 언어로 일체법을 설명한다. 대승의 중요 개념인 공(空)도 그렇다. 공에서 무언가가 생겨나는 게 아니다.

셋째, 설법(說法) 주체로서의 부처와 청법(請法) 주체로서의 대중 사이에 가로막혀 넘을 수 없는 구별 자체를 작가는 없앴다. 초기불교 문헌 형식에서는 상상도 못할 발상을 대승 작가는 작품에 담았다. 심지어는 유정물과 무정물의 차이조차도 지워 없앴다. 그리하여 『화엄경』에는 '주인공과 들러리[主伴]'의 상호 교차성에 주목했다.

넷째, '인과적 해석'이야말로 자신 속의 지식을 만들기 위한 '지각'과 '추리', 그리고 남과의 '논증'에 가장 유효하다는 것을 잘 알고 있던 작가는, 『화엄경』 속에 등장하는 모든 '이야기'를 인과의 관계로 엮어 설명했다. 특정한 인물의 권위를 빌리지도 않고, 문화적 전승에도 눈멀지 않았다. 그러니 검증할 방법이 아직 밝혀지지 않은 계시(啓示)나 신(神) 등은 아예 생각하지도 않았다.

다섯째, 『화엄경』 구성 작가는, 생명 있는 존재들이 몸으로 하는 실천[行]과 마음으로 하는 희망[願], 이 둘이야말로 생명체의 생명 활동과 인류 역사는 물론 우주 변동의 원동력이라 확신했다. 그리하여 '행과 원' 사상으로 모든 이야기를 엮으면서, 그 실천 담당자로 '보살'이라는 가상의 인물을 표상화시켰다. 그리고 그가 맡은 역할로 이름을 새롭게 지어 붙였다.

제1장. 법사 및 대중의 운집

제1장. 법사 및 대중의 운집

0. 총 론

불교사에 등장하는 각종 경전은 사람이 만든 '작품'이라는 필자의 '가설'은 이 책 전반에 흐른다. 작품을 '구성'하려는 작가는 자신이 만드는 작품을 어떻게 구성할 것인가를 미리 마음에 구상한다. 그러면, 『화엄경』 구성 작가는 이 경에 담을 이야기를 엮어가기 위해 어떤 구상을 했을까? 막상 필자는 이렇게 질문을 던지기는 했지만, 정작 이 답은 이야기를 구성한 '작가'가 아닌, 작품을 읽은 '평론가'에게 구해야 할 것이다.

중국의 불교사를 돌아보면, 후세에 이름을 남긴 '평론가'들은 불경이라는 작품을 읽고, 그것들의 상호 관계 및 그 작품 속에 논의되는 이야기들을 유기적으로 설명하는 형이상학적 이론을 구축했다. 마치 독수리가 드높은 창공에 높이 올라 아래를 직시하듯이 그렇게 조망(照望)했다. 평론가들의 이런 작업은 경학(經學)이라는 이름 아래 쌓여 지금에 전한다. 이런 경학에 관한 자세한 설명은 필자의 다른 저서에서 반복해서 밝혔으니, 이곳에서는 경학가들이 경 다루는 치경(治經) 사례를 한둘 소개한다.

다른 지역에서 생산된 외국어 문헌을 일단 고대 한어(漢語)로 번역하는 소위 역경(譯經)을 한다. 이 과정에서 번역자는 이 문헌을 어디에서 입수했는지, 이 문헌의 핵심 내용은 무엇인지, 나아가서는 기존의 불교 문헌이 전하는 수많은 내용 중에서 이 문헌의 위상은 어떠한지, 등등을 설명한다. 이런 일련의 작업을 의해(義解)라고 하는데, 역경(譯經)을 수행하는 과정에 의해는 항상 수반된다. 한편 번역된 경전 속에 등장하는 중요한 용어에 대한 축자적 설명을 비롯하여 의미를 풀이하는 의해승(義解僧)들은 기존의 번역도 재검토한다. 의해로 역경을 조망하는 것이다.

『화엄경』 관련 대표 '평론가'로, 불교의 역사는 청량 징관(淸涼澄觀; 738~839) 국사를 꼽고 있다. 국사는 화엄의 전통을 계승한 정통이라고 이 방면 고승들은 존경하고 있다. 특히 조선시대 이후 이 지역은 더욱 그랬다. 청량 국사는 『화엄경』에 등장하는 수많은 '질문-답변'이 서로 어떻게 짝을 이루는지, 그리고 그 짝들이 서로 어떻게 연결되는지 주목하면서 『화엄경』 본문을 해석하고 있다. 이 과정에서 청량은 『화엄경』 전체를 아래와 같이 과목(科目)을 나눈다.

① 거과권락생신분(擧果勸樂生信分)
② 수인계과생해분(修因契果生解分)
③ 탁법진수성행분(托法進修成行分)
④ 의인증입성덕분(依人證入成德分)

이렇게 네 등분[四分]하여 '과목치기'를 했다는 이야기는 「프롤로그」에서 이미 설명한 대로이다.

①거과권락생신분(擧果勸樂生信分) 과목에 『화엄경』 초반부의 총 6품이 배속되는데, 이 과목에 나오는 '이야기'의 주제는 크게 셋이다. ⑴부처님이란 어떤 존재인가? ⑵세계는 어떻게 생겼는가? 그리고 이런 것을 궁금하게 생각하는 ⑶중생의 부류이다. 말을 바꾸어『화엄경』 초반부 총 6품의 순서대로 말하면, ①거과권락생신분의 이야기 주제는 '중생·세계·부처'이다.

『화엄경』 구성 작가는 화엄 법회에 참석한 여러 부류의 '중생'을 위해, 지난 불교 역사를 총정리하고 나아가 당시에 유행하는 인도의 6파 철학은 물론 민간에 유행하는 설화까지 종합하여, '질문-답변' 형식으로 '세계'와 '부처'에 대해 조목조목 들려준다. 그러면 이렇게 이야기를 들려주어 작가가 노리려는 목표는 무엇인가? 그것은 설법을 들은 다양한 부류의 중생들이 '나도 부처님처럼 되고, 또 그렇게 불국토를 건설하여, 그런 세상에 살아 보겠다. 이렇게 믿음을 내는 게 참된 인생길이다.' 이런 확신을 가지도록 목표했다. 중국의 경학(經學)에서는 그것을 '信[신; 믿음]'이라는 한 글자로 표상화했다.

『화엄경』 구성 작가의 마음속에 그런 구도가 있었다는 '해석(interpretation)', 이런 해석은 법성교학(法性敎學) 경학(經學) 훈고 산물이다. 그런데 과연, 『화엄경』의 구성 작가가 그런 구도를 가졌었는가? 이 점을 증명할 길은 분명히 없다. 그러나 위와 같이 '해석'하는 사상(思想)은 폭 넓고 긴 사조(思潮)를 이루어 『화엄경』을 읽어온 독서인 사이에 전승되었다.

그렇다면 작가는 어떤 방법으로 자신이 세운 '구성'을 전개했을까? 작가는 '중생·세계·부처'가 존재하는 이유를 '인과의 관계 논리'로 엮어간다. 그리하여, 당시 인도 브라만의 '창조론'도 배제했고, 또 '불가지론(不可知論)'도 배제했고, 저절로 그렇게 된다는 '자연설(自然説)'도 배제했고, 근원적 일자(一者)에서 다자(多者)로 점점 나누어지는 '전변설(轉變説)'도 물론 그렇게 했다.

'인과의 논리'는 대·소승을 막론하고 불교 경전과 교리 전반에 관통하는 중생과 중생을 둘러싼 세계를 이해하고 설명하는 방법이었다. 물론 '인과'와 관련된 '변증'과 '논증'의 형식은 불교 역사 속에서 다양하게 전개되었다. 법성교학(法性教學)에서는 부파의 논사들이 정리한 '10인(因)-4연(緣)-5과(果)'의 인과설을 활용하였다.

①거과권락생신분(擧果勸樂生信分)의 과문(科文)이 보여주듯이, 이 과문에 해당하는 총 6품에서는 '결과를 거론[擧果]'한다. 이곳에서 거론된 '결과'는 위에서 말했듯이 '중생·세계·부처'이다. 그런데 이 세 '결과'를 생기게 한 '원인'에는, 결과와 '아주 근접한 원인[因]'도 있고 '좀 떨어진 원인[緣]'도 있다.

「세주묘엄품 제1」에서는 『화엄경』 설법에 필요한 일련의 조건을 '육하원칙'으로 구성한다. 「여래현상품 제2」에는 '청중들의 40가지 질문 제기'라는 간접적 원인[緣]을, 「보현삼매품 제3」에는 그 질문에 답변하기 위한 선행적 행위인 '삼매(三昧; ⓢ samādhi)의 힘'을 직접 원인[因]으로 삼는다. 그리고 「세계성취품 제4」와 「화장세계품 제5」에서는 '결과'로서 드러난 세계의 구조와 양상을 밝히고, 「비로자나품 제6」에서는 그렇게 드러난 세계는 비로자나 부처님께서 전생에 닦은 수행[本事]이 '원인'이라고 밝힌다.

이리하여, '중생·세계·부처'의 업(業)의 작용을 밝혀가는데, 구성 작가는 작가적 솜씨를 부려 부처님의 말씀이 아닌 자신이 만든 가상의 인물인 보살들의 입을 통해 말하게 한다. 때로는 게송으로, 때로는 대화로, 때로는 논의로, 등등 다양한 문학 기법을 활용한다. 소위 12분교(十二分敎)로 불리는 다양한 양식을 활용하여 불교 전래의 주제인 3종세간(三種世間)의 교리행상(敎理行相)을 풀어낸다. 이상을 표로 알기 쉽게 그려보면 다음과 같다.

[표1] 제1회 : 거과권락생신분 품별 조견표

		(1)敎起因緣分			1. 세주묘엄품
① 擧果勸樂 生信分	제1회 보리도량 (보현보살) 방광:치아·미간 비로장신삼매	(2)說法儀式分	遠方便		2. 여래현상품
			近方便		3. 보현삼매품
		(3)正陳所說分	果問	通辨	4. 세계성취품
				別明	5. 화장세계품
			因問		6. 비로자나품

1. 가르침이 생긴 인연
  - 「세주묘엄품 제1」 -

작가는 「세주묘엄품 제1」을 『화엄경』 첫머리에 배치하여, 향후 설법을 위한 토대를 소위 육하원칙으로 구성한다. 육하원칙은 경학 훈고의 전문 용어인 6성취(六成就)를 일반 독자들이 사용하는 용어로 표현한 것인데, 여섯 사안이 모여 부처님의 설법이 성립되므로 성취라는 이름을 붙였다. 6성취란, (1)첫째는 신(信) 성취, (2)둘째는 문(聞) 성취, (3)셋째는 시(時) 성취, (4)넷째는 주(主) 성취, (5)다섯째는 처(處) 성취, (6)여섯째는 중(衆) 성취이다. 이런 정형의 형식은 [아함]의 결집 때부터 정착한 것으로 대승 경전 구성 작가들에게도 전승된다.

첫째, [아함]에 속한 경전 군(群)이 그렇듯이 첫 구절을 "여시아문(如是我聞)" 즉, "이와 같이 나는 들었다"로 시작한다. 이하의 내용은 진리의 체험자인 부처의 경험에 근거한 것임을 밝혀, 듣는 이가 신뢰하게 하려는 구상인데, 이를 신(信) 성취라 한다. 다음, 이하의 내용은 부처님에게 들은 것임을 밝히는 것으로, 문(聞) 성취라 한다. 다음, 시(時) 성취는 법문을 설하고 들은 때, 주(主) 성취는 법문을 설하는 주인공, 처(處) 성취는 법문이 진행되던 장소, 중(衆) 성취는 그 법문에 모인 대중을 뜻한다.

* 품 전체의 구조

이상의 6성취(六成就)가 일반적 불경(佛經) 구성 형식인데, 법성교학(法性教學)의 경학 훈고 전통에서는 6성취를 포함하여 품 전체를 열 부분[十分]으로 늘려 조직화했다. 차례로 소개하기로 한다.

(1) 총현이문(總顯已聞) : 내가 이렇게 들었다고 고백하는 부분. 모든 불경은 으레 이렇게 시작했기 때문이다.
(2) 표주시처(標主時處) : 누가, 언제, 어디서 등을 밝히는 부분.
(3) 별명시분(別明時分) : 설법한 시기를 특정하여 밝히는 부분.
(4) 별현처엄(別顯處嚴) : 설법 당시의 장소를 설명하는데, 땅·주변의 수목·건축물·여래께서 앉으신 의자 등으로 나누어 순서대로 설명하는 부분.
(5) 교주난사(教主難思): 부처님을 묘사하는 부분. 작가는 당시 인도에서 유행하던 위대한 수행자

의 장점을 총출동시켜 부처님이란 어떤 존재인지를 좀 더 자세하게 10신(十身)으로 나누어 묘사한다. 작가가 부처님을 어떻게 묘사하는지, 이 점을 '지혜의 측면에서 본 부처[解境]'로, '수행의 측면에서 본 부처[行境]'로, 쪼개서 독서하면 내용이 훨씬 풍부하게 보인다.

(6) 중해운집(衆海雲集) : 설법을 듣기 위해 모여든 대중을 열거하는 부분. 여기까지 이야기는 비교적 짧다.

(7) 칭양찬덕(稱揚讚德) : 다음은 길게 늘어지는 찬송 문학으로, 그렇게 모인 대중들이 부처님을 찬송하는 부분. 찬송에 앞서 그들이 각각 어떤 '원인 되는 수행'을 해서 어떤 '결과 되는 해탈'을 얻었는지도 소개한다. 대표적인 수행은 4섭법(四攝法; 보시섭, 애어섭, 이행섭, 동사섭)이다. 초기불교에서 빌려온 소재인데, 대승의 작가들은 이렇게 전래의 성문 승단이 암송한 [아함]에서 소재를 채집하여 새 이야기를 엮어간다.

(8) 좌내중류(座內衆流) : 부처님 앉으신 사자좌 속에서 대중들이 출현하여 부처님께 공양을 올리고 찬송하는 부분.

(9) 천지징상(天地徵祥) : 천지가 흔들리는 등 상서로운 일이 생기는 부분.

(10) 결통무진(結通無盡) : 이상의 장면이 이곳 '보리

수 밑'만이 아니고, 무한하게 펼쳐지는 온 법계에서 동시에 일어난다고 묘사하는 부분.

* 누가, 언제, 어디서

이하에서는 「세주묘엄품 제1」의 순서에 따라, ⑴에서 ⑽까지 부분별로 중요한 해당 본문을 인용하고, 설명이 필요하면 조금 보태기로 한다.

> ⑴이와 같이 나는 들었다.
> ⑵어느 때 부처님께서 마갈제국(摩竭提國) 아란야법보리도량[阿蘭若法菩提場]에서, ⑶처음 바른 깨달음[正覺]을 이루시었다.
> ⑷그 땅은 견고하여 금강으로 되었는데, 가장 묘한 보배 바퀴와 여러 가지 훌륭한 꽃과 깨끗한 마니(摩尼)로 장엄하게 꾸몄으므로 온갖 빛깔들이 그지없이 나타났다.

이상의 『화엄경』 본문 중에서 ⑴에서 ⑶까지의 세 부분은 독자님도 이해하실 것이니 따로 설명을 보태지는 않겠다. 다만 제⑶ 부분은 독자님도 주목할 대목이 있어 설명을 보탠다. 즉, 『화엄경』 설법 시기를 부처님의 성도 후

바로 시행한 '첫 설법'이라고 특정하는 문단이다. 여기에는 작가의 의도가 있다. 초기 경전은 석가의 성도 후에서 입멸에 이르는 시기순으로, 만나는 사람 따라 상황 따라, 마치 병 따라 처방을 내리는 응병여약(應病與藥)의 대기설법(對機說法)이지만, 『화엄경』은 그게 아니라는 선언이다. 화엄의 작가로서는 이 경전이야말로, 상황이나 상대의 수준을 고려하지 않고, 진리를 있는 그대로 드러냈다고 말하고 싶은 것이다.

다음으로, 제(4) 부분은 설법하신 장소를 소개하는 장면인데, 순서대로 ①땅, ②땅 위에 있는 수목들, ③수목들 사이에 있는 여러 건물, ④건물 속에 있는 의자가 묘사된다. 이 책에서는 (4)의 ①만 인용하고 나머지는 생략했다.

✽ 불가사의한 법신 부처님

다음으로, 제(5)는 설법의 주인공인 부처님을 소개하는 부분이다. 『화엄경』을 편집하던 당시의 작가로서는 인도 땅에 탄생한 석가모니 부처는 열반하고 육신이 안 계심을 잘 알고 있다. 작가는 법신(法身)으로서의 부처를 상정하지만, 일반 상식으로서는 잘 이해되지 않으리라는 것도 예상하고 있다.

이 점을 간파한 경전 평론가들은 이 대목을 〈교주난사(教主難思)〉라고 '과목치기'를 하는데, 한문의 뜻을 풀면 〈인간의 생각으로는 짐작하기 어려운 교화의 주인이신 부처〉 정도가 될 것이다. 일단 본문을 인용한다.

> ⑸그때 세존께서 이 사자좌에 앉아, ①온갖 법에서 가장 바른 깨달음을 이루시니, 지혜는 3세에 들어가 모두 평등하여지고, 몸은 모든 세간에 가득하고, 음성은 시방세계의 말을 따르시니, 마치 허공이 여러 가지 물상을 포함하고 있으면서도 모든 경계에 차별이 없는 것 같았으며, 또 허공이 온갖 것에 두루하여 여러 세계에 평등하게 따라 들어가는 듯하였다.
> ②몸은 모든 도량에 항상 앉아 보살 대중 가운데 위엄과 빛나심이 혁혁하여 마치 찬란한 햇빛이 세계에 비친 듯하며, ③3세(三世)에서 지으신 복덕 바다가 모두 청정하였고, ④여러 부처님 나라에 항상 일부러 태어나시며, ⑤그지없는 몸매와 원만한 광명이 온 법계에 두루하되 평등하여 차별이 없으시고, ⑥모든 법을 연설하심은 큰 구름이 일어나는 듯하였다.
> ⑦털끝마다 온갖 세계를 받아들이되 서로 장애되지 아니하며, 제각기 한량없는 신통한 힘을 나타내어 모든 중생을 교화하여 조복(調伏)하시고, ⑧몸이 시방세계에 두루하면서도 오고 가는 일이 없었으며, ⑨지혜는 모든 겉 모양에 들어가 법이 비고 고요함을 알았

> 으며, 3세 부처님들이 갖고 있는 신통 변화를 광명 속에서 모두 보게 되고, ⑩온갖 부처님 세계와 부사의한 겁에 있는 장엄을 모두 나타나게 하였다.

우리의 상식으로는 이해하기 어렵지만, 작가는 작가적 상상력을 발휘하여 부처님에게 드러나는 뛰어난 점 10가지를 나열한다. 경학에서는 필자가 임의로 본문에 붙인 기호 ①에서 ⑩까지로 문단을 쪼개고, 각 문단의 핵심 내용을 사자성어로 아래의 ⑴에서 ⑽에 이르는 과문(科文)을 붙인다.

⑴신·구·의 3업을 모두 잘 구비한 점[三業普周], ⑵위엄이 뛰어난 점[威勢超勝], ⑶복과 덕이 깊고 넓은 점[福德深廣], ⑷자발적으로 세상에 출생하는 점[隨意受生], ⑸뛰어난 몸매를 모두 다 갖춘 점[相好周圓], ⑹법문 능력이 훌륭한 점[願身演法], ⑺다양한 모습으로 세상에 화현하는 점[化身自在], ⑻시간과 공간 속에 항상 존재하는 점[法身彌輪], ⑼형상과 그 형상의 공함을 통달한 점[智身窮性相之源], ⑽특별한 힘을 드러내는 점[力持].

이렇게 붙인 과문을 염두에 두면서 위에 인용된 본문을 읽으면, 본문 내용이 좀 더 선명하게 보일 것이다. 필자의 경우는 그런데, 독자님은 어떠실지? 아무튼 본문에 나타난 부처님의 능력은 범부의 생각으로는 도저히 알 수 없는 점이 한둘이 아니다. 경학에서는 이렇게 불가사의한 점을 발휘하시는 부처님은 그 본질에 아래와 같은 10신(十身)을 속성으로 갖추었기 때문이라고 한다.

①보리신(菩提身), ②위세신(威勢身), ③복덕신(福德身), ④의생신(意生身), ⑤상호장엄신(相好莊嚴身), ⑥원신(願身), ⑦화신(化身), ⑧법신(法身), ⑨지신(智身), ⑩역지신(力持身).

전통의 상주권공(常住勸供) 의문(儀文) 청사(請詞)에 나오는 "10신원융(十身圓融)"의 '10신'이 위의 ①에서 ⑩까지이다. '10신(十身)은 부처라는 '본질' 속에 갖추어진 '속성'이다.

본문 읽기를 위해 좀 더 설명을 보탠다면, 첫째, 부처의 본질에 갖추어진 ①보리신이라는 속성으로 인해, 그것이 현실적으로는 (1)신·구·의 3업을 모두 잘 갖춘 점으로 드러난다. ②와 ③은 건너뛴다.

넷째, 부처의 본질에 갖추어진 ④의생신이라는 속성으로 인해, 그것이 현실적으로는 (4)자발적으로 세상에 출생하는 점으로 드러난다. 즉, 모든 중생은 자신이 지은 업

(業)의 과보로 세상에 태어나지만, 부처나 보살 등 깨친 이는 중생 구제라는 원력으로 능동적으로 태어나는 속성이 있다는 것, 이것이 대승의 특별한 발상이다.

이런 방식으로 독자님도 '⑴~⑽'과 '①~⑩'을 서로 짝지워 이상에 인용된 『화엄경』 본문을 읽으면, 경의 내용이 더 입체감 있게 전달될 것이다.

경(經)은 이 방면의 지식을 갖춘 전문가의 전통적 해석이 뒷받침되어야 그 의미를 제대로 알 수 있다. 초기불교[아함]에 대해서는 '부파 논사'의 해석이 붙듯이, 역시 대승 경전에도 '대승 논사'의 해석이 붙으면서 경의 의미를 깊이 있게 이해할 수 있게 되었다. 대승이건 소승이건 법(法) 즉 텍스트에 대해 논하는 '아비달마'가 없으면, 본뜻을 제대로 읽어내기 어렵다. 경(經)을 읽는 일은 신중해야 한다. 남에게 말할 때는 더더욱 그렇다.

✽ 화엄 회상에 모인 청법 대중

다음으로, 제⑹ 부분은 설법을 듣기 위해 모인 대중이다. 과문(科文)의 한문에서 읽을 수 있듯이 얼마나 많이 모였는지 〈바다처럼 수많은 대중이 구름처럼 모임[衆海雲集]〉이라 하니, 과연 큰 경전[大經]인 줄 알 수 있겠다.

화엄 법회에 등장하는 무수한 대중을 전통 경학에서는 '비로자나여래와 과거 세상에 함께 수행한 경력의 유무'를 기준으로 크게 둘로 나누었다. 함께 수행한 경력이 있으면 동생중(同生衆)이라 하고, 없으면 이생중(異生衆)이라 한다. 화엄의 작가는 『화엄경』 첫머리에 동생중을 다음에 인용하는 본문처럼 등장시킨다. 독자님도 보통의 다른 대승 경전에서는 들어보지 못한 이름일 것이다. '보현보살'을 제외하고는 말이다.

대승 경전을 그 출현 시기에 따라 초기·중기·후기로 나누는데, 예부터 한국 불교계에 많이 읽히던 『금강경』을 포함한 [반야부] 계통의 경전이나 『무량수경』, 『유마경』, 『법화경』, 『화엄경』 등이 초기 대승 경전에 속한다. 대략 서력기원 전후부터 서기 300년경 사이에 출현한다.

그다음은 중기 대승 경전인데, 인도의 전통 철학인 6파 철학이 융성하던 약 300년대부터 650년경 사이에 불교계도 새로운 경전을 편집해 내는데, 예컨대 『승만경』 등 여래장 계통의 경전과 『해심밀경』 등의 유가행 계통의 경전과 『능가경』 등 여래장과 유가행을 종합한 계통의 경전이 출현한다.

끝으로 후기 대승 경전인데, 7세기에서 불교가 인도에서 사라지던 13세기 초 사이에 등장한다. 이 당시는 상징주의적인 딴뜨라(Tantra) 문학이 유행했는데, 그 영향으로 진언밀교가 등장한다. 이 시기에 만들어지는 경전으로 『대일경』이나 『금강정경』 등이 있다.

『화엄경』 첫머리에 등장하는 대승의 보살을 언급하다가 이야기가 길어졌다. 독자님이 관심 가져주기를 바라는 부분은, 『화엄경』은 초기 대승 경전이라는 점, 그리고 『화엄경』에 등장하는 최초의 보살이 '보현보살' 부류에 속한 무리라는 점이다. 그러면, 제(6) 부분의 본문을 인용하기로 한다. 『화엄경』 법회의 시작을 여는 청법 대중이 열거된다.

> 열 부처님 세계[十佛世界]의 티끌 수 같은 보살마하살들에게 둘러싸였는데, 그 이름은 ⑴보현(普賢)보살마하살, 보덕최승등광조(普德最勝燈光照)보살마하살, 보광사자당(普光師子幢)보살마하살, 보보염묘광(普寶焰妙光)보살마하살, 보음공덕해당(普音功德海幢)보살마하살, 보지광조여래경(普智光照如來境)보살마하살, 보보계화당(普寶髻華幢)보살마하살, 보각열의성(普覺悅意聲)보살마하살, 보청정무진복광(普清淨無盡福光)보살마하살, 보광명상(普光明相)보살마하살, ⑵해월광대명(海月光大明)보살마하살, 운음해광무구장(雲音海光無垢藏)보살마하살, 공덕보계지생(功德寶髻智生)보살마하살, 공덕자재왕대광(功德自在王大光)보살마하살, 선용

> 맹연화계(猛勇猛蓮華髻)보살마하살, 보지운일당(普智雲日幢)보살마하살, 대정진금강제(大精進金剛臍)보살마하살, 향염광당(香焰光幢)보살마하살, 대명덕심미음(大明德深美音)보살마하살, 대복광지생(大福光智生)보살마하살 들이었다.

모두 20명의 보살 이름이 등장하는데, 앞의 (1)부분의 10명은 10신(信) 법문을 담당할 보살들이고, 뒤의 (2)부분은 10주(住) 법문을 담당할 보살들이다. 모두 '보(普)'자 돌림이다.

한편, 이 보살들이 갖춘 수행 이력은, ①첫째로 과거에 지은 인연[緣]으로 보나, ②둘째로 닦아 실천한 수행[因]으로 보나, 그 어느 면으로 보나 대단하다. 그 부분을 『화엄경』에서는 이렇게 서술하고 있다. 먼저, ①과거에 지은 인연[緣]이 어떤지 본문을 인용해 본다.

> 이런 이들을 우두머리로 하여 열 부처 세계의 티끌 수가 있는데, 이 보살들은 모두 지나간 옛적에 비로자나여래와 함께 선근(善根)을 모으고 보살의 행을 닦았으므로, 다 여래의 선근 바다[善海]에서 난 이들이다. 모든 바라밀을 이미 성취하였고, 지혜의 눈이 밝고 사무쳐서 3세를 평등하게 관찰하며, 모든 삼매를 구족하게 청정하였고, 변재가 바다와 같아서 넓고

제1장. 법사 및 대중의 운집　55

> 크기가 끝이 없으며, 부처님의 공덕을 갖추었으므로 존엄하여 공경할 만하며, 중생들의 근성을 알고 적당한 대로 교화하여 조복하며, 법계장(法界藏)에 들어가서 지혜가 차별이 없으며, 부처님의 깊고 넓고 큰 해탈을 증득(證得)하였으므로 좋은 방편으로 어느 한 지위에 들어가서라도 바다 같은 서원의 힘으로 온갖 지위를 거두어 가지고 항상 지혜와 함께하여 오는 세상이 다할 때까지 이르는 이들이었다.

　위에 인용한 본문에서 독자님은 화엄 회상에 모인 보살들이 과거에 지은 인연[緣]이 어떠한지를 읽어낼 수 있다. 이렇게 구성을 짜는 작가의 의도는 우리도 그렇게 수행을 쌓아가자는 주문이다.
　아래에 인용하는 ②닦아 실천한 수행[因]도 역시 대승을 믿고 따르려는 우리들이 실천해야 할 보살행이다.

> 또 모든 부처님의 희유하고 넓고 크고 비밀한 경지를 통달하였고, 모든 부처님들의 평등한 법을 잘 알며, 여래의 넓고 밝은 지위에 나아가 한량없는 삼매 바다의 문에 들어갔으므로, 어느 곳에서나 마음대로 몸을 나타내어 세상에서 행하는 일을 모두 함께하고, 모두 기억하는 일이 넓고 커서 여러 가지 법을 모아 지녔으며, 변재가 훌륭하여 물러가지 않는 법수레를 운전

> 하였다. 모든 부처님의 공덕 바다에 그 몸이 다 들어갔고, 모든 부처님 계시는 곳에 소원대로 들어가서 온갖 부처님께 공양하였고, 그지없는 겁 동안에 환희하여 게으르지 아니하며, 모든 부처님이 보리를 얻으신 곳에는 항상 그 가운데 있어 친근하게 모시고 떠나지 아니하였고, 항상 그들이 얻은 보현보살의 소원으로써 모든 중생으로 하여금 지혜의 몸이 구족하게 하는 이들이니, 이와 같이 한량없는 공덕을 성취하였다.

이상이 『화엄경』 설법에 운집한 동생중(同生衆)의 수행 이력이다.

위의 본문에 이어 이생중(異生衆)의 이름이 열거된다. 금강신을 비롯한 신중(神衆) 부류가 모두 19부중(部衆), 다음으로는 아수라 가루라 등 4천왕(四天王) 부류가 모두 8부중(部衆), 다음으로 월천자 등 욕계 부류 7부중(部衆), 다음으로 대범천왕 등 색계 부류 5부중(部衆), 이렇게 지상에서 시작하여 저 하늘에 이르는 총 39부류의 대중이 「세주묘엄품 제1」(제1권) 마지막 부분에 이르도록, 그 이름이 열거된다. 이리하여 동생중 1부류와 이생중 39부류를 합하면 총 40부류가 된다.

이상의 총 40부류 청법 대중에, 다시 부처님이 앉으신 사자좌에서 나온 1부류의 대중, 또 보리수 나무 속에서 나온 1부류의 대중, 또 궁전 속에 있는 1부류의 대중을 합하면, 『화엄경』 설법의 첫 출발은 총 43부류의 대중을 대상으로 시작한다. 이렇게 모인 처음의 총 43부류의 청법 대중은 『화엄경』 설법이 끝날 때까지 항상 동행한다. 한편, 장소를 옮겨 법회가 진행되면서 새로운 부류의 대중이 늘어간다.

아시다시피 『화엄경』 설법은 총 아홉 번의 모임을 통해 일곱 곳으로, 지상에서 하늘로, 마지막에는 다시 지상으로 설법 장소를 옮겨가면서 진행된다. 이를 '7처 9회'라 한다. 즉, 제1회 보리수 밑→ 제2회 보광명전→ 제3회 도리천궁→ 제4회 야마천궁→ 제5회 도솔천궁→ 제6회 타화자재천궁→ 제7회 보광명전→ 제8회 보광명전→ 제9회 기수급고독원, 이렇게 말이다.

시작과 함께 한 총 43부류 대중에, 제1회의 법문이 시작되자 부처님의 '미간'에서 나온 대중을 포함한 2부류의 대중이 보태지고, 제2회에서 다시 2부류의 대중이 보태지고, 제3회에서 다시 4부류의 대중이 보태지고, 제4회에서 다시 4부류의 대중이 보태지고, 제5회의 도솔천궁 법회에서 다시 111부류의 대중이 보태지고, 제6회에서 다시 4부류의 대중이 보태지고, 제7회에서 다시 1부류의 대중이 보태지고, 제8회에서 다시 1부류의 대중이 보태지고, 마지막 제9회에서 보살·성문·천왕 등 3부류의 대중이 보태진다.

이리하여 총 175부류의 대중이 된다. 이전의 모임에 참석했던 대중을 구중(舊衆)이라 하는데, 이 구중은 중복되지만, 회(會)에 따라 다르므로 중복하여 계산했다. 참고로 해당 모임에 새로 모인 대중은 신중(新衆)이라 부른다.

이상은 '1세계'만을 단위로 계산한 것인데, 시방세계 및 다른 부류 국토의 티끌 수처럼 많은 국토까지 계산하면 그 부류는 실로 헤아릴 수 없다. 게다가 이는 온갖 중생들을 부류(部類)로 나눈 것인데, 각 부류만 열거해도 셀 수 없는데, 해당 부류에 속한 중생의 개체 수는 무궁무진이다. 이것이 작가가 구상하는 '화엄의 청법 대중'이다.

그러면 작가는 왜 이런 발상을 했을까? 한마디로 말하면, 『화엄경』에 담긴 내용은 특정한 어떤 중생 부류에게만 의미 있는 게 아니고, 법계의 다양한 부류의 모든 중생에게 보편적으로 의미 있는 진리라는 것이다. 작가는 이 점을 분명하게 하려 한 것이다. [아함]의 경전처럼 인간이면 인간, 인간 중에서도 특정한 기연 속에서 설한 대기설법(對機說法)이 아니고, 『화엄경』의 내용은 모든 부류의 중생이 저마다 들을 수 있는 보편설법(普遍說法)임을 강조한 것이다.

  이상에 모인 대중들은 긴 세월에 걸쳐 수행을 쌓아온 이들이다. 어떤 수행을 쌓았는지 본문을 인용하여 읽어보기로 한다.

> 이렇게 모인 대중들은 모든 번뇌와 마음의 때와 남은 버릇[餘習]을 여의었고 무거운 업장(業障)의 산을 무너뜨리고 부처님을 보되 걸림이 없었다. 이런 이들은 다 비로자나여래께서 지난 옛적 많은 겁 동안 보살행을 닦을 적에 4섭사(四攝事)로써 거두어 주었으며, 부처님 계신 데서 선근을 심을 때마다 잘 거두어 주는 방편으로 교화하고 성숙하게 하여 온갖 지혜를 얻는 길에 서게 하였다. 한량없는 선근을 심어 여러 가지 복을 얻었고, 방편과 원력 바다에 들어가서 닦을 행이 구족하게 깨끗하여졌으며, 벗어나는 길에서 잘 뛰어났고, 항상 부처님을 분명하게 보았으며, 잘 이해하는 힘으로 여래의 큰 공덕 바다에 들어가 부처님의 해탈문을 얻어 마음대로 유희하는 일이 신통하였다.

  대승불교의 교리에 따르면, 부처님 스스로가 당신의 모습을 중생에게 안 보여 주는 것이 아니라, 중생 자신들에게 장애가 있어서 모든 곳에 어느 때나 항상 계시는 부처님을 보지 못한다. 부처님은 모든 시간과 모든 공간에 상주불변하신단다.

여기 화엄 법회에 모인 대중들은 '번뇌'와 '마음의 때'는 물론 나가서는 '자잘한 잘못된 습관'조차 완전히 떨쳐버린 상태였다. 그들 자신에게 어떤 장애도 없었기 때문에, 부처님을 뵙는 데 전혀 지장이 없었다. 그러면 이들은 무슨 수행을 했기에 그렇게 되었는가?

보시섭·애어섭·이행섭·동사섭 등 4섭법(四攝法)을 닦았기에 그렇단다. 온 불국토에서 선행을 닦아 온갖 지혜를 얻는 길에 들어섰기에 그렇단다. 한량없는 선행을 해서 그렇단다. 방편과 원력으로 하는 수행마다 모두 청정해서 그렇단다. 윤회에서 잘 벗어나 부처님을 분명히 보았기에 그렇단다. 뛰어난 지혜의 힘으로 부처님께서 했던 해탈하는 방법을 자유자재하게 구사해서 그렇단다. 한마디로 말하면, 화엄 회상에 모인 대중들은 모두가 [아함]에 등장하는 여러 수행을 잘 실천했다는 이야기이다.

※ 청법 대중이 올리는 찬양

수행을 잘한 대중들이 『화엄경』 설법을 듣기 위해 모였다는 이야기는 위에서 했다. 이하의 (7) 부분에는 청법 대중들이 부처님을 찬양하는 게송(偈頌)이 이어진다. 인도 당시에 유행하던 찬송 문학이 반영되었다.

『화엄경』 법회에 참석한 대중들을 위의 ⑹ 부분에서는 부류(部類) 별로 묶어서 소개했는데, 이곳에서 찬송하는 내용들도 작가는 역시 중생의 부류 별로 묶어서 소개하고 있다. 먼저 색계(色界)에 속한 다섯 무리의 천왕(天王)부터 시작되는데, 그 첫째가 자재천왕, 둘째가 광과천왕, 셋째가 변정천왕, 넷째가 광음천왕, 다섯째가 대범천왕이다.

『화엄경』 제2권 첫머리에 10명의 자재천왕 이름이 소개되는데, 그중 우두머리인 '묘한 불꽃 바다 대자재 천왕(妙焰海大自在天王)'이 게송 '10수'로 부처님을 찬송한다. 참고로, 보살의 이름에 들어있는 '바다[海]'는 바다처럼 깊고 넓으며 또한 그 속에 갖가지 보배를 갖춘 것을 비유적으로 표현한 것이다. 때로는 '산(山)' 자를 넣기도 하는데 이는 드높고 그 속에 온갖 보배를 품은 의미를, 또 '왕(王)' 자를 넣은 경우는 최고의 의미를 각각 비유한다.

> 그때 묘한 불꽃 바다[妙焰海]천왕이 부처님의 위신력을 받들어 모든 자재천 무리들을 두루 살피고 게송으로 말하였다.
>
> ⑴부처님 몸 여러 회중 두루 계시고
> 온 법계에 가득하여 다함없으며

고요하고 성품 없어 못 잡건만
세상을 구원하러 나타나셨네.

(2) 여래인 법왕(法王)께서 출세하시어
세상을 비춰 주는 등을 켜시니
그 경계 끝이 없고 다함 없음은
자재한 이름 천왕 증득하도다.

(3) 부처님은 부사의라 분별이 없고
모든 모습 어디에나 없는 줄 알아
세간의 청정한 길 널리 여시니
깨끗한 공덕 눈이 밝게 보았네.

(4) 여래의 크신 지혜 끝이 없으며
모든 세상 사람이 측량 못하나
중생들의 어둔 마음 아주 없애니
지혜천왕 이를 알고 깊이 머물고

(5) 여래 공덕 헤아릴 수가 없지만
보는 중생마다 번뇌 멸하고
여러 세상 사람 안락 얻나니
동하잖는 자재천왕 능히 보시며

(6) 중생은 어리석음 항상 덮이매
여래께서 고요한 법 말씀하시니
세상을 비춰주는 지혜 등이라

묘하게 장엄한 눈 이 방편 알고

(7)여래의 청정하고 묘하신 몸매
시방에 나타나되 비길 이 없어
이 몸이 성품 없고 의지 없나니
잘 생각하는 광명천왕 관찰이니라.

(8)여래의 묘한 음성 걸림이 없어
교화를 받을 이가 모두 듣건만
부처님은 고요하여 동하잖나니
사랑스런 지혜천왕 해탈이로다.

(9)고요히 해탈하신 천인(天人)의 주인
시방에 나타나지 않는 데 없어
찬란한 그 광명이 세간에 가득
이 법문은 장엄 당기천왕이 보고

(10)부처님은 그지없는 겁 바다에서
중생들을 위하여 보리 구하고
갖가지 신통으로 여럿을 교화
이름 빛난 천왕이 이 법을 아네.

『화엄경』에는 수많은 게송이 등장하는데, 그 첫 시작을 '묘한 불꽃 바다 대자재 천왕[妙焰海大自在天王]'이 개시한다. '10(十)'을 완전수로 생각했던 작가는 위의 인용문에서 보듯이, 부처님은 어떤 분이신지 천왕의 입을 통해 듣는 이들에게 알리고 있다. 작가에게 부처님은 대체 어떤 분이셨을까? 이런 궁금함으로 위의 게송 (1)을 아래에 인용하는 한자 원문과 대조해서 감상하시길 바란다.

> 佛身普遍諸大會 充滿法界無窮盡
> 寂滅無性不可取 爲救世間而出現

부처의 몸[佛身]은 향후 열리는 화엄의 모든 법회는 물론 온 법계에 충만하시단다. 중생들을 구제하기 위해 세간에 출현하시지만, 그 존재는 자성이 없어[無性] 우리의 감각 기관이나 인식으로 가늠할 수 없다[不可取]고 한다. 모든 존재를 무자성(無自性)·무아(無我)·연기(緣起)·공(空)으로 이해하는 초기 불교의 전통은 대승에도 여전히 작동한다. 초기불교에 비해 상대적으로 강조되는 점이 있다면 그것은 '중생 구제와 교화'라는 적극적 행위이다. 작가가 말하고 싶은 것은, 부처님은 모든 시간과 공간 속에서 중생을 구제하고 교화하기 위하여 출현하신다는 것이다. 그런데 그 '부처'는 소위 안·이·비·설·신·의 등 6근(根)이나 색·성·향·미·촉·법 등 6경(境)이나 나아가 6식(識)을 포함한 18계(界) 등의 결합으로는 가늠할 수 없다[不可取]고 한다.

이상과 같이 '묘한 불꽃 바다 대자재천왕'을 비롯하여 색계(色界) 5명의 천왕과 욕계(欲界) 7명의 천왕이 차례로 찬송을 올린다. 이어서 건달바·구반다·용·야차·마후라가·긴나라·가루라·아수라 등 소위 8부중(部衆)이 찬송을 올린다. 다음으로 '낮을 맡은 신[主晝神]'을 비롯한 19부류(部類)의 신중(神衆)이 찬송한다. 합하면 총 39부류인데, 각 부류를 대표해서 찬송을 올린다.

이상으로 이생중(異生衆)의 찬송이 끝나면, 이어서 보현보살을 시작으로 동생중(同生衆)들의 찬송이 『화엄경』 제5권부터 시작된다.

고려 시대 이래 한국 불교의 전통으로 내려오는 '화엄신중'을 모신 탱화, 기도, 도량작법(道場作法) 그리고 『화엄경약찬게』 등이 모두 『화엄경』 청법 대중에 근거를 두고 있다.

참고로 『화엄경약찬게』는 순서가, 맨 먼저 동생중을 시작으로 여러 보현보살 대중을, 다음으로 이생중으로 19부의 신중, 8부중, 욕계 7천, 색계 5천을 합친 총 39부중(部衆), 이렇게 소위 등급이 높은 순서에서 아래로 내려온다. 『화엄경』의 본문과는 역순인데, 필자가 생각하기에 요즈음 모임에서 참석 대중을 소개할 때처럼, 소위 윗분을 먼저 소개하는 발상에서 그렇게 한 게 아닌가 생각한다. 『

화엄경약찬게』는 중국은 물론, 인도에도 없는 조선시대 화엄 신앙의 지혜 결정이다.

* 의자에서 출현한 대중들이 올리는 찬양

다음으로, 제(8) 부분에서는 부처님이 앉으신 '사자좌' 속에서도 수많은 대중이 출현하여 부처님께 공양을 올린 뒤 역시 찬송을 올린다.

작가는 이 찬송을 주제별로 총 열 부분으로 나누어 소개하고 있다. (1)자리에 앉으신 부처님 자체, (2)부처님이 앉으신 자리와 땅, (3)부처님이 수행하시는 도량, (4)부처님이 거처하시는 궁전, (5)부처님이 계시는 주변 환경 일체, (6)부처님이 수행하시는 나무숲, (7)부처님이 여러 곳에 펼치신 공덕, (8)부처님이 과거 세상에 닦으신 10바라밀 수행, (9)부처님이 과거 세상에 닦으신 10지 수행의 결과, (10)부처님이 갖춘 덕과 행을 중생들 근기에 알맞게 제도하시는 모습.

이렇게 열 주제별로 게송이 연속되는데, 보기에 따라서는 매우 지루할 수 있다. 그래도 위에서 소개한 대로 '과목치기'를 해서, 조목조목 읽어가다 보면 그 나름의 '문장의 맛[文味]'을 맛볼 수 있고, 가랑비에 옷 젖듯이 읽는 이의 마음에 말씀이 스며들어 인생살이의 기준이 된다. 이것이 경전 수지독송의 공덕이다. 아래에 ⑼부처님이 과거세상에 닦으신 10지(地) 수행의 결과 중에서, 제8 부동지(不動地)를 찬송하는 게송을 인용한다.

온갖 원과 행으로 잘 꾸몄으매	一切願行所莊嚴
한량없는 세계가 깨끗했으니	無量刹海皆淸淨,
어떠한 분별로도 동할 수 없어	所有分別無能動
짝할 이 없는 지위 펴서 말하고	此無等地咸宣說

10지 중에서 제8 부동지의 특징은 인위적인 노력 정진이 없어도 자연스럽게 보살행이 이루어지는 점이다. 육지에서 바다로 들어갈 때 처음에는 부지런히 노를 저어야 뜨지만, 바다 한가운데 들어가면 가만히 있어도 가라앉지 않는 것에 비유할 수 있듯이 말이다. 운허 스님의 한글 번역과 실차난타 스님의 한문 번역을 대조해서 음미하면 좋겠기에 나란히 인용했다.

✽ 천지가 상서를 보이고 세주묘엄품을 마감

이어서 제⑼ 부분에서는 천지가 흔들리는 등의 다양한 모습의 지각 현상을 소개하여, 작가는 본 법회에서 참으로 상서로운 일이 생길 것임을 암시한다.

끝으로 제⑩ 부분에서는 이상의 ⑴~⑼ 부분에 이르는 동안 소개한 현상이, 부처님이 막 정각을 이룬 보리수가 있는 이곳 '화장장엄세계해'뿐 아니라, 시방의 법계와 허공계 모든 세계해에서도 일어나고 있다고 말하며, 작가는 「세주묘엄품 제1」 전체 총 6권의 대단원을 마친다.

제2장. 청법과 삼매

제2장. 청법과 삼매

0. 총 론

앞의 제1장에서는 「세주묘엄품 제1」의 구조를 열 부분[十分]으로 나누어 소개했다. 그중, 법신(法身)이신 비로자나 부처님께서 사바세계 차사천하(此四天下; 이곳 4천하) 남섬부주 '보리수 밑'에 화신(化身)으로 나타나셨으니, 당연히 중생의 눈에는 고타마 싯다르타가 '비로소 깨달은 것[始成正覺]'으로 보인다. 그 광경을 본 무수한 세계의 중생들이 구름처럼 몰려들어 저마다 본대로 감격을 노래한다. 이로써 『화엄경』의 가르침이 펼쳐질 인연은 갖추어졌다. 화엄의 경학가들은 이 대목을 (1)⟨교기인연분(教起因緣分)⟩, 과문(科文)을 풀어보면 ⟨가르침을 일으키기에 필요한 직접적 조건과 간접적 조건에 해당하는 부분⟩이라고 '과목치기'를 한다.

이제부터 소개할 제2장에서는 『화엄경』 법문의 본격적인 내용이다. 바로 이 지점에서 구성 작가는 인과론적 발상을 한다. 즉 법문이라는 '결과'가 있으려면 '원인'이 있어야겠다고 생각했다. 그러고는 그 '원인'을 결과로부터 가까운 것과 먼 것으로 나누어 배치했다. 즉 지금, 이 '보리수 밑'에서 법회가 열리고 있는데, 이 법회가 열리기까지의 '가까운 원인'은 뭐니 뭐니 해도 삼매(三昧, 범 samādhi)이고, '먼 원인'은 법회 대중들 질문이다.

이 점도 중요하다. 삼매가 더 본질적 원인이란다. 질문은 그다음이고. 그만큼 대승 경전에서는 삼매를 중요하게 여긴다. 대승 경전은 수행자가 삼매에 들어, 그 삼매 속에서 체험된 내용을 문학의 형식으로 엮은 이야기이다.

작가는 '대중들의 질문'을 「여래현상품 제2」 초반에 배치했고, '삼매'를 「보현삼매품 제3」에 배치했다. 이 두 품을 묶어서 화엄 경학가들은 ⑵⟨설법의식분(說法儀式分)⟩이라고 '과목치기'를 했다.

「여래현상품 제2」에는 질문 총 40개가 등장한다. 첫째는 부처님이 가진 능력에 관한 질문 총 10개, 둘째는 부처님의 몸매에 관한 질문 총 10개, 셋째는 부처님이 부리시는 다양한 조화 작용에 관한 질문 총 10개, 넷째는 보살행에 관한 질문 총 10개이다. 「여래현상품 제2」를 독서하면서, 이상의 '질문'과 그에 대한 '답변'이 『화엄경』 뒤편 어디에 어떻게 나오는지를 주목해야 한다. 이것이 독서 '포인트'이다.

다음의 「보현삼매품 제3」에서는 보현보살이 부처님의 위신력을 받들어 '삼매'에 드는 장면이다. 역시 독서 '포인트'는, 삼매에 든 보살들에게 부처님들이 힘 실어주는 [加持] 대목이다. 삼매에 든 보현보살에게 시방세계에서 오신 수많은 부처님이 음성으로, 뜻으로, 몸으로, 힘 실어주신다. 대승의 작가는 이런 방법으로 이하에서 펼쳐지는 보현의 법문은 여러 부처님의 뜻임을 대변한다.

이상의 ⑴〈교기인연분〉과 ⑵〈설법의식분〉을 통해 설법할 조건들은 모두 갖추어졌다. 이제는 법문 내용을 구성할 단계이니, 바로 ⑶〈정진소설분(正陳所說分)〉이다. 필자의 이 책에서 ⑶〈정진소설분〉은 제3장으로 장을 달리하여 소개할 예정인데, 「세계성취품 제4」, 「화장세계품 제5」, 「비로자나품 제6」 이렇게 총 3품이 이 부분에 해당한다.

『화엄경』 전체의 구조적 맥락 이해를 위해, 독자님에게 제3장에서 소개할 ⑶〈정진소설분〉의 내용을 간단하게나마 미리 소개한다. 제3장에서는 세계가 어떻게 구성되었는지? 또 지난 세월 어떤 수행을 해서 부처가 되었는지? 이 두 가지 주제로 작가는 작품을 구성한다. 『화엄경』 구성 작가는 첫째 주제로 고대 인도인들이 쌓아온 우주 관련 지식과 상상력 등을 총정리하고, 둘째 주제로 부처님 탄생의 역사적 사실과 후대에 만들어진 탄생 설화를 재구성한다.

이상은 『화엄경』 전반부에 등장하는 총 6품(品)의 짜임

새이다. 이렇게 『화엄경』 본문을 구조적으로 해석하는 경학 전통은 현수 법장(賢首法藏; 643~712)에서 시작되어 청량 징관(淸涼 澄觀; 738~839)이 계승하면서 이 집안의 전통이 되어간다. 그들은 『화엄경』을 비롯하여 대승 경전은 후대 사람들이 만들었다는 걸 알고 있었고, 그런 인식 위에 『화엄경』 구성 작가가 다양한 이야기를 배치하는 의도를 다음과 같이 풀이했다.

『화엄경』 구성 작가는 수행의 '결과'인 위대한 깨달음[正報]과 드넓은 세계[依報] 관련 법문을 『화엄경』 전반부 총 6품 속에 거론해서 즉 '거과(擧果)'해서, 이하에 펼쳐지는 『화엄경』의 내용을 실천하여 '즐거움' 누리도록 즉 '권락(勸樂)'을 한다고 평론했다. 이런 구상 속에서, 부처님의 세계가 얼마나 드넓고 훌륭한지를 알게 하고, 또 부처님이 얼마나 긴 세월 대단한 수행을 닦았는지 알게 한다. 그리하여 듣는 이들이 『화엄경』에 대한 확신을 낳게, 즉 '생신(生信)'하게 하려 했다. 이렇게 해석한 중국의 화엄 경학자들은 『화엄경』 전반부의 총 6품(品)을 묶어 ①거과권락생신분(擧果勸樂生信分)이라고 과문(科文)을 붙였다.

과목 이야기가 나왔으니, 사족(蛇足)을 좀 붙인다. ①거과권락생신분(擧果勸樂生信分)에서의 '확신(信)'은 『화엄경』 전체 내용에 대한 '확신[信]'이다. 1세기 전후해서 새롭게 출현한 대승 경전인 이 『화엄경』이야말로 부처님 말씀임을 믿게 하려는 작가의 작전인 셈이다.

한편, 「보살문명품 제10」, 「정행품 제11」, 「현수품 제12」의 총 3품에서도 '확신[信]에 관한 이론'을 주제로 법문이 펼쳐지는데, 이때의 '확신'은 '(깨달음이라는 결과를 얻기 위해) 닦아야 할 요소[所修因]' 가운데 첫 단계로서의 '확신'이다. 참고로, '닦아야 할 요소[所修因]'를 작가는 '여섯 층위[六位]'로 나열하는데, ①확신[信]→ ②지혜[解]→ ③수행[行]→ ④회향[願]→ ⑤체험의 시작[證入]→ ⑥체험의 완성[等佛], 이렇게 단계를 높여간다.

같은 '확신[信]'이라도 '과목'의 가닥을 잘 살펴야 한다. 즉 행상(行相)을 알아야 한다. 이를 위해 강원에서는 과목의 도표를 만들어 사용하는데, 필자의 이 책 앞쪽에(*9쪽) 사진으로 소개한 『화엄경소초과도집(華嚴經疏鈔科圖集)』이 대표적이다. 과문(科文)을 실선으로 연결하여 도표화했다. 분량은 A4 크기로 총 463쪽이다. 봉선사 강원의 월운 강백께서 주관하셨고 당시 문하생들이 도왔다.

1. 먼 시절부터의 오래된 인연
-「여래현상품 제2」-

순서대로「여래현상품 제2」를 소개하기로 한다. [청량소초]에 따라「여래현상품 제2」를 총 여섯 부분[六分]으로 가닥을 치고 과문(科文)을 붙인다.

⑴ 바다같이 많은 대중이 질문하는 부분.
⑵ 광명을 놓아 인연 있는 중생을 소집하는 부분.
⑶ 대중들이 모여드는 부분.
⑷ 미간 백호에서 광명을 놓아 설법하실 뜻을 표시하는 부분.
⑸ 모여든 대중들이 부처님의 공덕을 찬송하는 부분.
⑹ 이상의 현상이 온 우주에서도 이곳처럼 일어남을 밝히는 부분.

❋ 쏟아지는 질문

방대하고 복잡한『화엄경』읽기의 열쇠는 제⑴ 부분에 있다. 〈중해동청(衆海同請)〉이라고 '과목치기'를 하는데, 이곳에서 펼쳐진 질문 총 40개는 10개씩 구분된다. 〈중해동청(衆海同請)〉의 말뜻은, 〈바다처럼 하염없이 많은 대중이 함께 법을 청함〉이다. 『화엄경』을 구조적으로 독서하기 위해서는 위의 질문이 어느 품 어느 대목에서 답변되는지 기억해 두어야 한다.

첫째는 부처님이 가진 능력에 관한 질문 총 10가지이다. 즉, 지위, 경계, 가피 공덕, 행, 힘, 두려움 없음, 삼매, 신통하심, 자재하심, 그리고 누구도 능가할 수 없는 부처님만의 능력이다. 이런 질문에 대한 답변은 「여래현상품 제2」의 제(5) 부분에서 모두 마친다.

둘째는 부처님의 몸매에 관한 질문 총 10가지이다. 즉 눈, 귀, 코, 혀, 몸, 몸빛, 광명, 음성, 지혜이다. 앞의 총 6가지 질문에 대한 답변은 「이세간품 제38」에서, 그리고 몸빛은 「여래출현품 제37」에서, 광명은 「불부사의법품 제33」에서, 음성은 「여래출현품 제37」과 「보현삼매품 제3」에서, 지혜는 「여래출현품 제37」에서 답한다.

셋째는 부처님이 부리시는 다양한 조화 작용에 관한 질문이 총 10가지인데, 세계(화장세계품 제5), 중생(광명각품 제9), 질서 정연한 법계(세계성취품 제4), 바다(화장세계품 제5), 바라밀(이세간품 제38), 해탈(입법계품 제39), 변화(광명각품 제9), 연설(사성제품 제8), 명호(여래명호품 제7), 수명(여래수량품 제31)인데, 그 답변이 설해지는 품을 ( ) 괄호 속에 적어두었다.

넷째는 보살행에 관한 질문 총 10가지인데, 서원과 발심(보살문명품 제10, 정행품 제11, 현수품 제12), 다양한 수행 방법과 고해를 건너는 수단(십주품 제15), 실천(십행품 제21), 번뇌에서 벗어나는 길(십회향품 제25), 신통과 바라밀과 수행의 지위(십지품 제26), 지혜(십정품 제27에서 제보살주처품 제32까지)이다. 역시 ( ) 괄호 속에 답변이 나오는 품을 표시했다.

✽ 인연 있는 중생 모두를 화엄 법회로 불러들임

다음은 제(2) 부분으로 경학에서는 이 단락을 〈광소유연(光召有緣)〉이라 '과목치기'를 했으니, 지금 설법이 진행되는 '보리수 밑'에 모이지는 못했더라도, 화엄 설법을 들을 만한 〈인연이 있는 중생을 광명으로 불러들임〉의 뜻이다. 화엄에서 광명은 존재의 의지처이다.

부처님은 먼저 '입과 치아'에서 무수하고 각양각색으로 된 광명을 놓으신다. 대중들이 궁금해하는 총 40가지에 달하는 궁금증을 풀어주시겠다는 부처님의 허락을 작가가 문학적으로 표현한 것이다. '입과 치아'에서 쏟아지는 광명이 티끌 수처럼 많은 세계에 비치니, 그 빛을 받은 하염없는 세계의 중생들이 '제각기' 이곳 연화장세계를 보게 되었다. 중요한 것은 '제각기'이다. 객관적으로 무언가가 있어서 보는 것이 아니라, 저마다의 인연에 따라 보았다는 것이다. 내 속에 있어야 밖의 것이 보인다. 광명을 비춰 이렇게 제각기 보게 한다. 그러고는 작가는 다시 그 광명을 시켜 중생들에게 게송 형식으로 자신의 생각을 표현하게 한다.

참고로, 불경의 내용을 문학 장르에 따라 나누면 모두 12부류가 되는데, 이를 12분교(分敎)라 한다. '방광(放光)'도 그 한 부류이다. 부처님 쪽에서는 광명을 비추는데, 그 빛을 받은 상대에게는 법문으로 들리므로, 이것도 법문의 한 형식으로 쳤다.

법문의 내용은 부처가 부처 된 원인과 결과 관련이다. 절묘한 점은 부처님 자신이 어떤 수행을 했고 그 결과로 어떤 깨침을 얻었는지 말하게 하지 않고, '방광(放光)'으로 광명이 말하게 하는 작가의 '발상'이다. 경학에서는 이 대목을 〈자창인과이원(自彰因果已圓)〉이라고 '과목치기'를 한다. 풀이하면, 〈깨달음의 원인과 결과가 완전하게 충족되었음을 몸소 드러냄〉이다. 외람을 감수하고 표현한다면 '자화자찬'인데, 더욱 '엉큼스러운 점'은 광명이 그렇게 설법했다는 점이다. 필자가 표현은 외람되게 했지만, 작품은 그런 구성미가 있어야 한다. 내용도 중요하지만, 그 내용을 실어 나르는 수단도 중요하다. 그런 면에서 [아함]은 작품성이 떨어진다. 특히 문질빈빈(文質彬彬)을 중시하는 문화로서의 중화(中華) 관점에서는 더욱 그러하다.

대승에서 '깨친 이' 즉 '부처님'을 어떻게 이해하는지를 단적으로 드러내는 게송인데, 아래에 인용한다. 광명이 대중들을 향해 읊은 게송이다.

> 한량없는 겁 동안에 많은 행 닦아
> 시방의 부처님들 공양하오며
> 수없는 중생들을 교화하시고
> 묘각(妙覺)의 변조존(遍照尊)을 이루시었고
>
> 털구멍서 나오는 변화한 구름
> 광명이 시방세계 두루 비추니
> 교화를 받을 이는 모두 깨우쳐
> 보리에 나아가서 청정케 하며
>
> 부처님이 여러 갈래 오고 가시며
> 모든 중생 교화하여 성숙시키니
> 자재하신 신통의 힘 그지없어서
> 한 생각에 해탈도를 얻게 하도다.
>
> 마니의 묘한 보배 보리나무를

> 가지가지 장엄함이 유다르거늘
> 부처님이 그 아래서 정각 이루고
> 큰 광명을 널리 놓아 두루 비추며
>
> 우렁찬 큰 음성이 시방에 가득
> 적멸하고 묘한 법을 연설하실새
> 중생들의 마음에 즐김을 따라
> 가지가지 방편으로 일러주시고
>
> 바라밀을 모두 닦아 원만하시니
> 일천 세계 티끌 수와 동등하시며
> 갖가지 지혜 힘을 성취했으니
> 너희들은 모두 가서 예배하여라.

 다음으로 제(3) 부분인데, 경학에서는 이 부분을 〈중소운분(衆召雲奔)〉이라 '과목치기'를 했다. 화엄 법회가 열리는 이곳 '화장세계'의 사방팔방 위아래의 하염없는 '10세계(十世界)'마다 부처님이 계시는데, 그 부처님을 따르는 대중들이 몰려와 구름처럼 하염없는 공양을 올리고 자신들이 온 방위에 따라 저마다 사자좌를 틀고 앉는다.
 『화엄경』의 이 대목 본문에 따르면, "10억 부처님 세계의 티끌 수 세계해 가운데, 10억 부처님 세계의 티끌 수 보살 마하살이 있는데, 낱낱 보살마다 각각 세계해의 티끌 수 보살 대중이 있다"라고 한다. 그리고 이렇게 많은 보살의 몸에 난 털구멍마다 무수한 광명이 발산된다고 한다. 작가는 이런 방법으로 화엄의 법회에 모인 보살들이 얼마나 자유자재한 능력을 갖추었는지 보여 주었다.

한편, 작가는 묘한 발상을 하는데, 광명(光明)이 법을 설하도록 구상하였다. 법문의 형식은 게송인데, 총 10수 중에서 네 수만 인용한다. 첫 게송은 전체적인 설명으로 실제의 법문 내용은 둘째 수부터 시작된다. 광명 설법은 대승 경전 설법 장르[12分敎]의 한 형식인데, 『화엄경』에서 진가를 발휘한다.

> 광명에서 나오는 묘한 소리가
> 시방의 모든 세계 두루하여서
> 불자들이 공덕으로 보리의 길에
> 들어가게 되는 것을 연설하도다.
>
> 여러 겁에 행을 닦아 게으르지 않고
> 고통 받는 중생들을 해탈케 하되
> 마음이 용렬커나 피로치 않아
> 불자들이 이 방편에 잘 들어가며,
>
> 모든 겁이 다하도록 닦은 방편이
> 한량없고 끝없고 남음도 없어
> 온갖 법문 골고루 들어갔지만

> 그 성품이 고요함을 항상 말하며,
>
> 3세의 부처님들 세운 서원을
> 모두 다 수행하여 끝내었으며
> 중생을 기억하는 그런 일들로
> 자기 행을 청정하는 업을 삼도다.

이제는 설법을 해도 될 때가 되었다. 「여래현상품 제2」의 핵심 법문은 제⑷ 부분과 제⑸ 부분에 배치된다. 구성 작가는 이 단락에서는 **청정법신 비로자나 부처님**'이 어떤 분이신지, 청법 대중들이 게송을 바치는 형식으로 묘사한다.

먼저, 제⑷ 부분에서 부처님은 미간 백호에서 '모든 보살의 지혜 광명'이라는 이름의 '광명'을 놓으신다. 그 광명이 비추는 곳마다 국토와 중생들이 드러난다. 또 부처님께서 수많은 세계를 '진동'시키니 세계마다 온갖 부처님과 부처님의 가르침과 보살 및 중생들이 나타난다. 그러고는 그 '광명'은 부처님을 오른쪽으로 휘감아 돌더니, 부처님 '발바닥 밑'으로 들어갔다. '발바닥 밑'은 모든 존재의 기반이자 근거이자 기초이니, 이제 그런 근본이 되는 내용의 법문을 하겠다는 암시이다. 이때 부처님 앞에 '큰 연꽃'이 나타난다. 그러더니 이번에는 부처님의 미간 백호상 가운데 '일체법승음보살'이 나타난다.

제(5) 부분에서는 '일체법승음보살'이 10수의 게송으로 비로자나 부처님을 찬송한다. 첫 찬송을 인용한다.

> 佛身充滿於法界 불신충만어법계
> 普現一切衆生前 보현일체중생전
> 隨緣赴感靡不周 수연부감미부주
> 而恒處此菩提座 이항처차보리좌
>
> 부처님 몸 온 법계에 가득하시니
> 간 곳마다 중생 앞에 나타나시며
> 인연 따라 골고루 나아가지만
> 언제나 보리좌에 항상 계시네.

위의 게송은 부처님 '미간'에서 나온 보살이 올린 게송이다. '미간'은 우리 몸에서 가장 위에 있고 중앙이며 중요하다는 상징적 의미가 있다. 『화엄경』에서 찬송을 받거나 법을 연설하는 부처님은 진리 그 자체를 몸으로 삼으시는 법신(法身)이며 응신(應身)임을 보여 주는 게송이다. 우리나라 오래된 법당 주련에서 많이 볼 수 있는 문구여서, 위의 인용문에 한문을 적어 독자님과 함께한다. 한국은 화엄의 역사가 깊음을 알 수 있다.

'미간'에서 나온 보살의 뒤를 이어, 작가는 열 방위에서 몰려온 보살 중에서 10명씩 대표 보살을 등장시켜 각 10수의 게송으로 법신(法身)으로서의 부처님과 응신(應身)으로서의 부처님 특징을, 지위·공덕·수행·힘·삼매·자재·무외·신통·끝없는 교화 측면에서 찬송 올리게 한다. 게송을 맛볼 기회는 앞으로 많으니, 이곳에는 생략한다.

끝으로 제(6) 부분에서는 이상과 같은 법회 현상이 다른 여러 곳에서도 동일하게 진행된다고 한다.

> 이 4천하의 도량 안에 부처님의 신통력으로써 시방에 각각 1억 세계해의 티끌 수처럼 많은 보살들이 모여오듯이, 온갖 세계해의 낱낱 4천하의 도량 안에도 모두 이와 같았다.

2. 현재의 가까운 인연
-「보현삼매품 제3」-

『화엄경』 설법이라는 '결과'가 있기 위해 두 가지 '원인'이 있었다고 했다. 첫째는 원천적인 '오랜 먼 인연'이고 둘째는 직접의 '현재 가까운 인연'이다. 이곳에서 소개하는 「보현삼매품 제3」은 둘째에 해당한다. 보현보살이 삼매에 들어서 수많은 부처님으로부터 힘을 받는다.

『화엄경』은 보살이 삼매에 들어 그 삼매 속에서 여러 부처님에게 힘을 받아, 그 힘으로 설한 경전이다. [아함]에 속한 여러 경전이 '석가모니 부처님의 입'에서 나온 것과는 태생부터가 다르다. 『화엄경』의 설주(說主)는 보살이다. 그런데 겉으로 보면 '보살의 입'을 통해서 설해지지만, 실제는 '부처님의 뜻'을 대신하는 것이다. 뒤집어서 말하면 부처님께서 체험한 진리이지만, 보살이라는 중생을 통해야만 세상에 나올 수 있다. 진리는 중생을 통해서 드러난다. 그런 메시지를 『화엄경』 작가는 전하고 싶었을 것이다.

청량 징관 국사는 「보현삼매품 제3」을 모두 여섯 부분[六分]으로 나누어 해설하고 있다.

⑴ 보현보살이 삼매에 드는 부분.
⑵ 부처님께서 가지(加持)하는 부분.
⑶ 삼매에서 일어나는 부분.
⑷ 자연현상을 통해 증명하는 부분.
⑸ 수많은 부처님의 몸마다 온갖 곳에서 광명이 퍼져 나오고, 그 광명에서 찬탄하는 게송을 펼치는 부분.
⑹ 대중이 찬탄하는 부분.

제⑴ 부분의 첫머리를 운허 스님은 한글로 이렇게 번역하고 있다.

> 그때에 보현보살마하살이 여래의 앞에서 연화장 사자좌에 앉으사 부처님의 위신력을 받들어 삼매에 드시었다. 이 삼매는 이름이 '일체 제불 비로자나여래장신(一切諸佛毘盧遮那如來藏身)'이니, 모든 부처님의 평등한 성품에 들어가 법계(法界)에서 모든 영상을 능히 보이며,……

독자님은 삼매의 이름 '일체 제불 비로자나여래장신(一切諸佛毘盧遮那如來藏身)'에 주목할 필요가 있다. 여기에서 '여래장신(如來藏身)'이란 여래의 수많은 공덕을 간직한 몸이라는 뜻이다. 다른 말로 하면 '진리의 몸' 즉 '법신(法身)'이다. 그 법신은 본문 인용문처럼 "부처님의 평등한 성품"이다. 이것이 바로 보현보살이 들어간 삼매의 모습이다. 그 삼매 속에는 역시 본문 인용처럼 "법계(法界)에서 모든 영상을 능히 보이는" 작용이 있다.

『화엄경』 작가는 깨달음이란 모든 곳에 있는 것이고, 그런 깨달음을 노력하면 누구나 체험할 수 있고, 그런 진리 체험의 세계 속에서 모든 사물의 참모습을 비추어 볼 수 있다는 걸 말하고 싶었다. 그런데 묘한 것은 '차사천하, 사바세계, 남섬부주, 마가다국, 보리수 아래.' 이곳에서 한 분의 보현보살만이 삼매에 들은 것이 아니었다. 온 법계 허공계 무수한 티끌 세계처럼 많은 모든 국토마다, 무수한 보현보살이 있었는데, 그렇게 수많은 보현보살이 모두 이 삼매에 들어간 것이다.

제(2) 부분에서는 그런 수많은 보현보살에게 시방세계의 일체 모든 부처님이 가피하여 붙들어[加持] 주신다. 힘 실어주는 것이다. 가지의 방법으로는 '말'로 "잘한다"라고 칭찬하기도 하고, 머리를 쓰다듬어 '몸'으로 하기도 하고, '뜻'으로 다양한 분야의 지혜를 주기도 한다.

'몸'과 '말'로 하는 가지는 이해하기 쉬운데 '뜻'으로 하는 가지는 본문을 인용하는 게 독자님이 이해하기 쉬울 것이다.

> 그때에 시방의 모든 부처님들이 보현보살 마하살에게 ⑴온갖 지혜의 성품에 들어가는 지혜를 주고, ⑵법계의 한량없는 데 들어가는 지혜를 주고, ⑶온갖 부처님의 경계를 성취하는 지혜를 주고, ⑷온갖 세계해의 이룩하고 부서짐을 아는 지혜를 주고, ⑸온갖 중생계의 넓고 큰 것을 아는 지혜를 주고, ⑹모든 부처님의 깊은 해탈인 차별 없는 삼매에 머무는 지혜를 주고, ⑺온갖 보살의 모든 근성 바다에 들어가는 지혜를 주고, ⑻온갖 중생의 말을 알아서 법수레를 굴리는 변재의 지혜를 주고, ⑼법계의 온갖 세계해에 두루 들어가는 몸의 지혜를 주고, ⑽온갖 부처님의 음성을 얻는 지혜를 주시었다.

이렇게 ⑴에서 ⑽에 이르는 지혜를 수많은 부처님이 보현보살들에게 주었다고 진술하는 『화엄경』 구성 작가의 의도는, 이하에 나오는 보현보살의 법문은 '깨친 이'의 말씀이고, 나아가 후세 그 누가 어떤 법문을 하더라도 법문 속에는 ⑴에서 ⑽까지에 이르는 지혜를 갖추어야 한다는 요청이기도 하다.

다음, 제⑶ 부분에서는 삼매로부터 깨어난다. 그러자 제⑷ 부분에서는 시방세계가 진동하고, 세계마다 보배로 멋지게 꾸며지고, 묘한 소리를 내어 진리를 연설하고, 하염없는 보배를 빗물 삼아 비 내리는 부분이 묘사된다.

제(5) 부분에서는 여래의 털구멍마다 광명을 놓고 그 광명 속에서 10수의 게송 나온다. 핵심은 네 번째 게송인데, '법신'을 노래했다.

> 이러한 열 가지 큰 마니왕 구름을 널리 내리니, 모든 여래의 털구멍마다 모두 광명을 놓고, 그 광명 가운데서 게송으로 말하였다.
>
> 온갖 세계 부처님의 계신 데처럼
> 저 세계의 티끌 속도 모두 그러해
> 나타내는 삼매와 신통한 일들
> 비로자나 부처님의 원력이니라.

마지막으로 제(6) 부분에서는 대중이 찬탄한다. 역시 게송은 총 10수인데, 핵심은 첫수이며 주제는 원력이다.

> 그때에 모든 보살들이 보현보살을 향하여 합창하고 우러러보면서 부처님의 신력을 받들어 같은 음성으로 찬탄하였다.
>
> 부처님의 법문으로 따라 나시고
> 여래의 원력으로 생기었으니
> 진여가 평등하온 허공장(虛空藏)이매
> 당신이 이런 법신 엄정(嚴淨)하였네.

『화엄경』 독서의 묘미는 게송의 문학성 음미에도 있다. 『시경(詩經)』에 익숙한 중국 고대 독서인(讀書人)들은 인도에서 들어온 불경의 이러한 장르에 친밀감을 느꼈다. 게다가 당시(唐詩)라는 장르를 꽃피우던 당나라 시절 천하의 문인 학사들은 『화엄경』 게송의 광활함과 깊이에 감복하고 말았다. 육조시대의 도연명이 그랬고, 당대의 왕유가 그랬고, 훗날 송나라의 소동파도 그랬다.

제3장. 우주법계의 성립을 밝힘

제3장. 우주법계의 성립을 밝힘

0. 총 론

제2장에서 필자는 『화엄경』 전반부에 등장하는 총 6품을 ⑴〈교기인연〉, ⑵〈설법의식〉, ⑶〈정진소설〉, 이렇게 세 과목으로 나눌 수 있다고 말했다. 그 중, ⑵〈설법의식〉에 해당하는 총 2품(品)은 앞의 제2장에서 이미 설명했다.

이제 이곳 제3장에서는 ⑶〈정진소설〉 단락에 해당하는 총 3품을 소개하려 한다. ⑶〈정진소설〉 단락에서는 세계가 어떻게 구성되었는지? 즉, '결과'의 측면에서 질문을 제기하여 답변하는 방식을 취한다. 그런가 하면 또 지난 세월 어떤 수행을 닦아 부처가 되었는지? 즉, '원인'의 측면에서 질문을 제기하여 답변하는 방식을 취하기도 한다.

이 두 가지 측면으로 법문을 구성한 『화엄경』 구성 작가는, 첫째의 측면을 전개하는 과정에서는 고대 인도인들이 경험하고 상상한 우주와 천체과학을 총정리했고, 둘째의 측면을 전개하는 과정에서는 고대 인도의 부처님 탄생 설화를 활용한다. 지금의 우주과학 입장에서는 고대 인도인들의 상상력이라고 할 수 있지만, 작가의 의도만은 어떤 과학으로 환원할 수 없는 삶의 가치를 담고 있다. 비록 비로자나 부처님의 지난 삶으로 인해 우주법계가 펼쳐진다고 문학적으로 표현하기는 했지만, 그건 문학이다. 결국 말하려는 속내는 지금 여기 우리의 삶이 우주를 만든다는 것이다. 중생이 어떻게 사는가에 따라 세계가 달라진다고 작가는 말하고 싶었다. 우리의 삶이 세상을 만든단다. 그걸 문학적으로 표현했을 뿐이니 문학작품을 작품으로 읽는 안목이 필요하다.

1. 인과로 생성된 온 우주법계의 모습
   - 「세계성취품 제4」 -

「세계성취품 제4」를 설명하기에 전에 앞의 내용을 간단하게 정리하면서 다음 단계로 넘어가기로 한다. 이런 훈고 방식을 경학(經學)에서는 〈첩전기후(牒前起後)〉라고 한다.

「세주묘엄품 제1」에는 부처님과 부처님 주위에 몰려든 여러 대중이 등장한다. 「여래현상품 제2」에서 대중들이 총 40가지로 보현보살의 입을 통해 질문한다. 그러자 여래께서 질문에 답하기 위해 '입'으로 '광명'을 놓으시니, 그 광명으로 인해 하염없는 세계와 불보살들이 드러난다. '화엄의 정토'가 드러난 것이다. 또 '미간'으로부터 '광명'을 놓아 설법할 법주(法主)들에게 힘 실어[加持]주신다. 드디어 「보현삼매품 제3」에서 보현보살이 삼매에 들어가 설법할 준비를 마친다.

이리하여 『화엄경』 설법을 시작할 준비가 이제 모두 갖추어진 셈이다. 부처님도 계시고, 그 부처님께서 입으로부터 광명을 쏟아내니 무수한 세계와 그곳의 중생들도 드러났고, 그들도 저마다의 인연 따라 지금 이곳 사바세계의 '보리수 밑'에서 펼쳐지는 법회 광경을 보고 듣고 있다.

세상이 보이기 시작한 것이다. 독자님도 상상해 보기 바란다. 긴 세월 어둠 속에 가렸던 온 우주에 광명이 비치기 시작한다. 어둠 속에 은하수를 비롯한 수많은 성운(星雲)이 드러나고, 각각의 별마다 무수한 모양이 드러나고, 그 속에 있는 자연과 생명체가 드러난다. 부처님 앞에는 턱-하니, '큰 연꽃'이 나타나 있다.

부처님의 입에서 나온 빛 때문에 드러난 '무수한 세계' 관련 설명이 펼쳐지니, 그것이 「세계성취품 제4」이다. '무수한 세계' 가운데 인간들은 '화장'이라 이름 붙은 세계 즉 '화장세계'에 산다. 그 세계를 설명한 대목이 「화장세계품 제5」이다. 필자는 총론에서도 말했듯이 이상의 2품에서 『화엄경』 작가는 고대 인도인들의 우주과학을 총 동원한다.

그러면 이런 '무수한 세계'라는 결과가 생긴 원인은 무엇일까? '인과 관계'로 존재와 사유를 비롯한 모든 사태를 설명하는 것이 불교의 특징이다. 자, 세계가 생긴 원인은 무엇일까? 답은, 비로자나 '부처님께서 전생에 닦은 수행 인연'이 원인이란다. 그렇다면, 신(神, God)이 원인이 되어 세상이 생겼다는 유대인들의 발상과 다를 게 뭔가.

그렇다. 『화엄경』을 비롯한 초기 대승 경전 속에는 기원전 1세기 이전의 고대 인도인의 세계관, 좀 더 구체적으로 말하면 [베다(Veda)]에 기록되어 전해지는 내용을 '이야기 소재[話素]'로 차용하고 있다. 브라만교와 자이나교 문헌에 등장하는 내용과 비교하면, '이야기 소재' 면에서는 다를 게 거의 없다.

그런데, 중요한 것은 그런 소재를 '해석'하거나 '엮는' 방식이다. 그리고 그 방식에 깔린 철학이다. 『화엄경』 구성 작가는 그 방법을 초기불교의 '연기법'에서 빌려온다. 『화엄경』 속에는 네 종류의 연기 방식이 등장한다고, 중국의 『화엄경』 경학자들은 해석했다. 그중에서 다른 경에는 없고 오직 『화엄경』에만 있는 연기법은 사사무애(事事無碍) 연기이다. 다양한 방식으로 첩첩으로 얽히고설키는 무수한 '존재(法, 圀 dharma)'끼리, 서로 원인이 되어 결과를 낳고, 그 결과는 타자에게 또다시 원인 노릇을 한다.

「세계성취품 제4」와 「화장세계품 제5」에는 고대 인도인의 우주관이 담겨있다고 위에서 말했다. 필자의 독서 경험으로 말해보면, 황당하기도 하고 놀랍기도 하다. 비로자나 부처님의 전신인 '대위광 태자'의 수행과 원력이 '원인' 노릇을 하여, 그 '결과'로 시방의 무수한 세계와 그 세계 속에 있는 '국토'들이 건설되었다는 발상이다. 바로 이 지점에 화엄의 묘미가 있다. 한 수행자의 '원력과 수행'으로 세계가 만들어졌단다. 그렇다면, 지금 여기 나 한 명이라도 원력을 세워 노력하면 세계를 창조할 것이다. 『화엄경』 작가는 바로 이 점을 말하고 싶었다. 생명을 가진 중생들이 세상을 지탱시켜 가는 것이다. 단독자인 '창조의 주'로서 비로자나 부처를 말하려는 게 아니다.

온 법계에는 무수한 세계가 시방으로 펼쳐져 있는데, 『화엄경』에서는 그것을 '찰해(刹海)' 또는 '세계해(世界海)'라고 한다. 하나의 '찰(刹, 閜 kṣetra)', 즉 하나의 '세계(世界, 閜 lokadhātu)'에는 하나의 수미산이 있고, 그 산을 중심으로 해와 달이 비추는 동서남북의 4대륙 및 그 범위 위로는 천상과 아래로는 지옥이 있다고 한다. 그런데 그런 '찰' 즉 '세계'가 많다는 뜻으로 바다 '해(海)' 자를 붙여 '세계해' 또는 '찰해'라 했다. 제석천 그물에 비유하여 '제망 찰해'라고도 했다. 본문을 인용하면 아래와 같다.

> 그때에 보현보살마하살이 여러 대중에게 말하였다. "여러 불자들이여, 세계해(世界海)에 열 가지 일[10事]이 있는 것을 지난 세상과 지금 세상과 오는 세상의 부처님이 이미 말씀하셨고 지금 말씀하시고 장차 말씀하실 것이니라.

> 무엇을 열 가지라 하는가. 이른바 (1)세계해가 일어나던 인연(因緣)과 (2)세계해가 의지하여 머묾[住]과 (3)세계해의 형상(形狀)과 (4)세계해의 체성(體性)과 (5)세계해의 장엄(莊嚴)과 (6)세계해의 청정함[淸淨]과 (7)세계해의 일어남[出興]과 (8)세계해의 겁이 머묾[劫住]과 (9)세계해의 겁이 변천하는 차별[劫轉變差別]과 (10)세계해의 차별 없는 문[無差別門]이니라.
> 여러 불자들이여, 간략히 말하여서 세계해에 이 열 가지 일이 있다 하지만, 만일 자세히 말하자면 세계해의 티끌 수와 같나니, 지난 세상·지금 세상·오는 세상의 부처님들이 이미 말씀하셨고 지금 말씀하시고 장차 말씀하실 것이니라.

 이처럼 보현보살의 입을 빌려 작가는 「세계성취품 제4」에서 '열 측면에서 요약한 세계 성립 인연[世界成就十種因緣]'을 소개하고 있다. 즉, (1)세계가 생긴 원인, (2)세계가 어디에 의지하는지, (3)세계의 다양한 모양, (4)세계의 재질, (5)세계 속의 여러 산천 및 건물 등, (6)세계 속의 다양한 수행 방법, (7)세계마다 출현하는 부처님, (8)세계가 유지되는 기간, (9)세계마다 다른 시간, (10)모든 세계의 공통점. 이를 줄여 경학에서는 세계 10사(十事)라고 칭한다.

 『화엄경』 작가는 10이라는 숫자를 좋아하는데, 여기에는 고대 인도인들의 수(數) 관념이 반영되었다. 이상의 (1)

에서 ⑽까지와 관련하여, 질문별로 역시 10가지 측면에서 답변한다. 분량이 원체 많으니 생략하고 ⑴〈세계가 생긴 원인〉 즉, 세계가 하염없다고 하는데 그런 세계가 생긴 원인을 『화엄경』에서는 무엇이라고 하는가? 해당 본문을 인용한다.

> 여러 불자들이여, 간략히 말하면 열 가지 인연으로 말미암아 온갖 세계해가 이미 이루어졌고 지금 이루고 장차 이루어지리라.
> 무엇을 열 가지라 하는가. 이른바 ⑴여래의 위신력인 연고며, ⑵법이 으레 그러한 연고며, ⑶온갖 중생들의 행과 업인 연고며, ⑷온갖 보살이 온갖 지혜를 이루어서 얻는 연고며, ⑸모든 중생과 모든 보살이 선근을 함께 모은 연고며, ⑹온갖 보살이 국토를 깨끗이 하려는 원력인 연고며, ⑺온갖 보살이 물러가지 않는 행과 원을 성취한 연고며, ⑻온갖 보살의 청정하고 훌륭한 지혜가 자재한 연고며, ⑼모든 여래의 선근에서 흐르는 바와 모든 부처님의 성도하실 때의 자재한 세력인 연고며, ⑽보현보살의 자재한 서원의 힘인 연고니라.
> 여러 불자들이여, 이것이 간략하게 열 가지 인연을 말한 것이지만 만일 자세히 말하자면 세계해의 티끌 수와 같으니라."

인용문을 읽어보면 알겠지만, 세계가 만들어지고 운용되는 원인으로, 『화엄경』에서는 중생들의 삶을 꼽고 있음을 알 수 있다. ⑴에서 ⑽까지 하나하나 음미해서 읽어보면, 신비할 것도 불가사의한 것도 없다. 중생들의 삶이 세계를 만든다. 내가 지금 사는 삶이 어느 세상 어느 시절에 세계를 만든다고 생각하면, 작은 일 하나라도 허투루 할 수 없을 것이다. 화엄의 작가는 그것을 생각해 보게 한다.

기왕에 불교도들의 세계관을 보았으니, ⑶세계해의 형상에 대해서도 본문을 인용하여 소개한다. 하늘을 바라보고 상상의 날개를 펼치는 고대 인도인들의 모습을 상상해 보자. 혹 계기가 되어 쏟아지는 밤하늘의 별을 볼 수 있다면 더욱 좋을 것이다.

> 여러 불자들이여, 세계해에 가지가지 차별한 형상이 있으니, 이른바 ⑴둥글기도 하고 ⑵모나기도 하고, ⑶둥글지도 모나지도 아니하여 한량없는 차별이 있으며, 혹은 ⑷소용 도는 물의 모양이고 혹은 ⑸산 불꽃 모양이며, ⑹나무 모양도 같고 ⑺꽃 모양도 같고 ⑻궁전 모양도 같고 ⑼중생 모양도 같고 ⑽부처님 모양도 같아서, 이런 것이 세계해의 티끌 수와 같으니라.

수많은 세계가 모여 '세계해'를 이루는데, 그런 세계해의 모양을 기술하고 있다. 작가다운 상상력이다.

2. 중생이 사는 세계의 모습
-「화장세계품 제5」-

앞에서 소개한「세계성취품 제4」와 이제부터 소개하는「화장세계품 제5」에는 고대 인도인들의 우주와 천체에 관한 지식이 차용되어 있다. 그들은 밤하늘에 뜬 별들을 당시의 지식을 총동원하여 '관측'하고 '기술'하고 있다. 그것이 앞에서 거론한 '열 측면에서 요약한 세계 성립 인연[世界成就十種因緣]'이다. 앞에서 인용한 대로 세계의 모양은 다음과 같다. ⑴둥근 형태들, ⑵모난 형태들, ⑶곡선과 직선으로 조합된 무수한 형태들, ⑷소용돌이치는 물결 형태들, ⑸산봉우리처럼 뾰족뾰족한 형태들, ⑹나무처럼 생긴 형태들, ⑺꽃같이 생긴 형태들, ⑻궁전처럼 생긴 형태들, ⑼다양한 생명체들처럼 생긴 형태들, ⑽다양한 부처님들처럼 생긴 형태들. 별자리를 설명하는 듯하다.

그러면『화엄경』에서는 왜 이렇게 우주와 천체 관련 이야기를 장황하게 소개하는 것일까? 답변은 명료하다. 지금 내가 사는 이 장소와 이 장소에서 하는 일을 밝히려는 것이다. 그들은 자신들에게 '알려진 세계'를, 자신들의 사유와 언어의 문법에 따라 설명하고 있다.

자신들에게 알려진, 바다처럼 넓고 이루 계산할 수 없는 무수한 세계 즉 세계해(世界海)를 한정한 다음, 그 세계해 속에 화장세계가 들어있고, 그 화장세계 속에 사바세계가 들어있고, 이 사바세계의 중심에 수미산(히말라야)이 있고, 그 산 남쪽에 카필라국이 있고, 그 나라의 '보리수 밑'에서 한 인간이 깨달음을 얻어 부처가 되었는데, 이제 그 부처가 된 사람이 자신이 깨친 깨달음을 전하려는 것이다.

✽ 화장세계의 구조

『화엄경』「화장세계품 제5」에서 작가는 고대 인도인들의 우주관을 이렇게 묘사하고 있다. 수많은 '바람 둘레[風輪(풍륜)]'가 층층이 위로 올라가면서 쌓여있고, 그 층 맨 위에 화장세계(華藏世界)가 떠 있다고 한다.

복잡하지만 핵심만 설명하면, 맨 아래의 풍륜 이름은 '평등하게 머묾[平等住] 풍륜'이다. 이 풍륜이 위로 무수한 '풍륜'을 겹겹으로 연이어가면서 떠받치고, 계속 위로 올라가면 맨 위에 '수승위광장(殊勝威光藏) 풍륜'이 있다. 이 풍륜이 무수한 향수해(香水海)를 떠받치고 있다. 낱낱의 향수해에는 무수한 향하(香河)가 오른쪽으로 돌면서 흐른다.

무수한 향수해 중에 보광마니장엄(普光摩尼莊嚴) 향수해가 있는데, 그 위에 종종광명예향당(種種光明蘂香幢)이라는 이름의 '큰 연꽃[大蓮花]'이 떠 있다. 그 꽃 한복판 평평한 곳에 화장세계가 자리하고 있다. 이런 화장세계를 소재로 보현보살이 10수의 게송을 읊는데, 화장송(華藏頌)으로 유명한 게송 한 수만 인용한다.

화장장엄 세계에 있는 티끌들	華藏世界所有塵
낱낱 티끌 가운데 법계를 보니	一一塵中見法界
광명 속에 부처님 구름 모이듯	寶光現佛如雲集
이것은 부처님들 세계의 자재.	此是如來刹自在

그런데 궁금한 것은 이런 '화장세계'는 하나인가? 답은 무수히 많다. 『화엄경』에는 '화장세계해(華藏世界海)'라는 용어가 자주 쓰이는데, 이 용어의 끝에 붙은 '해(海)'자는 바다처럼 드넓음을 비유하는 말이다. 무수한 향수해 위에 무수한 '화장세계'가 포진해 있다.

「화장세계품 제5」에는 보현보살의 입을 빌려 이런 상황을 아래와 같이 전하고 있다.

> "여러 불자들이여, 이 가운데 어떠한 세계가 머무는 지를 내가 이제 말하리라.
> 여러 불자들이여, 이 말할 수 없는 세계의 티끌 수 같은 향수해 가운데 말할 수 없는 세계 티끌 수의 세계종(世界種)이 있고, 낱낱 세계종에는 말할 수 없는 세계의 티끌 수 같은 세계가 있느니라.

그물망처럼 겹겹으로 연결되어 있는 무수한 세계를 비슷한 그룹(group)별로 묶어 세계종(世界種)이라 한다. 그러니 하나의 세계종 속에는 무수한 세계가 펼쳐져 있는 셈이다. 세계종이라는 명칭에서 '종(種)'자는 씨앗을 뜻한다. 씨앗에서 싹이 돋아 점점 자라 무수한 열매 즉 세계가 열림을 비유하여 붙인 이름이다.

독자님은 이 책에서(*78쪽) 「여래현상품 제2」를 소개할 때, 부처님의 '치아와 입'에서 광명이 발산되었다는 이야기를 기억할 것이다. 즉, "이 광명이 열 곳의 방위로 각각 1억 부처님 세계의 티끌 수 같은 세계해에 두루 비치니, 저 세계해에 있는 보살 대중들이 이 광명 속에서 제각기 이 화장세계를 볼 수 있었다."

화장세계의 상하로, 그리고 4방 8방에 세계해가 있다는 말이다. 즉 화장세계의 시방에 세계해가 입체적으로 구조를 이루고 펼쳐져 있다. 「여래현상품 제2」에서 서술되었듯이, 비로자나 부처님의 '치아와 입'에서 방광(放光)하여 시방세계에 중생들을 비추자, 그 중생들이 그 빛으로 인해 화장세계를 다 보면서 몰려와 설법을 듣는 것이다. 「여래현상품 제2」에서는 '화장세계해' 동쪽에 있는 세계해, 다음에는 남쪽, 서쪽, 북쪽, 동북쪽, 동남쪽, 서남쪽, 서북쪽, 아래쪽, 위쪽, 이렇게 '10세계해'를 차례로 거론하면서, 그곳에 있는 대중들이 화엄 법회에 참여하는 모습을 소개하고 있다. 시방(十方)에 각각 1억이니 총 10억 세계해인 셈이다.

바로 이런 화장세계에 상주하시는 교주가 법신 비로자나 부처님이시고, 그 화신으로 사바세계에 오신 한 분이 석가모니 부처님이시다. 중생들의 눈에는 화신으로 보이지만, 본바탕은 진리 자체인 법신이다.

법신을 찬송하는 게송은 한국의 사찰 주련이나 염불 속에 무수히 많지만, [관음시식]에서 목욕을 마치고 영가(靈駕)에 모셔져 정중탑(庭中塔)을 지나 법당의 통발을 걷고 부처님을 친견하려는 영혼을 향해, 님께서 이제 뵙게 될 부처님이 어떤 분이신지 게송으로 일러드린다. 놀라시지 말라고. 법신송(法身頌) 하나를 소개한다.

법신편만백억계	法身遍滿百億界
보방금색조천인	普放金色照天人
응물현형담저월	應物現形潭底月
체원정좌보련대	體圓正坐寶蓮臺

법신은 천 백 억 세계에 계시면서
금색 방광으로 하늘과 인간계를 비추시고
중생에게 몸 나타냄 연못의 달그림자 같지만
법신의 본체는 원만하여 연화대에 그대로이시네.

　참고로, 우리나라 법당에 부처님 형상을 안치하는데도 화엄의 세계관이 반영된 곳이 한둘이 아니다. 향수해 위에 떠 있는 '큰 연꽃'을 상징해서, 수미단 좌대에 푸른 바다 물결을 그리고, 그 위에 연잎을 그린 '파련(波蓮)'을 조각하여 새긴다. 결국 부처님은 『화엄경』의 묘사처럼 바다 위의 '큰 연꽃' 위에 앉아계시는 격이다.

　화장세계의 맨 바깥쪽을 에워싸고 있는 철위산(鐵圍山)을 포함하여 그 안쪽으로 사이사이 일곱 겹의 산이 둘러 있고 그사이에 바닷물이 차 있다. 염불 가락에 나오는 "7진산 8보해"이다. 새벽에 종을 치면서 외우는 "철위유암실개명(鐵圍幽暗悉皆明)"도 그런 우주관을 담고 있다.

※ 우리가 사는 사바세계의 위치

 그러면 우리가 사는 사바세계는 어디에 위치하는가? 앞의 단락에서, 풍륜(風輪)에 의해 떠받쳐지는 무수한 향수해가 있다고 소개했다. 그 많은 향수해 중에서 맨 가운에 '무변묘화광 향수해'가 있고, 그 위에 '일체향마니왕장엄'이라는 '큰 연꽃'이 피어 있다. 그 '일체향마니왕장엄 연꽃' 속에 무수한 세계종(世界種)이 갈무리되어 있다. 그 많은 세계종 중에 '보조시방 치연보광명 세계종'이 있다.
 '보조시방 치연보광명 세계종' 속에는 무수한 세계가 제석천의 그물망처럼 중층적으로 포진되어 있는데, 맨 아래에 '최승광(最勝光) 변조(徧照) 세계'가 있고, 그사이에 또 무수한 세계를 지나고 또 지나고 또 지나, 마지막 20번째 층에 이르면 '묘보엄 세계'가 있다고 한다. 그런데 『화엄경』에서는 층과 층 사이에 그저 무수한 세계가 있다고만 할 뿐, 무슨 세계가 어떻게 있는지 설명은 없다. 다만 우리가 사는 사바세계는 '보조시방 치연보광명 세계종' 총 20층의 13번째 층에 있다고 한다. 해당 본문을 인용하면 아래와 같다. 광활한 우주 속에 우리가 사는 사바세계를 위치시킨 작가는 듣는 이를 숙연하게 한다.

> 이 위로 부처 세계의 티끌 수 세계를 지나가서 세계가 있으니 이름은 사바(娑婆)이니라. 금강 장엄으로 짬을 삼고 가지각색 빛 풍륜으로 유지하는 연꽃 그물을 의지하여 머물며, 형상은 둥글어서 허공에 있는 하늘 궁전을 장엄하는 허공 구름이 그 위에 덮이고, 열세 부처 세계의 티끌 수 세계가 두루 둘러쌌으며, 그 부처님은 곧 비로자나 여래·세존이시니라.

인용에 나오는 "이 위로"는 제12층에 위치한 세계의 위쪽이라는 뜻이다. 이렇게 '중앙 향수해' 위에 세워진 총 20층의 세계를 차례로 소개한다.

그다음은 '중앙 향수해'의 주변을 차례로 소개한다. '중앙 향수해'에서 동쪽으로 가면 '때 여읜 불꽃 광 향수해[離垢焰藏香水海]'가 있고, 거기서 다시 남쪽으로, 거기서 다시 오른쪽으로, 이렇게 오른쪽으로 계속 5번 지나면서 그곳 향수해를 묘사하고 있다.

다음에는 방향을 틀어, '때 여읜 불꽃 광 향수해[離垢焰藏香水海]'의 동쪽에 있는 향수해를 보현보살의 입을 빌려 소개한다. 이어서 다음 향수해, 또다시 다음 향수해, 그 너머, 그 너머를 또 넘고, 하염없는 세계해를 소개하고 있다. 이 내용을 문학 형식을 빌려 구성 작가는 100수의 게송으로 거듭 노래한다. 첫째와 둘째가 게송 전체를 대표하니, 아래에 인용한다. 많은 게송 중에서 전체의 뜻을 대표하는 게송을 경학의 훈고 용어로 총구(總句)라 한다.

화장장엄 세계해가	華藏世界海
법계 같아 차별 없고	法界等無別
장엄들도 깨끗하게	莊嚴極清淨
허공중에 머물렀네	安住於虛空
이 세계해 가운데는	此世界海中
세계종이 불가사의	刹種難思議
하나하나 자재하고	一一皆自在
잡란하지 아니하다	各各無雜亂

 이번 독서 기회에 밤하늘에 쏟아지는 듯한 무수한 별을 보면서 『화엄경』을 읽어보시기를. 그러면서 저마다 자신의 인생살이를 생각해 보자. 쏟아지는 별처럼 무수한 중생들의 삶이 만들어낸 그런 별들이 저 하늘에 펼쳐있다고. 나의 지금 삶도 언제 어디서 세계를 만들 것이라고.

3. 세계가 만들어진 원인
-「비로자나품 제6」-

『화엄경』 구성 작가는 질문과 답변이라는 형식을 통해 이야기를 엮어가고 있다. 이야기는 석가모니가 깨달음을 얻은 최초의 순간에서 시작된다. 수많은 축하객이 몰려와 깨침을 찬송하는 인사를 드렸다. 이때, 그들의 마음속에는 여러 가지 궁금함이 생겼다. 경전 작가는 그 궁금함을 「여래현상품 제2」에서 총 40개의 질문으로 쏟아놓는다. 총 40개의 질문 중에서, 앞의 30개 질문은 부처님들과 부처님들의 세상이 어떤지를 물은 것이고, 뒤의 10개 질문은 그런 세상은 무슨 원인으로 만들어졌냐는 것이다. 이런 내용은 앞에서(*77쪽) 이미 소개했다.

이하에 소개하는 「비로자나품 제6」에서는 무한하게 펼쳐지는 청정한 세상이 만들어진 '원인'을 밝히고 있다. 『화엄경』 구성 작가는 에둘러 '원인(좋은 수행)-결과(좋은 세상)'라는 불교의 핵심 논리를 활용한다. 부처님의 '깊고 넓은 수행의 공덕'이 원인 노릇을 했고, 그 결과로 세 종류의 세간[三種世間]이 만들어졌다는 것이다. 세 종류의 세간이란 기세간(器世間; 중생들이 사는 국토), 중생세간(衆

生世間; 부처님을 제외한 모든 생명체), 지정각세간(智正覺世間; 부처님들)이다.

「비로자나품 제6」에서는 비로자나 부처님의 본사(本事; 전생 일)를 거론하여 세계가 성취된 원인을 소개하고 있다. 즉 비로자나 부처님의 전생 몸인 대위광(大威光) 태자가 오랜 세월 이전 '넓은 문 깨끗한 광명 세계해[普門淨光明世界海]' 속에 속해있는 무수한 세계 중의 하나인 승음세계(勝音世界)에 태어나, 그곳에 살면서 실천한 수행 공덕을 소개한다.

「비로자나품 제6」의 본문을 독서할 때 전통 경학(經學)의 훈고 방법으로 크게 세 부분[三分]으로 '과목치기'를 한다.

(1) 本事之時 : 본사의 때를 소개하는 부분.
(2) 本事之處 : 본사의 장소를 소개하는 부분.
(3) 時中本事 : 때에 닦았던 수행을 소개하는 부분.

이곳에서 말하는 본사(本事)란 '비로자나 부처님이 전생에 일삼았던 살림살이'이다. 즉, 전생에 실천한 수행을 말한다. 제(1) 부분은 그 많은 전생 중 어느 때인지를 서술하는 대목이고, 제(2) 부분은 그런 전생을 살던 세상의 소개이다. 이 두 부분에 해당하는 본문을 인용한다.

> 여러 불자들이여, ⑴지나간 옛적 세계의 티끌 수 겁을 지나고 또 그 곱을 지나서, ⑵세계해가 있었으니 이름이 넓은 문 깨끗한 광명[普門淨光明]이요, 이 세계해 가운데 한 세계가 있으니 이름이 수승한 음성[勝音]이니라.

인용문 중에서 ⑴은 〈본사의 때〉이고, ⑵는 〈본사의 장소〉이다. 전생에 살던 장소가 '승음(勝音)세계'인데, 운허 스님은 이를 '수승한 음성 세계'로 한글 번역했다. 이런 지명이나 인명 등을 포함한 고유명사를 한글로 어디까지 번역할지는 고민할 문제이다. 필자는 길어지더라도 번역해야 한다는 쪽이다. 화엄의 작가는 보살의 이름 하나, 그들이 드는 삼매 이름 하나, 등등 모든 것에 그것의 기능이나 역할을 알 수 있도록 신조어(新造語)를 만들어 사용하고 있기 때문이다.

제⑶ 부분은 〈때에 닦았던 내용〉인데, 대위광(大威光) 태자였던 전생에 비로자나 부처님은 승음세계에서 네 분의 부처님을 모시고 수행했단다. 그 첫째가 ①일체공덕산수미승운 부처님이다. 그때의 수행 내용을 인용하면 다음과 같다.

> 그때 대위광 태자가 부처님의 광명을 보고 예전에 닦은 선근의 힘으로 즉시 열 가지 법문을 증득하였으니, 무엇이 열인가. 이른바 ⑴온갖 부처님의 공덕륜(功德輪)삼매를 증득하고, ⑵온갖 부처님 법의 보문 다라니를 증득하고, ⑶넓고 큰 방편장 반야바라밀을 증득하고, ⑷온갖 중생을 조복하는 대장엄 대자(大慈)를 증득하고, ⑸넓은 구름 소리 대비(大悲)를 증득하고, ⑹끝없는 공덕과 가장 승한 마음을 내는 대희(大喜)를 증득하고, ⑺일체 법을 실지대로 깨달은 대사(大捨)를 증득하고, ⑻넓고 큰 방편의 평등한 광인 큰 신통을 증득하고, ⑼믿고 이해하는 힘을 증장하는 대원을 증득하고, ⑽온갖 지혜의 광명에 두루 들어가는 변재문을 증득하였느니라.

태자는 그 부처님을 섬기면서 수행한 결과, 모든 삼매와 다라니와 반야바라밀다와 대자·대비·대희·대사·대원과 큰 변재(辯才 ; 언어로 이치를 잘 쪼개어 설명하는 재주)를 얻었다.

이렇게 ①일체공덕산 수미승운 부처님을 모시고 수행하고, 그 부처님이 열반하신 뒤에 ②바라밀 선근 장엄 부처님, ③최승공덕해(最勝功德海) 부처님, ④명칭보문(名稱普聞) 연화안당(蓮華眼幢) 부처님을 차례로 섬겨 수행하다, 생명 마치고 다시 수미산 위에 환생하여 그곳 부처님의 법문을 듣고 삼매의 힘으로 '바다처럼 깊고 넓은 실상[實相海]'과 하나가 되어 큰 능력을 얻었다고 한다.

『화엄경』 구성 작가는 당시 전기작가(傳記作家)들과 솜씨를 공유하고 있다. 석가모니는 살아생전 자신의 전생을 말한 바 없다. 물론 저세상도 말하지 않았다. 당연, 보살의 존재에 대해서도 말한 바 없다. 이 모두 그의 죽음 후 '작가들'이 지어낸 이야기이다.

부처님 당시 있는 그대로의 모습을 많이 담고 있는 팔리어 3장에도, 작가들이 만든 6백여 종에 달하는 전생 이야기인 '본생담(범 Jātaka)'이 들어있다. 석가모니를 경험이나 논증의 방법으로 검증 불가능한 초월적 존재로 이해하려는 발상은 석가 당시부터 싹이 보였고, 세월이 갈수록 심해졌다. 『화엄경』 구성 작가는 이런 '세속적 심리'를 십분 활용하고 있다.

화엄의 작가는 대위광(大威光) 태자라는 가상의 인물을 등장시켜, 당시까지 전래하는 이야기를 엮어가고 있다. 작가는 그 '태자'를 '보살'로 오버랩(overlap)을 시킨다. 보살인 태자를 등장시켜 그가 전생에 닦은 보살행을 소개해 가고 있다. 처음 만나는 부처님의 이름은 일체공덕산 수미승운(一切功德山須彌勝雲), 둘째는 바라밀선근장엄(波羅蜜善根莊嚴), 셋째는 최승공덕해(最勝功德海), 넷째는 명칭보

문연화안당(名稱普聞蓮花眼幢)이다. 작가는 부처의 이름을 통해 해당 부처가 무슨 일을 하는지, 또 그 부처의 본질과 속성이 무엇인지를 독자들에게 말을 걸어오고 있다. 한문을 함께 적어두었으니, 같이 살피면 한결 뜻이 풍부해질 것이다.

당연하겠지만 경전 작가는, 보살인 대위광(大威光) 태자가 처음 만난 ①일체공덕산 수미승운 부처님과 그 둘 사이에 있었던 이야기는 자세하게 전개한다. 그다음부터 만난 세 분 부처님 모신 사연의 형식은 반복하되 내용은 간단하게 줄여 넘어간다. 물론 보현보살 입을 빌려 말이다. 이야기 구성은 크게 여섯 단락으로 이루어진다.

1. 부처의 이름을 총체적으로 드러내는 단락.
2. 상서로운 사건을 나열하여 중생들의 근기를 성숙시키는 단락.
3. 마침내 부처가 등장하는 단락.
4. 백호 광명으로 중생들을 불러들이는 단락.
5. 청중들이 모여드는 단락.
6. 설법하는 단락.

이런 단락마다 그 속에 활용하는 '이야깃거리[話素]'는 당시 전해오던 인도 고유의 전설과 신화와 문학 등에서

망라하였다. 『화엄경』 독서 포인트는 작가가 전하려는 '메시지', 즉 사람의 노력으로 세상이 만들어진다는 점에 있다. 그 노력의 내용은 자·비·희·사(慈悲喜捨)의 '4무량심'이다. '사(捨, 閛 upekṣā)'는 평정을 유지하는 마음을 뜻하는데, 이런 초기불교의 '4무량심' 위에 대승불교의 '원(願)'과 '변재(辯才)' 사상을 작가는 더 보탰다. 이 '메시지'를 놓치면 브라만교 전통의 [베다]나 『우파니샤드』와 뭐가 다를까?

제4장. 쏟아지는 질문들

제4장. 쏟아지는 질문들

0. 총 론

제1장에서 제3장까지에 걸쳐 필자는 『화엄경』 앞부분 총 6품의 구조 설명을 마쳤다. 총 6품을 관통하는 핵심 주제는 무한한 세계의 성립과 우리가 사는 사바세계가 속해 있는 화장세계이다. 그리고 이 모든 세계는 비로자나 부처님이 전생에 닦은 수행이 원인이 되었다고 했다.

『화엄경』의 전체 주제는 크게, ①확신 대상 관련 부분[信], ②수행 이론 관련 부분[解], ③실천 수행 관련 부분[行], ④체험 성취 관련 부분[證], 이렇게 네 부분으로 나눌 수 있다는 4분설(四分説)을 필자는 여러 번 반복했다.

제1장부터 제3장까지 ①을 끝내고, 이제 제4장부터는 ②로 들어가려 한다. ②는 「여래명호품 제7」부터 시작되는데, 작가는 첫머리에 질문 총 40개를 배치하여 「여래출현품 제37」에 이르는 총 31품에 걸쳐 답변을 배치했다. 모임의 횟수는 총 6회이다. 모임이 달라질 때마다 설법 장소도 달라진다. 이야기를 진행하는 보살도 달라지고, 방광하는 위치도 달라지고, 드는 삼매도 달라진다. 이런 요소들을 [표2]로 그려보았다.

[표2] 제2회~제7회 : 수인계과생해분 품별 조견표

			㉮ 答所依果問		7.여래명호품(身)
② 修因契果 生解分	제2회 보광명전 (문수보살) 10信法門	방광 : 양 발바닥 삼매에 들지 않으심 (이유; 청중이 아직 믿음의 지위에 들지 못했으므로)			8.사성제품(口)
					9.광명각품(意)
			㉯ 答所修因問	① 信	10.보살문명품
					11.정행품
					12.현수품
	제3회 도리천궁 (법혜보살) 10住法門	방광 : 양 발가락 무량방편삼매		② 解	13.승수미산정품
					14.수미정상게찬품
					15.십주품
					16.범행품
					17.초발심공덕품
					18.명법품
	제4회 야마천궁 (공덕림보살) 10行法門	방광 : 양 허벅지 보살선사유삼매		③ 行	19.승야마천궁품
					20.야마천궁게찬품
					21.십행품
					22.십무진장품
	제5회 도솔천궁 (금강당보살) 10廻向法門	방광 : 양 무릎 보살지광삼매		④ 願	23.승도솔천궁품
					24.도솔천궁게찬품
					25.십회향품
	제6회 타화자재천궁 (금강장보살) 10地法門	방광 : 양 미간 보살대지혜광명삼매		⑤ 證入	26.십지품

				27.십정품	
제7회 보광명전 (여래) 等妙覺法門	방광 : 양 미간·입 찰라제삼매	⑥ 等 佛		28.십통품	因圓
				29.십인품	
				30.아승기품	
				31.여래수량품	
				32.제보살주처품	
		㉣ 答 所 成 果 問		33.불부사의법품	果滿
				34.여래십신상해품	
				35.여래수호품	
				36.보현행품	
				37.여래출현품	

1. 보살들의 마음속에 생기는 궁금함
  - 「여래명호품 제7」 -

『화엄경』 구성 작가는 위에서 말한 총 31품을 통해서, 〈어떤 수행이 어떤 결과와 맞닿는지에 관한 이론〉을 망라하고 있다. 경학가들은 이 부분을 〈수인계과생해분(修因契果生解分)〉이라고 과목 이름을 붙였다.

〈수인계과생해분〉의 첫 품인 「여래명호품 제7」은 다음과 같이 크게 세 부분[三分]으로 나누어진다.

⑴ 서분(序分) : 설법 배경을 육하원칙으로 설명.
⑵ 청분(請分) : 보살들이 설법을 청함.
⑶ 설분(說分) : 제기된 질문에 답변.

그런데 이하에 인용한 ⑴〈서분〉의 첫대목에서 보다시피 설법 장소는 보광명전으로 옮겨지지만, 처음 깨침을 완성하고 『화엄경』 제1품에서 제6품까지를 설하시던 '보리수 밑'을 떠나지 않았다. 장소를 옮겨 법회를 하더라도 이전의 장소에서도 여전히 법회가 진행된다. 일곱 곳에서 아홉 번 모인 화엄의 모든 법회가 그렇다. 이렇게 화엄의 구성 작가는 동시다발적으로 온 법계에 울려 퍼지는 법회를 연출하고 있다.

> 그때 세존께서 마갈제국(摩竭提國) 야란야법 보리도량[阿蘭若法菩提場]에 계시면서 처음 정각을 이루시고 보광명전(普光明殿)에서 연화장 사자좌에 앉으시었다.

이렇게 사좌자에 앉으신 부처님을 작가는 다음과 같이 묘사하고 있다.

> 묘하게 깨달음이 원만하시니 두 가지 행법이 영원히 끊어졌고 모양 없는 법을 통달하여 부처님 머무시는 데 머물러 부처님과 평등하였으며, 장애 없는 곳에 이르러 운전할 수 없는 법을 굴리며, 행하심에 장애가 없고 헤아릴 수 없는 법을 세우며 3세를 두루 보셨다.

위의 인용문에 나오는 "두 가지 행법"을 [청량소초]에서는 '번뇌장(煩惱藏)과 소지장(所知障)' 또는 '생사와 열반'으로 풀이했다. 청량 스님이 보기에, 범부에게는 '번뇌장'과 '생사'도 현행(現行)하고, 비록 성문승이나 연각승들일지라도 '소지장(所知障)' 또는 '열반'은 아직 현행한다고 한다. 그런데 부처님은 그 둘 모두를 다 끊으셨다고 한다. 화엄의 구성 작가는 이런 부처님을 등장시켜 이야기를 엮어가고 있다.

(2)〈청문〉에는 총 50구절(실은 40구절)의 질문이 쏟아지니, 본문을 인용하면 다음과 같다.

> 그때 보살들이 이런 생각을 했다.
> "만일 세존께서 우리들을 불쌍히 여기사 좋아함을 따라서,
>
> (1)부처님 세계와 부처님의 머무심과 부처님 세계의 장엄과 부처님 법의 성품과 부처님 세계의 청정함과 부처님이 말씀하신 법과 부처님 세계의 자체 성품과 부처님의 위덕과 부처님 세계의 성취함과 부처님의 큰 보리를 열어 보이시며,
>
> (2)시방세계의 부처님 세존께서 일체 보살을 성취하기 위하여, 여래의 종성(種性)이 끊어지지 않게 하려고, 일체 중생을 구호하려고, 중생들로 하여금 일체 번뇌를 끊게 하려고, 일체 행을 분명히 알려고, 모든 법을 연설하려고, 일체 더러움을 깨끗이 하려고, 일체 의심 그물을 영원히 끊으려고, 일체 희망을 뽑으려고, 일체 애착하는 곳을 멸하려고,
>
> (3)모든 보살의 10주(住)와 10행(行)과 10회향(廻向)과 10장(藏)과 10지(地)와 10원(願)과 10정(定)과 10통(通)과 10정(頂)을 말씀하시고,
>
> (4)또 여래의 지위[地]와 여래의 경계와 여래의 신력

> 과 여래의 행하심과 여래의 힘과 여래의 두려움 없음과 여래의 삼매와 여래의 신통과 여래의 자재함과 여래의 걸림없음과
>
> (5)여래의 눈과 여래의 귀와 여래의 코와 여래의 혀와 여래의 몸과 여래의 뜻과 여래의 변재와 여래의 지혜와 여래의 가장 승한 원을 말씀하심과 같이, 원컨대 부처님 세존께서도 우리들을 위하여 말씀하옵소서."

10개씩 (1)~(5)의 다섯 묶음으로 묶을 수 있는데, (2)의 묶음 10구절은 보다시피 질문으로 처리하기에는 좀 애매하다. 중생을 생각하는 부처님 마음 10가지는 드러냈지만, 질문은 아니다.

화엄의 전통 경학에서는 (2)를 뺀 나머지 네 묶음(총 40가지 질문)에 주목했다. 그리고 그 질문에 대한 답변이 이하의 총 31품 어느 대목에서 나오는지 연결해서 독서하게 했다. 필자도 전래의 화엄 경학가들의 훈고법을 배웠고, 지금 독자님에게도 그것을 소개하고 있다. 이해의 편리를 위하여 다음과 같이 [표3]을 만들었다.

130 화엄경 나들이, 첫째 둘레

[표3] 「여래명호품」에 등장하는 질문 40가지

과	목			내용	답변처
直爾疑問 (10句)	❶ 問因所依果			1.佛刹	세계성취품→答世界安立海 화장세계품→答世界海
				2.佛住	
				3.佛刹莊嚴	
				4.佛法性	광명각품
				5.佛刹淸淨	여래명호품
				6.佛所說法	사성제품
				7.佛刹體性	광명각품
				8.佛威德	광명각품
				9.佛刹成就	여래명호품
				10.佛大菩提	광명각품
引例擧法請 30句	標彼說意			(2)有悲而無問辭; 어여삐 여기심은 있지만 질문을 한 것은 아님.	
	擧彼所說意	❷ 問果所成因	(3)	1.菩薩十住	십주품
				2.菩薩十行	야마천궁품
				3.菩薩十廻向	불승도솔천궁품, 십회향품
				4.菩薩十藏	십장품
				5.菩薩十地	십지품
				6.菩薩十願	〈초지〉 속에서 답변
				7.菩薩十定	십정품과 십통품에 모아서 답변
				8.菩薩十通	
				9.菩薩十忍	십인품
				10.菩薩十頂	
		❸ 問因所成果	(4) 內德成滿	1.如來地	後二十句問所成果, 全同初會.
				2.如來境界	
				3.如來神力	前會名佛加持, 離世間品各有十事.
				4.如來所行	
				5.如來力	

			6. 如來無畏	
			7. 如來三昧	
			8. 如來神通	
			9. 如來自在	
			10. 如來無碍	
		(5) 體相顯著	1. 如來眼	여래출현품, 불부사의품, 십신상해품.
			2. 如來耳	
			3. 如來鼻	
			4. 如來舌	
			5. 如來身	
			6. 如來意	
			7. 如來辯才	
			8. 如來光明	
			9. 如來智	
			10. 如來最勝	

「여래명호품 제7」에서 제기된 질문 총 40가지를 잘 들여다보면, 그것들 사이에는 일정한 '결[理]'이 보인다. 그 '결'을 따라 전통 경학에서는 크게 세 유형으로 가닥을 잡았다. 결 따라 본문을 읽어야 작가가 의도하는 의미를 파악하기 쉽다. [표3]에서 기호 ❶, ❷, ❸으로 눈에 띄게 표시했는데, 그 이유는 필자의 이 책에서 가장 큰 과목이기 때문이다. 이하에 그것을 소개한다.

❶ 누구의 과보에 의지해서 수행해야 하는가?
❷ 어떤 수행을 닦아야 하는가?
❸ 수행하면 어떤 성과를 얻는가?

질문❶에 대한 답변은, 부처님의 과보에 의지하여 그것을 준거 삼아 수행하라고 한다. 그러면서, 「여래명호품 제7」에서는 부처님의 신업(身業)을, 「사성제품 제8」에서는 부처님의 구업(口業)을, 「광명각품 제9」에서는 부처님의 의업(意業)을, 각각 소개하고 있다. 이런 내용을 필자는 이 책 제5장에서 다루었다.

질문❷에 대한 답변은, 여섯 단계로 제시하고 있다. 즉, 확신[信], 지혜[解], 수행[行], 회향[願], 체험의 시작[證入], 체험의 완성[等佛] 등에 관련된 이론을 차츰 닦아 올라가라고 한다. 「보살문명품 제10」을 시작으로 「제보살주처품 제32」에 걸쳐 법문이 진행된다. 필자는 이 내용을 이 책의 제6장에서 제11장에 걸쳐 다루었다.

질문❸에 대한 답변은, 성불한다고 한다. 이와 관련해서는 「불부사의법품 제33」부터 「여래출현품 제37」에 걸쳐 진행되고 있다. 필자는 이 내용을 책의 제12장에서 다루었다.

『화엄경』 구성 작가는 「여래명호품 제7」에서 제기된 ❶, ❷, ❸의 세 유형에 속한 총 40종류의 질문이, 「여래명호품 제7」에서 「여래출현품 제37」에 이르는 총 31품에서 답변이 되도록, 전체 이야기를 구성했다. 이를 위해 작가는 이런저런 통로로 전해 들은 수많은 수행 관련 이론들을 총집결시킨다.

특히 질문❷에 대한 답변을 위해 여섯 주제를 각각 내걸고, 설법 장소도 처음에는 보리수 근처의 보광명전, 둘째는 도리천궁, 셋째는 야마천궁, 넷째는 도솔천궁, 다섯째는 타화자재천궁, 마지막 여섯째는 다시 보광명전, 이렇게 옮겨간다. 한편, 이야기를 주도해 가는 주인공도 문수, 법혜, 공덕림, 금강당, 금강장, 보현(여래)으로 바꾸어 등장시킨다. 방광(放光)하는 위치도 바꾸어가고, 삼매(三昧)의 종류도 바꾸어간다.

서로 다른 지역에서, 또 서로 다른 세월 속에서, 또 서로 다른 수행공동체 전통에서, ……, 이렇게 다르고 다른 무수한 인연들 속에서 만들어진 수행 관련 이야기를 작가는 '하나의 작품'으로 엮었다. 그러나 아무리 솜씨 좋은 작가라 해도 작품의 내적 구성에 무리가 없을 수 없다. 때로는 중복되고, 때로는 빠지기도 한다. 그런데도 서사적 규모나 엮어가는 방식은 물론, 크고 작은 이야깃거리를 수집하고 소화하는 솜씨는 참으로 대단하다.

『화엄경』에 기록된 내용을 '믿기' 위해서가 아니라, 옛날 사람들의 생각을 '관찰하기' 위해 독서한다면, 그리하여 나는 어떻게 살아갈까를 반조(返照)한다면, 불전문학(佛傳文學)의 최고봉임에는 분명하다. 아비달마 논사들의 논증적 글쓰기 못지않게, 당시 성문승들에게도 대승 작가들의 문학적 글쓰기는 효과적이었다. 마침내 성문들도 대승 운동에 동참했다. 그들의 동참으로 재가 불자들이 시작한 대승 운동은 이제 천군만마를 얻게 되었다. 세월 속에서 대승의 추동력은 차츰 재가자에서 출가자 쪽으로 이동해갔다.

제5장. 수행의 준거인 부처님 과보

제5장. 수행의 준거인 부처님 과보

0. 총 론

제4장에서 설명했듯이 「여래명호품 제7」에서는 총 40개의 질문이 쏟아지는데, 그 질문을 유형별로 묶으면 크게 셋이 된다고 했다. (1)첫째, 누구의 과보에 의지해서 수행해야 하는가? (2)둘째, 어떤 수행을 닦아야 하는가? (3)셋째, 수행하면 어떤 성과를 얻는가?

화엄의 경학 훈고에서는, 질문 (1)에 대한 답변을 〈답소의과문(答所依果問)〉이라고 과목을 붙인다. 한자를 풀어보면 〈소의과(所依果)가 무엇이냐에 대한 답변〉이 된다. 여기에서 '소의과(所依果)'란 '의지해야 할 과보'라는 뜻이다. 질문의 뜻은 누구의 과보(果報)에 의지해야 하는가이고, 그 대답은 보살이나 성문이 아닌 부처님의 과보에 의지해야 한단다.

작가는 부처님의 과보를 신·구·의 3업(三業)으로 나누고, 「여래명호품 제7」에서 신업(身業)을, 「사성제품 제8」에서 구업(口業)을, 「광명각품 제9」에서 의업(意業)을, 각각 연출하고 있다.

이상은 어디까지나 '해석'인데, 이런 해석의 전통은 중국의 현수 법장, 청량 징관, 규봉 종밀, 장수 자선, 진수 정원을 거쳐 후대에도 계속된다. 조선에서는 순조 이후 그 전통을 수입하여, 멀리는 설파 상언(雪坡尚彦; 1701~1791)에서 최근 봉선사 월운 해룡에게까지도 이어진다. 필자는 이런 '해석' 전통에서 청량 국사의 [청량소초]를 배웠고, 그 배움에 터하여 독자님께 글을 쓰고 있다.

『화엄경』은 분량이 방대해서 내용 파악이 어렵지만, 경(經)을 보는 우리네 학인(學人)들은 선배 경학자들의 치경(治經)의 안내를 받아, 이력을 본다. 그리하여, 수행을 하면 누구나 부처가 되는데, 그렇게 부처가 되면 몸가짐이 어떻게 달라지는지, 또 말이 어떻게 달라지는지, 또 마음 씀씀이가 어떻게 달라지는지, 이런 측면에서 자신을 점검하고 단련해 간다.

참고로, 질문 ⑵에 대한 답변은 필자의 이 책 제6장~제11장 사이에서, 마지막 질문 ⑶에 대한 답변은 제12장에서, 각각 다룰 예정이다.

1. 외모의 측면에서 본 부처
-「여래명호품 제7」-

「여래명호품 제7」 초반부에서, 당시 모인 대중들이 궁금해하는 질문은 제4장에서 『화엄경』 본문을 인용해서 알아보았다. 그리고 그 질문을 분류하고 묶어 소개했다.

이제부터는 질문에 답을 할 순서인데, 답변에 앞서 문수보살은 우리를 한번 '멈칫'하게 한다. 말해 줘도 알기가 어렵다는 것이다. 부처님은 중생들의 근기와 상황에 따라 소위 대기설법(對機說法)을 하시기 때문에, 내용은 같을지라도 그 표현은 다르다는 점을 환기시킨다. 그렇다. 화엄의 설법 무대와 청중은 무수한 세계에서 무수한 방법으로 무수한 중생을 제도한다. [아함]에 나오는 법문만이 가르침이라고 고집해서는 화엄의 법문을 이해할 수 없다. 그 정황을 본문에서 문수보살의 입을 통해 이렇게 말하고 있다.

> 무슨 까닭인가. 불자들이여, 시방세계 부처님들이 여러 중생의 좋아함과 욕망이 같지 아니함을 아시고 알맞게 법을 말씀하여 조복하며, 이리하여 법계와 허공계까지도 같습니다.

> 여러 불자들이여, 여래가 이 사바세계의 모든 4천하에서 가지가지 몸과 가지가지 이름과 가지가지 모양과 가지가지 길고 짧음과 가지가지 수명과 가지가지 처소와 가지가지 근(根)들과 가지가지 나는 곳과 가지가지 말씀함과 가지가지 관찰함으로써 여러 중생들로 하여금 제각기 알고 보게 합니다.

『화엄경』 구성 작가는 「여래명호품 제7」에서 문수보살을 등장시켜, 우선 '깨친 이'를 부르는 명호(名號)부터 각 세계에 따라 중생에 따라 다름을 전제하되, "이 사바세계"에서 시작한다. 여기에서 특히 주목해야 할 독서 포인트는 '이'이다. '4천하'는 화장세계에 무수히 포진되어 있다. 축원문에 '차사천하(此四天下)'라고 '차(此)' 자를 붙이는 것도 그런 이유이다. 다른 '4천하'가 아니고, 우리가 사는 이곳의 '4천하'라는 뜻이다. 참고로, 4천하는 수미산을 중심으로 남쪽의 섬부주, 동쪽의 승신수, 서쪽의 우화주, 북쪽의 구로주 등 네 곳을 말한다.

「여래명호품 제7」에서 작가는 "이 사바세계"에 통용되는 '깨친 이'의 명호(名號)를 소개한다. 그렇게 하는 의도는 '깨친 이'에 대한 발상 자체를 바꾸려는 것이다. 이제 더 이상 부처님은 석가모니 부처님 한 분만이 아니다.

> 여러 불자들이여, 여래가 이 4천하에서 혹은 ⑴일체의성(一切義成)이라 이름하고, ⑵원만월(圓滿月)이라 이름하고, ⑶사자후(師子吼)라 이름하고, ⑷석가모니(釋迦牟尼)라 이름하고, ⑸제7선(第七仙)이라 이름하고, ⑹비로자나(毘盧遮那)라 이름하고, ⑺구담씨(瞿曇氏)라 이름하고, ⑻대사문(大沙門)이라 이름하고, ⑼최승(最勝)이라 이름하고, ⑽도사(導師)라 이름하나니, 이러한 이름이 그 수효가 10 천(千)이라 중생들로 하여금 제각기 알고 보게 합니다.

화엄에서는 부처의 속성으로 10종(種)을 들고 있다. 부처는 ⑴일체의성(一切義成)의 말뜻처럼 모든 의로움을 다 완성한 존재, ⑵원만월(圓滿月)의 말뜻처럼 둥근 보름달이 꽉 차 있듯이, 모든 면에서 조금도 일그러지거나 모자람이 없는 완전한 존재, 나아가 ⑽도사(導師)의 말뜻처럼 우리 생명체들을 바른길로 인도하는 선생님, 이렇게 독자님은 읽어가셔야 한다. 『화엄경』 구성 작가는 그렇게 읽어달라고 주문하는 것이다. 석가모니 부처님의 3업을 떠나 수행해서도 안 되지만, 부처는 석가모니 단 한 분이라고 마음을 닫아서는 세상에 널린 진리가 안 보인다고, 문수의 입을 통해 경고하고 있다.

이상으로 10가지 대표적 사례를 들고 있다. 그러면서

이러한 이름의 수효가 10 곱하기 1,000개에 달한다고 한다. 이렇게 이름이 다른 이유는 "중생으로 하여금 제각기 알고 보게 하기 위함"이라고 한다. 본래는 하나인데, 보는 천차만별의 중생들이 제 깜냥으로 제각기 이름 붙인다. 바로 이점이 『화엄경』 구성 작가의 의도이다. 이렇게 '이 4천하'의 동쪽으로 오른쪽으로 계속 돌며, 10세계에서 달리 부르는 부처님의 명호(名號)를 차례대로 낱낱이 소개하고 있다.

이름의 숫자만큼 사태는 존재한다. 생각으로, 생각된 것을 언어로 이름 붙인 만큼 존재한다.

2. 하신 말씀의 측면에서 본 부처
  - 「사성제품 제8」 -

부처님의 명호를 밝힌 작가는 이어서 「사성제품 제8」에서 부처님의 입[口]의 과보를 소개한다. 그런데 용어적으로는 '4성제(四聖諦)'를 운운하는데, 그 의미에 있어서는 [아함]의 그것과는 설명에 차이가 보인다.

> 그때에 문수사리보살마하살이 여러 보살에게 말하였다.
>
> "여러 불자들이여, ⑴고(苦)라는 성제(聖諦)를 이 사바세계에서 혹은 죄라 하고 혹은 핍박이라 하고 변해 달라짐이라 하고 반연(攀緣)이라 하고 모임[聚]이라 하고 가시라 하고 뿌리를 의지함이라 하고 허망하게 속임이라 하고 창질 자리[癰瘡處]라 하고 혹은 바보의 행동이라 합니다.
>
> 여러 불자들이여, ⑵고의 집(集)이라는 성제를 이 사바세계에서 혹은 속박이라 하고 망그러짐이라 하고 애착하는 뜻이라 하고 망령된 생각이라 하고 가서 들어감이라 하고 결정이라 하고 그물이라 하고 희롱거리라 하고 따라다님이라 하고 혹은 전도한 뿌리[顚倒根]라 합니다.

> 여러 불자들이여, (3)고가 멸(滅)하는 성제를 이 사바세계에서 혹은 다툼이 없음이라 하고 티끌을 여읨이라 하고 고요함이라 하고 모양 없음이라 하고 없어지지 않음이라 하고 제 성품이 없다 하고 장애가 없다 하고 멸(滅)이라 하고 자체가 진실함이라 하고 혹은 제 성품에 머문다 합니다.
>
> 여러 불자들이여, (4)고가 멸하는 도(道)라는 성제를 이 사바세계에서 혹은 1승(一乘)이라 하고 고요한 데 나아간다 하고 인도함이라 하고 끝까지 분별이 없음이라 하고 평등이라 하고 짐을 벗는다 하고 나아갈 데 없다 하고 성인의 뜻을 따름이라 하고 신선의 행이라 하고 혹은 10장(十藏)이라 합니다.
>
> 여러 불자들이여, 이 사바세계에서 사성제를 말하는 데 이러한 4백억 10천(千) 가지 이름이 있나니, 중생들의 마음을 따라 모두 조복하게 합니다."

무수한 세계를 무대로 하는 화엄에서는 4성제 즉 고·집·멸·도를 설명하는 방식이 세계마다 다양하다고 한다. 그 이유는 "중생들의 마음을 따라 모두 조복하게 하기 위함"이다. 그러면서 어느 시간, 또 어느 공간에서 부처가 탄생하더라도 4성제를 입으로 내뱉는다는 것이다. 부처님 가르침의 핵심이 4성제라는 인식, 이런 인식이 대승의 경전 작가들에게도 확인되는 대목이다.

위에서 인용한 대로 '이 사바세계'의 4성제를 말하고는, '이 사바세계' 옆에 있는 밀훈세계, 최승세계, 이구세계, 풍일세계, 섭취세계, 요익세계, 선소세계, 환희세계, 관약세계, 진음세계, 이렇게 10종 세계에서는 어떻게 달리 말해지고 있는지를 순차적으로 늘어놓는다. 그러고는 각각의 세계마다 동방에서 시작하여 오른쪽으로 돌아가며 총 10방위의 시방세계에도 그와 같다고 줄인다.

결국은 중생의 근기에 따라 4성제의 진리를 다양한 방식으로 연출한다는 것이다. 이것만이 4성제라고 주장하는 교조주의적 발상은 화엄의 작가에게는 용납되지 않는다. 그렇다고 석가모니가 설한 4성제를 떠나 달리 깨친 이의 진실을 구하려 해서도 안 된다는 것이다.

3. 마음 씀씀이의 측면에서 본 부처
-「광명각품 제9」-

부처님은 '두 발바닥 밑'에서 백억 종의 광명을 놓아 이 3천대천세계를 비춘다. 그러자 백억 세계의 온갖 사안들이 훤하게 모두 분명하게 드러난다. 이곳에서 세존이 연화장 사자좌에 앉으셨듯이 백억 세계도 그랬고, 역시 보살들도 그렇게 모였다. 무수한 문수보살들도 몰려왔는데, 작가는 그들 문수보살의 입을 빌려 부처님의 의업(意業)을 세 부류로 나누어 게송을 읊어댄다. (1)첫째 부류는 보리(菩提) 관련이고, (2)둘째 부류는 위덕(威德) 관련이고, (3)셋째 부류는 불법성(佛法性) 관련이다. 이는 「여래명호품 제품 제7」에서 제기한 질문에 대한 답변이기도 하다. 독자님은 [표3](*130쪽)을 참조하기 바란다.

(1)의 '보리' 관련해서는 다시 다섯 분야로 나누어 각 분야에 10수씩 총 50수의 게송을 노래하고, (2)의 '위덕' 관련해서는 총 10수의 게송을 노래하고, (3)의 '불법성' 관련해서는 총 40수로 노래한다.

먼저, (1)의 '보리' 관련 다섯 분야 중 보리의 체성(體性)을 노래하는 10수를 소개한다.

부처님은 깊은 법을
통달하기 짝없는데
중생들이 모르므로
차례차례 열어 뵈네.

나[我]란 성품 있지 않고
내 것들도 공적커늘
어찌하여 여래께서
그의 몸이 있으신고.

해탈이나 밝은 행은
수도 없고 짝도 없어
이 세간의 인(因)과 양(量)이
그 허물을 못 찾나니,

부처님은 5온(五蘊)법도
계(界)도 처(處)도 아니어서
셈[數法]으로는 성립 못해
사람 중의 사자라네.

성품 본래 공적(空寂)하고
안과 밖을 모두 해탈
온갖 망상(妄想) 떠났으니
짝 없는 법 이러니라.

자체 성품 동(動)하잖고

나와 거래(去來) 다 없지만
세간 중생 깨쳐 주며
한량없이 조복하네.

적멸(寂滅)법을 관찰하니
한 모양에 둘 없으며
마음 증감 없지만
신통력이 한량없네.

중생들의 업(業)과 과보
인연행(因緣行)을 안 짓지만
걸림없음 아시나니
선서(善逝)의 법 이러하다.

가지가지 모든 중생
시방세계 헤매거늘
여래 분별 않지만
제도하심 그지없네.

부처님의 금색신(金色身)은
유(有) 아니며 유에 두루
중생들의 마음 따라
적멸한 법 말하시네.

다음, ⑵의 '위덕' 관련해서 10수를 소개한다.

> 위덕이나 모습이나 종족으로써
> 사람 중의 조어사(調御師)를 본다고 하면
> 이것은 병난 눈이 잘못 봄이니
> 가장 좋고 훌륭한 법 그는 모르네.
>
> 여래의 빛과 모양 모든 상호(相好)를
> 온 세간의 중생들이 측량 못하니
> 억 나유타 겁을 두고 생각하여도
> 빛과 상호 위덕이 끝이 없나니.
>
> 여래 몸은 색상(色相)으로 된 것 아니매
> 형상 없고 적멸한 법이건만
> 모든 색상 모든 위의 갖추어 있어
> 세간에서 마음대로 보게 되더라.
>
> 부처님 법 미묘하여 요량 못하며
> 여러 가지 말로써도 미칠 수 없어
> 화합(和合)도 불화합도 모두 아니니
> 그 성품이 적멸하여 형상이 없네.
>
> 부처님 몸 남이 없고 희론(戱論) 뛰어나
> 5온의 차별법이 모두 아니라
> 자재한 힘 얻고서야 보게 되나니
> 가는 곳에 두렴 없어 말론 못하네.

몸과 마음 한결같이 평등하여서
안으로나 밖으로나 모두 다 해탈
오랜 세월 정념(正念)에 머물러 있어
집착도 없으시고 속박도 없네.

마음이 깨끗하고 밝은 사람은
간 데마다 조금도 물들지 않고
지혜 눈이 두루하지 않은 데 없어
넓고 크게 중생들을 이익 주리라.

한 몸으로 한량없는 몸이 되다가
한량없는 몸이 다시 한 몸 되나니
모든 세간 모든 일을 분명히 알고
온 세상에 온갖 형상 나타내도다.

이 몸은 어느 곳에 온 데도 없고
쌓이고 모여 된 것 아니지만
중생들이 분별심을 내는 연고로
가지가지 부처님을 보게 되나니.

마음으로 세간을 분별하지만
이 마음도 본래부터 있지 않은 일
여래께선 이런 법을 환히 아나니
이러해야 부처님을 보게 되리라.

제5장. 수행의 준거인 부처님 과보   151

끝으로, 문수보살은 부처님의 의업(意業) 관리하여, ⑶의 '불법성(佛法性)' 측면에서 총 40수로 찬탄한다. 40수는 다시 네 갈래로 '결[理]'이 나 있다. 결 따라 ①첫째 10수에서는 안팎으로 갖추어진 여러 공덕을, ②둘째 10수에서는 여러 방편을, ③셋째 10수에서는 중생 구제의 대비심을, 마지막 ④넷째 10수에서는 수행의 완성과 중생 구제를, 각각 찬송한다. 〈④〉 중에서, 중생 구제를 찬탄하는 총 6수를 인용한다.

> ⑴시방에 법 구하여 다름이 없고
> 공덕을 닦고 닦아 만족케 하여
> 있고 없는 두 모양 모두 멸하면
> 이런 사람 참으로 부처 보리라.
>
> ⑵시방의 여러 세계 두루 다니며
> 이치와 이익 얻는 법을 말하되
> 실제에 머물러서 동(動)치 않으면
> 이 사람의 공덕은 부처와 같네.
>
> ⑶여래가 운전하는 묘한 법 수레
> 모두가 보리도에 나아가는 일
> 이를 듣고 법의 성품 깨닫는다면
> 이 사람은 언제나 부처님 보리.
>
> ⑷십력도 아니 보면 요술과 같고

> 보아도 못 보는 건 장님의 단청
> 모양 따라 분별하면 부처 못 보니
> 집착을 여의고야 보게 되리라.
>
> ⑸중생이 업을 따라 갖가지 차별
> 시방과 안과 밖을 다 못 보나니
> 시방세계 걸림없는 부처님 몸을
> 죄다 보지 못함도 그러하니라.
>
> ⑹허공에 한량없이 많은 세계들
> 가고 옴이 없지만 시방에 가득
> 생겨나고 없어짐이 의지 없나니
> 널려 있는 부처 몸도 그러하니라.

이중 ⑴은 구법행을, ⑵는 설법행을, ⑶은 청법행을, 그리고 ⑷와 ⑸와 ⑹에서는 일체 컬 모양에 매이지 않는 파상행(破相行)의 측면에서 부처님의 의업(意業)을 찬탄하고 있다. '깨친 이'의 마음 씀씀이인 의업(意業)은 사유나 언어로는 접근하거나 설명하기에는 한계가 있다. 구성 작가는 솜씨를 발휘하여 부처님에게는 '광명'을 놓게 하고, 문수보살에게는 '광명'으로 드러난 실상을 본 만큼 게송으로 찬탄하게 하는 방식을 취했다.

제6장. 확신의 측면에서 답변

제6장. 확신의 측면에서 답변①

0. 총 론

✽ 해석과 창작을 통한 새 불교 운동

 대승을 표방하는 모든 경전이 그렇듯이 『화엄경』은 작가의 구성적 산물이다. 비록 형식상 경전의 처음에 "이렇게 내가 들었다"라고 하여 [아함]의 전통을 이어가지만, 이렇게 암송하는 이들은 마음에 부처님을 석가모니 부처님 한 분만을 특정하지는 않았다. 설사 작품 속에 석가모니를 언급하더라도 그때의 석가는 법·보·화(法報化)의 "3불(三佛)이 원융(圓融)하며 10신(十身)이 무애(無礙)하신" 그런 부처님이시다.

 필자는 지금 불신(佛身, 図 buddha-kāya)에 대한 당시 사람들의 생각 변화를 말하려는 것이다. 수행을 통해 보리를 완성한 부처님의 과체(果體)에 대한 논의를 이 방면 학자들은 불신론(佛身論)이라 한다. '부처' 즉 '깨침을 완성한 자'란 어떠한 존재인가? 부처의 본질은 무엇인가? 이런 점에 대한 철학적 반성과 논의는 이미 석가모니 생전에 그 씨앗이 마련되었다. 석가모니 부처님 생전 승단에 이미 아라한(阿羅漢, ㉻ arhan)의 깨침 지위[果位]를 획득한 제자들이 출현했고 석가모니 부처님도 인가를 하셨다. '깨침을 완성한 자'가 다수 있을 수 있다는 발상은 고대 인도인들에게는 오래된 것으로 결코 생소하지 않았다. 불교 내부에서도 석가모니 부처님 입멸 후, 세월이 지나면서 더욱 이런 발상은 확대되고 철학적 담론도 깊어져 갔다.

한편, 세존 사후 불전(佛傳) 작가들은 위대한 인물의 전생 이야기인 본생담(㉻ jataka)을 만들어 퍼트렸다. 많은 본생담이 부파의 승단에서 암송하던 [아함] 속으로도 들어갔고, 석가모니 입멸 후 500여 년이 지나면서 함께 문자로 정착되기 시작했다.

그동안 암송으로 전해지던 인도 고대의 문학이며 종교 사상 등이 문자로 기록되기 시작하던 기원전 1세기, 당시 인도에는 다양한 종교 사상이 퍼져있었다. 석가모니 당시에는 없었던 새로운 사상가들이 나왔고 세상도 달라졌다. 이런 환경 속에서 옛것만 가지고는 한계가 있었다. '확장적 해석'이 필요했고, '비평을 통한 포용'도 필요했다. 여러 공동체로 나뉜 부파(部派)의 논사(論師)들은 이 문제를 해결하기 위해 각종 논서(論書)를 냈지만, 대부분의 출가인에게는 너무 어려웠다. 재가의 생활인들에게는 석가의 덕스럽고 거룩한 전생 이야기가 더 효과적이었다.

대승의 작가들은 달랐다. 부파의 논사들이 사용했던 '논증적 글쓰기(argumentative writing)' 방식보다 인도 전통의 '서사적 글쓰기(narrative writing)'를 선호했다. 철학적 담론조차도 소리내어 읽는 운율에 실었다. 게다가 본생담(本生談)도 교리를 설하는 이야기 속으로 끌어들였다. 장르를 따로 묶어 별도의 경전으로 유통한 [아함]과는 달리, 동일한 경전 내부로 끌어들여 본문을 구성하는 화소(話素)로 활용했다. 게다가 [아함]에서는 볼 수 없는 '방광(放光)'이며 '수기(受記)' 등의 기법도 설법의 방법으로 활용했다. 그 과정에서, '12부경(十二部經)'의 내용은 물론 항목과 순서에 대승과 소승의 차이가 생기기에 이르렀다.

철학사상은 물론 그것을 담아내는 문학 형식까지 달라진 역사 속에서 출현한 대승불교, 이런 대승불교의 초기 작품의 하나가 『화엄경』이다. 기본적으로 [아함]이 전하는 내용을 중심 삼되, 부파 논사들의 논증적 교리 담론은 물론 [베다]를 비롯하여 당시 의학에 이르는 과학적 사유까지 활용했다. 게다가 율장까지도 경전 속으로 녹여 들였다. 이렇게 '포용'하고 '해석'하는 과정에서 석가모니 부처님의 원래 발언과 달라지는 부분도 생겼다.

시대를 이끌어가고 시대와 함께하는, 소위 살아있는 사

상이나 종교가 안고 가야 할 숙명이 있다. '전통의 해체를 통한 전통의 건설.' 매우 역설적이지만 살아있음이란 순간마다 관계 속에서 만들어져가고 다시 망가져 가는 끝없는 운동의 과정이다. 운동이 정지되는 순간 사람이건 사상이건 역사의 뒤안길로 사라진다. 화석이 되고 만다.

이런 역사의 교훈에 비추어 한국의 불교계도 깊이 생각해 보아야 할 것이다. 전통은 그것의 해체가 되었든 건설이 되었든, 지금의 삶에 중요한 기반이다. 지금도 여름과 겨울 3개월씩 선방에서 수좌(首座)들이 맹렬하게 수행 정진하는 전통은 예삿일이 아니다. 깨쳐보겠다는 한 생각이 혹자에게는 당랑거철(螳螂拒轍)처럼 무모하게 보일지 모르지만, 깨침은 불교의 근본이자 핵심이다. 게다가, 아직도 대승 경전을 마음에 담아 공부하는 학인(學人)들이 산중에 있다는 건, 대단한 전통이다.

깨침을 향하여, 경전 말씀에 근거하여, 지금 이 시대의 문제를 파악하고 그 해법을 제시하여 몸소 실천하는 삶은 거룩한 삶이다. 불타의 깨침을 중심에 둔 수지독송과 재해석, 이 둘 사이의 역동이 시대를 추동할 것이다. 검증도 되지 않은 별의별 이름 붙은 명상에 편승하여 보배를 방치한다면 참으로 안타까운 일이다. 수행과 말씀이 아닌 세속의 지식을 불법에 뒤섞어서도 안 될 것이다.

❋ 첩전기후(牒前起後); 온 길 돌아보고 갈 길 챙기기

『화엄경』 구성 작가는 [아함]에 전승되는 신·구·의 3업(業意)을 이야기 소재로 삼아,「여래명호품 제7」에서 신업(身業)을,「사성제품 제8」에서 구업(口業)을,「광명각품 제9」에서 의업(意業)을, 이렇게 '부처가 받은 업의 과보(果報)'를 대승적으로 엮었다. 그들의 한 작업을 정리하면 다음과 같다.

첫째, [아함]의 전승에 따르면 '깨친 이' 즉 부처는 석가모니 부처 한 분이었다. 그런데 대승의 작가는 온 우주에 펼쳐진 세계가 무한하고 또 그 속에 사는 중생들이 다양하므로, 거기에 출현하는 '깨친 이'도 무한하고, 부르는 호칭도 다양하다고 생각했다. 사유 지평을 한층 넓혔다. 이런 작가적 발상이「여래명호품 제7」에 드러나 있다.

둘째, [아함]이 전하는 석가모니 부처님의 법문 중 4성제의 가르침은 핵심 중에도 핵심이다. 대승의 작가도 이 점을 숙지하고 있다. 그리하여「사성제품 제8」을 구성하면서 시공을 넘어 누구라도 부처가 되면, 그 부처는 고·집·멸·도 네 가지 진리를 설한다는 점을 분명히 했다. 그런데 화엄에서 설정하는 '세계'가 무수하므로, 그 각각의 세계마다 4성제의 속성이 다르다고 해석의 문을 활짝 열었다. 그리하여 우리가 살고 있는 '이 사바세계'에서는 4성제를 이렇게 말하는데, 저 '밀훈세계'에서는 저렇게, '최승세계'는 또 ……. 이렇게 '백' 곱하기, '만' 곱하기, '억' 곱하기, 백 만 억 세계마다 4성제의 다른 속성을 변주하여 이야기를 엮어간다.

셋째, 깨친 이의 '마음 씀씀이[意業]'도 무수한 세계마다 드러나는 속성이 다르다고 한다. 『화엄경』 구성 작가는 「광명각품 제9」에서 부처님의 '두 발바닥 밑'에서 백억 '광명'을 방광하는 것에서 이야기를 시작한다. 개별적 사물이 아무리 '존재'하더라도, 그 존재는 '빛'이라는 조건이 수반되어야 '인식'된다. '존재'와 '인식'이라는 철학적 문제를 작가는 내면에 품으면서, '빛'을 계기로 우리에게 '인식되는' 깨달은 자의 '마음 씀씀이[意業]'를 묘사한다.

묘사의 방법도 문학적이다. 제삼자적 관점에서 '부처의 마음 씀씀이'를 고백하게 했다. 10명의 보살을 무대에 올려 저마다 10수씩 게송으로, 당사자가 체험한 부처 마음을 당사자의 언어로 고백하게 했다.

이상과 같이 『화엄경』 구성 작가는 [아함]에 등장하는 이야기 소재를 전 우주의 무대 위에서 연출한다. 이런 측면에서 '큰 수레' 즉 대승이라는 자부심이 가능했다. 『화엄경』 작가는 인도 땅에 있었던 석가모니 부처님의 가르침과 체험을 우주적 보편으로 확장하는 새판을 짰고, 결과는 아주 성공적이었다.

이상으로 필자는 제5장에서 다룬 내용을 요약했다. 이렇게 앞에서 한 내용을 요약하면서 다음의 내용으로 이어가는 방식을 경학의 훈고 용어로 첩전기후(牒前起後)라 한다. 이하에서는 제6장에서 제11장에 이르는 내용을 간단하게 소개하기로 한다.

「보살문명품 제10」부터 「제보살주처품 제32」까지 총 23품에 걸쳐 ①확신[信]→ ②지혜[解]→ ③실천[行]→ ④회향[願], ⑤체험의 시작[證入]→ ⑥체험의 완성[等佛] 관련 '이론'을 배치했다. 필자는 이 책에서 ①에서 ⑥에 이르는 여섯 층차[六位]와 해당 층[位]에서 다루는 중심 주제를 괄호 [ ] 속에 표기했는데, 이는 모두 [청량소초]에서 빌려온 사유이자 용어이다.

이하에서 필자는 ①확신[信]은 제6장에서, ②지혜[解]는 제7장에서, ③실천[行]은 제8장에서, ④회향[願]은 제9장에서, ⑤체험의 시작[等覺]은 제10장에서, ⑥체험의 완성[等佛]은 제11장에서, 각각 설명할 예정이다. 첨부하여, 독자님은 ①에서 ⑥에 이르는 주제는 한자로 기억하여 『화엄경』 독서에 중심 잡기 바란다. 필자의 한글 번역은 그저 참고 정도로 보아주시길 바란다. 『화엄경』 본문 속에서, 위의 한자가 매우 폭넓게 의미 활용되기 때문이다.

제5장에서 보았듯, 제2회 보광명전 무대에서 펼쳐진 법문 총 6품(品) 중에서, '전반부에 배치된 총 3품'을 통해, 수행자가 준거로 삼아야 할 부처님의 깨달음과 그 깨달음의 본질과 속성을 제시했다. 이제, 『화엄경』 구성 작가는 제2회의 '후반부에 배치된 총 3품'을 통해, 누구라도 노력하면 부처 될 수 있다는 '확신'을 갖도록 이야기를 안배했다. 그것이 곧, 「보살문명품 제10」, 「정행품 제11」, 「현수품 제12」이다. 이곳의 주제는 믿는 '행위 그 자체'가 아니라, '믿는 행위와 관련된 이론'이다.

①확신[信] 관련 이론을 말하려는 『화엄경』 구성 작가는 「보살문명품 제10」을 배치하여, 확신의 근거가 되는 '지식과 견해[知解]' 10종류를 소개한다. 이것을 화엄 경학에서는 '10심심(甚深)'이라 한다. 이어서 작가는 「정행품 제11」을 배치하여 앞에서 소개한 '지견과 견해[知解]' 실천에 필요한 '실천과 원력[行願]' 141종류를 일상 인연 속에서 소개한다. 마지막으로 작가는 「현수품 제12」를 통해 총 359.5 게송으로, 확신[信]으로 인해 생기는 '노력과 효과[功德]'를 소개한다.

1. 바른 지식과 그것을 획득하는 방법
   - 「보살문명품 제10」 -

『화엄경』 구성 작가는 「보살문명품 제10」, 「정행품 제11」, 「현수품 제12」의 총 3품 속에 우리들의 확신을 끌어올리는 각종 이론을 모았다.

「보살문명품 제10」에는 확신 유발에 필수인 '지식과 견해[知解]'를 집결시켰다. [청량소초]에서 「보살문명품 제10」 전체의 핵심 주제를 〈정해리관(正解理觀)〉이라고 '과목치기'를 한 점에 필자는 주목했다. 번역하면 〈바른 지식을 위한 참된 관찰 밝히기〉 정도가 될 것이다. 해(解) 자와 관(觀) 자를 놓다니, 볼수록 청량 스님은 천재이시다.

'바른 지식[正解]'만이 우리를 바른 행동으로 인도한다. 그리고 그 행동에는 반드시 확신이 수반되어야 한다. 이는 불교 인식론(지식론)의 전통이다.

'바른 지식'을 얻기 위해서는 '방법'이 필요한데, 그것이 바로 '원리 알아챔[理觀]'이다. '관찰[觀, 범 Vipaśyanā]'은 불교 전반에 관통하는 지식 방법이다. 그런 방법으로, 우리를 확신에 이르게 하여 행동하게 하는 '바른 지식'의 열 가지 주제가, ①연기(緣起), ②교화(敎化), ③업과(業果), ④

설법(說法), ⑤복전(福田), ⑥정교(正教), ⑦정행(正行), ⑧정조(正助), ⑨일도(一道), ⑩불경(佛境)이다.

바른 확신으로 우리를 인도하는 지식이 무수하지만, 『화엄경』 구성 작가는 깊고 깊은 것 10가지를 꼽았다. 경학에서 이를 10심심(甚深)이라 하는데, [아함]의 여기저기 흩어져 있는 소재이다. 다만 석가모니 당시와 시대가 달라졌기 때문에 해체와 포용이라는 해석 작업이 보태졌다. 글쓰기 방식도 아비달마처럼 논증이 아니고 서사이다. 암송하기 쉽게 운율도 겸용했다.

『화엄경』 본문을 보면, 이 대목을 연출한 구성 작가는 문수보살을 비롯한 10명의 가공인물을 등장시킨다. 형식이 대화라 하여, 논증의 형식을 사용한 아비달마 논사들의 문장보다 좀 쉬우리라 생각하면 오산이다. 논의가 촘촘하다. 다루는 주제도 어렵다. 오죽하면 「보살문명품」으로 번역되기 이전에 각현(覺賢; 359~429 ⓟ Buddhabhadra) 스님 번역의 [60화엄]에는 「명난품(明難品)」이라 했을까?

이 품에서 『화엄경』 구성 작가는 당시 부파불교 이론을 섭렵하면서, 그런 토대 위에 대승의 이론을 전개하고 있다. '설일체유부의' 범주론, 수행론, 지식론 등을 타고 넘기도 하며, '경량부'의 이숙식(異熟識) 이론을 대승 철학으로 살짝 비틀어 확장하는 등, 절묘하다. 10심심(十甚深)

이라고 이름 붙인 『탐현기』의 저자, 현수 법장 스님에 공감이 간다.

'10심심' 중에서 첫째의 ①연기심심(緣起甚深)을 담고 있는 본문만 인용한다. 한편, 「보살문명품 제10」 전체에는 일정한 '결[理]'이 있는데, 결을 따라 읽으면 본문 읽기가 좀 수월해진다. 문수보살이 열 가지 주제에 대해 차례로 질문을 하고, 이름에 수(首, 또는 殊) 자 들어가는 보살이 답변하는 형식이다.

> 그때 문수사리보살이 각수(覺首)보살에게 물었다.
> "불자여, 마음의 성품은 하나인데 어찌하여 가지가지 차별한 것을 보나이까?
> 이른바 선한 갈래에도 가고 나쁜 갈래에도 가며, 여러 근이 원만하기도 하고 모자라기도 하며, 태어나는 것이 같기도 하고 다르기도 하며, 단정하기도 하고 누추하기도 하며, 고통을 받고 낙을 받는 것이 같지 않나이까?
> 업은 마음을 알지 못하고 마음은 업을 알지 못하며, 수(受)는 과보를 알지 못하고 과보는 수를 알지 못하며, 마음은 수를 알지 못하고 수는 마음을 알지 못하며, 인(因)은 연(緣)을 알지 못하고 연은 인을 알지 못하며 지혜는 경계를 알지 못하고 경계는 지혜를 알지 못하나이까?"

이런 질문을 받은 각수보살이 다음과 같이 게송으로 답변한다.

> 각수보살은 게송으로 답변하였다.
>
> 당신이 이런 뜻을 지금 물으니
> 중생들을 알게 하기 위함이로다.
> 그 성품과 꼭 같이 답변하리니
> 당신이여, 자세히 들으시오.
>
> (1) 모든 법은 작용이 없는 것이며
> 그 자체의 성품도 또한 없는 것
> 그러므로 저러한 온갖 것들이
> 각각 서로 알지를 못한다네.
>
> (2) 이를테면 강 가운데 흐르는 물이
> 빠르게 흐르면서 경주하지만
> 제각기 서로서로 알지 못하니
> 여러 가지 법들로 그러하니라.
>
> (3) 또 말하면 크나큰 불무더기에
> 맹렬한 불길들이 함께 일지만
> 제각기 서로서로 알지 못하니
> 여러 가지 법들도 그러하니라.
>
> (4) 또 말하면 바람이 오래 불 적에

물건에 닿는 대로 흔들지만
제각기 서로서로 알지 못하니
여러 가지 법들도 그러하니라.

(5)또 마치 여러 종류 땅덩이들이
차례차례 의지해 머물지만
제각기 서로서로 알지 못하니
여러 가지 법들도 그러하니라.

(6)눈과 귀와 코거나 혀와 몸이나
마음과 뜻과 정(情)과 모든 근(根)들이
이런 것이 언제나 흘러 굴지만
그래도 굴리는 인 없는 것이라.

(7)법의 성품 본래는 나지 않지만
나타내 보이므로 나는 것이니
거기는 나타내는 자체도 없고
나타낸 물건들도 없는 바니라.

(8)눈과 귀와 코거나 혀와 몸이나
마음과 뜻과 정과 모든 근들이
일체가 공하여서 성품 없지만
망심(妄心)으로 분별하매 있는 것이니

(9)실제의 이치대로 관찰해 보면
온갖 것이 모두 다 성품 없나니

> 법의 눈은 헤아릴 수가 없는 것
> 이렇게 보는 것은 잘못 아니라.
>
> ⑽진실커나 진실치 아니하거나
> 허망한 것 허망치 아니한 것과
> 세간의 일이거나 출세간들이
> 모두가 가명으로 하는 말씀뿐.

위의 인용이 첫째의 ①연기(緣起) 관련 문답이다.

평등한 '한 마음[一心]' 위에 모든 존재는 인연 따라 연기하는데, 어찌하여 누구는 인간으로 태어나고, 누구는 짐승으로 태어나는가? 육신이 온전하기도 하고 장애도 있는가? 목숨이 짧기도 하고 길기도 한가? 몸매가 좋기도 하고 그렇지 못하기도 한가? 사는 게 고생스럽기도 하고 편하기도 한가?

10게송으로 답하는데, 공(空)과 가(假)를 말하면서도 그에 그치지 않고 중(中)을 말하고 있다. 지면 관계상 제⑺ 게송만 분석적으로 읽어보기로 한다. 제1구는 법성(法性)의 불변을, 제2구는 법성이 인연 따라 연기함을, 제3구와 제4구는 모든 현상이 인연을 따라 연기하더라도 법성 속에서 그러는 것임을, 각각 나타낸다.

둘째는 ②교화(敎化)이다. 인연 따라 연기한 수많은 중생을 부처님은 어떤 방법으로 교화하시냐는 질문이다. 10게송으로 답하는데, 제(6) 게송만 소개하면 이렇다.

> 지혜 있는 이는 온갖 법들이
> 무상한 것인 줄을 관찰하리니
> 모든 법이 공하고 '나'가 없어서
> 영원히 온갖 모양 떠났느니라.

즉, 무상(無常), 공(空), 무아(無我), 무상(無相), 이렇게 네 가지 '관찰(觀, 圖 Vipaśyanā)' 방법을 그들에게 가르쳐 교화한다는 것이다. 나머지의 '심심(甚深)'은 더 줄여 질문의 줄거리만 소개한다.

셋째로 ③업과(業果), 이상과 같이 공, 무상, 무아라면 선악이니 고락이니 하는 차별이 없어야 하는데, 선이니 악이니 하는 업의 과보[業果]는 뭐냐고 묻고 답변한다.

넷째로 ④설법(說法), 여래의 깨달음은 동일한 진리[一法]인데, 어찌하여 경전마다 말씀이 다르냐고 묻고 답변한다.

다섯째로 ⑤복전(福田), 중생의 복전(福田)은 다 같은데, 왜 사람마다 수확하는 게 다르냐고 묻고 답변한다.

여섯째로 ⑥정교(正敎), 부처님의 '바른 가르침[正敎]'은 다 같은데, 그것을 실천하는 중생들의 이익은 왜 다르냐고 묻고 답변한다.

　일곱째로 ⑦정행(正行), 위에서 말한 '부처님의 바른 가르침'을 중생들이 실천하는데도 그들은 왜 각종 번뇌를 일으키냐고 묻고 답변한다.

　여덟째로 ⑧정조(正助), '바른 가르침 중'에서 '으뜸가는' 즉 지혜바라밀 하나만 가르치시지, 왜 이런저런 '보조되는' 다양한 수행법을 말씀하셔서 사람들을 헷갈리게 하시냐고 묻고 답변한다.

　아홉째로 ⑨일도(一道), 모든 부처님은 '누구나 다 같이 부처 되는 수레[一佛乘]'으로 중생을 열반으로 실어 나르는데, 왜 수많은 정토와 예토가 있고, 사람에 선인과 악인이 있고, 승(乘)에는 2승과 3승 등이 있고, 계·정·혜 3학이 왜 나뉘고, 수명에 왜 장단이 있고, 광명의 색깔과 명암과 원근이 다르고, 국토마다 사는 사람이 다르고, 청중의 숫자와 수준이 다르고, 교화의 방식이 다르고, 불교 번영에 흥망이 있는가? 조목조목 열 가지를 묻고 답변한다.

　이상은 '중생의 영역'에 관한 질문과 답변이다. 이하는 '부처의 영역'에 관한 질문과 답변이다.

　열째로 ⑩불경(佛境), '부처의 영역[佛境]'에 관한 질문이다. 원인[因], 제도[度], (중생을 구제하러 세상에)들어감[入], 지혜[慧], 진리[法], 말씀[說], 앎[知], 체험[證], 드러남[現], 넓음[廣], 이렇게 열 측면에서 따져 묻고 답변한다.

경학자들은, 이렇듯이 「보살문명품 제10」에서 '질문-답변'의 형식으로 불교의 중요한 교리를 논증적으로 밝힌 점에 주목하여, 『화엄경』에는 논(論)의 요소도 있고, 또 「정행품 제11」에서처럼 윤리적 행위를 언급하는 율(律)의 요소도 있다고 한다. 그러니 『화엄경』이야말로 경·률·론의 3장(藏)의 형식이 모두 갖추어진 완전한 책이라고 자찬한다. 원교(圓敎)라는 말에는 그런 뜻도 들어있다.

이렇게 교리 행상을 논하는 일련의 작업을 '교상판석(敎相判釋)'이라고 하는데, 이런 작업에서 생산된 탐구의 결과를 한 '장르'로 묶은 것이 소위 〈현담(懸談)〉이다. '현(懸)' 자에는 '달아매다'라는 뜻을 담고 있다. 불교 전체의 교리가 어떻게 진행되는지 그 양상에 관한 담론을 경전 '본문 주석' 앞에 달아매었기 때문이다. [청량소초]의 체제로 예를 들면, 앞부분의 총 8책이 〈현담〉이고, 뒤로 이어지는 총 70책이 '본문 주석'이다.

2. 원력과 그에 따른 실천
-「정행품 제11」-

「정행품 제11」을 소개하기로 한다. 청량 국사는 「정행품」 전체를 관통하는 주제를 '원력과 그에 따르는 실천'으로 파악했다. 「문명품 제10」에서 밝힌 확신[信]과 연결하여 그곳에서 얻은 이론적 이해를 바탕으로, 제11품에서는 그것의 실천이 소개된다. [청량소초]에서 국사는 〈명수연원행(明隨緣願行)〉이라고 '과목치기'를 했다. 번역하면 〈세상살이 인연 속에서 수행자가 닦는 원력 실천을 밝힘〉 정도가 된다.

『화엄경』 구성 작가는 지수보살이 질문하고 문수보살이 답변하는 형식을 취했다. "운하(云何)" 즉 "어찌하여~인가?"로 시작하는 질문이 모두 20번 등장한다. 대승불교가 출현하던 당시 수행자의 일과(日課)가 잘 묘사되어 있다. 부파의 율장에 보이는 승가의 모습과는 다른 점도 보인다. 그만큼 세상도 달라지고 지식 사회의 배경도 달라졌음을 알 수 있다.

질문 20가지를 보면 공감이 갈 것이다. ⑴에서 ⑽에 이르는 열 가지 질문의 핵심 주제는 신·구·의 3업이다. 어찌해야 신·구·의 3업을 놀림에, 실수가 없고, 남을 해치지 않고, 헐뜯지 않고, 망가지지 않게 하고, 물러남이 없고, 경거망동이 없고, 훌륭해지고, 청정해지고, 오염되지 않고, 본보기가 되는지를 묻고 있다.

단락을 달리하여 열 가지 질문을 계속 던진다. 어찌해야, ⑾수행하기 좋은 환경을 만들 수 있는지, ⑿수행하기 좋은 지혜를 얻는지, ⒀수행하기 좋은 열 가지 힘을 얻는지, ⒁수행에 필요한 각종 법(法, 団 dharma)을 잘 이해하는 기술을 얻는지, ⒂수행에 필요한 각종 보조 방법[助道品]을 얻는지, ⒃수행에 필요한 6바라밀과 4무량심 등 보살행을 얻는지, ⒄수행에 필요한 여래께서 갖추신 열 가지 능력을 얻는지, ⒅수행에 필요한 각종 생명체의 도움을 받을 수 있는지, ⒆수행에 필요한 중생을 이롭게 하는 열 가지 능력을 얻을 수 있는지, ⒇수행에 필요한 존귀한 모습을 갖출 수 있는지. 이렇게 어찌해야 하냐고 계속 질문한다.

이런 질문에 대해 문수보살이 141가지로 답변한다. [80화엄]에서는 4자로 된 4구 게송으로 이루어졌는데 두 번째 구(句)는 반복해서 "당원중생(當願衆生)"이 들어간다. 운허 스님은 이 구절을 "~할 때에는 마땅히 원하기를 모든 중생이~하여지이다"로 번역했다. 첫째와 둘째 게송을 사례로 들어본다. 백문(百聞)이 불여일견(不如一見)일 수 있다.

> 보살이 집에 있을 때에는　　　　菩薩在家
> 마땅히 원하기를 모든 중생이　　當願衆生
> 집 성품의 공함을 알고　　　　　知家性空
> 그 핍박을 면하여지이다.　　　　免其逼迫
>
> 부모를 효성으로 섬길 때에는　　孝事父母
> 마땅히 원하기를 모든 중생이　　當願衆生
> 부처님을 잘 섬기어서　　　　　善事於佛
> 온갖 것을 보호하고 봉양하여지이다　護養一切

첫째 게송은 출가하기 전 마을에 살 때의 마음가짐을 총론적으로 드러냈다. 둘째 게송은 부모님께 갖추어야 할 도리이다.

청량 국사는 [청량소초]에서 문수의 답변 141가지를 10범주로 묶었다. 이렇게 묶어 읽는 것도 『화엄경』 이해에 도움이 된다.

①재가로 있을 때(11원), ②출가해서 계를 받을 때(15원), ③좌선하는 곳으로 갔을 때(7원), ④한곳에 머물거나 유행할 때와 법복을 입을 때(6원), ⑤양치하고 세수할 때(7원), ⑥걸식하려고 마을로 걸어갈 때(55원), ⑦마을에 들

어가 걸식할 때(22원), ⑧돌아와서 목욕할 때(5원), ⑨경전을 암송하고 불탑에서 예배할 때(10원), ⑩발 씻고 잠잘 때(3원).

부처님의 제자를 한자로 불자(佛子)라고 하는데, 불자에는 재가하는 불자도 있고 출가하는 불자도 있다. 『화엄경』 구성 작가는 이 둘을 나누어 ①에서는 재가한 불자의 행동거지를, ②~⑩에서는 출가한 불자의 행동거지를 나열하고 있다.

먼저, 재가한 불자의 경우는 바로 앞의 인용문처럼 부모 슬하에서 어찌해야 할지를 게송으로 소개하고 있다. 다음에는 처자와 살면서, 5욕락을 대하면서, 기생 잔치에 임하면서, 아내의 처소에 들면서, 몸에 장신구를 걸치면서, 누각에 올라 세상을 구경하면서, 남의 대접을 받으면서, 사람들의 모임에 참석하면서, 혹 힘든 일을 겪으면서, 그때그때 신·구·의 3업을 어찌 처신해야 할지 당부하고 있다. 석가모니 부처님이 재가 시절 어떻게 사셨는지를 암시받을 수 있다.

다음, 출가한 불자의 경우는 일상의 일과를 나열하고 있다. 일과 중에서 ⑥과 ⑦ 관련해서는 자세하다. 특히 ⑥은 탁발하는 일과인데, 그 과정에서 만나는 여러 길가에서(12원), 사물을 보면서(19원), 사람을 만나면서(24원), 그때그때 가져야 할 몸과 마음가짐을 적어놓고 있다.

재가를 먼저 말하고 출가를 뒤에 말하는 것은, 가치 있는 인생살이의 방향성을 보여 주려는 작가의 뜻이다. 수행하려면 출가해야 한다. 재가의 몸으로 안 되는 것은 아니겠지만 생계를 꾸려야 하니 출가자보다 수행하기 어렵다.

본문의 분량이 많으니 ⑨〈경전을 암송하고 불탑에서 예배할 때(10원)〉 어찌하라고 했는지, 이하에 인용한다. 독자님과 저도 지금 경전을 읽고 있으니 말이다.

> (1)경을 읽을 때에는
> 마땅히 원하기를 모든 중생이
> 부처님의 말씀을 따라
> 모두 기억하고 잊지 말아지이다.
>
> (2)부처님을 뵈옵게 될 때에는
> 마땅히 원하기를 모든 중생이
> 장애 없는 눈을 얻어
> 일체 부처님을 뵈어지이다.
>
> (3)부처님을 자세히 뵈올 때에는
> 마땅히 원하기를 모든 중생이
> 모두 보현보살과 같아서
> 단정하고 엄숙하여지이다.

⑷부처님 탑을 볼 때에는
마땅히 원하기를 모든 중생이
존중하기 탑과 같아서
하늘과 사람들의 공양을 받아지이다.

⑸공경하는 마음으로 탑을 뵈올 때에는
마땅히 원하기를 모든 중생을
여러 하늘과 세간 사람들이
한 가지로 첨앙하여지이다.

⑹탑에 정례할 때에는
마땅히 원하기를 모든 중생을
온갖 하늘이나 사람들이
정수리를 보지 못하여지이다.

⑺탑을 오른쪽으로 돌 때에는
마땅히 원하기를 모든 중생이
행하는 일이 거스르지 않고
온갖 지혜를 이루어지이다.

⑻탑을 세 번 돌 때에는
마땅히 원하기를 모든 중생이
부처님 도를 부지런히 구하여
게으른 마음이 없어지이다.

⑼부처님 공덕을 찬탄할 때에는

> 마땅히 원하기를 모든 중생이
> 모든 덕이 구족하여
> 그지없이 칭찬하여지이다.
>
> ⑽부처님의 상호를 찬탄할 때에는
> 마땅히 원하기를 모든 중생이
> 부처님 몸을 성취하여
> 형상 없는 법을 증득하여지이다.

 필자는 이 책에서 '『화엄경』 구성 작가'라는 용어를 반복 사용하고 있다. 여기에는 의도가 있다. 『화엄경』이란, '긴 세월을 거치면서 축적한 인간의 지적 산물'임을 분명하게 하기 위함이다. 책에 담긴 내용은 인간이 살아온 역사의 산물이다. 계시로 또는 하늘에서 내린 책도 있다고는 하는데, 필자는 그 사연은 잘 모른다.

 인간 지성의 역사적 산물인 책을 읽는 이유는 많겠지만, 첫째는 '지식' 획득이고 둘째는 '재미'이다. '지식' 획득으로 독서할 때도 지적 호기심과 활용이 있다. 필자의 경우는 '지식' 중에서도 지적 호기심이 가장 크고, 인생살이에 도움받으려는 활용이고, 다음은 재미이다.

 독서, 특히 불교나 유교나 도교의 경전 독서에는 방법이 있는데, 필자의 경우를 소개하면, 필자보다 먼저 그 책을 읽었던 그 방면 '고수'의 독서 경험에 귀 기울인다. 많은 경우 그 '고수'께서 남기신 책을 열람한다. 형편이 되고 만약 살아 계시면 찾아뵙고 여쭌다. 『화엄경』 독서의 '고수'는 중국 당나라 때의 청량 징관 국사이시다. 조선시대 내내 지금에 이르도록 『화엄경』 좀 읽는 사람은 대부분 청량 국사께 신세를 진다.

  이렇게 독서하는 과정에서 조선의 화엄 고승들은 때로는 자신들도 몸소 '독서 메모', 그분들은 겸양으로 사기(私記) 또는 사족(蛇足)이라 했는데, 참으로 귀한 걸 남겼다. 봉선사 월운 스님께서는 그런 '독서 메모'를 총정리하여 출판하셨다. 스님은 교판(敎判)과 석사(釋詞)에 고수이신데 스님의 이 방면 진면목을 여실히 드러낸 작품이 『인본욕생경주해(人本欲生經註解)』(안세고 한역, 도안 주, 김월운 주해, 동국대학교출판부, 2011)이다. 경우(經友)들에게 필독을 권한다. 치경(治經)을 제대로 하려면 '석사'와 '교판' 둘 모두를 갖추어야 한다.

3. 발심하여 수행하면 생기는 효과
   - 「현수품 제12」 -

화엄의 법성교학 전통에 따르면, 제6장에서는 '믿는 마음을 내게 하는 각종 이론'의 총정리라는 과문(科文)에 주목하여, 「보살문명품 제10」, 「정행품 제11」, 「현수품 제12」를 해설하고 있다. 이 과문은 필자의 창안이 아니고 청량 국사가 [청량소초]에서 과목 붙이신 ①〈명미신령신(明未信令信)〉이라는 '과목치기'에서 따왔다. 뜻을 풀면, 〈아직 수행자로서 어떻게 살아야 할지 확신이 안 생긴 자에게 확신을 내도록 밝히는 대목〉 정도일 것이다. 우리 글답지는 않지만, 한문의 어순대로 새겨보았다.

「보살문명품 제10」에서는 바른 지식을 위한 참된 관찰법을, 「정행품 제11」에서는 인연에 따르는 원력 수행을, 그리고 「현수품 제12」에서는 발심 수행으로 생기는 공덕을, 이렇게 각각 드러내어, 미신자(未信者)를 믿도록[令信] 하게 하려 함, 이것이 바로 『화엄경』 구성 작가의 구상이다.

『화엄경』 구성 작가는 문수보살을 질문자로, 현수보살을 답변자로, 각각 등장시켜 수행의 공덕이 얼마나 대단한지를 소개한다. 「현수품 제12」의 문학 장르는 질문도 답변도 모두 7언 4구 게송이다. 문수보살이 현수보살에게 청법하는 게송을 인용하면 이렇다.

> 내 이제 보살들을 모두 위하여
> 부처님의 청정한 행 말하였으니
> 바라건대 당신도 이 회중에서
> 수행하던 좋은 공덕 말씀하소서.

운허 스님의 번역이다. 이 대목을 시중에는 달리 번역한 책도 보이는데, 이 번역이 제대로 된 번역이다.

이런 청을 받은 현수보살이 359.5 게송으로 답하신다. '0.5'라는 계산은 7언 2구로 된, 즉 '안짝'만 있기 때문이다. 교상(敎相)을 판(判)하고 석(釋)해서 경전을 읽던 옛 경학의 대가들은 359.5 게송을 크게 세 범주로 가닥을 친다.

① 답변하겠다고 겸손히 답변하는 게송(4 게송)
② 발심의 공덕을 바로 설하는 게송(344.5 게송)
③ 수지독송할 것을 권하는 게송(9 게송)

이 중에서 핵심은 ②인데, 경학의 강사들은 '답변의 내용'을 기준으로 ②게송 전체를 다시 다섯으로 가닥을 쳐서 독서한다.

(1) 발심하는 양상을 노래(5 게송)
(2) 발심의 공덕을 간단하게 노래(7 게송)
(3) 발심하면 나타나는 효과를 노래(50.5 게송)
(4) 열 가지 삼매(三昧, samādhi)의 위대한 작용을 노래 (203 게송)
(5) 비유를 통한 노래(79 게송)

먼저, (1)〈발심하는 양상을 노래하는 게송〉의 첫 게송은 이렇게 시작한다.

> 보살이 발심하여 보리 구함은
> 인이 없고 연이 없는 것이 아니니
> 불보·법보·승보에 신심을 내고
> 그러므로 넓고 큰맘 내었느니라.

발심에도 '인'과 '연'이 있다는 것이다. 중심적인 '인'은 자신 속에 있는 '도덕 감정(moral sense)'이다. 자신 속에 있는 '도덕 감정'에 주목하여 그것을 활성화하는 일이다. 이것을 내훈(內熏)이라 한다. 양심에 마음을 기울여 그 느낌을 알아채는 것이다.

무슨 일이든 발심(發心)이 중요하다. 「현수품 제12」에서는 깨쳐보겠다고 발심하면 생기는 공덕과 작용을 두루 설명하고 있다. 경학의 용어로 이를 〈덕용해수(德用該收)〉로 '과목치기'를 한다. 앞에서 말했지만. 발심에는 저마다 간직한 '도덕 감정(moral sense)'에 주목하는 것이 첫발이다. 자기 '도덕 감정'에 주목하면 그 순간 벌써 '본마음'이 작동한다.

『대승기신론』에는 〈발심하여 도로 나아감; 發心趣道〉를 논하는 부분이 있다. 진여의 지혜가 현전해야 한다. 진여 체험으로 인한 발심이 바로 위에서 필자가 말한 '도덕 감정(moral sense)'이다. 본마음인 진여 훈습의 힘과, 그 힘에 뿌리내린 선근의 힘으로 10선(善) 닦기를 비롯하여 3보를 공경하고 따르면 믿음이 가득해지는 발심[信成就發心]을 스스로 느끼게 된다. 그렇게 되면 마음속에 직심(直心)과 심심(深心)과 대비심(大悲心)이 작동된다. 계속 정진하여 수많은 부처님의 가르침을 공부하고 실천해 가면 갈수록 깊은 신심[解行發心]이 완성되어 발심이 더욱 깊어진다. 그리하여 보시 바라밀을 비롯하여 각종 바라밀을 실천하게 된다.

중간의 ⑵와 ⑶은 생략하고 이하에서는 ⑷〈열 가지 삼매의 위대한 작용을 노래(총 203 게송)〉하는 대목을 좀 더 자세하게 소개하기로 한다. 결론을 앞질러 말하면 발심하면 삼매가 앞에 나타난다고 한다. 이 대목의 계송은 우리 스스로 발심이 되었는지를 점검하는 방법이기도 하다. 삼매가 현전하지 않으면 아직 제대로 발심이 안 된 것이다. 「현수품 제12」에서는 발심으로 인해 생긴 '10삼매'를 소개하고 있다.

① 원명해인(圓明海印三昧)삼매
  ↳ 아주 밝고 맑아 모든 걸 비추는 삼매
② 화엄묘행(華嚴妙行)삼매
  ↳ 오묘한 수행을 실천하는 삼매
③ 인다라망(因陀羅網)삼매
  ↳ 그물처럼 얽힌 연기 현상을 관하는 삼매
④ 수출광공(手出廣供)삼매
  ↳ 손에서 광대한 공양을 내는 삼매
⑤ 현제법문(現諸法門)삼매
  ↳ 다양하게 법문을 펼치는 삼매
⑥ 사섭섭생(四攝攝生)삼매
  ↳ 4섭법으로 중생을 거두는 삼매
⑦ 부동세간(俯同世間)삼매
  ↳ 자신을 낮추어 세간과 같이하는 삼매
⑧ 모광조익(毛光照益)삼매
  ↳ 모공으로 광명 비춰 중생 이롭게 하는 삼매
⑨ 주반엄려(主伴嚴麗)삼매
  ↳ 주인공이 주변을 멋지게 하고 꾸미는 삼매

⑩ 적용무애(寂用無礙)삼매
　↳ 고요함과 작용이 자유자재하게 들고나는 삼매

　발심의 효과로 이런 열 가지 삼매가 드러난다는 것이다. 내적 체험은 밖으로 드러날 때 비로소, 그 체험의 정당성(Validity)이 확보될 수 있다. 지금의 우리나라 종교계도 반성하고 살펴야 한다. 외적으로 드러나지 않은 종교 체험이 있을 수 있지만, 그러나 그런 체험은 정당성을 확보하기 어렵다. 정당화되지 않은 지식은 원하는 경험적 효과를 거둘 수 없다. 이하에는 ②〈화엄묘행삼매〉 부분을 인용한다. 교학 연구자들에 의해 많은 논문을 생산하게 하는 '화엄삼매'가 나오는 본문 대목이다.

> 부사의한 모든 세계 장엄하시고
> 그 가운데 일체 여래 공양하시며
> 끝없는 큰 광명을 널리 놓으니
> 중생을 제도함도 제한이 없네.
>
> 지혜가 자재하여 부사의하고
> 설법하는 말씀도 걸림이 없어
> 보시·지계·인욕·정진·선정과
> 지혜와 방편이며 신통까지도
> 이러한 온갖 것에 자재하시니
> 부처님의 화엄삼매 힘이시니라.

모두 2.5 게송인데, 줄로는 모두 열 줄이다. '발심'하면 이런 화엄삼매의 힘이 중생제도, 지혜, 설법, 나아가서는 바라밀 행으로 그 효과가 드러난단다.

만약 누군가 '발심'을 했다고는 하는데, 이런 삼매 작용이 나타나지 않으면, 아직 '발심'이 제대로 안 된 줄 알고 더욱 노력해야 할 것이다. '발심'도 안 되었는데, '깨달음' 운운한다면 역대의 많은 성인이 얼마나 걱정하실까?

윗 게송의 총 열 줄[行] 중에서 앞의 여섯 줄은 각 줄마다 하나씩 공덕 작용을 노래했고, 일곱째 줄과 여덟째 줄은 10바라밀 공덕 작용을 노래했고, 아홉째 줄과 열째 줄은 전체를 매듭지어 노래했다.

발심을 제대로 하면 이런 공덕의 작용이 드러난다. 역으로 이런 공덕의 덕목을 실천하면 본마음이 발동한다. 본마음 즉 '도덕 감정'과 '윤리 덕목'은 이렇게 서로 호응하고 서로를 격발시킨다. 『주역』의 음과 양처럼 음이 양을 껴안고 양이 음을 껴안는다. 『노자』의 부음이포양(負陰而抱陽)이라고나 할까.

제7장. 지혜의 측면에서 답변

제7장. 지혜의 측면에서 답변

0. 총 론

✽ 화엄의 전체 구조를 거듭 설명

경전 구성 작가는 『화엄경』이 설해지는 장소를 총 일곱 곳으로 이동하며 벌려놓았다. 지상에서 시작하여 천상으로 올라갔다가, 다시 지상으로 내려와서 끝을 맺는다. 경학가들은 이를 7처(處)라 한다. [80화엄]은 7처에서 총 9회에 걸쳐 법회가 진행된다. 설명이 반복되지만, 『화엄경』 전체의 구조적 이해가 필요하므로 다시 환기한다.

제1회에서 경전 구성 작가는 부처님이 어떤 분인지, 그리고 하염없이 펼쳐지는 세계를 설명한다. 경학에서는 이 부분을 ①거과권락생신분(擧果勸樂生信分)이라고 가닥을 치고 과문(科文)을 붙였다. 그리하여 우리로 하여금 확신[信]을 갖게 했다.

제2회에서 제7회에 걸친 총 6회에서 작가는 실천 수행에 관계되는 각종 **이론**을 인과적으로 해명한다. 이 부분을 ②수인계과생해분(修因契果生解分)이라고 과문(科文)을 붙였다. 구성 작가는 이 부분을 읽는 이가 스스로 지혜

[解]를 내도록 구상한 것이다.

『화엄경』 본문의 이상과 같은 구조에 착안하여, 필자는 『화엄경 나들이, 첫째 둘레』의 책 전체를 [제1부. 확신], [제2부. 지혜]로 크게 둘로 나누었다. 참고로, 제8회는 『화엄경 나들이, 둘째 둘레』로, 제9회는 『화엄경 나들이, 셋째 둘레』로 따로 출판할 예정이다. 세 둘레[三遍]로 나눈 이유는 『화엄경』 본문의 결[理]이 다르기 때문이다. 이 점은 앞(*131쪽)에서 설명했으므로 반복하지 않는다.

제2회에서 제7회에 이르는 총 6회의 법회를 이곳에서 다루는 중심 주제를 기준으로 분류하면, 여섯 층위[六位]가 있다는 설명도 앞(*132쪽)에서 이미 했다. 여섯 층위란, 첫째 둘레[第一遍]에서 ①신(信)→ ②해(解)→ ③행(行)→ ④원(願)→ ⑤증입(證入)→ ⑥등불(等佛). 둘째 둘레[第二遍]와 셋째 둘레[第三遍]에서도 역시 ①에서 ⑥으로 설법의 주제를 돌린다. 이렇게 여섯 층위를 세 번 돌려가며 구성했다 하여, 경학에서는 이를 〈삼편육위(三遍六位)〉라 한다.

『화엄경』 구성 작가는 설법의 장소도 돌리는데, 〈첫째 둘레〉에서는 ①보광명전→ ②도리천궁→ ③야마천궁→ ④도솔천궁→ ⑤타화자재천궁→ ⑥보광명전으로 장소를 돌린다. 또, 법문을 주도하는 설주(說主)도 ①문수보살→

②법혜보살→ ③공덕림보살→ ④금강당보살→ ⑤금강장보살→ ⑥보현보살(또, 부처님)의 순서로 돌린다.

참고로, 〈둘째 둘레〉의 법회 장소는 보광명전이고 설주는 보현보살이며, 〈셋째 둘레〉의 법회 장소는 기수급고독원에서 출발하여 남쪽으로 향하고 법회를 이끌어가는 주인공은 선우 동자이다. 역시 여섯 층위[六位]로 돌리는 형식은 똑같다.

또, 경전 구성 작가는 이런 구성 자체가 부처님의 계획된 의도임을 드러내기 위해, 부처님의 몸에서 쏟아내는 방광(放光)을 활용했다. 옮겨지는 방광의 위치에 따라 무대와 배우가 바뀌고 그에 따라 설법 주제도 바뀐다. 법문은 보살이나 참석 대중의 입을 빌렸지만, 실은 부처님의 말씀이라는 작가적 연출이다. 경전 본문 곳곳에 등장하는 "승불신력(承佛神力)"이라는 용어도 그렇다. 보살들이 부처님의 신통한 힘을 받아서 설법한단다. 이 또한 경전 구성 작가의 연출이다.

✱ 하늘에서 하는 설법의 시작

이제 새롭게 시작하는 이 책의 제7장은 장소로는 '수미산' 산마루에 위치한 도리천이고, 회차로는 제3회가 된다.

고대 인도인들의 '수미산 이야기'는 히말라야산[雪山]을 소재로 하고 있다. 희고 높은 산이 언제 어디서도 보이니 얼마나 환상일까. 해가 비치면 시리게 빛난다. 이 산밑 발치에서 위로 올라가면서 주변 사방으로 허공이 펼쳐지는데 땅과 붙어있는 허공이라 하여 '지거천(地居天)'이라 이름 붙였다. 땅과 붙어있는 '수미산'을 오르면, 중턱에는 4천왕천이 있고 꼭대기에 있는 허공을 도리천이라 부른다. 도리천 위로도 여러 겹의 허공이 펼쳐지는데, 허공 속에 거(居)하는 하늘이란 뜻으로 '공거천(空居天)'이라 했다.

도리천의 중앙에 선견성(善見城)이라는 수도가 있고, 수도 사방 각각에 여덟 하늘[八天]이 각각 포진했으니 4×8=32, 중앙 1과 합하여 모두 총 33구역이 된다. 아침 새벽에 범종을 33망치 치는 것은, 33하늘 구역에 사는 모든 중생에게 부처님의 가르침을 전하려는 뜻을 담았다고 한다. 수도인 선견성에는 도리천 전체를 관장하는 하늘 임금[天王]이 계시는데, 그 임금을 '제석' 또는 '제석천' 또는 '제석천왕'이라 한다. 그 임금이 거하는 집은 '제석궁' 또는 '제석천궁'이라 한다.

바로 이 도리천의 '제석천궁'으로 부처님이 대중을 동반하여 올라가셨다. 이제 '하늘 법회'가 시작된다. 참고로, 도리천(총 6품), 다음에는 야마천(총 4품), 그다음은 도솔천

(총 3품), 그다음은 타화자재천(총 1품), 이렇게 위로 올라가면서 법회가 열린다. '하늘 법회'는 총 4회이고, 지상 법회는 '보리수 밑' 1회, 보광법당 3회, 기수급고독원 1회 총 5회이다.

한편, 약간의 예외가 있지만, '하늘 법회' 장면은 아래처럼 반복된다.

(1) 부처님께서 하늘 궁전으로 올라가시면 그곳의 천왕이 부처님을 영접하여 사자좌에 모시고, 사방에서 몰려든 청중들이 예를 갖추는 장면. :「승수미산정품 제13」
(2) 몰려온 보살들이 부처님의 공덕을 찬양하는 장면. :「수미정상게찬품 제14」
(3) 본론을 설하는 장면. :「십주품 제15」,「범행품 제16」,「초발심공덕품 제17」
(4) 다시 한층 더 나아가는 깊은 수행을 설하는 장면. :「명법품 제18」

이렇게 해서, 도리천에서 진행된 제3회 법회에 경전 구성 작가는 당시까지 전해오는 수행 관련 각종 이론이 무엇인가를 담는다. 특정해서 '지혜[解]'의 측면에서 말이다. 경학에서는 이를 ②〈명이신령해(明已信令解)〉라고 '과목치기'를 한다. 풀어보면 〈이미 확신을 낸 중생이 닦아야 할 지혜[解]를 밝힘〉이 될 것이다. 핵심은 '지혜[解]'이다. 참고로, 필자는 한자 '解' 자를 우리 글로 '지혜'로 옮겼는데, 그 이유에 약간의 설명을 보탠다.

한자 '解' 자에는 쪼개다, 통달하다, 이해하다 등의 뜻이 있다. 우리 앞에 펼쳐지는 감각 소재를 표상하여 그것에 언어를 쪼개어 이름 붙이고, 그렇게 언어로 이름 붙여 지식으로 들여온 내용을 대상 삼아, 총체적으로 이해하여 그것의 의미를 통달하는 일련의 행위, 그것을 필자는 '지혜'라는 용어로 옮겼다.

그러면 이 단락에서 말하는 '지혜'란 무엇인가? 이 질문의 답은 「십주품(十住品) 제16」의 제목에 들어있는 '주(住)'의 의미를 밝히는 데서 찾으려 한다. '주(住)'의 의미에 대해 먼저 당나라 청량 국사의 [청량소초]를 소개한다. "지혜[慧]가 이치[理]에 머물러 지위에서 물러나지 않는 상태가 되었으므로 주(住)라 한다." 다음으로 봉선사 운허 스님의 『불교사전』을 소개한다. "마음이 진제(眞諦)의 이치에 안주하는 위치에 이르렀다는 뜻으로 주(住)라 한다."

위의 두 화엄의 대가들은 모두 『보살영락본업경』의 본문에 나오는 문구 즉, "지혜[慧]로운 법문을 넓게 많이 듣고 방편을 얻어, 비로소 공(空)한 경계에 들어가 공한 성품[空性]의 지위에 머물기 때문에 주(住)라 한다"를 염두에 두신 것으로 보인다. '주(住)'의 의미와 관련해 이상의 대가들이 사용한 핵심 어휘를 차례로 배열하면, '지혜[慧]', '마음', '지혜[慧]로운 법문 듣기', '이치[理]', '진제(眞諦)의 이치', '공한 성품[空性]', 이렇게 표현은 약간씩 다르지만 서로 통하는 의미가 있다.

이 대목에서 독자님은 「수미정상게찬품 제14」에 시방에서 몰려든 보살들의 이름에 '혜(慧)'라는 돌림자가 들어간 것에도 주목할 필요가 있다. 또 설주(說主)로 법혜(法慧)보살을 등장시키는 것도 역시 그렇다. 이렇게 볼 때 도리천 법회의 핵심은 '지혜[慧]' 관련 이론임을 확인할 수 있다.

『화엄경』 구성 작가는 이 점을 드러내기 위해 위의 앞에서(*193쪽) 분류한 ⑴, ⑵, ⑶, ⑷의 네 장면 중에서 제⑶ 장면에 배속되는 총 3품 즉, 「십주품 제15」(辨位)과 「범행품 제16」(辨行)과 「초발심공덕품 제17」(辨德)을 배치했다. 반달 괄호 ( ) 속 넣은 한자는 경학에서 사용하는 과문(科文)인데, 독자님은 이 과문(科文)의 뜻을 염두에 두면서 각 품 사이의 유기적 관계를 살펴야 할 것이다. 과문과 연결해서 그 내용에 설명을 보태면, 「십주품 제15」

에는 '지혜의 위상을 분별'해서 설하고, 「범행품 제16」에서는 '지혜를 닦기 위한 수행 이론을 변별'해서 설하고, 「초발심공덕품 제17」 그로 인해 '얻게 되는 효과를 분별'해서 설했다고 읽어달라는 주문이다.

또 말을 달리하여 설명하면, 지혜[慧]를 소재로 해서, 「십주품 제15」에서는 10가지 단계[位]를, 「범행품 제16」에서는 10가지 수행[行]을, 「초발심공덕품 제17」에서는 수행으로 얻은 효과[德]를, 이론적으로 각각 쪼개어 풀었다는 뜻이기도 하다.

도리천 법회의 하이라이트는 「십주품 제15」인데, 경학자들은 대승의 구성 작가가 『보살영락본업경』을 참조하여 그 내용을 『화엄경』 속으로 끌어들인 사실을 일찍이 눈치채고 있었다. 구성 작가는 '공성(空性)'을 온전하게 통찰하는 것이야말로 최고의 지혜[解]임을 「십주품 제15」을 통해 설파하려 했다. 그러고는 제15품을 구성지게 연출하기 위해 앞뒤에 총 다섯 품을 배치한다.

도리천에서 설해지는 법문 내용이 시공을 초월하는 보편적 진리임을 증거하려고, 구성 작가는 몇 가지 솜씨를 발휘한다.

첫째는 제석천왕이 도리천에서 경험했던 전생을 회상 고백하게 하는 방식으로 역사의 유구함을 연출한다. 즉,

제석천왕은 자신이 머무는 묘승전(妙勝殿) 전각 안에 '보광명장(普光明藏)'이라는 의자를 마련하여 부처님을 앉으시게 한 다음, 잘 오셨다고 인사 올리고, 지난 과거 세월에도 10명이나 되는 부처님들께서 이 궁전에 드셔서 설법하셨던 인연담을 연출한다.

둘째는 나레이션(Narration) 기법이다. 도리천 설법에서는 곳곳에서 10만 억 세계의 모든 세계에서 이런 법회가 동시적으로 똑같은 내용으로 열린다고, 틈만 있으면 반복해서 설명을 덧붙이고 있다.

1. 수미산으로 오르시는 부처님
-「승수미산정품 제13」-

「승수미산정품 제13」의 명장면은 제석천왕이 과거 열 분의 부처님을 거론하며, 도리천궁에 오셨던 과거 인연담을 게송으로 연출하는 부분이다. 열 분의 부처님은 가섭불, 구나함모니불, 가라구타여래(구류손불), 비사부불, 시기여래, 비바시불, 불사여래, 제사여래, 파두마불, 연등여래이다. 모두 이곳 도리천에 오셔서 10주(十住) 법문을 하셨다니, 이 얼마나 유서 깊은 장소인가.

> (1)가섭(迦葉)여래 대비(大悲)를 구족하시어
> 여러 가지 길상(吉祥) 중에 위가 없으며
> 그 부처님 이 궁전에 일찍 드시니
> 그러므로 이곳이 가장 길상해.
>
> (2)구나함모니[拘那牟尼] 보심이 막힘이 없어
> 여러 가지 길상 중에 위가 없으며
> 그 부처님 이 궁전에 일찍 드시니
> 그러므로 이 궁전이 가장 길상해.
>
> (3)가라구타(迦羅鳩馱)여래께서 금산과 같아

여러 가지 길상 중에 위가 없으며
　그 부처님 이 궁전에 일찍 드시니
　그러므로 이곳이 가장 길상해.

⑷비사부(毘舍浮)부처님 세 가지 때[垢]가 없으사
　여러 가지 길상 중에 위가 없으며
　그 부처님 이 궁전에 일찍 드시니
　그러므로 이곳이 가장 길상해.

⑸시기(尸棄)여래 모든 분별 여의시어서
　여러 가지 길상 중에 위가 없으며
　그 부처님 이 궁전에 일찍 드시니
　그러므로 이곳이 가장 길상해.

⑹비바시(毘婆尸)부처님 보름달 같으시어서
　여러 가지 길상 중에 위가 없으며
　그 부처님 이 궁전에 일찍 드시니
　그러므로 이곳이 가장 길상해.

⑺불사(弗沙)여래 제일의(第一義)를 밝게 통달해
　여러 가지 길상 중에 위가 없으며
　그 부처님 이 궁전에 일찍 드시니
　그러므로 이곳이 가장 길상해.

⑻제사(提舍)여래 변재가 걸림없으사
　여러 가지 길상 중에 위가 없으며

> 그 부처님 이 궁전에 일찍 드시니
> 그러므로 이곳이 가장 길상해.
>
> (9)파두마(波頭摩)부처님 깨끗이때가 없으사
> 여러 가지 길상 중에 위가 없으며
> 그 부처님 이 궁전에 일찍 드시니
> 그러므로 이곳이 가장 길상해.
>
> (10)연등(然燈)여래 광명이 크게 밝으사
> 여러 가지 길상 중에 위가 없으며
> 그 부처님 이 궁전에 일찍 드시니
> 그러므로 이곳이 가장 길상해.

총 10수의 게송마다 첫 구절에 작가는 부처님의 이름을 들고, 그 부처님의 수행 내용이 어떠신지를 밝히고 있다. 이렇게 과거 열 부처님이 힘주어 강조했던 내용을 거론하는 『화엄경』 구성 작가의 의도는 크게 넷으로 정리할 수 있다. 첫째는 도리천궁의 전각은 이미 과거에 열 부처님이나 다녀가신 곳으로 지금 막 올라오신 석가 본사(本師)도 계실만하신 명승지임을 밝히려는 의도이다. 둘째는 열 분의 과거 부처님의 공덕을 한가지씩 소개하여, 그것을 예로 삼아 지금의 본사이신 석가모니 부처님이 향후 말씀하실 내용을 살짝 복선으로 드러내려는 의도이다. 셋째는 자신이 옛날에 심었던 훌륭한 수행을 서술하여 지금 석가모니불 뵈올 자격 있음을 자축하려는 의도이다. 넷째는 과거 부처님도 모두 이곳에서 10주(十住) 법문을 설하셨을 정도로 이 법문이야말로 시간과 사람을 뛰어넘는 보편진리임을 드러내려는 의도이다.

2. 수미산 대중들의 환영 인사
  - 「수미정상게찬품 제14」 -

「수미정상게찬품 제14」는 품(品) 이름처럼, 그 내용은 '수미산 정상에서 게송으로 부처님께 올리는 찬송'이다. 작가는 10명의 보살을 등장시켜, 보살마다 10수씩 게송을 읊게 한다.

『화엄경』 전체에는 품(品) 이름에 '게찬'이 붙은 곳이 「수미정상게찬품 제14」, 「야마천궁게찬품 제20」, 「도솔천궁게찬품 제24」, 세 곳이다. 그런데, '하늘 법회'는 모두 도리천→ 야마천→ 도솔천→ 타화자재천 이렇게 올라가면서 모두 네 곳인데 타화자재천에는 왜 게찬품(偈讚品)이 없는가? '하늘 법회'의 마지막 장소인 타화자재천에서의 법문은 편집 배경 자체가 다르기 때문이다.

타화자재천 궁전에서 설한 「십지품 제26」은 작품의 편집 배경이 여타 품과 다르다. '선배 작가'가 이미 『십지경』을 세상에 내놓았는데, 뒤에 활동하던 '후배 작가'가 경 전체를 『화엄경』 속에 하나의 '챕터[品]'로 활용했다. 이 과정에서 후배인 『화엄경』 구성 작가는 본인의 작품에서 일관했던 체제의 통일성을 양보하면서, 선배 작가가 남긴 작품의 원형을 보존하려 했다. 이런 양상은 뒷날 만들어지는 대승 경전에 자주 나타난다. 『화엄경』 속의 「십지품」은 이전부터 『십지경(十地經)』이라는 이름으로 독립 유행하고 있었다. 『화엄경』 구성 작가는 그 양식을 변형시키지 않고 원형대로 옮겨다 놓은 것이다. 그러니 하늘로 올라감을 뜻하는 '승(昇)' 자 이름 붙은 품도, 올라가서 게송으로 찬양하는 품도, 없다.

다시 본래의 이야기로 돌아온다. '게찬품'이라는 이름이 붙은 3품 모두, 구성 방식은 같다. ①〈집중분(集衆分)〉, ②〈방광분(放光分)〉, ③〈게찬분(偈讚分)〉즉, 대중이 모이는 부분, 세존께서 방광하는 부분, 부처님의 위신력을 받들어 천왕이나 보살들이 게송으로 찬송 올리는 부분으로 나누어진다.

'100 부처님 세계의 티끌 수 밖에 있는 세계'에서 보살들이 몰려와 부처님 발 아래 엎드려 예배하고, 자신들이 원래 있었던 방위 별로 무리 지어 자리를 잡고 앉는다. 그런데, 이곳 수미산 꼭대기 제석천의 궁전만 그런 것이 아니라 일체 세계에서 모두 이런 현상이 벌어졌다. 이때 세존께서 '양발 발가락'에서 백 천억 가지 미묘한 색깔의 광명을 발산하여 모든 세계의 수미산 꼭대기에 있는 제석천 궁전을 비추신다. 방광 속에서 각각 세계마다 모인 대중들이 훤하게 드러났다. 보이지 않던 세상도 드러나고, 그 속에 사는 중생들도 드러난다.

도리천에서 진행되는 제3회 법회의 '설주(說主)'가 법혜보살임은 독자님도 다 아실 것이다. 경전 구성 작가는 법혜보살에게 첫 찬송을 올리게 한다. 이어서 아홉 보살이 뒤를 잇는다. 화엄의 경학자들은 시방(十方)에서 몰려온 10명의 보살이 올린 게송에 대해, 첫 번째의 법혜보살이 올린 총 10수(首) 게송을 특별히 지목하여 '찬송의 총체적 양상[總相]'이라고 '과목치기'를 한다. 그렇게 듣고 보면 그렇게 보인다.

법혜보살을 뺀 나머지 9명의 보살이 올린 각 10수는 '찬송의 개별적 양상[別相]'이다. '별상'에 해당하는 남방에서 온 일체혜보살의 게송을 소개하고, 경학의 훈고 방법으로 분석해 본다. 이런 훈고 방법은 청량 국사의 [청량소초] 속에 무궁무진 활용된다.

> (1)설사 백천 겁 동안에
> 여래를 항상 본다 하여도
> 진실한 이치를 의지하지 않고
> 세상 구원하는 이를 본다면
>
> (2)이 사람은 모양만 집착하여

어리석은 의심 그물만 더하고
나고 죽는 지옥에 얽매이리니
눈 어두워 부처님 보지 못하리.

⑶모든 법 자세히 관찰하면
제 성품 아무것도 없나니
그 났다 없어지는 모양과 같이
다만 빈 이름만 말하는 것.

⑷온갖 법이 나지도 않고
온갖 법이 없어지지도 않나니
만일 이렇게 안다면
부처님이 항상 앞에 나타나리.

⑸법의 성품 본래 공적하여
취할 수 없고 볼 수도 없어
성품 공한 것이 곧 부처라
능히 헤아릴 수 없네.

⑹만일 온갖 법들이
자체의 성품 이런 줄 알면
이런 사람은 모든 번뇌에
물들지 아니하리라.

⑺범부들은 모든 법 볼 적에
모양만 따라 흔들리나니

법의 모양 없는 줄 알지 못하매
부처님을 보지 못하나니.

(8) 모니께서는 3세를 여의고도
모든 모양 다 구족하시니
머물 데 없는 데 머무시매
널리 두루하셔도 동하지 않아.

(9) 내가 온갖 법 보는 것
모두 다 분명하며
지금 여래 뵈옵고
조금도 의심이 없네.

(10) 법혜보살 나보다 먼저
여래의 진실한 성품 말하시니
나는 그를 따라서
부사의한 보리를 알았노라.

이상이 총 10수 중에서 (1)~(2)는 진실한 이치에 의지하지 않고 부처를 이해하려 하면 끝내 부처를 보지 못함을 밝힌 게송이며, (3)~(6)은 '법의 참 성품'을 알아야 제대로 부처를 이해한 것임을 밝힌 게송이다. 그러면 '법의 참 성품'이란 무엇인가? (3)에서 자성 없음을, (4)에서 불생불멸임을, (5)에서 공함(空)을, (6)에서 자성 각각이 '법의 참 성품'이라는 것이다.

계속해서 ⑺은 본성을 미혹하고 법을 취하려 해서는 부처를 알 수 없음을 밝힌 게송이며, ⑻은 부처란 진리 그 자체임을 밝힌 게송이며, ⑼는 일체혜보살 자신은 이상에서 밝힌 '법의 참 성품'을 알았기에 지금 부처님을 뵙게 되었음을 자축하는 게송이며, 끝으로 ⑽은 일체혜보살 자신이 이렇게 부처님을 뵙게 된 데에는 모두 앞 보살의 덕분이라고 회향하는 게송이다.

3. 지혜의 공사상
-「십주품 제15」-

❋ 십주품의 얽개

『화엄경』 구성 작가는 듣는 이의 눈과 마음을 수미산 꼭대기에 있는 도리천으로 집중시켰다. 이어서 다음과 같이 이야기를 풀어낸다.

도리천의 제석천왕은 묘승전(妙勝殿)이라는 전각 앞에서 비로자나 부처님께서 지상에서 올라오시는 것을 멀리서 보았다. 궁전을 청소하고 '보-광명장(普光明藏)'이라 이름하는 사자좌를 설치했다. 허리를 굽혀 합장하고 인사한다. "잘 오셨습니다, 세존이시여. 잘 오시나이다, 선서(善逝)시여. 잘 오시나이다, 여래·응공·정등각이시여. 바라옵건대 가엾이 여기사 이 궁전에 계시옵소서."

작가는 이렇게 부처님을 모시고, 이어서 시방의 '100 부처님 세계의 티끌 수 국토 밖에 있는 세계'로부터 대중들을 불러들여 자신들이 떠나온 방위에 따라 자리에 앉힌다. 작가가 늘 하는 반복적인 기법이다. 그러고는 부처님의 공덕을 찬송하게 한다. 길고 장엄한 찬송이 끝나니 이제는 법문할 차례가 되었다. 법문의 주제는 10주(十住)인데, '입정(入定)→ 출정(出定)→ 설법' 순으로 진행된다. 화엄의 경학에서는 전통적으로 「십주품 제15」를 모두 일곱 부분[七分]으로 가닥을 나누었다.

 (1) 삼매분(三昧分)
 (2) 가지분(加持分)
 (3) 기분(起分)
 (4) 근본분(根本分)
 (5) 설분(說分)
 (5) 증성분(證成分)
 (6) 중송분(重頌分)

 한문을 보면 그 뜻을 짐작할 수 있겠지만, 좀 보태면 이렇다.
 (1)은 법혜보살이 부처님의 위신력을 받들어 '보살의 무량방편 삼매'에 들어가는 부분이다.
 (2)는 시방의 수많은 부처님께서 '법혜보살'에게 설법할 수 있도록 힘 실어주는 부분인데, 그 방식이 참으로 작가답다. 수많은 부처님의 이름이 똑같이 모두 '법혜불'이란다. 언뜻 보면 힘을 실어주는 주체가 밖에 있는 듯하지만 결국은 제 속에 있다. 독자님은 이렇게 솜씨 부리는 『화엄경』 구성 작가의 메시지를 알아차려야 할 것이다.

작가는 이어서 말한다. "법혜보살이여! 그대가 지금 '이러저러한' 삼매에 든 까닭은 '이러저러한' 연고 때문이고, 끝내는 10주(住)를 설하려는 것이다. 그러니 그대는 부처님의 위신력을 받들어 법을 설하거라." 이어서 작가는 다시 연출한다. 모든 부처님으로 하여금 법혜보살에게 '10가지 지혜'를 가지(加持)하시라고 말이다. 무수한 부처님들이 힘 실어 붙들어주시는 장면이다.

이 대목에서 필자는 제한된 지면이라 '이러저러한'이라고 생략했지만, 『화엄경』 경전 문구를 하나하나 읽어보면 긴 생각에 잠기게 한다. 직접 읽어보아야 그 맛을 알 수 있다. 독서하고 사색하고 체험한 만큼 경이 보인다. 예부터 절집 강당에서는 '경을 본다'라고 표현했다. 강사(講師)가 가르치는 게 아니다. 학인(學人) 스스로 읽어가는 것이다. 특히 『화엄경』은 그렇다.

지나쳤지만, 필자는 앞부분에서 '보-광명장(普光明藏)'이라고, '보'자 뒤에 '-' 이렇게 줄을 그었다. 길게 읽겠다는 뜻이기도 하고, 광명장이긴 광명장인데 그 상태가 '두루함[普]'을 전달하려는 뜻이기도 하다. 경을 본 학인(學人)이면 『원각경』의 설법이 신통대광명장(神通大光明藏) 속에서 전개됨을 알 것이다. 신통하면서도 거대한 '광명의 창고' 말이다. 저기 『원각경』에서는 '들어가다[入]'라고 했고, 여기 『화엄경』에서는 의자를 대령했기에 '설치하다[置]'라고 했다. 그 의자를 [청량소초]에서는 '이론적 견해가 완성되는 자리로서 모든 법이 공한(空) 줄 지혜로 관조하는 자리'라고 풀이했다.

⑶은 선정에서 일어나는 부분이다. 이 대목에서도 작가 솜씨가 발휘된다. 부처님의 위신력을 받들어 삼매에 들었으니, 나올 때도 뭔가 있어야 한다. 작가는 오른손을 펴서 정수리를 만져주는 부처님의 동작을 연출하게 한다.

⑷는 삼매에서 일어난 법혜보살이 이번 법회의 핵심 주제를 제시하는 부분이다. "보살이 머무는[住] 곳이 넓고 커서 법계와 허공과 같느니라. 불자들이여, 보살이 세 세상의 여러 '부처님 집'에 머무나니, 저 보살의 머무는 것을 내 이제 말하리라." 이렇게 설법할 주제를 상정하고 머무는[住] 곳 열 곳 이름 정도만 나열한다.

⑸에서는 그 내용을 자세하게 소개하는데, 이 부분은 핵심이니 뒤에 따로 다루기로 한다. 여기서는 전체의 흐름을 이해하는 게 중요하므로, 그렇게 한다.

⑹은 법혜보살이 설한 이상의 법문이 〈진실임을 드러내고, 증명하여 매듭짓는[顯實證成; 현실증성]〉 부분이다. 네 방법으로 드러내는데, 세계를 진통시키고, 마구니 궁전을 쳐부수고, 지옥 등 악한 세상을 없애고, 부처님이 증거하

는 방식으로 말이다. 증거하는 방식은 이마 만져주기, 잘했다고 칭찬하기, 함께 기뻐하기 등이다.

(7)은 독자님도 아실 것이다. 즉 앞에서 풀어 이야기한 산문의 내용을 운문으로 중복해서 노래하는 대목이다. 이런 문학 장르를 중송(重頌)이라 하는데, 이곳의 중송은 응송(應頌)이다. 앞의 산문 내용과 상응하여 읊기 때문이다. 산문에 없던 내용이 게송에 나오면 그런 게송은 고기송(孤起頌)이라 한다.

※ 10주의 명칭과 '초발심주'의 문단 구조

「십주품 제15」에 등장하는 10주(十住)의 명칭은 이렇다. ①초발심주, ②치지주, ③수행주, ④생귀주, ⑤구족방편주, ⑥정심주, ⑦불퇴주, ⑧동진주, ⑨법왕자주, ⑩관정주.

10주(住)의 내용을 구성함에 작가는 크게 두 형식을 취한다. 첫째는 설명하려는 '주(住)' 이름을 거론하고 그것이 무엇이냐고 따져 묻는 부분이다. 둘째는 그 질문을 풀어주는 부분이다. 전자를 경학의 훈고 용어로 '징(徵)'이라 하고, 후자를 '석(釋)'이라 한다. 작가는 묻고 답변하는 대화 형식으로 이야기를 구성했다.

제7장. 지혜의 측면에서 답변   213

'석(釋)'은 다시 두 부분으로 조직된다. 첫째는 '기본적으로 당사자가 마땅히 해야 할 몫'으로 경학 훈고 용어로 자분(自分)이라 하고, 둘째는 '플러스알파로 좀 더 해야 할 몫'으로 승진분(勝進分)이라 한다. 이런 구성 형식은 열 가지 주(住) 모두 동일하다. 『화엄경』에는 정형의 구성미가 있다. 백문(百聞)이 불여일견(不如一見)이다. ①초발심주의 본문을 인용하여, 분석적으로 읽어보기로 한다.

참고로, 이제부터 본문 구성이 중층적이므로, 문단이나 항목에 붙이는 번호의 모양을 다르게 한다.

> ①불자들이여, 어떤 것을 보살의 발심주[發心住]라 하는가. 이 보살이 부처님 세존의 형상이 단정하고 상호가 원만하여 사람들이 보기를 좋아하며, 만나기 어렵고 큰 위력이 있음을 보며, 혹 신통을 보고 수기함을 듣고 가르침을 듣기도 하며, 중생들이 심한 고통 받음을 보기도 하고 여래의 광대한 불법을 듣기도 하고는 보리심을 내어 온갖 지혜를 구합니다.
>
> ②이 보살이 열 가지 얻기 어려운 법을 말미암아 마음을 내나니, 무엇이 열인가. 이른바 (1)옳은 것[是處]과 그른 것[非處]을 아는 지혜, (2)선업 악업으로 받을 과보[善惡業報]를 아는 지혜, (3)모든 근성이 승하고 열함[諸根勝劣]을 아는 지혜, (4)가지가지 이해의 차별

[種種解差別]을 아는 지혜, (5)가지가지 경계의 차별[種種界差別]을 아는 지혜, (6)온갖 곳에 이르러갈 길[一切至處道]을 아는 지혜, (7)모든 선정과 해탈과 삼매[諸禪解脫三昧]를 아는 지혜, (8)숙명통의 걸림없는[宿命無礙] 지혜, (9)천안통의 걸림없는[天眼無礙] 지혜, (10)3세의 번뇌가 모두 다하는[三世漏普盡] 지혜니 이것이 열입니다.

③불자들이여, 이 보살이 마땅히 열 가지 법 배우기를 권할 것이니, 무엇이 열인가. 이른바 (1)부지런히 부처님께 공양하고, (2)생사에 머물기를 좋아하고, (3)세상을 인도하여 나쁜 업을 덜게 하고, (4)수승하고 묘한 법으로 항상 가르치고, (5)위없는 법을 찬탄하고, (6)부처님의 공덕을 배우고, (7)부처님 앞에 나서 거두어 주심을 받고, (8)방편으로 적정(寂靜)한 삼매를 연설하고, (9)나고 죽음의 윤회를 멀리 여의는 것을 찬탄하고, (10)고통 받는 중생의 귀의할 곳이 되는 것입니다.

④무슨 까닭인가. 보살들로 하여금 부처님 법 가운데서 마음이 더욱 증대하게 하며, 법을 듣고는 스스로 이해하고 다른 이의 가르침을 말미암지 않게 하려는 연고입니다.

위의 본문은 ①~④의 총 4문단으로 나누어지는데, ①과 ②가 자분(自分)이고, ③과 ④는 승진분(勝進分)이다.

자분 중에서 ①은 보리심을 내게 되는 인연을 밝히는 문단이고, ②는 발심할 때 갖추어야 할 10종의 지혜를 언급하는 문단이다. 한편, '플러스알파'로 더 내는 발심을 밝히는 승진분 중에서, ③은 발심하는 이유를 조목별로 밝히는 문단이고, ④는 발심하는 이유를 묶어 매듭을 짓는 문단이다.

이상에서 필자는 경학의 훈고 방식에 따라 분석적으로 설명을 했으니, 내친김에 '발심'의 실천에 이르기까지 어떤 과정을 거쳐야 하는지 경학가들의 견해를 소개하기로 한다. 경전에서 말하는 '발심'은 '발보리심(發菩提心)'을 줄인 말로 나도 깨쳐 부처 되리라고 마음먹는 것이다. 이렇게 마음먹기까지가 참으로 어렵다. 오죽하면 "초발심시변정각(初發心時便正覺)"이라고 했을까.

전통의 [청량소초]에서는 『보살영락본업경』 본문을 인용하여, ①초발심주를 설명하고 있다. 즉, 긴 세월 여러 부처님 처소에서 (1)열 가지 확신 (그 내용은 「보살문명품 제10」 10심심(十甚深; *164쪽) 참조)을 실천하고[行], (2)3보의 상주 불멸함과 8만 4천 반야바라밀을 믿고[信], (3)모든 수행과 법문을 익히고[修], (4)나아가 '공성의 세계[空界]'로 비로소 들어가서[始入], (5)끝내는 '공성의 지위[空性位]'에 머묾[住]이 초발심이라고 한다. 독자님은 '(1)실천하고→(2)믿고→(3)익히고→(4)비로소 들어가고→(5)마침내 머묾[住]'으로 이어지는 순서에 주목하길 바란다. 초발심이 참으로 어려운 것임을 알 수 있겠다.

『대승기신론』작가는 논증 형식을 빌려, 당시 대승에서 추구하는 발심을 세 단계로 정리했다. 첫째 단계는 확신의 성취[信成就]에서 나는 발심, 둘째 단계는 이해와 실천의 성취[解行成就]에서 나는 발심, 셋째 단계는 체험의 성취[證成就]에서 나는 발심이다.

대조적으로, 『화엄경』구성 작가는 이런 대승의 이론을 모두 염두에 두되, 이야기 형식을 빌려 ①초발심주의 이야기를 엮어가고 있다. 특히 공(空) 사상을 바탕으로 화엄의 10주(住)를 그 위에 쌓아 올리고 있다. 이하의 아홉 '주(住)'의 명칭 속에도 각각 모두 초기불교와 대승불교 이론이 스며들어 있다. 독서할 때는 이 점을 살피면서 읽어야 한다.

✻ 목수의 먹줄 같은 수행의 기준

사찰 또는 법회 공간에서 "성불하세요"라는 말을 어렵

지 않게 들을 수 있다. 그러려니 하고 보통은 들어넘긴다. 예전 사람들의 "조반 드셨습니까?"라는 인사말처럼 말이다. 그러다가도 문득 그 말에 생각이 꽂히기도 한다. 성불(成佛)이라! '깨달음을 이루겠다'라는 말인 듯도 하고, '부처가 되라'는 말인 듯도 하다.

성불하려면 먼저 이 세상을 살다 간 인도의 석가모니 부처님이 어떻게 말하고 행동했는지를 알아서, 그처럼 살려고 노력해야 할 것이다. 그러려면 당연, 부처님이 일생 보여 준 생각과 말과 행동이 기록된 경장이나 율장을 읽어야 할 것이고, 이 둘을 풀이한 과거 조사 스님들의 글을 읽어야 할 것이다.

무엇보다 인도 땅에 살았던 석가모니 부처님의 언행이 담긴 [아함]에 들어있는 경을 읽고 본받아 살려고 노력해야 할 것이다. 율장에 적힌 조문이 생긴 배경을 학습하여, 환경과 시대가 변했더라도 그 입법 취지는 살려야 하지 않겠는가. 한마디로 말하면, 부처님이 남기신 가르침 즉, 유교(遺敎)에 의지해야 한다.

석가모니 부처님 사후 5백여 년 뒤에 출현한 대승 구성 작가의 경전이라도 좋다. 대승의 경전 작가는 보편하는 진리의 담지자인 비로자나 부처님을 가상하면서, 우리가 따르고 닮아야 할 모범적 인물이 어떻게 말하고 행동하는

지를 보여주었다.

그런데, 모든 경전을 다 읽기는 현실적으로 어렵다. 종단마다 소의경전(所依經典)과 율장을 종헌(宗憲)으로 표방하고 있으니, 우선 그것부터 읽어야 할 것이다. 일상에서 수지독송하고 마음에 새겨 형편껏 실천해야 할 것이다.

이때, 특히 대승 경전은 읽을 때 조심해야 한다. 경전 구성 작가의 의도를 살펴야 한다. 예를 들어본다.

관세음보살처럼 세상 사람의 힘든 소리를 들으라고, 그들에게 손 내밀어 구제하라고, 『법화경』 구성 작가는 의도하고 있다. 그런가 하면 『금강경』 구성 작가는 광대심(廣大心)으로, 제일의심(第一義心)으로, 항상심(恒常心)으로, 부전도심(不顚倒心)으로 6바라밀을 실천하자고 호소하고 있다. '전도되지 않은 마음'의 실례로 작가는 아상·인상·중생상·수자상 등 '4상(相)'을 들었다. 공 사상에 입각한 보살 실천이 작가가 말하려 포인트이다. 이렇게 작가의 의도를 읽어내야 한다.

물론, 대승 경전의 내용 속에 때로는 구성 작가의 '어설픈 흔적'이 있어, 그렇기는 초기 경전도 마찬가지이지만, 소승 대승을 막론하고 논사들은 이를 해결하기 위해 다양한 각도에서 분석하고 논의하여 그 어설픔을 채워갔다. 예를 들면 수보리와 부처가 만나서 대화하는 『금강경』의 그 장면은 역사적으로 모순이다. 이 경전의 내용이 세상에 나돌던 때는 석가모니 세존도 수보리 존자도 입적하신지 이미 500년도 더 지났을 것이다. 인도의 세친 스님이 이 문제를 처음 거론하여 '불토설'과 '근기론'으로 해결하려 했다. 이 전통을 중국에서는 규봉 종밀 스님이 계승했고, 뒤를 이어 장수 자선 스님은 『금강경간정기』에서 자세하게 풀었다. 이 모두를 조선시대 강당(講堂)에서 강사와 학인들이 배웠다. 1980년대 말까지도 그랬다.

600부 『반야경』의 중언부언과 반복되는 부정의 어법을 좋아하지 않았던 대승의 일부 논사들은, 긍정의 어법으로 조리 있게 불교 안팎 이론을 정합적이고 총체적으로 회통하는 『화엄경』에 주목했다. 거기에는 초기 대승 경전의 모순을 해체 재구성하려는 『화엄경』 구성 작가의 공이 컸다. 가공의 보살을 등장시켜 그의 입을 통해 부처처럼 사는 길을 제시했다. 게다가 서사적이며 시적 게송의 전통을 작품 구성에 솜씨 있게 발휘했다.

※ 보살은 여래의 법으로 화생(化生)한 존재

「십주품 제15」 전체는 (1)삼매분(三昧分), (2)가지분(加持分), (3)기분(起分), (4)근본분(根本分), (5)설분(說分), (6)증성

분(證成分), (7)중송분(重頌分)으로 나누어진다고 앞에서 (*209쪽) 말했다. 그 중 (6)까지는 위에서 ①초발심주 본문을 인용해서 설명했다. 지면 관계상 이 정도로 그치고, (9)의 〈중송분〉의 게송 몇 수를 소개하기로 한다.

모두 100수(首)가 나오는데 크게 둘로 가닥 칠 수 있다. 구성 작가는 전반부에 총 91수를 배치하여 넷 내지는 다섯 수로 묶어서 '10주' 각 주(住) 하나하나를 게송으로 거듭 노래했다. 그리고 후반부에 총 9수를 배치하여 '10주' 수행을 권하면서 대단원의 막을 내린다. 후반 총 9수를 경학에서는 〈결탄권수(結歎勸修)〉라고 '과목치기'를 했다.

(1)이와 같은 10주의 여러 보살은
여래의 법으로써 화생한 이들
그들의 가진 공덕 한 가지 행도
하늘이나 인간이 측량 못하리.

(2)지난 세상·오는 세상·지금 세상에
도 구하려 발심한 이 그지없어서
시방의 많은 세계 가득 찬 이들
온갖 지혜 이루지 못할 이 없고,

(3)수없는 국토들이 끝이 없는데
세계와 중생들과 법도 그렇고
번뇌와 업과 욕망 각각 다르니

저를 위해 보리심을 처음 내었네.

⑷부처의 도(道) 구하는 잠깐 생각을
세간의 중생들과 성문 연각도
오히려 다 알지를 못할 터인데
하물며 그 나머지 공덕이리요.

⑸시방에 널려 있는 모든 세계를
한 털로써 모두 다 들 수 있다면
여래에게 향하는 불자의 지혜
그런 이야 비로소 능히 알리라.

⑹시방에 흘러 있는 큰 바닷물을
털끝으로 찍어내어 말린다 하면
잠깐 동안 수행하는 불자의 공덕
그런 이야 비로소 능히 알리라.

⑺온 세계를 부수어 티끌 만들고
그 수효를 헤아려 알 수 있다면
이 보살이 행하는 보리의 도를
그런 이야 비로소 능히 알리라.

⑻시방 3세 수없는 부처님들과
수많은 독각이나 성문들까지
가지가지 미묘한 변재를 다해
처음 낸 보리심을 열어 보여도,

> (9)초발심한 공덕은 측량 못하여
> 시방의 중생계에 가득 찼나니
> 뭇 지혜로 말해도 못 끝내거늘
> 하물며 그 나머지 여러 행이랴.

이상의 총 9수 중에서 제1수는 '10주' 수행을 닦는 무수한 법계의 무수한 보살이 어떤 존재인지 밝히는 대목으로 매우 중요하다. 그들은 모두 "여래의 법으로써 화생한 이들"이란다. 화엄 교학(敎學)의 불신관(佛身觀)을 잘 드러내는 대목이다. 특히 둘째 구가 그런데 한문으로는 "개종여래법화생(皆從如來法化生)"이다. 그렇다. 보살은 여래께서 체험한 진리에서 변화의 몸으로 태어난 자손이다.

위에서 인용한 본문과 설명을 끝으로 「십주품 제15」의 내용 소개를 마친다.

❋ 우리의 독서는 어디쯤 가고 있을까?

『화엄경』은 분량이 원체 방대한 관계로, 읽어가면서도 자주 돌아보며 지금 나의 독서가 어느 부분을 지나고 있는지 살피지 않을 수 없다. 지금의 지점에서 크게 두 가지 이정표를 푯대 삼아 어디쯤 읽어가고 있는지 점검하기로 한다.

첫째, 수행 지위설(地位說)이다. 보살행의 완성이 『화엄경』에 단계별로 설해졌다는 지위설에 대해서는 독자님도 들어보셨을 것이다. 줄여서 3현의 위[賢位]와 10지의 위[地位]로 나눈다. 3현위란 현자(賢者)의 세 단계로 10주(住)·10행(行)·10회향(廻向)의 총 30지위를 말한다. 이어서 10지의 위는 성자(聖者)의 지위로서 10지(地)의 총 열 지위를 말한다. 지금 우리의 독서는 3현위의 10주(住)를 지나가는 셈이다.

참고로, 옛 스님들의 편지나 일기에, 요즈음 '3현'을 공부한다느니, 또는 '10지'를 공부한다느니 하는 말이 나온다. 자신이 현재 강원의 대교과정(大教課程) 중에서 어느 과정에서 공부하고 있는지를 밝히는 표현으로, 경학 전문 훈고 용어이기도 하다. 대교과정(大教課程)은 〈현담〉→〈3현〉→〈10지〉→〈후 3분〉, 이렇게 총 4단계로 교과과정이 구성되어 있다. 〈후 3분〉은 「십지품 제26」 뒤에 나오는 제7회와 제8회와 제9회에서 펼쳐지는 총 14품을 합쳐서 부르는 명칭이다. 그리고 〈현담〉은 불교 교리 전체를 대상으로 각종 교리의 행상을 나누고 평가하여 『화엄경』에 등장하는 교설의 위상을 드러내는 부분이다.

둘째, 문답상속과(問答相屬科)이다. 상기 차원에서 다시 적어본다. 이 중 「십주품 제15」의 독서는 기호로 표기하면, 아래의 〈제②분〉 중에서 〈제(2)〉에 위치한다. 〈제(2)〉가 무엇을 뜻하는지는 아래의 글을 좀 더 읽으시면 아시게 될 것이다. 독자님은 이 위치를 염두에 두면서 필자의 다음 글을 읽어주시길 바란다.

　제①분 거과권락생신분(擧果勸樂生信分) :
　　　제1품~제6품
　제②분 수인계과생해분(修因契果生解分) :
　　　제7품~제37품
　제③분 탁법진수성행분(托法進修成行分) :
　　　제38품
　제④분 의인증입성덕분(依人證入成德分) :
　　　제39품

네 분과(分科) 중에서 제①분은 작품 구성을 위한 토대 마련이다. 제①분에서 작가는 향후 펼쳐갈 이야기의 무대가 되는 '세계'와 그 속에 사는 '장래에 깨칠 중생'과 '이미 깨친 중생인 부처'를 소개하고 있다. 나머지 제②분, 제③분, 제④분이 본 무대인데, 이 세 무대에 펼쳐지는 내용들은 정형의 틀이 있고, 그들 셋 사이에도 '상호 유기적 관계'가 있다.

세 부분 중 제③분은 '실천 수행을 총정리하는 단원'이다. 훗날 대승의 독서가들이 세상에 유통되는 불경 중에서 어떤 경전이 불교의 '실천 수행'을 잘 드러내는가? 이런 물음에 그건 『도세경(度世經)』이라고 답변한다. 이 『도세경』이 바로 『화엄경』 속으로 들어와서는 「이세간품 제38」로 자리를 잡았다.

거두절미하고 분명히 「이세간품」은 『화엄경』의 '중심'이다. 『화엄경』 구성 작가는 「이세간품」을 '중심'에 박아둔다. 그러고는 그 앞쪽에 제②분에 해당하는 총 31품(品)을 배치한다. 그리고 「이세간품」 뒤에는 제④분에 해당하는 「입법계품 제39」를 배치했다.

그런데, 필자는 『화엄경』의 제②분, 제③분, 제④분은 '일대일 짝'을 이루고 있다는 이야기도 앞에서 했다. 어떻게 '짝'을 이루는가? 각각의 부분[分]마다 모두 '여섯 단계'로 위상(位相)을 높여가며 작가는 이야기를 배치하는데, 그 이야기 속에는 '결[理]'이 있다. 즉, (1)신(信) → (2)해(解) → (3)행(行) → (4)원(願) → (5)증입(證入) → (6)등불(等佛), 이를 경학 용어로 '6위(六位)'라 한다.

작가는 이야기의 소재를 총 6단계로 위상을 높여가며 제②분에서 첫 둘레를 돌리고, 제③분에서 둘째 둘레를 돌리고, 제④분에서 셋째 둘레를 돌린다. 돌리고, 돌리고 모두 세 번 돌려가며 이야기를 심화 진행한다. 이를 '3편(三遍)'이라 한다. 붙여서 말하면 〈3편 6위(三遍六位)〉이다.

자, 그러면 독자님은 위에서 필자가 말한 "〈제②분〉 중에서 〈제⑵〉에 위치한다"에서 〈제⑵〉가 무엇을 의미하는지 아실 것이다. '⑵'는 총 6위 중에서 둘째 위상에 해당하는 '⑵해(解)'를 가리킨다. 이해를 돕기 위해 이 책에서 (*124쪽) 그 관계를 [표2]로 만들어 첨부해 두었다.

4. 공사상에 입각한 실천
   - 「범행품 제16」 -

『화엄경』 구성 작가는 '지혜[解] 관련' 각종 이론을 온갖 꽃들의 장식인 화엄의 작품 속에 총망라하기 위해, 도리천을 무대로 삼아 모두 총 6품(品)을 배치했다. 배열 방식은, ⑴부처님을 하늘 궁전으로 오르시게 한 다음 그곳 임금과 사방에서 몰려온 청중을 인사하게 하는 장면, ⑵몰려온 청중을 대표해서 큰 보살들이 부처님의 공덕을 찬양하게 하는 장면, ⑶본론 장면, ⑷다시 앞으로 더 나아가는 깊은 수행을 더 하도록 설하는 장면, 이렇게 네 장면으로 구성했다.

이 중, 장면 ⑶에 해당하는 「십주품 제15」와 「범행품 제16」과 「초발심공덕품 제17」 세 품 중에서, 「십주품 제14」은 앞에서 설명을 마쳤다.

「십주품」에서의 '주(住)'는 '머물다'는 뜻도 있는데, 우리말의 주소, 주택, 주민 등의 '주'도 그런 뜻이다. 그러면 어디에 머문다는 말인가? 단도직입으로 말하면 진리에 머문다. 무엇이 진리이고 어떤 진리를 말하는가? 참인 명제가 진리이고, "모든 법은 공하다"라는 명제는 참(true)

이다. 공(空)이라는 용어는 문맥에 따라 연기, 무상, 무아, 반야 등으로도 바꿔가며 쓰는데, 다섯 용어가 각각의 외연(extension)은 좀 다르지만, 내포(intension)는 같다.

「십주품 제15」에서는 공성(空性)에 입각[住]한 '발보리심(發菩提心)' 관련 이론이 총망라되어 있다. '발보리심'을 줄여서 '발심'이라고도 하는데, 진리 체험을 이루겠다고 마음먹기, 작정하기이다. 작가는 「십주품 제15」 속에, 기존의 불교 교리와 인도 철학의 역사에 등장하는, 진리로 향하겠다는 발심을 모두 열 가지 사례로 묶어 단계화하고 있다.

✽ 공의 체험에 입각한 수행

이쯤에서, 「십주품 제15」와 다음에 나오는 「범행품 제16」 및 「초발심공덕품 제17」과의 관계를 『화엄경』 구성 작가는 어떤 방식으로 배치했는지, 한 번 더 점검하고 앞길을 재촉하기로 한다. 더불어 지금 글을 쓰는 필자나 읽는 독자님이나 모두에게 현재 진행하는 이야기의 중심 주제를 반복해서 환기해 두려고 한다.

화엄의 경학(經學)에서는 그 의도를 다음과 같이 해석한다. 즉, 일체가 모두 공(空)하다는 진리를 바탕으로 그를 체험하겠다고 마음먹을 때 필요한 이론, 그 이론이 도리천에서 열린 제3회차 법회의 주제이다. 이 주제와 관련하여 작가는 세 부분으로 설명한다. ⑴첫째 부분은 그런 이론의 10가지 '단계', ⑵둘째 부분은 그런 이론의 10가지 '실천', ⑶셋째 부분은 그런 이론의 10가지 '효과'이다.

작가는 ⑴의 첫 단계 관련 이야기를 「십주품」⟨辨位; 단계⟩에서 풀어내고, ⑵의 둘째 단계 관련 이야기를 「범행품」⟨辨行; 실천⟩에서 풀어내고, ⑶의 셋째 단계 관련 이야기를 「초발심공덕품」⟨辨德; 효능⟩에서 풀어낸다. 각 품 뒤에 ⟨변위(辨位)⟩, ⟨변행(辨行)⟩, ⟨변덕(辨德)⟩ 등으로 과문(科文)을 붙여, 해당 품(品) 내에서 펼쳐지는 법문의 내용을 표시한 경학자는 청량 국사이다. 국사는 [청량소초] 속에 이전의 지엄과 법장의 교학을 담아 전하고 있다. 이 책이 널리 퍼진 임진왜란 이후 조선에서는 이런 분석 방법으로 『화엄경』을 읽었다. 설파, 인악, 연담, 백파, 함명, 경운, 석전, 운허, 월운 등, 역대 강사 스님께서 이런 방법으로 제자들과 경을 사이에 두고 마주 앉았다. 봉선사는 지금도 그렇다.

「범행품 제16」에는, 위에서 말한 "일체가 모두 공하다는 지혜에 입각하여, 그것을 체험하겠다고 마음먹을 때 갖추어야 하는 이론", 바로 그 이론을 습득하기 위한 '방법'을 소개하고 있다. 여기서는 '이론'이다. 경을 읽을 때 이 점을 놓쳐서는 안 된다. '실천'을 설명하는 곳은 「이세간품 제38」이고, 「입법계품 제39」에서는 그 '실천'을 선재 동자라는 젊은 이가 세상 속에서 여러 사람을 만나 체험하는 장면을 연출하여 작품의 현실성 높였다.

『화엄경』 본문을 인용하면서 「범행품 제16」에서 '10행을 어떻게 분별하여 설하는지', 경학의 '과목치기'로 〈변행(辨行)〉을 살피기로 한다.

> 가 불자여, 보살마하살이 범행을 닦을 때는 마땅히 열 가지 법으로 반연을 삼고, 뜻을 내어 관찰하여야 한다. 이른바 (1)몸과 (2)몸의 업과 (3)말과 (4)말의 업과 (5)뜻과 (6)뜻의 업과 (7)부처님과 (8)교법과 (9)승단과 (10)계율이니라. 마땅히 관찰하기를 몸이 범행인가, 내지 계율이 범행인가 할 것이니라.
>
> 나 (1)만일 몸이 범행이라면, 범행은 선하지 않은 것이며 법답지 않은 것이며 흐린 것이며 냄새 나는 것이며 부정한 것이며 싫은 것이며 어기는 것이며 잡되고 물든 것이며 송장이며 벌레 무더기인 줄을 알 것이니라.
>
> 〈중간은 필자 생략〉
>
> 이렇게 관찰하면, ①범행이란 법은 얻을 수 없는 연

> 고며, ②3세의 법이 다 공적한 연고며, ③뜻에 집착이 없는 연고며, ④마음에 장애가 없는 연고며, ⑤행할 것이 둘이 없는 연고며, ⑥방편이 자재한 연고며, ⑦모양 없는 법을 받아들이는 연고며, ⑧모양 없는 법을 관찰하는 연고며, ⑨부처님 법이 평등함을 아는 연고며, ⑩온갖 부처님 법을 갖춘 연고로 이렇게 청정한 범행이라 이름하느니라.

이상의 본문을 읽을 때는 관찰의 대상과 관찰하는 방법에 주목해야 한다. 위의 본문 중에서, 앞 문단 가의 ⑴에서 ⑩까지는 관찰의 대상을 거론한 것으로 그것이 과연 범행(梵行) 즉, 청정한 수행인지를 살피라는 것이다. 이어지는 다음의 문단 나의 ⑴에서 ⑩에 이르기까지는 구체적인 검토 항목을 제시하는데, 이 책에서는 나의 ⑴만 인용했다.

짧은 인용문이지만, 「범행품 제16」에서 공(空)을 이해하고 체험하려는 발심 방법(이론)을 10가지로 요약하고 있음을 알기에 족하다. 어떤 방법인가? '관찰'이라는 방법이다. 무엇을 관찰하라는 말인가? '관찰의 대상'을 압축하여 열 가지로 제시했다. 이상의 인용문의 내용이 자리(自利)라면, 이하에 인용하는 내용은 이타(利他)를 설명하고 있다.

다시 열 가지 법을 닦아야 하나니, 무엇이 열인가. (1) 이른바 옳은 것과 그른 것을 아는 지혜, (2)지난 세상·지금 세상·오는 세상의 업과 과보를 아는 지혜, (3)모든 선정 해탈 삼매를 아는 지혜, (4)모든 근성의 승(勝)하고 열(劣)함을 아는 지혜, (5)가지가지 이해를 아는 지혜, (6)가지가지 경계를 아는 지혜, (7)온갖 곳에 이르는 길을 아는 지혜, (8)천안통이 걸림없는 지혜, (9)숙명통이 걸림없는 지혜, (10)습기(習氣)를 영원히 끊는 지혜니, 여래의 10력(十力)을 낱낱이 관찰하며, 낱낱 힘에 한량없는 뜻이 있는 것을 마땅히 물어야 하느니라.

들은 뒤에는 크게 자비한 마음을 일으키나니, 중생을 관찰하여 버리지 아니하며, 모든 법을 생각하여 쉬지 아니하며, 위없는 업을 행하고도 과보를 구하지 말며, 경계가 요술 같고, 꿈 같고, 그림자 같고, 메아리 같고, 변화와 같음을 분명히 알지니라.

만일 보살들이 이렇게 관행(觀行)함으로 더불어 서로 응하면, 모든 법에 두 가지 이해를 내지 아니하여 온갖 부처님 법이 빨리 앞에 나타날 것이며, 처음 발심할 때 아누다라삼먁삼보리를 얻을 것이며, 온갖 법이 곧 마음의 성품임을 알 것이며, 지혜의 몸을 성취하되 다른 이를 말미암아 깨닫지 아니하리라.

일체개공(一切皆空)을 알고, 그 바탕 위에 '지혜'를 더해야 한단다. [반야부]가 부처의 어머니[佛母]란 말이 여기에서도 입증된다. 역시, 주목할 점은 '다른 이'가 아닌 10력(十力)을 갖추신 부처님의 말씀에 의지하라는 작가의 주문이다. 그리하여 본문처럼 중생을 위해 "크게 자비한 마음을 일으키라"고 한다.

✻ 수행을 염두에 두는 인생살이

『화엄경』 속에는 많은 '이야기[話素]'가 담겨있는데 거기에는 그것을 만든 '생산자'가 있다. 석가모니 부처님은 많은 이야기를 생산한 대표적 인물로, 제자들은 이렇게 생산된 이야기를 집단으로 암송하여 계속 이어갔다. 자신들의 입[口]으로 내뱉는 내용이지만, 그 내용은 부처님이 하신 것임을 분명하게 하려고 암송 시작 전에 "여시아문(如是我聞; 이와 같이 나는 들었다)"이라는 말을 덧붙였다.

그렇게 하기를 5백여 년 이어오다가 기원전 1세기경부터 문자로 옮기기 시작했지만, 그렇다고 암송을 멈추지는 않았다. 주기적으로 공동체가 이렇게 들었노라고 암송하여 확인했고, 지금도 그렇게 해오고 있다.

설일체유부(說一切有部)에 속한 사례를 하나 들어보자.

중인도 지역에 있던 '구나발타라' 스님은 중국 남송으로 입국하면서, 그 지역 설일체유부 스님들이 수지독송(受持讀誦)하던 경전을 들여왔다. 그것을 440년 전후해서 한문으로 번역한 것이 바로 『잡아함경』(1,362개의 작은 경전 수록)인데, 이 경전은 남방으로 전해져 팔리어로 기록된 『상윳다니까야』(2,889개의 작은 경전 수록)와 서로 호응한다.

초기불교 경전은 이렇게 함께 '외워서 전승하는 수행자 공동체'가 있다. 그에 비해 대승불교 경전은 그런 '공동체'도 '함께 외움'도 실재했다고 입증할 만한 문헌이나 고고학적 증거가 아직 발견되지 않았다. 그렇다고 해서 "여시아문"으로 시작되는 대승불교 경전의 내용이 의미 없다고 할 수는 없다.

경전에는 해당 경전이 만들어지던 '당시의 정보'가 담겨있다. 필자처럼 문헌 비평 방법을 활용하는 철학자에게 '당시의 정보'는 철학 탐구의 중요한 소재가 된다. 초기불교 문헌자료에는 초기의 정보가, 부파불교 문헌자료에는 역시 당대의 정보가, 훗날 대승불교의 문헌자료에는 그 시대의 정보가 담겨있다. 이런 정보들을 대상으로 그것을 생산해 낸 인간들의 사유를 연구한다. 그리하여 인간이란 무엇인가? 인간은 어떻게 살아야 하는가? 이런 등등을 제안한다.

문헌을 읽을 때는 그 문헌이 만들어진 '시기'와, 그 문헌 속에 담긴 정보 '생산자'를 특정해야 한다. 그리하여 그것들을 대상화해서, 당시의 사람들이 '무슨' 생각을 그리고 '어떻게' 했는지, 나아가 그들이 추구하는 가치는 무엇인지 등을 연구한다.

위에서 말한 문헌 '생산자'를 이 책에서 필자는 '구성 작가'로 표기하고 있다.『화엄경』은 그런 구성 작가가 살아낸 인생철학의 산물이다. 이 산물을 통해 우리는 석가모니 부처님이 남긴 '이야기', 물론 공동체 스님들이 암송하여 전해준 '이야기'이지만, 그 '이야기'가 기원후 당시 사람들에는 어떻게 이해되고 있는지를 보려는 것이다.

인간들은 이렇게 '이야기'를 만들고, 그렇게 많은 이야기를 재해석하면서 거기에 자신의 인생을 담아 다시 이야기를 만들어간다. 석가모니 부처님도 그런 분이다. 고대 인도 아리안(aryan) 족의 [베다] 전승에 기대어 많은 이야기를 자신의 깨침 속에 녹여 내어 말하였다.

『화엄경』의 구성 작가도 그렇다. 우리도 그래야 할 것이다.『논어』에서 전하듯 남의 말만 배우고 생각하지 않으면 남는 게 없고[罔], 생각만 하고 배우지 않으면 위태롭다[殆].

5. 공사상 실천의 효능
   - 「초발심공덕품 제17」 -

『화엄경』 구성 작가는 제2회 초반에서 제7회 마지막까지에 걸치는 총 6회의 법회를 배치하여, 실천 수행에 관계되는 각종 견해를 인과론적으로 총망라한다. 총 6회의 법회마다 중심 주제가 있으니, 순서대로 나열하면 ①믿음[信]→ ②지혜[解]→ ③실천[行]→ ④회향[願]→ ⑤체험의 시작[證入]→ ⑥체험의 완성[等佛]이다. 현재 필자는 ②지혜[解] 부분을 해설하고 있는데, 이 부분에서는 일체개공(一切皆空)이라는 반야 지혜에 마음을 '두며[住]' 보리심을 발동하는 이론, 이것이 이 부분의 핵심 주제이다. 이 주제를 조직적으로 전달하기 위해서 『화엄경』 구성 작가는 「십주품 제15」에 그 '단계'를, 「범행품 제16」에 그 '실천'을, 「초발심공덕품 제17」에 그 '효능'을 나누어 풀어낸다.

즉, 「초발심공덕품 제17」에서는 공성(空性)에 의한 반야의 지혜에 마음을 두면서[住] 보리심을 발하여 얻고자 하는 공덕이 무엇인지를 변별[辯德]한다.

> 불자여, 모든 부처님께서 처음 발심할 때 다만 온갖 즐길거리로써 시방의 열 아승기 세계에 있는 중생들

에게 공양하기를, 백 겁 동안이나 내지 백천 나유타 억 겁 동안을 지내기 위하여 보리심을 낸 것이 아니며, 다만 그렇게 많은 중생을 가르쳐서 5계와 10선업도를 닦게 하거나, 4선·4무량심·4무색정에 머물게 하거나, 수다원과·사다함과·아나함과·아라한과·벽지불도를 얻게 하기 위하여 보리심을 낸 것이 아니고, (1)여래의 종성(種姓)이 끊어지지 않게 하기 위한 연고며, (2)일체 세계에 두루 가득하게 하기 위한 연고며, (3)일체 세계의 중생을 제도하여 해탈하게 하기 위한 연고며, (4)일체 세계의 이룸과 무너짐을 알기 위한 연고며, (5)일체 세계에 있는 중생의 때 묻고 깨끗함을 알기 위한 연고며, (6)일체 세계의 성품이 청정함을 알기 위한 연고며, (7)일체중생의 욕락과 번뇌와 습기를 알기 위한 연고며, (8)일체중생이 여기서 죽어 저기 나는 것을 알기 위한 연고며, (9)일체중생의 근성과 방편을 알기 위한 연고며, (10)일체중생의 마음과 행을 알기 위한 연고며, (11)일체중생의 3세의 지혜를 알기 위한 연고며, (12)일체 부처님의 경계가 평등함을 알기 위한 연고로 위없는 보리심을 내기 때문이니라.

이 과정에서 『화엄경』 구성 작가는 당시 유행하는 부파의 다양한 발심 이론을 소개하면서, '아라한'이 되겠다는 발심은 단계가 낮고, 공성(空性)에 의한 반야 지혜에 입각하여 자신도 '부처' 되겠다는 발심이라야 최고라고 평가한다. 작가는 [아함]의 한쪽 구석에 숨어 있던 '공(空)'의 논리를 찾아내, 그것을 방법 삼아 당시 불교 안팎에 유행하던 실재론자의 사상을 논파한다. 그리하여 초기 석가모니 부처님의 무아설 내지는 연기설을 다시 드날린다.

발심을 강조한 후 한발 더 나아가, 발심하는 이유가 나를 이롭게 하는 데에만 그치지 않고, 위 인용문의 (1)에서 (10)까지의 내용이 보여 주듯이 중생을 이롭게 하는 데까지 이르도록 하라고 했다.

한편, 작가는 "일체중생"이라는 말을 여러 번 반복한다. 그렇게 반복하는 의도는 중생 구제를 강조함도 있지만, 다른 이유도 있다. 독자님도 아실 것이다. 불경의 시작은 암송이었음을. 암송에는 라임(rhyme)이 얼마나 중요한지를. 반복으로 음률을 타고 있다. 이렇게 경전의 출생 배경을 안다면, 소리내어 읽어야 맛을 느낄 수 있다.

6. 발심을 심화시키는 법문
-「명법품 제18」-

『화엄경』구성 작가는 도리천 궁전에서 펼쳐지는 하늘 법회에 총 6품(品)을 배열했다. 핵심 주제는 '공성(空性)에 입각한 반야의 지혜'인데,「십주품 제15」에서 먼저 '지혜' 관련 '열 가지 단계'를 소개한 뒤,「범행품 제16」에서는 '원인으로서의 실천'을,「초발심공덕품 제17」에서는 '결과로써의 얻음'을 소개한다.

이하에서 소개하는「명법품 제18」은 위에 소개한 총 3품의 수행을 좀 더 심화시켜 다음 단계로 나아가는 연결 역할을 한다. 이를 경학(經學)의 훈고 용어로 〈승진취후(勝進趣後)〉라고 '과목치기' 한다. 도솔천 궁전으로 올라가기 전인 야마천 궁전에서 펼쳐지는 법회에도 이런 연결 품(品)이 있으니,「십행품 제21」다음에 나오는「십무진장품 제22」가 〈승진취후〉 과목에 해당한다.

그러면, 『화엄경』구성 작가는 어떻게 〈승진취후〉를 배치할 생각을 했을까? 그것은 당시 유행하던 아비달마 논사들의 주석 방식에서 배웠다. 즉, 가행(加行)→ 무간(無間)→ 해탈(解脫)→ 승진(勝進) 순으로 깊어지는 수행 차례를 활용했다. 이런 편집 방식은 세월 속에서 문헌이 늘어날 때 뒷사람들이 덧붙이는 일반 현상이다. 특히 분량이 많은 [반야부] 경전이 그렇다.

필자는 앞에서 「초발심공덕품 제17」의 핵심 주제어는 '발심'이라고 했다. 이곳 「명법품 제18」에서의 핵심 주제는 '발심을 심화시키는 수행'이다. 이런 심화 수행을 거쳐야만 다음의 단계로 더 높은 하늘, 즉 야마천으로 올라가 10행(行)을 제대로 닦을 수 있다. 전반부에서 정진혜보살이 질문하고, 후반부에서 법혜보살이 답변하는 형식으로 구성되었다.

질문은 크게 두 덩어리로 나눌 수 있다. ⑴첫째는 좀 더 〈이루어야 하는 수행 자체[所成行體]〉가 무엇이냐는 질문 10가지이다. ⑵둘째는 〈수행으로 얻는 공덕 작용[成行德用]〉이 무엇이냐에 대해 원인 측면[因德]에서 12가지, 결과 측면[果德]에서 10가지, 모두 22가지로 질문한다.

⑴첫째의 〈이루어야 하는 수행 자체[所成行體]〉에 관한 질문 10가지를 아래에 인용한다.

> 보살들이 부처님의 교법 가운데서, ⑴어떻게 닦으면 모든 여래를 환희케 하며, ⑵보살의 머무는 곳에 들어가며, ⑶모든 큰 행이 다 청정하고, ⑷큰 서원을 만족하여, ⑸보살의 광대한 지혜를 얻으며, ⑹교화할

> 수 있는 대로 항상 법을 말하면서도, ⑺바라밀의 행을 버리지 아니하고, ⑻중생들을 보호하고 염려하여 모두 제도하며, ⑼3보의 종성을 이어 끊어지지 않게 하며, ⑽선근과 방편이 다 헛되지 않게 하겠나이까?

위의 '10가지 질문'을 청량 국사는 [청량소초]에서 총 10단(段)으로 묶어 단(段)별로 답변을 짝 지운다. 답변이 너무 많기도 하고, 또 각각의 질문마다 답변의 종류가 일정하지 않기 때문이다. 필자도 처음 독서할 때는 질문과 답변의 짝을 못 찾아 애를 먹었다. 청량 국사의 치경(治經) 솜씨는 참으로 대단하다.

국사의 표기대로 제⑴단의 질문 즉, ⑴'어떻게 닦으면, 모든 여래를 환희케 하는가?'라는 질문에 대한 답변은 총 50구로 진행된다.

제⑴단의 질문이 조건절로 이루어졌음을 독자님도 알 수 있다. 『화엄경』 본문에서는 앞의 "어떻게 닦으면"과 관련하여 총 20구로 '닦음'에 초점을 맞추어 답변하고, 뒤의 "모든 여래를 환희케 하는가?"와 관련하여 총 30구로 '부처님 기쁘게 하기'에 초점을 맞추어 답변한다. 다시 '닦음' 관련한 총 20구도 '닦음을 시작하는 시점'에 초점을 맞추어 10구로, '닦음을 종결하는 시점'에 초점을 맞추어 10구로 각각 나누어 답변한다.

참, 복잡하고도 어렵다! [청량소초]의 도움 없이『화엄경』본문을 유기적으로 독서하기란 거의 불가능에 가깝다. 그런데 [청량초소]가 있더라도 소위 '과목'이 하염없이 갈라지므로 그 가닥을 잡기가 쉽지 않다. 필자는 이럴 때마다 월운 스님이 정리한『화엄경소초과도집(華嚴經疏鈔科圖集)』의 도움을 받는다. '과목'의 갈래를 잡고 나서 [청량소초]를 다시 보고, 그런 다음에『화엄경』본문을 다시 보면 길이 보인다. 하늘만 보이는 울창한 숲속에서 방향과 길을 잃었을 때, 비로소 나무 사이로 갈 길이 보이는 것과 비슷하다.

그런데, 한문을 읽는 필자는 이 '과목'의 뜻을 알겠는데, 이를 우리말로 옮기려면 또 고민이다. '과목'은 4자(字)로 축약하는 관계로, 읽는 쪽에서 글자 사이를 채워 읽어야 한다. 우리말 옮김에는 역시 운허 스님의『불교사전』만한 책이 없다. 생전에 뵌 다경실 두 사부님께는 감사와 그리움이, 뵙지 못한 세존과 실차난타 삼장과 청량국사께는 뭐라 표현하기 어려운 경건함이, 마음에 사무친다. 경을 본다는 게 이런 건가.

제1단의 질문 중에서 '닦음', 그 '닦음' 중에서도 '닦음을 시작하는 시점'에 초점을 맞추어 답변한 10구를 아래에 인용한다.

> 불자여, 보살마하살이 열 가지 법에 머물면[住十種法] 방일하지 않는다 이름하나니, 무엇이 열인가. (1)하나는 여러 가지 계율을 깨끗이 함이요, (2)둘은 어리석음을 여의고 보리심을 깨끗이 함이요, (3)셋은 마음에 질박하고 정직함을 좋아하여 아첨과 속임을 여읨이요, (4)넷은 부지런히 선근을 닦아 퇴전하지 아니함이요, (5)다섯은 자기가 발심한 것을 항상 생각함이요, (6)여섯은 집에 있거나 출가한 범부에게 친근하기를 좋아하지 아니함이요, (7)일곱은 선한 업을 닦으면서도 출세간의 과보를 구하지 아니함이요, (8)여덟은 이승(二乘)을 길이 여의고 보살의 도를 행함이요, (9)아홉은 모든 선을 닦아서 끊어지지 않게 함이요, (10)열은 스스로 계속하는 힘을 항상 관찰함입니다.

계속해서, '닦음' 중에서도 '닦음을 종결하는 시점'에 초점을 맞추어 답변한 10구를 아래에 인용한다.

> 불자여, 보살마하살이 방일하지 않는 데 머물면 열 가지 청정함을 얻나니, 무엇이 열인가. (1)하나는 말한 대로 행함이요, (2)둘은 생각과 지혜가 성취함이요, (3)셋은 깊은 선정에 머물러 마음이 혼침하거나 딴 생각하지 아니함이요, (4)넷은 불법 구하기를 게을

> 리 하지 않음이요, ⑸다섯은 들은 법문을 조리 있게 관찰하여 교묘한 지혜를 구족하게 냄이요, ⑹여섯은 깊은 선정에 들어가 부처님의 신통을 얻음이요, ⑺일곱은 마음이 평등하여 높고 낮음이 없음이요, ⑻여덟은 중생들의 상·중·하에 대하여 마음에 장애가 없고 땅처럼 평등하게 이익함이요, ⑼아홉은 중생이나 내지 한 번 보리심 낸 이를 보더라도 존중하여 섬기기를 화상과 같이 함이요, ⑽열은 계를 일러 준 화상이나 아사리나 모든 보살이나 선지식이나 법사에게 항상 존중하여 섬기고 공양함입니다.

「명법품 제18」의 내용을 소개하는 시작 부분에서 필자는 도리천 법문의 핵심 주제는 '공성(空性)에 입각한 반야지혜'의 실천이라고 했다. 어떻게 실천할지는 「십주품 제15」에서 중점적으로 밝혔고, 「명법품 제18」은 소위 '플러스알파'로 좀 더 해야 할 가행정진(加行精進)을 밝히는 부분이라고 했다.

아무리 '수행'이 불교의 특징이라지만, 해도 너무한다. '수행'해야 할 종류도 많고 어렵다. '구원의 주 하나님'이 믿겨만 진다면, 교회나 성당 다녀 성령 받고 싶다. 그런데 믿음도 실은 피조물인 인간이 할 수 있는 능력 밖이다. 믿음은 주의 은총이며, 주권자인 하나님의 몫이다. 내가 어찌할 수 있는 게 아니다. 그저 '수행'하려고 노력할 도리밖에 없다. 그런데 수행하다 숨넘어가는 순간 '아미타불'을 불러, 수행하기 좋다는 극락세계 왕생도 발원하고 싶지만, 그도 아직은 마음에 와닿지 않으니 사는 그날까지 '수행'하는 수밖에 없다.

수행해야 한다는 소식이 석가 부처님의 진실이고, 그런 도리가 『화엄경』에 담겨있으니 이 경전 읽기로 수행의 시작을 삼고 살아왔다. 근력 있을 때 많이 기억해 두고 마지막 순간에는 그저 '나무대방광불화엄' 일념에 기대어 젊은 날 읽었던 『화엄경』이 그리는 무수한 세계를 기억해 내며, 그 속에서 연출되던 무수한 불보살님들의 법문을 내 기억 속에서 다시 소환하여 들을 수 있기를 발원한다.

✳ 살아내야 하는 인생, 해석해야 하는 경전

'불교(佛敎)'란 동어반복이지만 '부처님의 가르침'이다. '부처님'이란 어떤 인물이고, 그의 '가르침'이 무엇인지를 따져봐야 할 것이다. 도적들이 우유에 물을 타서 속이는 『열반경』 비유를 상기하자. 예나 지금이나 모든 정보에도 그럴 가능성이 있다. 근대 서유럽에서 시작된 연구 결과에 따르면, 부처님의 가르침은 [아함] 속에 그 원형이 들어있다. 더 근원으로 들어가면, [아함] 중에서는 『잡-아함경』에, [니까야] 중에서는 『상윳따-니까야』에, 부처님 가르침의 '원형'이 담겨있다. 필자는 이렇게 간단하게 정리했지만, 이런 연구 결과에 이르기까지 영국과 일본을 비롯한 문헌학자들의 누적된 노력이 있었다. 그런데, 말이나 문자에는 언제나 '해석'의 요소가 도사리고 있으니, 한 사례를 들어본다.

불교의 가르침을 내 쪽에서 접촉하는 순서로 말해보면, 내가 보고 있는 기록된 '문자'가 있다. 그 문자 이전에 음성으로 된 '언어'가 있었다. 언어로 표출되기 이전에 당사자에게 표상된 '생각'이 있었다. 그 생각 이전에 '마음'이 있었다. 한편, 가르침을 전하는 부처님 쪽에서 보면 역순이 된다.

그렇다면, 가르침의 본질은 '문자'인가, '언어'인가, '생각'인가, '마음'인가? 아니면 지식의 재료가 되는 '사안(sense data)' 자체인가? 게다가 문자란 무엇인가? 나아가 언어란? 생각이란? 마음이란? 있음이란? 등등의 뿌리 깊고 다양한 논의의 스펙트럼을 가진 주제들이 도사리고 있다. 이런 주제들을 둘러싼 철학적 '해석'을 경학(經學)에서 교체론(敎體論)이라 한다. '교(敎, 범 śāsana, 가르침)'의 본질[體]이 무엇이냐를 언어나 사유를 도구로 삼아 쪼개어 따지는 걸 말한다.

모든 불경은, 『화엄경』에 특정해도, 위에서 말한 '부처님의 가르침'이라는 '법정(法廷)', 더 현장감 있게 비유하면 '헌법재판소'에서 정당성을 보증받아야 한다. 이 과정에서 법조문의 '해석' 문제가 난무한다. 흔히 접하는 '해석'의 한 사례로 '권(權)-실(實)'의 짝이 있다. 분명, 『잡아함경』 속에 전하는 이야기이지만, 거기에는 임시방편[權]으로 하신 것도 진실대로[實] 하신 것도 있다. 이런 논의는 부파의 각종 논서를 비롯하여 대승의 『대지도론』, 『성유식론』, 『섭대승론』, 『대승기신론』 등 논서에 집약되어 있다.

이상에 거론한 [아함]을 비롯하여 부파와 대승의 경과 논을 두루 독서하고, 자기 철학을 세우고, 종합적 저술로 체계화한 인물 중 한 분이 청량 징관 국사이다. 필자는 그런 국사의 [청량소초]를 참조하면서 지금 이 책을 쓰고 있다.

지금 진도 중에 있는 「명법품 제18」에서 나오는 '발심을 심화시키는 수행'도 그렇다. 비록 경전 구성 작가가 가공의 '법혜보살' 입을 빌려 말하고 있지만, 그 내용은 [아함]에 뿌리를 두고 있다. 다만 이런 거는 있다. 뿌리는 같더라도, [아함] 생성의 무대인 기원전 5세기 경과 초기 대승이 시작하던 기원 1세기 전후와는 세상이 달라졌다.

달라진 세상에 걸맞게 이야기를 구성한 작가는 참으로 안목 있는 수행자이다. 수행자로서의 작가는 '지금'을 자기화해서 살아내어 말하고 있다.

앞에서도 말했듯이, 「명법품 제18」에는 두 덩어리의 질문이 나온다. 첫째 덩어리는 위에서 설명했으니, 아래에서는 두 번째 덩어리, 즉 (2) 〈수행으로 얻는 공덕 작용[成行德用]〉 관련 22가지 질문 중에서, '원인의 측면에서[因德] 제기한 질문' 12가지를 아래에 소개한다. 지면 관계로 '결과의 측면에서[果德] 제기한 질문' 10가지는 생략한다.

> 또 저 보살마하살들이 어떻게 항상 닦아야 (1)일체 무명과 어둠을 제해 버리며, (2)마군을 항복 받고 외도들을 제어하며, (3)모든 번뇌의 때를 영원히 씻고 일체 선근을 다 성취하며, (4)모든 나쁜 갈래의 액난에서 벗어나며, (5)온갖 큰 지혜의 경계를 깨끗이 다스리며, (6)모든 보살의 지위와 바라밀과 다라니와 삼매와 육신통[六通]과 삼명(三明)과 사무소외(四無所畏)의 청정 공덕을 성취하며, (7)모든 부처님의 국토를 장엄하고 상호를 갖춘 몸과 말과 마음의 행을 만족하게 성취하며, (8)모든 부처님 여래의 힘[力]과 무소외(無所畏)와 불공불법(不共佛法)과 온갖 지혜의 지혜로 행할 경계를 알며, (9)모든 중생을 성숙하려고 그들의

> 좋아함을 따라 국토를 취하며, ⑽근성과 시기를 따라 명랑하게 법을 말하며, ⑾가지가지 한량없이 광대한 불사를 짓사올는지, ⑿그 밖의 모든 공덕과 방법과 행과 도와 모든 경계를 모두 원만하여 부처님의 공덕으로 더불어 평등하겠나이까.

굳이 설명을 붙일 수 없도록 운허 스님께서는 본문의 내용을 알기 쉽게 번역하셨다. 그러면 12가지 질문의 답변을 [한글대장경] 본문에서 인용한다.

> ⑴밝은 지혜로 어리석음을 멸하고, ⑵자비한 힘으로 마군을 꺾어 굴복하고, ⑶큰 지혜와 복덕의 힘으로 모든 외도들을 제어하고, ⑷금강의 선정으로 온갖 마음의 번뇌를 제멸하고, ⑸정진하는 힘으로 모든 선근을 모으고, ⑹부처 세계를 청정하게 하는 선근의 힘으로 모든 나쁜 갈래의 어려움을 멀리 여의고, ⑺집착함이 없는 힘으로 지혜의 경계를 깨끗이 하고, ⑻방편과 지혜의 힘으로 모든 보살의 지위와 바라밀과 삼매와 여섯 신통과 세 밝음[三明]과 네가지 두려움 없음[四無所畏]을 내어 모두 청정하게 하고, ⑼모든 선한 법의 힘으로 모든 부처님의 정토와 그지없는 잘생긴 모양을 만족하게 성취하여 몸과 말과 마음을 구족하게 장엄하고, ⑽지혜로 자재하게 관찰하는 힘으로 모든 여래의 힘[力]과 무소외(無所畏)와 함께 하지

> 않는 부처님 법(不共佛法)이 모두 평등함을 알며, ⑾광대한 지혜의 힘으로 온갖 지혜의 지혜[一切智智] 경계를 분명하게 알며, ⑿지난 세상의 서원한 힘으로 교화할 바를 따라 국토를 나타내고 법 수레를 운전하여 한량없고 그지없는 중생을 제도하느니라.

위의 인용문에 나오는 질문과 대답을 짝 맞추기 쉽게 ⑴~⑿로 번호를 붙였다. 지면 관계상 ⑴의 번뇌 관련해서만, [청량소초]의 훈고를 소개한다.

"'어리석음[無明]'이란, 본질이 있는 게 아니고 밝음[明]이 없으면 그게 무명이다. 무명이 원인이 되어 현상[事]과 이치[理]를 미혹하게 된다. 본문의 '이 법'이란 「십주품」의 핵심 주제인 공성의 지혜이다."

'공성의 지혜'가 없는 상태가 무명이다. 연기법을 모른 현상적 결과가 무명이다. 무명으로 말미암아 생·노·병·사로 끝마치는 '12연기' 법문이 대승의 시대에는 이런 식으로 해석되고 있다. 바로 이런 시대의 해석을 담고 있는 문헌자료가 『화엄경』이다.

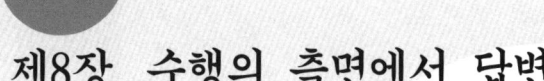

제8장. 수행의 측면에서 답변

제8장. 수행의 측면에서 답변③

0. 총 론

✻ 가닥 잡기와 과문(科文)

『화엄경』의 책 제목에 담긴 뜻이 그렇듯이, 이 경전 속에는 꽃처럼 아름답고 향기로운 이야기가 무수히 많다. 이야기 하나하나를 주목해서 읽는 것만으로도 재미있고 유익하지만, 등장하는 이야기들이 서로 어떻게 연결되는지까지 살피면, 문학의 바람결에 실려 전하는 오묘한 진리의 꽃향기를 맡을 수 있다. 그러기 위해서는 이야기들의 가닥을 잘 잡아야 한다.

『화엄경』 독서에는 '문단별 가닥 잡기'가 매우 중요하다. 중국의 이 방면 독서가들은 이를 위해 많이 궁리했고, 그런 궁리를 책으로 묶어 후배들에게 좋은 길잡이를 남겼다. 그중의 하나가 청량 국사의 [청량소초]이다. 국사는 선배 학승들이 활용하던 『화엄경』 독서 '가닥 잡기' 중에서 대표적인 방법 열 종류를 뽑아 화엄십종분과(華嚴十種分科)라는 이름으로 정리했다. 이 내용은 서울시 강남 봉은사 소장판본 [청량소초]로 말하면 〈황(荒) 자 권〉을 통해 열람할 수 있고, 또 조선 후기 묵암 최눌(默庵 最訥; 1717~1790) 강백의 『화엄품목(華嚴品目)』에도 인용된다. 그런데 '10종'이 무엇인지는 이 책의 뒤쪽에서(*538쪽) 소개하겠지만, '10종' 중에서 가장 널리 또 긴 세월 후배 학자들에게 애용된 분과는 문답상속과(問答相屬科)이다.

필자는 문답상속과를 활용하여 『화엄경』에 등장하는 질문과 답변이 서로 어떻게 연결되는 지를 염두에 두면서, 이 책을 써가고 있다. 본문의 '결[理]'에 따라 가닥을 잡고, 해당 가닥에서 논의되는 핵심 주제를 4자(字)로 과문(科文)을 붙이는 훈고 작업을 강원에서는 '과목치기'라고 부른다.

문답상속과(問答相屬科)는 『화엄경』 전체를 크게 '네 부분[四分]'으로 가닥을 쳤다. ⑴제1분(제1품~제6품)에서는 〈우주의 범위와 각종 세계, 그리고 그 속에 사는 깨친 부처를 포함한 못 깨친 중생〉을 종합 정리했고, ⑵제2분(제7품~제37품)에서는 〈수행과 체험을 원인-결과의 관점에서 단계별로 이론화〉했고, ⑶제3분(제38품)에서는 제2분에서 정리한 〈이론을 실제의 수행에 적용〉했고, ⑷제4분(제39품)에서는 〈가공인물 선재 동자를 등장시켜 현장 체험하기〉를 묘사했다.

그런데, 이렇게 가닥 친 총 4분(四分) 중에서 제2분과 제3분과 제4분 속에는 각각 일정하게 반복되는 '여섯 층위[六位]의 결[理]'이 보인다. '6위의 결'을 제2분에 속한 품(品)과 짝맞추어 괄호( ) 속에 묶어 소개하면, ①확신(제10품~제12품)→ ②지혜(제13품~제18품)→ ③수행(제19품~제22품)→ ④회향(제23~제25품)→ ⑤체험의 시작(제26품)→ ⑥체험의 완성(제27품~제32품), 이렇게 결을 따라 이야기가 진행된다.

이상의 〈제2분〉에서와 같이, 〈제3분〉과 〈제4분〉의 경우도 ①확신→ ②지혜→ ③수행→ ④회향→ ⑤체험의 시작→ ⑥체험의 완성→, 이렇게 여섯 층위로 진행되는 '결'이 있다. 물론 제3분은 「이세간품 제38」 한 개의 품(品)이고, 역시 제4분도 「입법계품 제39」 한 개의 품(品)이지만, 품 속에 전개되는 여섯 층위의 '결'은 위와 같이 일정하다.

이런 관계로 예부터 『화엄경』을 독서할 때, 제2분과 제3분과 제4분 속에 일정하게 반복되는 '여섯 층위[六位]의 결'을 따라 가면서 서로 대조하여 읽었다. 말하자면 크로스오버(crossover)라고나 할까? 법성교학(法性敎學)의 경학(經學) 전통에서는, 당시 화엄의 작가가 대승의 '법계 사상'과 '보살의 행과 원'을 '여섯 층위[六位]의 결'에 맞추어 『화엄경』 속에 세 번 돌려가며[三遍] 총망라했다고 '해석'한다. 필자의 이 책은 그 첫 둘레만 대상으로 했기 때문에 제목을 『화엄경 나들이, 첫째 둘레』라고 했다.

✽ 멈추어서 걸어온 길을 되돌아보며

『화엄경』 제2회 첫 품인 「여래명호품 제7」 앞부분에서 총 40가지 질문이 쏟아지고, 그 답변이 제2회에서 제7회에 걸친 총 31품에서 이루어진다는 말을, 필자는 이 책에서 여러 번 반복했다. 방대한 『화엄경』 독서에는 질문과 답변의 연결 고리를 수시로 점검해야 한다. 이쯤에서 제8장에서 다루는 내용이 드넓은 『화엄경』 이야기 속에서 어디쯤 위치하는지, 어느 질문에 답변하는 지를 살펴 둘 필요가 있다.

위에서 『화엄경』을 총 4분(四分)으로 가닥 잡는 '과목치기'를 소개했다. 지금의 제8장에서 다루는 제19품에서 제22품까지의 총 4품은, 총 4분(四分) 중 제(2)분에 해당한다. 즉, 제8장에서 다루려는 내용은 제(2)분의 '수행과 체험을 원인-결과의 관점에서 단계별로 이론화'하는 부분에 속한다. 그리고 제(2)분 속에는 여섯 층위의 '결'이 있다고 했는데, 제8장에 나오는 법문들은 그중 '②수행'이라는 '결[理]'을 이루고 있다.

돌이켜보면, 「여래명호품 제7」에서 제기된 여러 질문

중에, '무슨 수행'을 닦아야 깨달음이라는 결과를 얻을 수 있겠느냐는 질문이 나왔다. 이 질문에 대한 답변이 이 책의 제8장에서 다루는 「승야마천궁품 제19」, 「야마천궁게찬품 제20」, 「십행품 제21」, 「십무진장품 제22」 등 총 4품에서 해결된다.

 과목 이야기가 나온 차에 좀 더 설명하기로 한다. 자, 그러면 ①에서 ⑥에 이르는 여섯 층위[六位]의 '결'을 따라 수행을 하면, 그로 인해 얻게 되는 결과 관련 법문은 『화엄경』의 어느 대목에 배치되었는가? 결과라면 그것은 깨침의 완성 즉 성불(成佛)을 의미하는데, 성불의 결과로 얻어지는 효과 관련 답변은 제12장에서 다룰 제33품에서 제37품까지 총 5품에 나온다.

 이점에 주목한 화엄의 경학에서는 ①~⑥의 여섯 층위[六位] 전체를 〈답소수인문(答所修因問)〉으로, 제33품~제37품 전체를 〈답소수과문(答所修果問)〉으로 각각 '과목치기'를 한다. 과문(科文)의 한문을 순서대로 우리글로 번역하면, 〈닦아야 할 원인이 무엇인가에 대한 답변〉, 〈닦아서 얻게 되는 결과가 무엇이냐에 대한 답변〉 정도가 된다. 이를 이 책에서는(*124쪽) [표2]로 정리했고, 설명은 뒤에서(*303쪽) 했다.

✽ 두 번째 열리는 하늘 법회

『화엄경』구성 작가는 당시까지 전해오는 '불교의 **수행 관련 이론**들'을 제19품에서 제22품에 이르는 총 4품 속에 정리한다. 설법 장소는 역시 '하늘'이다. 『화엄경』의 하늘 설법은 도리천→ 야마천→ 도솔천→ 타화자재천, 이렇게 네 곳으로 올라가며 진행되는데, 이 책의 제8장은 야마천이 무대이다.

제4회 야마천 법회의 내용을 청량 징관 국사는 세 덩어리로 묶어서 가닥을 잡는다. 「승야마천궁품 제19」와 「야마천궁게찬품 제20」을 〈유치분(由致分)〉이라고, 「십행품 제21」을 〈정종분(正宗分)〉이라고, 「십무진장품 제22」를 〈승진취후분(勝進趣後分)〉이라고 말이다. 경학에 뜻을 둔 독자라면 외워두시기를 권한다. 참고로, 〈유치〉란 이 법회가 열리게 된 '사연'이란 뜻이고, 〈정종〉이란 법회의 본론이고, 〈승진취후〉란 좀 더 보탠다는 뜻이다.

1. 야마천으로 오르시다
   -「승야마천궁품 제19」-

 부처님은 제1회 법회에 참여한 옛 대중[舊衆]을 비롯하여 제2회에서 만난 새 대중[新衆]들을 동반하고, 다시 제3회에서 만난 새 대중을 동반하여 제3회의 설법 장소인 야마천으로 올라 하늘 법회를 연다.『화엄경』에 등장하는 청법 대중의 부류 관련해서는 앞에서(*51쪽) 말한 바 있다.
 환기하면,『화엄경』설법 장소는 모두 일곱 곳이다. 제1회 모임은 부처님이 정각을 막 이루신 '보리수 밑', 제2회는 그 보리수 옆 보광명전, 제3회는 도리천, 제4회는 야마천이다. 보통의 상식으로는 설법 무대가 바뀌어, 이곳에서 저곳으로 이동하면 이전에 있었던 공간을 떠나게 마련이다. 그런데 화엄의 구성 작가는 묘한 발상을 하고 있다. 첫 장소인 '보리수 밑'을 떠나지 않고 보광명전으로 이동하고, 다시 이 두 곳을 떠나지 않고, 제3의 도리천으로 이동하고, 다시 세 곳을 떠나지 않고, 야마천으로 이동한다.
 왜, 이런 발상을 했을까? 작가가 생각하기에 진리는 동시에 여러 곳에서 항상 역동하고 있기 때문인가? 작가도 비유하듯이 제석천의 그물망에 달린 구슬처럼, 각각의 구슬에는 여타의 수많은 구슬 영상이 맺히고, 그렇게 맺히기를 무한히 거듭하듯이, 서로 속에 서로가 들었기 때문인가? 비슷한 발상으로 중국의 화엄 경학가들이 비유들듯이, 사방팔방 시방에 평면거울을 둘러놓고 그 가운데 촛불을 켜 두면 거울에 촛불의 영상이 겹겹으로 비추듯, 시간이나 공간이나 나아가서는 그 속에 존재하는 모든 개별자는 서로를 머금고 있기 때문인가?

문제는 구슬이 되었든, 거울 속의 촛불이 되었든, 이 상황을 말로 하거나 글로 적으려면 한 장면 한 장면 순서대로, 그 순서가 공간이든 시간이든, 차례로 묘사할 수밖에 없다. 그러나 작가로서는 시간과 시간끼리 섞고 공간과 공간끼리 섞고, 다시 시간과 공간을 섞으려고 그렇게 한 것인가?

이렇게 지난 법회의 참석 대중 모두를 이끌고 야마천에 오르자, 천왕(天王)은 자리를 내어 부처님을 맞이하고 친히 찬송을 올린다.

> 그때 야마천왕이 사자좌를 차려 놓고는 부처님 세존을 향하여 허리를 굽히고 합장하며 공경하고 존중하

여 부처님께 여쭈었다.

"잘 오시나이다, 세존이시여. 잘 오시나이다, 선서시여. 잘 오시나이다, 여래·응·정등각이시여. 바라옵건대 저희를 가엾이 여기사 이 궁전에 계시옵소서."

부처님께서 청을 받으시고 보배 궁전에 오르시니, 모든 시방에서도 모두 이와 같았다.

천왕은 지난 세상에 부처님 계신 데서 선근 심은 것을 생각하고 부처님의 위신을 받들어 게송으로 말하였다.

명칭(名稱) 여래 시방에 소문 퍼지니
여러 가지 길상 중에 위가 없으며
그 부처님 마니전(摩尼殿)에 일찍 드시니
그러므로 이곳이 가장 길상해.

〈필자 중간 생략〉

고행(苦行) 여래 세상을 이롭게 하니
여러 가지 길상 중에 위가 없으며
그 부처님 보엄전(普嚴殿)에 일찍 드시니
그러므로 이곳이 가장 길상해.

이 세계의 야마천왕이 부처님의 신통한 힘을 받들어 옛날의 모든 부처님 공덕을 생각하고 찬탄하는 것처럼, 시방세계의 야마천왕들도 모두 그와 같이 부처님의 공덕을 찬탄하였다.

> 그때 세존께서 마니보배 장엄전에 드시어 보련화장 사자좌에서 결가부좌하시니, 그 전각이 넓어져서 하늘 대중들이 있는 처소와 같았으며, 시방세계들도 모두 그와 같았다.

야마천에는 수많은 여래께서 다녀가시며 설법하셨는데, 천왕은 그 중 대표적인 열 부처님의 경우를 소개했다. ①명칭여래, ②보왕여래, ③희목여래, ④연등여래, ⑤요익여래, ⑥선각여래, ⑦승천여래, ⑧무거여래, ⑨무승여래, ⑩고행여래. 위에서 인용한 본문은 ①명칭 여래 관련 찬송이다.

그리고 위 인용문 마지막 문단에서 보듯이, 이런 현상이 시방세계에서 동시에 일어났다고 한다. 이 대목에서 필자가 독자님과 함께 주목하고 싶은 점은 이런 현상 즉, 위에서 간추린 야마천에서의 설법이 '시방세계'의 곳곳마다 진행되고 있다는 『화엄경』 구성 작가의 발상이다. 참으로 묘하고도 신기한 발상이다.

작가에게 있어 세계는 어떠한가? 우주에 존재하는 한 세계를 통틀어 말할 때 '세계해(世界海)'라 한다. 바다 '해(海)' 자를 넣은 이유는 그 수가 무한하고 그 속에 알 수 없는 수많은 존재가 있음을 비유한다. 그 무수한 '세계해' 속에 '화장세계'가 들어있다. 이런 발상에는 고대 인도인

특유의 인식 이론이 배경이 된다. 즉, 자신들의 경험 안에서 말할 수 있는 한정적 영역, 자신들의 경험 너머에 있는 무한정의 영역, 이 둘의 경계를 그들은 분명하게 가르려 했다.

화엄의 작가는 경험으로 알 수 있고 말할 수 있는 세계를 '화장세계'라 불렀다. '화장세계' 밖에도 무수한 세계가 있지만, 생각할 수 없고 말할 수도 없어서 언급하지 않을 뿐, 없는 것은 아니다.

'화장세계'는 여러 겹의 '바람 둘레[風輪]'에 의해 떠받쳐지고 있다. 맨 위에 있는 '풍륜'의 이름은 '보광 마니장엄 풍륜'이다. 이 '풍륜' 위에 무수하고 드넓은 바다가 펼쳐져 있는데, 그들은 이 바다를 '향수해(香水海)'라 한다. 수많은 향수해 맨 가운데 있는 향수해가 '무변 묘화광 향수해'이다. 바로 그 향수해 위에 '일체향 마니왕 큰 연꽃'이 떠 있다.

『화엄경』 구성 작가는 위와 같이 세계를 구상했는데, 『범망경』 작가는 약간 다르게 상상했다. 『범망경』에 따르면, 이 '큰 연꽃'에는 1,000개의 꽃대가 올라와 있고, 각각의 꽃대마다 1,000개의 이파리로 에워싸인 연꽃이 있단다. 『화엄경』과 『범망경』은 그 내용이나 구성에 있어 유사한 점이 많지만, 작가마다 그리는 세계의 모습에는 차이가 있다.

아무튼 꽃잎에는 이파리 하나하나마다 하나의 '불국토'를 이루고, 다시 그 불국토 속에는 무수한 '찰(刹; 세계, 또는 국토)'이 있다. 그 세계끼리는 일정한 연계성이 있는데, 그것을 묶어 '찰종(刹種)' 또는 '찰해(刹海)'라고 한다. 그런 무수한 '찰종' 중에 '종종광명예향당 찰종'이 있고, 그 '찰종' 속에 '보조시방 치연보광명 세계종'이 있고, 그 세계종의 제13층에 우리가 사는 '사바세계'가 속해 있다. 『화엄경』 구성 작가는 그렇게 그리고 있다.

한정이 있기는 하지만, 그 한정된 속에 무수하게 펼쳐진 끝없는 공간 속에 사바세계가 있고, 사바세계의 중심에 수미산이 있고, 그 산 위로 펼쳐진 하늘 세계의 하나인 야마천에서 지금 법회가 열리고 있다. 그런데, 『화엄경』 구성 작가는 다른 세계에서도 이와 똑같이 법회가 열린다는 것이다. 곳곳마다 그런다는 것이다. 그리고 그 곳곳에는 제각기 다른 '시분(時分; 시간의 최소 단위)'이 있는데, 각 순간의 '시분'마다 그런다는 것이다. 『화엄경』 구성 작가는 국토에 따라 시간도 달라진다고 생각했다.

2. 야마천궁 대중들 찬송
-「야마천궁게찬품 제20」-

앞 단락에서 야마천의 천왕이 부처님을 영접하여 자리에 모시는「승야마천궁품 제19」와, 지금 이곳의「야마천궁게찬품 제20」과, 이 두 품은 제4회 법회의 〈유치(由致)〉에 해당한다.

부처님이 야마천에 있는 보배장엄궁전[普嚴殿]에 드시니 무수한 세계의 보살들이 저마다 따르는 대중을 동반하여 몰려든다. 그 보살들 이름은 모두 '임(林)' 자 돌림인데, 처음 등장하는 '공덕림보살'이 총 12수의 게송으로 〈부처님의 공덕을 찬송하여 깨침의 본바탕 드러내기〉를 시작한다. 청량 국사께서 〈찬덕현체(讚德顯體)〉라고 '과문(科文)'을 붙였기에 필자는 위와 같이 번역했다. 이 과문의 뜻을 염두에 두면서 경의 본문을 읽으면 좀 더 잘 보일 것이다.

> 부처님 큰 광명 놓아
> 시방을 두루 비추시니
> 천상 인간의 높은 어른 뵈옵기
> 환히 트이어 걸림이 없네.

부처님 야마천궁에 앉아서
시방세계에 두루하시니
이런 일 매우 기특하여
세간에서 드물게 보리.

수야마천왕 게송으로
열 부처님 찬탄하나니
이 모임에서 보는 것처럼
온갖 곳에 모두 그러해.

저 여러 보살 대중
모두 우리 이름 같은 이
시방의 모든 곳에서
위없는 법 연설하나니.

떠나온 여러 세계들
이름도 다르지 않고
제각기 그 부처님 계신 데서
범행을 깨끗이 닦네.

저 여러 부처님들
명호도 모두 다 같고
국토가 다 풍년 들고 즐거워
신력이 모두 자재하시어

시방세계 모든 곳마다

부처님 여기 계시다지만
혹은 인간에 계시고
혹은 천궁에 계시고.

여래는 모든 국토에
두루 편안히 계시지만
우리는 부처님이 지금
이 천궁에 계심을 보네.

옛적 보리를 이루려는 소원
시방세계에 두루하였으매
그리하여 부처님 위신력
가득 차서 헤아릴 수 없고,

세상의 탐욕 멀리 떠나고
그지없는 공덕 구족하시매
신통한 힘 얻으신 일
중생들 못 보는 이 없네.

시방세계 다니시기
허공처럼 장애 없으니
한 몸인가 한량없는 몸인가
그 모양 찾을 길 없고,

그지없는 부처님 공덕
어떻게 헤아릴 수 있으랴.

> 머물지 않고 가지 않지만
> 온 법계에 두루 드시네.

 현재 한국 불교계에 유통되는 찬불가 가사를 이렇게 경전에 근거해서 붙였으면 얼마나 좋았을까? 유교가 존중받던 조선이나 중국에서도 각종 제례 음악의 가사는 『시경(詩經)』 등 5경(五經)에 근거했다. 기독교의 찬송가 가사도 성경 구절에서 따온 게 많다.

 자, 이렇게 부처님도 자리에 모시고, 청법가도 불렀으니, 법문을 들을 준비는 모두 마친 셈이다. 그러자, 공덕림보살이 삼매에 들어 부처님의 가피를 받아 '보살행'을 열 가지로 연설한다. 이 대목이 〈정종분(正宗分)〉, 즉 야마천 하늘 법회의 본론이다.

 〈정종분〉을 끝내놓고, 작가는 '보살행' 관련 법문을 좀 더 보탠다. 그중에서도 보살행으로 인한 공덕의 양상을 보태고 있으니, '보살행'의 종착점인 '깨달음'이라는 점을 보태어 밝혔다. 이 부분이 〈승진취후분〉이다. 이때의 '승(勝)' 자에는 '초과' '더 보탬'의 뜻이 들어있다.

3. 수행 이론 총정리
-「십행품 제21」-

이제 '수행'에 관한 이론을 집중적으로 설명하는「십행품 제21」을 살펴보기로 한다. 청량 국사는「십행품」을 크게 일곱 부분[七分]으로 '과목치기' 한다.

(1) 공덕림보살이 삼매에 드는 부분.
(2) 부처님이 공덕림보살을 가지(加持)하는 부분.
(3) 공덕림보살이 삼매에서 나오는 부분.
(4) 공덕림보살이 법문의 주제를 상정하는 부분.
(5) 본론으로 들어가 설법하는 부분.
(6) 여러 부처님이 상서로 증명하는 부분.
(7) 게송으로 거듭 설하는 부분.

제(1)분의 공덕림보살이 삼매에 드는 대목을 인용한다.

> 이때 공덕림보살이 부처님의 신력을 받들어 '보살의 잘 생각하는 삼매'에 들었다.

여기서 "이때"는「야마천궁게찬품 제20」에 나오는 처음의 공덕림(功德林)보살에서 마지막의 지림(智林)보살에 이르는 총 10명의 보살이 게송을 마친 때를 말한다. 지림보살의 마지막 게송은 대승 경전만의 묘미가 들어있다.

> 모든 부처님 법 있는 것 아닌 데   諸佛無有法
> 부처님 어찌 말씀이 있겠는가   佛於何有說
> 다만 자기의 마음을 따라   但隨其自心
> 이런 법을 말한다 하네.   謂說如是法

'부처님의 신력'을 받았으므로 공덕림보살이 삼매에 들어갈 수 있었단다. 물 한 모금, 손끝 하나, 부처님의 미묘하신 공덕이 아니고는 먹을 수도, 움직일 수도 없다는, 대승 작가의 발상이 세월 속에 『화엄경』 속으로 들어온다.

대승이 일어나던 시절의 사람들은 부처님이라면 그런 분이시길 희망했던 것이다. 설법이 가능한 이유를 삼매의 힘으로 설정하는 작가의 발상도 기발하고, 이어지는 게송도 참으로 대단하다. 부처님에게는 설할 법이 없지만, 듣는 이 수준에 맞추어 일깨우려고 법을 설한 것이란다.

그러면 "이때"에 공덕림보살이 들어간 삼매는 어떠한가? '보살의 잘 생각는 삼매'이다. 한문은 '보살선사유삼매(菩薩善思惟三昧)'인데, 운허 스님께서 그렇게 번역했다. 먼저 '보살이'라고 주격조사를 붙이지 않고 '보살의'라고 소유격 조사를 붙인 뜻을 읽어내야 한다. '의주석(依主釋)'

으로 읽어야 한다. 그리고 삼매의 이름 앞에 '보살'이라고 특정한 이유도 알아야 한다. 인위(因位)와 과위(果位)를 구별하기 위해서 그랬다고 청량 국사께서는 해석하셨다. 즉, 부처님의 신력이라는 원인이 있었고, 그로 인해 보살의 삼매라는 결과로 초래되기 때문이다.

그다음에 '잘 생각는'이란, '연기 구성체[事]'는 물론 '공한 이치[理]'에도 어디에건 잘 순응하여, 걸림 없이 관찰하고 무심하게 연기 구성체를 만든다는 뜻이다. 인간의 의식은 '제 깜냥'대로 자신의 감각 기관에 주어지는 대상을 재료 삼아 그 이미지를 덧씌워 제 마음속에 유지토록 하는 동시에, 그 이미지를 대상으로 지식을 만든다. 물론 그 이미지는 '제 깜냥'으로 만든 것이다. 결국은 제 깜냥으로 제 깜냥을 보는 격이다. 이렇게 만들어진 지식은 다시 의식 속으로 들어와 위와 같이 순환 작용을 계속한다. 이 순환 고리를 끊어야 한다.

첨가하여, '사유(思惟)'를 '생각는'이라고 번역하신 운허 스님의 뜻도 주목해야 한다. '생각을+하는' 또는 '생각+하는'이라고 번역하면, '생각'이라는 행위와 그것을 '하는' 행위로, 둘로 쪼개진다. 그래서는 위에서 말한 '걸림 없음'에도 '무심함'에도 그 어느 것에도 모두 어긋나고 만다.

간경(看經)이란 참으로 어렵다. 어린 시절 좋은 스승을 만나야 하고, 하루도 손에서 책을 떼지 말아야 하고, 여래의 참뜻을 꿈에라도 듣고 싶은 간절함이 있어야 한다. 그리고 봄날 보리밭 밟듯이 한발 한발 빠트리지 말고 밟고 지나야 한다.

다음은 제(2)분으로, 부처님이 공덕림보살을 가지(加持)하는 부분이다. '가지(加持)'라는 용어는 대승의 특징을 잘 보여준다. 범어 '아디스타아나(圖 adhiṣṭhāna)'를 뜻으로 번역한 한문인데, 한글로는 '힘 보태어 붙들어 줌' 정도로 번역하면 어떨지. 불보살이 미묘한 힘을 중생에게 보태주셔서 마침내 중생이 그 힘을 자신 속에 간직한다는 뜻도 된다.

삼매에 드는 것도, 법문을 연설할 수 있는 것도, 모두 부처님의 가지(加持)가 있어야 한다는 작가적 발상이다. 대승의 구성 작가는 자신의 이런 작업이 부처님의 힘에 의한 것임을 이렇게 가지(加持) 하는 방식으로 에둘러 드러낸 것이기도 하다. 작가의 창작이 아니고 부처님의 뜻이라는 것이다.

화엄의 가지(加持) 발상은 우리나라 사찰에서 올리는 영가 추선공양(追善供養)에도 반영되었다. 해당 영가 이름을 부른 다음, 법주가 느리게 진행되는 낮은 소리의 '착어성'으로 법어를 내린다. "승불신력(承佛神力) 장법가지(仗

法加持) 부차향단(赴此香壇) 수아묘공(受我妙供) 증오무생(證悟無生)" 뜻은 이렇다. "부처님의 신력을 받고, 받아 지닌 가르침을 지팡이 삼아, 잘 차려진 이 자리에 오셔서, 본 법사가 드리는 오묘한 법공양을 받으시고 생멸 없는 도리를 깨치소서."

이하의 인용문을 통해 우리는 '가지'를 입어 삼매에 들어가면, 그렇게 들어간 삼매 속에서 무슨 일이 일어났는지 읽을 수 있다.

> 이 삼매에 드니, 시방으로 각각 1만 부처 세계의 티끌 수처럼 많은 세계 밖에 1만 세계의 티끌 수 같은 부처님들이 계시니, 명호가 다 같이 공덕림불이라, 공덕림보살 앞에 나타나서 말씀하시었다.
> "훌륭하다. 불자여, 그대가 능히 잘 생각는 삼매에 들었도다. 선남자여, 이것은 시방으로 각각 1만 세계의 티끌 수처럼 많은 명호가 같은 부처님들이 그대에게 가피하려는 것이니, 역시 비로자나여래의 지난 세상의 서원하신 힘과 위신의 힘과, 모든 보살의 선근의 힘으로써 그대로 하여금 이 삼매에 들어서 법을 연설케 하려는 것이니라.
> 부처의 지혜를 증장하려는 연고며, 법계에 깊이 들게 하려는 연고며, 중생세계를 분명히 알게 하는 연고며, 들어가는 데 걸림이 없게 하려는 연고며, 행하는

> 일이 장애가 없게 하려는 연고며, 한량없는 방편을 얻게 하려는 연고며, 온갖 지혜의 성품을 거두어 지니려는 연고며, 모든 법을 깨닫게 하려는 연고며, 모든 근성을 알게 하려는 연고며, 온갖 법을 가지고 말하게 하려는 연고니, 이른바 모든 보살의 열 가지 행을 일으키려는 것이니라.
> 선남자여, 그대는 마땅히 부처님의 위신력을 받들어 이 법을 연설하라."

공덕림보살은 부처님이 가지하는 힘을 입었고, 그 힘으로 삼매에 들었고, 그랬더니 무수한 부처님께서 공덕림에게 그대는 마땅히 보살이면 누구나 닦아야 할 '10행(十行)'을 연설하라는 것이었다. 이제부터 공덕림보살의 입을 빌려 나온 연설은 여러 부처님의 말씀으로 승화된다. 『화엄경』 구성 작가의 작가다운 솜씨이다.

제(3)분의 공덕림보살이 삼매에서 나오는 부분은 생략하고, 이어서 제(4)분의 공덕림보살이 법문의 주제를 상정하는 부분을 보기로 한다. 이 부분을 경학 용어로는 〈본분(本分)〉 또는 〈근본분(根本分)〉이라 한다. 요샛말로 '아젠다 쎄팅(agenda setting)'이다. 『화엄경』 구성 작가는 '공덕림; 우거진 숲처럼 공덕 많은 이'라고 이름하는 가공의 '보살'을 등장시켜, '분위기'를 잡는다. '보살'로서 살아가려는 불자라면 닦아야 할 수행이 우거진 숲처럼 매우 많다고 말이다. '보살'이라는 말속에는, 당시 주류였던 '저들 성문'이 하는 수행은, 새롭게 일어나는 '우들 보살'이 하는 수행과는 결이 달라! 이런 자부심 섞인 어조다. 아래 운허 스님의 번역으로 본문을 보자.

> 불자들이여, 보살의 행은 헤아릴 수 없어서 법계와 허공계로 더불어 평등합니다. 무슨 까닭인가. 보살마하살은 3세의 부처님들을 배워서 행을 닦는 연고입니다.
> 불자들이여, 어떤 것을 보살마하살의 행이라 합니까? 불자들이여, 보살마하살이 열 가지 행이 있으니, 3세의 모든 부처님의 말씀하시는 것입니다. 무엇이 열인가. 하나는 (1)즐거운 행[歡喜行]이요, (2)둘은 이익하는 행[饒益行]이요, (3)셋은 어기지 않는 행[無違逆行]이요, (4)넷은 굽히지 않는 행[無屈撓行]이요, (5)다섯은 우치와 산란을 여의는 행[無癡亂行]이요, (6)여섯은 잘 나타나는 행[善現行]이요, (7)일곱은 집착 없는 행[無著行]이요, (8)여덟은 얻기 어려운 행[難得行]이요, (9)아홉은 법을 잘 말하는 행[善法行]이요, (10)열은 진실한 행[眞實行]입니다.

'허공의 세계'가 드넓은 것처럼, '법계'가 드넓은 것처럼, 그렇게 보살이 추구하는 수행의 영역도 드넓다고 한다. '허공의 세계'가 얼마나 드넓은지, 구성 작가는 제1회의 '보리수 밑' 법회에서 「세계성취품 제4」와 「화장세계품 제5」을 설치하여, 미리 판을 깔아놨다. 또 그 세계의 무수한 불보살과 따르는 대중도 「세주묘엄품 제1」에서 소개했다.

중요한 건, 경전 속에 등장하는 다양한 종류의 '법계(法界)'이다. 당나라의 두순(杜順; 557~640) 법사 저술로 알려진 『화엄법계관문(華嚴法界觀門)』 속에 요령 있게 정리되어 있다. 명칭만 거론하면, 사법계, 이법계, 이사무애법계, 사사무애법계이다. 이 책에서 두순 조사는 불교 역사에 등장하는 연기(緣起) 현상이 일어나는 무대를 4종(種) 법계로 범주화한 다음, 그렇게 연기하는 법계를 관찰하는 관법(觀法, 圖 vipassanā)에 대해 층위를 매겨 평론했다. 일종의 '관법(觀法) 교판(敎判)'이다. 그리하여 '사사무애법계'의 관법을 도입해야 『화엄경』에 등장하는 연기 현상을 제대로 이해할 수 있다고, 화엄의 연기 사상이 석가모니 부처님이 설한 연기 사상을 가장 온전하고 정확하게 선양하는 것이라고, 결론지었다. 두순 조사의 이런 발상을 뒤이어 현수, 청량, 규봉, 정원, 자선 등, 화엄의 종사들은 모두 『화엄법계관문(華嚴法界觀門)』에 주석을 붙였고, 그 책에 나온 관법을 기준으로 세상[法界] 분석의 틀을 마련했다.

이렇듯, 보살들이 지향하는 수행의 종류와 양상은 매우 드넓은 줄은 알겠다. 그런데, 왜 그렇게 드넓은가? '보살은 부처님을 배우기 때문'이란다. 엄청난 선언이다. 보살은 부처님을 배운단다. '성문'의 이런저런 학설이 아닌, '부처님'이 몸소 보이신 '3업'을 배운단다. 아래에 청량 국사의 [청량소초]의 해설을 빌려 이 대목을 필자 나름 풀어본다.

청량 국사는, 사람은 긴 세월 무수한 수행의 결과로 깨달은 자 즉, 부처가 된다는 해묵은 이야기를 '환기' 시킨다. 『화엄경』 본문에서 경전 작가는 누누이 강조하길, 수행이라는 원인[因行]이 있기에, 깨침이라는 결과[果德]가 초래된다고 강조한다. 괄호 속의 한문은 경학 훈고 용어이니 기억해 두면 편리하다. '과목치기'로 〈인원과만(因圓果滿)〉이다. 부처님은 수행의 원인을 충족시키고 그 결과로 얻은 능력이 꽉 찬 분이시다. 작가는 완전하고[圓] 충만하게[滿], 그것도 문학적 상상력과 전승되던 이야기로 하염없이 『화엄경』을 엮어간다.

읽기에 매우 '지루'할 수 있다. 그러나 절대 놓쳐서는 안 되는 핵심이 있으니, 그것은 짓는 원인이 있어야 맺는 결과 있다는 '메시지'이다. 수행이 원인이고 부처는 결과이다. 과거의 부처도 그랬고, 현재의 부처도 그렇고, 미래의 부처도 말이다.

위에서 필자는 '지루'라는 단어를 썼는데, 인생은 어쩌면 그렇게 '지루'하다. 처음 마음먹고, 지루하게 느껴질 만큼 처음 먹은 마음 실천하는 세월을 길게 살아내고, 닦은 대로 성취한다. 단박에 부처 되는 '비법'은 없다.

대승의 경전 작가는 인생살이를 여덟 단계로 유형화하니, 그게 바로 팔상성도(八相成道)이다. 8상(相)으로 성도하는 부처의 일생을 작품화하고 있다. 종교적 외형적 제도가 만들어지면서, '팔상도'로 그림을 그리고 '팔상전'으로 집을 짓고, 또 그런 뜻을 송판에 새겨 주련으로 달기도 했다.

부처님은 진여를 체험하신 분으로, 원인이 될 만한 수행을 모두 채우셨고, 그 결과로 공덕을 빠짐없이 다 부리신다. 이런 뜻을 담은 '인원과만증여여(因圓果滿證如如)'라는 주련은 한국 법당 곳곳에서 볼 수 있다. 보살은 바로 그런 부처님을 배운단다.

다음으로, 제(5)분은 자세한 설명은 뒤에서 하기로 하고, 여기서는 큰 얼개만 소개하여 전체 가닥을 잡도록 한다. 보살이 행하는 실천행으로 ①첫째는 '즐거운 행'을 들었다. 한문은 '환희행(歡喜行)'인데, 남을 기쁘게 하는 수행으로, 한마디로 말하면 보시의 실천이다. ②둘째는 '이익하는 행'이다. 지계의 실천이다. 이쯤 되면 독자님도 순서를 알아차리셨을 것이다. ③셋째는 '어기지 않는 행[無違逆行]'이니 인욕의 실천이요, ④넷째는 굽히지 않는 행[無屈撓行]이니 정진의 실천이요, ⑤다섯째는 우치와 산란을 여의는 행[無癡亂行]이니 선정의 실천이요, ⑥여섯째는 선현행(善現行)이니 지혜[慧, 범 prajña]를 잘 드러내는 실천이다. 이렇게 '보시-지계-인욕-정진-선정-지혜'의 6바라밀을 활용한 『화엄경』 구성 작가는 완전 수를 표시하려고 '방편-서원-힘-지혜'를 보태 원만수(圓滿數)인 십(十)을 채워 10바라밀로 확장한다.

다음으로 ⑦일곱째는 '집착 없는 행'인데, 이곳 수행에서의 특징은 티 없는 마음으로 임하는 다양한 실천 방편이다. ⑧여덟째는 '얻기 어려운 행'이다. 한자로는 난득행(難得行)인데 '본바탕'은 서원이다. 나와 남을 구하겠다는 서원이 본바탕이 되어 난득행을 이룬다. ⑨아홉째는 선법행(善法行)으로 운허 스님은 '잘 말하는 수행'이라고 우리글로 옮기셨다. 법을 잘 말하려면 우선 '바른 법'을 두루 알고 몸에 익혀야 한다. 그리고 그 법을 중생 수준에 맞추어 펴야 한다. 그러려면 논리가 정연해야 하고, 훈고하고 해석해야 하고, 개념을 적소에 운용할 줄 알아야 하고, 문장의 진행을 알아야 하고, 또 의미 체계를 알아야 한다. 설혹 어떤 장애물이 생기더라도 극복해서 목표를 이루는 힘이 있어야 한다. 이런 모두를 하기 위한 근본 바탕이 있으니, 그게 밀고 나아가는 힘[力, 범 bala]이다.

끝으로 ⑩열째는 '진실한 행'인데 이를 실천하기 위해서는 지혜[智, 범 jñana]가 바탕이 되어야 한다. 『화엄경』 구성 작가는 이렇게 보살이 닦아야 할 큰 수행 덕목 열을 추렸다.

이렇게 10행(行)을 설하고 『화엄경』 구성 작가는 결말(句段)을 짓는다. "보살이 왜 10행을 닦아야 하는가? 일체 중생을 교화하여 모두 청정케 하려는 연고니라." 목적은 중생 교화이다. 그리하여 그들에게 본래 갖추어진 청정성을 회복하게 하려는 것이다.

부연한다. 10바라밀 중 여섯째의 '지혜[慧, 범 prajña]'는 깨달음 관련 지혜이고, 열째의 '지혜[智, 범 jñana]'는 세상 관련 지혜이다. 파상교(破相敎)로 분류되는 『금강경』은 첫째 보시에서 여섯째 지혜까지만 말하지만, 보살의 사회적 실천을 강조하는 일승현성교(一乘顯性敎)인 『화엄경』은 넷을 더 보태 모두 열 가지를 말한다.

* '과목치기' 방법으로 〈진실행〉 쪼개 읽기

『화엄경』의 맛을 잘 드러내는 부분은 ⑩'진실한 행'이다. 화엄의 작가는 이 대목을 어떻게 묘사하고 있는지, 본문을 인용하고 경학의 전통에 따라 구단[句段]을 지어 읽어보기로 한다.

> ① 불자들이여, 어떤 것이 보살마하살의 진실한 행[眞實行]인가?
> 이 보살이 제일되는 진실하고 참된 말을 성취하여 말한 대로 능히 행하고 행하는 대로 능히 말합니다.

경학에서는 ①〈총현명체(總顯名體)〉라고 '과목치기' 한다. 우리 글로 번역하면 〈진실한 행의 명칭을 총체적으로 드러내기〉가 된다.

이렇게 '과목치기'를 시도한 청량 국사의 뜻을 존중하여 그 뜻대로 위의 문단을 읽으면 다음과 같다. '진실행'이란 무엇인가? '진실행'이란 진실하고 참된 말을 찾아내고 받아들여, 그 말대로 실천하고, 또 실천한 대로 말하는 것, 그것이 바로 '진실행'이다. 이렇게 읽어 달라는 주문이다.

이상의 인용처럼 『화엄경』 본문에서 '진실행'의 제목에 담긴 의미를 총론하고 나서, 그다음으로 이어지는 본문에서는 '진실행'을 어떻게 실천하는지, 그 양상을 개별적으로 소개한다. 청량 국사는 이 대목을 ②〈별현행상(別顯行相)〉이라고 '과목치기'를 했다. 문맥의 연결을 돕기 위해서 다음에 이어지는 과목을 미리 말하면 ③〈결행성익(結行成益)〉이 된다.

그런데, ②〈별현행상〉에 해당한 본문의 내용을 잘 들여다보면, 크게 두 가닥으로 나누어짐을 알 수 있다. 첫째 가닥에서는 이하에 소개할 '진실행'의 구체적 내용을 우선 ⑴에서 ⑸에 이르도록 핵심 주제별로 거론한다. 이를 ㉮〈표장(標章)〉이라 '과목치기'를 한다. 둘째 가닥에서는 앞 가닥에서 거론한 주제를 조목별로 따라가면서 낱낱이 해석하는데, 이는 ㉯〈의장별석(依章別釋)〉이라고 '과목치기'를 한다. 이하에 첫 가닥 ㉮〈표장〉에 해당하는 본문을 인용한다.

> ②-㉮ 이 보살이 ⑴3세 부처님들의 진실한 말을 배우며, ⑵3세 부처님들의 종성에 들어가며, ⑶3세의 부처님들과 선근이 동등하며, ⑷3세 부처님들의 두 가지 없는 말을 얻으며, ⑸여래를 따라 배워서 지혜가 성취하였느니라.

이렇게 '진실행' 실천을 위한 핵심 조목을 ⑴에서 ⑸까지를 거론하고, 이하의 인용문처럼 모두 5단(段)으로 쪼개어 설명한다. 주목할 점은 ⑸에서 ⑴로 내려 가면서 역순으로 설명한다. 즉, 제1단에서는 ⑸의 실천을 위해, 제2단에서는 ⑷의 실천을 위해, 제3단에서는 ⑶의 실천을 위해, 제4단에서는 ⑵의 실천을 위해, 제5단에서는 ⑴의 실천을 위해, 보살이 어떻게 행동해야 하는지를 설명하고 있다. 이하의 본문은 ⑭〈의장별석(依章別釋)〉이다. 총 5단으로 나누어진다.

> ②-⑭
> 〈제1단〉
> 이 보살이 중생의 옳은 곳과 그른 곳을 아는 지혜와, 근성이 이롭고 둔함을 아는 지혜와 가지가지 경계를 아는 지혜와 가지가지 이해[解]를 아는 지혜와, 온갖 곳에 이르러 갈 길을 아는 지혜와, 모든 선정·해탈·삼매의 때 묻음과 깨끗함이 일어나는 때와 때 아님을 아는 지혜와 온갖 세계에서 지난 세상에 머물던 일을 기억함에 따라 아는 지혜와, 천안통의 지혜와 누진통(漏盡通)의 지혜를 성취하고도 일체의 보살행을 버리지 아니하나니, 무슨 까닭인가. 일체중생을 교화하여 모두 청정케 하려는 연고니라.

〈제2단〉
이 보살이 이러한 더 나아가는 마음[增上心]을 다시 내느니라.
'내가 만일 일체 중생으로 하여금 위없는 해탈도에 머물게 하지 못하고 내가 먼저 아뇩다라삼먁삼보리를 이룬다면, 이것은 나의 본래 소원[本願]에 어기는 것이니, 마땅하지 못한 일이다. 그러므로 반드시 먼저 일체 중생들로 하여금 위없는 보리와 무여열반을 얻게 한 뒤에 성불할 것이니라. 왜냐하면 중생들이 나에게 청하여서 발심한 것이 아니고, 내가 중생에게 청하지 않은 벗이 되더라도 일체중생으로 하여금 선근을 만족하여 온갖 지혜를 이루게 하고자 한 것이다. 그러므로 내가 가장 승하니 일체 세간에 집착하지 않는 연고며, 내가 가장 높으니 위없는 지도하는 지위에 있는 연고며, 내가 가리움을 여의었으니 중생의 끝이 없음을 아는 연고며, 내가 이미 찬탄하였으니 본래의 소원을 성취한 연고며, 내가 잘 변화함이니 보살의 공덕으로 장엄한 연고며, 내가 좋은 의지가 되나니 3세의 부처님들이 거두어 주시는 연고니라.'

〈제3단〉
이 보살마하살이 본래의 소원을 버리지 않았으므로 위없는 지혜의 장엄에 들어가서, 중생들을 이익하여 만족케 하며, 본래의 소원을 따라 모두 끝까지 이르게 하였으며, 일체 법 가운데서 지혜가 자재하며 모든 중생을 두루 청정케 하며, 찰나찰나마다 시방세계에 두루 노닐며, 찰나찰나마다 말할 수 없이 말할 수 없는 부처님 국토에 두루 나아가며, 찰나찰나마다 말할 수 없이 말할 수 없는 부처님과 부처님의 장엄과 청정한 국토를 다 보며, 여래의 자재하신 신통의 힘을 나타내어 법계와 허공계에 두루 가득하니라.

〈제4단〉
이 보살이 한량없는 몸을 나타내어 세간에 두루 들어가되 의지함이 없으며, 그 몸 가운데 모든 세계와 모든 중생과 모든 법과 모든 부처님을 나타냅니다.
이 보살이 중생의 가지가지 생각과 가지가지 욕망[欲]과 가지가지 이해와 가지가지 업보와 가지가지 선근을 알고, 적당한 대로 몸을 나타내어 조복하며, 모든 보살이 요술과 같고 온갖 법이 변화와 같고 부처님의 출세하심이 그림자와 같고 일체 세간이 꿈과 같음을 관찰하며, 뜻[義身]과 소리[文身]들이 무진장함을 얻고 바른 생각이 자재하여 일체 법들을 결정적으로 알며, 지혜가 가장 승하여 모든 삼매의 진실한 모양에 들어가니, 한 성품이요 둘이 아닌 자리에 머무름이니라.

> 〈제5단〉
> 보살마하살은 중생들이 모두 둘에 집착함을 말미암아, 대비에 머물러서 이렇게 적멸한 법을 닦아 행하며, 부처님의 10력을 얻어 인드라 그물 같은 법계에 들어가고, 여래의 걸림없는 해탈을 성취하여 사람 중에 영특한 이로서 큰 사자후로 두려움이 없어 걸림없고 청정한 법 수레를 운전하며, 지혜의 해탈을 얻어 일체 세간의 경계를 알고, 생사의 소용돌이를 끊고 지혜의 바다에 들어가 모든 중생을 위하여 3세 부처님들의 바른 법을 보호하여 지니고 일체 부처님 법바다의 실상인 근원에 이르느니라.

독자님은 앞쪽(*282쪽)에서 ①, ②, ③의 기호를 붙여 '과목치기' 한 것을 기억하실까요? 이하는 ③〈결행성익(結行成益)〉 즉, 〈진실행 관련 법문을 매듭짓고 이익을 완성〉하는 대목이다.

> 보살이 이 진실한 행에 머물고는, 일체 세간의 하늘·사람·마군·범천·사문·바라문·건달바·아수라들로서 친근하는 이는 모두 마음이 열리어 깨달아 환희하고 청정하게 하나니, 이것이 보살마하살의 열째 진실한 행이라 하느니라.

※ 어디쯤 가고 있을까?

 다시 과목을 챙기자. 앞에서 「10행품 제21」의 구조는 모두 일곱 부분[七分]으로 가닥을 칠 수 있다고 했다. 그 중, 이상에서 제(5)분에 해당하는 〈본분〉의 설법 대목까지 설명을 마쳤다. 이하의 제(6)분은 여러 부처님이 상서로 증명하는 대목, 제(7)분은 게송으로 거듭 설하는 대목이다.

 먼저, 제(6)분의 여러 부처님이 상서로 증명하는 대목은 본문 인용은 생략하고 필자의 요약으로 대신한다. 「십행품 제21」에서 공덕림보살의 법문이 끝나자, 부처님은 지금까지 한 말이 진실이라고 '인증'을 한다. 작가는 그 인증 방법으로 두 방식을 활용한다. 하나는 공덕림의 이야기를 들은 수많은 보살과 그를 따르는 대중들의 입으로 칭찬하는 방식이다. 이것을 경학 용어로 사람이 인증했다 하여 '인증(人證)'이라 한다. 다음은 '서증(瑞證)'이라 하는데, 땅에서 나타나는 다양한 소리와 현상, 그리고 하늘에서 나타나는 빛 또는 비 등 다양한 현상 등을 통한 인증이다.

 끝으로, 제(7)분의 게송으로 거듭 설하는 대목을 소개할 차례이다. 공덕림보살은 자신이 지금까지 연설한 이야기를 다시 게송으로 들려준다. 본항(本行)에 나오는 내용을 소재로 노래했다 하여 중송(重頌)이라 한다. 모두 101수의 게송이 등장한다. 이렇게 중송으로 작가가 솜씨를 부릴 때에도 일정한 격식이 있다. ①첫째는 게송을 '설하는 의식'이고, ②둘째는 게송을 '설하는 의도 밝힘'이고, ③셋째는 '게송 나열'이다.

①첫째, '설하는 의식' 부분을 운허 스님의 번역으로 인용한다.

> 이때 공덕림보살이 부처님의 위신력을 받들어 시방의 일체 회중과 법계를 두루 관찰하고,

위에 인용한 경전 본문의 "관찰하고,"에 스님께서는 쉼표 부호(,)를 찍었다. 청량 국사의 [청량소초](20권, 46하)에 이 대목에서 과목을 갈랐기 때문이다.

②둘째, 게송을 설하는 의도 밝히는 구절인데, 모두 아홉이 구절이 있다.

> (1)부처님의 종성이 끊어지지 않게 하려고, (2)보살의 종성이 청정케 하려고, (3)서원의 종성이 퇴전하지 않게 하려고, (4)행의 종성이 항상 계속케 하려고, (5)3

> 세의 종성이 다 평등케 하려고, ⑹3세 일체 부처님의 종성을 거두어 붙들려고, ⑺심은 바 모든 선근을 연설하려고, ⑻모든 근성과 욕망과 이해와 번뇌와 습성과 마음으로 행하고 짓는 일을 관찰하려고, ⑼일체 부처님의 보리를 비치어 알기 위해서 게송으로 말하였다.

그중에서 첫째 구절은 전체의 의미를 아우르는 구절이고, 나머지 여덟 구절은 개별적인 의미를 담고 있다. 앞을 총구(總句) 뒤를 별구(別句)라 한다. 이 모두 경학의 훈고 용어이다. 다수의 게송이 연속될 경우, 읽는 이가 총구와 별구를 찾아 읽을 줄 알아야 경이 보인다.

이상에 인용한 본문에서 보듯이 9개의 구절마다 한자 원문은 "욕(欲)~고(故)"의 형식이 반복된다. 총구에서 게송으로 거듭해서 읊으려는 목적을 분명하게 밝힌다. ①부처라는 씨앗이 사라지지 않게 하려는 것이 궁극의 목적이다.

한편, 8종의 개별 목적에 대해서도 ②보살 종자, ③원력의 종자, ④수행의 종자, ⑤과거 현재 미래에도 평등한 종자, ⑥과거 현재 미래 모든 부처의 종자, ⑦미래에 싹틀 선근 종자, ⑧자신의 욕망 등 제 심정을 관찰하는 종자, ⑨부처의 깨달음을 조망하는 종자, 이렇게 '종자'를 강조하고 있다.

아비달마 논서를 읽어본 독자라면 아실 것이다. '종자(種子)'와 '현행(現行)'의 관계 말이다. '현행'이란 종자가 싹을 틔워 현재에 작동하는 비유인데, '번뇌장(煩惱障)'과 '소지장(所知障)'이 현재 작동하는 것을 말한다. 이렇게 '종자'를 강조한다. 선근 종자를 심어 유지하고, 못된 종자를 줄여 없애는 것, 이것이 수행의 시작이다.

이상으로 게송을 거듭 읊는 목적을 밝히고 나서, 7언 4구의 게송 총 101수를 읊는다. 게송도 '결[理]'에 따라 세 묶음으로 가닥을 칠 수 있다. 첫 묶음은 제1수의 한 게송으로, 귀의하며 인사하는 대목. 둘째 묶음은 본항의 내용을 거듭 게송으로 이어가는 대목. 셋째 묶음은 마지막 총 4수의 게송이다. 첫 묶음에 속하는 제1수의 게송을 인용한다. 귀의하며 인사하는 대목이다.

> 열 힘 가진 높은 이와 때를 여의고　一心敬禮十力尊
> 청정하여 걸림 없이 보시는 이와　　離垢淸淨無礙見
> 경계가 깊고 멀어 짝할 이 없고　　　境界深遠無倫匹
> 공한 도에 머문 분께 정례합니다.　　住如虛空道中者

정말 운허 스님다운 번역이다. 운허 스님은 『화엄경』(총 80권)에서, 월운 스님은 『선문염송집』(총 30권)에서,

그 속에 등장하는 수많은 게송을 번역해 내면서 불전문학(佛典文學)의 상징과 은유를 풍부하게 그것도 우리말로 깔끔하게 살려내고 있다.

위에 인용한 게송의 번역에도 역시 근거가 있다. 그것은 [청량소초](20권, 47상)이다. 제1구의 "열 힘[十力]"은 깨친 이가 갖춘 3덕(德) 중에서 지혜의 덕[智德]이고, 제2구는 단덕(斷德) 즉 일체의 번뇌를 끊으신 부처님의 공덕이고, 제3구는 은혜의 공덕[恩德]이니 중생들에게 그런 짝이 되어주시기 때문이고, 제4구는 이상의 세 공덕[三德]을 비유로 드러낸 것이다. 청량 국사의 해석이 철칙은 아니지만, 옛사람의 경험을 빌려 지금을 사는 저마다의 안목을 넓힐 필요가 있다. 온고이지신(溫故而知新)이며 법고창신(法古創新)이다.

4. 좀 더 하고 싶은 이야기; 회향
-「십무진장품 제22」-

제8장에서 필자는 『화엄경』 야마천 궁전의 설법을 소개하고 있다. 야마천에서 진행되는 하늘 설법의 본론은 「십행품 제21」이지만, 『화엄경』 구성 작가에게는 '좀 더 하고 싶은 이야기'가 남았다. 제21품에서 보살의 수행 지위와 그 지위에서의 수행 내용은 말했지만, 수행하는 방법 즉 '행법(行法)'에 여전히 미진한 부분이 남았다. 「십무진장품 제22」에서는 '수행의 지위에 따른 실천 방법'을 더 보태고 있다.

자, 그런데, 궁금한 게 있다. 그런 이야기라면 「십회향품 제25」와 「십지품 제26」 사이에 배치하면 되지, 왜 하필이면 이곳에 배치하는가? 대체 구성 작가의 의도는 무엇인가? 이에 대해 청량 국사는 두 가지로 답변하고 있다. 국사는 먼저 품명(品名)에 들어있는 '무진장(無盡藏; 한없이 넓은 창고)'의 말뜻을 분석했다. 창고는 두 가지 기능이 있는데, '보관해 두는 기능'과 '꺼내어 사용하는 기능'이다. 「십무진장품 제22」 법문에서 구성 작가는 두 기능을 모두 말하고 있다. 대승의 보살이라면, 수행을 자신에게 '들여 채우고', 그것을 다시 중생에게 '내어 베푼다.' 이렇게 '들임'과 '냄'의 기능을 모두 말하고 싶어서 작가는 「십무진장품 제22」를 이곳에 배치했다.

말이 나온 김에 하나 더 보탠다. 「십회향품 제25」도 핵심 주제는 '회향'이다. 위의 창고 비유로 말하면, 그동안 차곡차곡 채워두었던 것을 중생에게 퍼주는 것이다. 그렇다면 이곳 「십무진장품 제22」와 무슨 차이가 있는가? 답한다. 여기 「십무진장품 제22」는 앞의 「십행품 제21」에서 쌓아 둔 '10행'이 있지만, 저기 「십회향품 제25」에서는 바로바로 돌려주는 점이 다르다.

"남들에게 퍼주자!" 이런 이야기는 『화엄경』 전편에 골고루 나온다. 「명법품 제18」의 '무진공덕장 회향'에도 나온다. 물론 같은 '회향'이라도 전하려는 메시지가 다르니 그 '결[理]'을 잘 펴 읽어내야 한다.

화엄의 경학은 지나칠 정도로 분석적이다. 무수한 경전이 있고, 그 속에 또 무수한 이야기가 있는데, 그런 이야기끼리의 같은 점과 다른 점, 그리고 그 관계를 총체적으로 살펴야 한다. 그게 교학을 담당하는 자의 운명이다.

그럼 10장(十藏; 쌓아 보관함, 또는 보관된 물건)이란 무엇인가? 먼저 이름만 나열한다. ①믿는[信] 장, ②계행 갖는[戒] 장, ③제 부끄러움[慚] 장, ④남 부끄러움[愧] 장, ⑤

들은[聞] 장, ⑥보시하는[施] 장, ⑦지혜로운[慧] 장, ⑧기억하는[念] 장, ⑨지니는[持] 장, ⑩말하는[辯] 장.

쌓을 게 많지만 10가지로 범주화해서, 그렇게 쌓은 것을 중생에게 돌려주자는 것이다. 돌려줘야 하는 이유는 「십무진장품 제22」의 마지막 대목에 나온다.

내용이 너무 양이 많으니 총 10장(藏) 중에서 ①믿는 장[信藏] 부분만 인용하기로 한다.

> 불자들이여, 어떤 것을 보살마하살의 믿는 장[信藏]이라 하는가. ⑴이 보살이 일체 법이 공함[空]을 믿으며, ⑵일체 법이 모양 없음[無相]을 믿으며, ⑶일체 법이 원 없음[無願]을 믿으며, ⑷일체 법이 짓는 일 없음[無作]을 믿으며, ⑸일체 법이 분별 없음을 믿으며, ⑹일체 법이 의지한 데 없음을 믿으며, ⑺일체 법이 헤아릴 수 없음을 믿으며, ⑻일체 법이 위 없음을 믿으며, ⑼일체 법이 초월함이 없음을 믿으며, ⑽일체 법이 남이 없음을 믿느니라.

이상에서, ⑴에서 ⑶까지는 범부의 미망이 변계소집성(遍計所執性)임을 믿으라는 것이고, ⑷에서 ⑹까지는 존재하는 모든 게 의타기성(依他起性)임을 믿으라는 것이고, ⑺에서 ⑼까지는 모든 현상은 진실 그 자체로 원성실성(圓成實性)했음을 믿으라는 것이고, ⑽은 위의 3성(性)을 총결하여 일체 법은 생·주·이·멸이 없음을 믿으라는 것이다. 한마디로 요약하면 3성(性)이 무상(無相)하다는 사실을 믿으라는 것이다. 화엄의 법성교학(法性敎學) 입장에서 분석하면 말이다.

3성(性)은 '법상종'의 중요 이론인데, 그 발상의 원류는 『화엄경』에서 시작한다. '법상종'의 이론으로 『화엄경』을 해석하는 게 아니라, 『화엄경』에서 '법상종'의 교학 이론이 나왔음을 알아야 한다.

『화엄경』 구성 작가의 일관된 의도는 '법성(法性)' 사상에 입각하여, 부파불교의 모든 철학을 비판 회통하려는 것이다. 방법론적으로는 철학적 분석이 아닌 문학적 서사로 말이다. 그런데, 화엄의 법성교학(法性敎學) 방법으로 『화엄경』을 석경(釋經)하면서 법상(法相)의 행상(行相)을 들이대서야 되겠는가. 그건 본말의 전도이다.

첨언 : 필자는 2025년 중으로 『범망경(梵網經)』(상, 하)을 연구 주석으로 번역 출간할 예정이다. 고대의 많은 주석서가 있지만 10중대계(重大戒)와 48경계(輕戒)가 실린 〈하권〉에 주목한 나머지, 〈상권〉 주석은 생략한 경우가 많다. 작금의 국내 독서계에 유통되는 책도 〈하권〉이다.

그런데 〈상권〉은 도덕 형이상학의 측면에서 매우 중요

한 지위를 가지고 있다. 『범망경』의 계목(戒目)은 초기불교처럼 수행자 공동체의 생활 속에서 만들어진 규범이 아니다. 10중대계와 48경계는 『화엄경』의 법성교학(法性教學)에 근거하여 대승을 추구하는 불자가 지켜야 할 규범을 작가가 새롭게 만든 것이다. 작가는 도덕적 행위의 정당성에 대한 형이상학적 근거를 『범망경』〈상권〉에서 마련해 놓고, 〈하권〉에서 그것을 근거로 규범을 추론(推論; Inference)한다. 초기불교의 규약주의(conventionalism) 도덕론과는 발상이 다르다. 가치철학 연구의 소재로는 물론 대승을 추구하는 한국 불자의 윤리 지침으로도 매우 중요한 책이다. 이런 점에서 〈상권〉은 매우 중요하지만, 우리 독서계에 유통되지 않는 실정이다.

한편, 신라 때, 원측(圓測; 613~696)의 제자 태현(太賢; 생몰 연대 미상) 스님이 주석한 『범망경고적기(梵網經古迹記)』에는 상권도 포함되었는데, 스님은 법상종(法相宗)의 입장에서 본문을 주석했다. 훈고에 많은 도움을 받았지만, 행상(行相)의 가닥 잡기에 있어 필자와 견해가 같지 않은 부분이 적잖이 있다. 필자는 법성종(法性宗) 교학에 입각하여 주석하고 해설하는 원고를 퇴고하고 있다. 『범망경』은 『화엄경』을 모방한 경전이니, 그 근원부터 다스려야 한다.

제9장. 회향의 측면에서 답변

제9장. 회향의 측면에서 답변④

0. 총 론

『화엄경』 구성 작가는 부처님의 설법 무대를 총 아홉 장소로 옮긴다. 처음은 '보리수 밑'에서 시작했다. 다음에는 보광명전으로, 다음에는 도리천으로, 이제부터 시작하는 이 책의 제9장은 설법 장소가 도솔천으로 옮겨진다. 요즈음은 볼 수 있지만, 유명 연예인이나 개신교 부흥사처럼 장소를 옮겨 순회한다는 건, 당시 고대 인도 사회에서는 파격의 발상이다. 그것도 다른 장소로 옮겨가더라도 그 이전의 장소를 떠나지 않고 청중을 모두 데리고 말이다. 작가다운 발상이다. 법회는 한 장소에서 계속되는데, 장소를 다른 곳으로 옮기더라도 이전 법회는 계속된다.

시공을 넘나드는 묘한 발상을 구성 작가는 선재 동자 이야기 속에도 활용한다. 문수보살의 지도에 따라 구도의 길을 나선 청년, 선재 동자는 110의 성곽을 지나서 보문국(普門國)의 '수마나성'에 도착한다. 바로 앞서 만난 미륵보살이 문수를 소개했기 때문이다. 이번 문수와의 만남은 두 번째이다. 그런데 성에 막상 도착했는데 보이지 않았다. 성문에 기대어 "문수사리를 생각하고 따라 관찰하고 두루 찾으면서 뵈옵기를 희망했다." 이 대목도 법성종(法性宗)의 교학(教學) 이론이 논리적으로 치밀하게 쌓이는 대목이다. 이와 관련한 교학적 해석은 『화엄경 나들이, 셋째 둘레』로 미루고, 왜 문수보살은 안 보이는가? 이 점만 간단하게 답하기로 한다.

『화엄경』의 구성 작가는 그저 이렇게만 말한다. "이때 문수사리는 멀리서 오른손을 펴서 110 유순을 지나와서, 선재 동자의 정수리를 만지면서 말했다." 문수의 모습은 보여 주지를 않고 길게 뻗은 팔 이야기만 한다.

돌이켜보면, 선재 동자가 구도 여행을 떠나게 된 시작은 문수보살을 만나면서부터였다. 문수를 처음 만나는 장면은 「입법계품 제39」, [80화엄] 제62권 첫 페이지부터 나온다. 「입법계품 제39」의 첫 시작은 '제타 숲'인데 그러면 문수는 거기 계실까? 아니다. 그 숲을 나와 문수보살은 여러 대중을 이끌고 '남방'으로 향하고 있다. 그리하여 도착한 성이 '복성(福城)'이었고, 거기서 문수와 선재의 첫 만남이 이루어졌다.

그 이후『화엄경』의 구성 작가는 「입법계품 제39」 어디에서도 문수 이야기를 꺼내질 않았다. 그러면 문수는 '복성'에 남아계실까? 그것도 아니다.『화엄경』 구성 작가는 문수는 처음부터 부처님께서 성불하신 보리도량에 계셨다고 한다. '원래의 장소를 떠나지 않으면서 모든 장소에 계신다.' 이것이 『화엄경』 구성 작가의 무대 철학이다.

부처님도 그러시다. 지금 도솔천으로 올라오셨지만, 여전히 '보리수 밑'에서 깊은 선정에 들어, 수없는 법문을 연설하고 계신다. 요즈음 사찰마다 흥행하는 각종 재(齋)의 법신송(法身頌)에 나오는 "체원정좌보련대(體元靜坐寶蓮臺)"이다. 몸은 원래부터 보배 연화대에 고요하게 앉아계신다. 그런데 응물현영담저월(應物現影潭底月)이다. 마치 고요한 연못에 달그림자 비치듯이 말이다. 본 달은 허공에 있건만 천 강에 천 개의 달이 뜬다. 본월잉재천(本月仍在天)이다. 본래의 달은 그대로 하늘에 있다.

독자님, 이런 소리 들어보셨을 겁니다. "육육육사급여삼, 일십일일역부일" 아라비아 숫자로 바꾸어 표기하면 "6, 6, 6, 4, 3·1, 11, 1, 1"이 되는데, 『화엄경약찬게』에 나오는 구절이다. 모두 아홉 개의 숫자가 등장하는데, 이것은 『화엄경』이 설해진 총 아홉 번 모임[九會]을 의미한다. 그리고 아홉 개의 숫자 하나하나에는 해당 모임에 배치된 품(品)의 개수를 표시한다. 그러면 이곳 제9장은 제5회 모임이니, 숫자 '3'에 해당한다. 총 3품이 설해진다는 의미다. 『화엄경』의 구성 작가는 도솔천 하늘 법회에 「승도솔천궁품 제23」, 「도솔천궁게찬품 제24」, 「십회향품 제

25」를 배치했다.

설법의 주인공을 '설주(說主)'라 하는데, 작가는 금강당보살을 '설주'로 등장시킨다. 부처님은 '지광삼매(智光三昧)'에 드셔 '두 무릎 관절'에서 광명만 놓으실 뿐, 법회의 주관은 모두 '설주'가 하고 있다. 물론 부처님의 '신통'과 '힘'을 받아서 설하니, 부처님의 설법이기도 하다. 한문으로 "승불신력(承佛神力)"이라 한다. 설주를 때로는 '진리[法]를 설하는 모임[會]의 책임자[主]'라는 뜻으로 회주(會主), 때로는 법주(法主)라고도 한다.

「승도솔천궁품 제23」, 「도솔천궁게찬품 제24」, 「십회향품 제25」를 소재로 하는 이 책 제9장의 핵심 주제를 청량 국사의 '과목치기'로 표현하면, ④〈명이행령기원(明已行令起願)〉이다. 뜻을 풀면 〈앞 대목에서 수행 관련 이야기는 이미 했으니, 이곳에서는 그들이 발원하도록 법문을 밝히는 대목〉 정도가 된다.

명칭에 '원(願)' 자가 들어 있어서 발원이라 번역했지만, 본문의 실제 내용은 회향(廻向)이다. 지금 손에 든 건 없지만 이다음에 생기면 하겠다는 게 발원이고, 이미 들고 있으니 지금 하는 것은 회향이다. 이곳에서는 회향이다.

도솔천 법문에서 방광을 '두 무릎 관절'에서 나오도록 꾸민 데에는 작가의 의도가 들어 있다. 우리가 몸을 회전

할 수 있는 부위로 관절이 있다. 가장 큰 관절이 '두 무릎 관절'이다.

✽ 또, 어디쯤 가고 있을까?

위에서 ④〈명이행령기원(明已行令起願)〉이라는 과문(科文)으로 야마천 하늘 법문의 핵심 주제를 명시적으로 드러냈는데, 이 책의 제9장을 시작하는 마당에 지금 우리가 『화엄경』의 어느 지점을 '나들이'하고 있는지 확인해 두기로 한다.

「여래명호품 제7」 벽두에서 질문 총 40개가 쏟아졌고, 그 답변을 제7품 초반부터 시작하여 「여래출현품 제37」에 이르는 총 31품에서 나누어 풀어간다는 이야기를 반복하여 또 한다. 이렇게 답변이 나오는 총 31품을 크게 세 덩어리로 나눈다. 제4장에는 [표2]로 만들어(*124쪽) 시각적으로 보기 좋게 했다.

㉮ 〈소의과문(所依果問)〉을 답함 : 제7품~제9품
　↳ 의지할 깨친 분의 결과란 무엇인가에 대한 답.
㉯ 〈소수인문(所修因問)〉을 답함 : 제10품~제32품
　↳ 닦아야 할 수행의 원인이란 무엇인가에 대한 답.

㉰ 〈소성과문(所成果問)〉을 답함 : 제33품~제37품
　↳ 성불로 얻는 효과란 무엇인가에 대한 답.

이상의 ㉮, ㉯, ㉰ 중에서 이 책의 제6장~제12장은 ㉯의 덩어리 속에 속한다. 다시 ㉯는 모두 여섯 층차로 이루어졌는데 이를 6위(六位)라 한다는 말도 필자는 반복해서 했다. 여섯 층차를 청량 국사는 다음과 같이 과문(科文)을 붙여 가닥을 친다.

1　명미신령신(明未信令信) : 제10품~제12품
　↳ 아직 믿지 못한 이를 믿도록 밝힘.
2　명이신령해(明已信令解) : 제13품~제18품
　↳ 이미 믿은 이를 이해하도록 밝힘.
3　명이해령행(明已解令行) : 제19품~제22품
　↳ 이미 이해한 이를 수행하도록 밝힘.
4　명이행령원(明已行令願) : 제23품~제25품
　↳ 이미 수행한 이를 발원하도록 밝힘.
5　명이원령입(明已願令入) : 제26품
　↳ 이미 발원한 이를 체험에 들도록 밝힘.
6　명이입령불(明已入令佛) : 제27품~제32품
　↳ 이미 체험에 든 이를 깨치도록 밝힘.

1. 도솔천에 오르시다
   - 「승도솔천궁품 제23」 -

 무수한 별들이 빛나는 밤하늘. 지금의 과학 세상에 보아도 신비한데 옛날 사람들은 어떠했을까? 그런 '하늘'이라는 공간으로 『화엄경』 구성 작가는 설법 장소를 이동해 올라간다. 그것도 원하는 것은 뭐든지 다 이룰 수 있는 도솔천이라는 '하늘'에서 말이다. 바랄 게 없는 저들에게 대체 무슨 말이 먹힐까? 『화엄경』 구성 작가는 단호하게 말한다. 회향하라! 남 줘라! 이 말 하려고 작가는 여러 부파가 당시까지 전해온 부처님 말씀을 총동원한다.

 그러기 위해 먼저 정지 작업을 하는데, 이 작업을 '판'을 깐다 해도 좋고, '자리'를 편다 해도 좋고, '광장'을 마련한다 해도 좋다. 작가는 「승도솔천궁품 제23」에서 그런 작업을 한다. '오를 승(昇) 자' 붙은 대목이 『화엄경』에서는 세 번 나오는데, 이번이 세 번째이다.

 『화엄경』 구성 작가의 이야기 엮어가는 솜씨는 치밀하고 속 깊어, 듣는 이가 단번에 이해하기는 쉽지 않다. 작가도 그 점을 잘 알기 때문에 '반복'과 '암송'이라는 방법을 활용한다. 동서양을 막론하고 고대 서사(敍事)에 나타나는 공통 기법인데, 현대에 우리가 그걸 '문자로 된 책'으로 '눈으로만 읽기'에는 참 지루하다. 소리내어 읽어야 한다.

혹시, 『대반야경』이라는 이름을 들어보셨는지? 이 경은 총 네 곳[4處]에서 열여섯 번의 모임[16會]으로 무수한 이야기가 구성되었다. 당나라 현장 법사(玄奘; 602~664)가 한문으로 번역하니 권수는 총 600권이고 품수는 총 390품이 되었다. 무수한 반복으로, 필자의 인내심으로는 눈길만 주면서 읽는 것도 힘들었고, 그냥 책 장만 넘긴 적도 많았다.

『대반야경』 앞에 붙인 서명사(西明寺) 사문 현칙(玄則)의 「서문」에 "광겁지하진(曠劫之遐津)"이란 말이 나온다. 남들은 어떻게 읽었는지 모르겠지만 필자에게는 이렇게 읽힌다. 열반의 저 언덕으로 떠나는 저 나루에서 배만 타면, 5온(蘊)의 굴레를 벗어나 아공(我空)과 법공(法空)을 누리는 '저곳'으로 갈 수 있단다. 그런데 그 나루터까지 가는 길이 어찌나 먼지[遐], 긴 세월을[曠劫] 나그네들은 헤맨다. 인도의 용수 스님께서 『대지도론』을 써서 길 안내하고 분석하는 친절을 베푸셨지만, 그게 무려 총 100권이다.

'이 동네'는 꿈쩍했다 하면 수십에서 수백 권에 이른다.

화두 한 생각에 깨친다는 '저 동네' 선사들이 마냥 부럽다. 현재 국내에서 많이 읽는 『금강경』은 『대반야경』의 제9회차 설법으로 권수로는 제577째 권인데, 이 한 권으로 온갖 선(禪) 법문을 해대니 말이다. 더 부러운 건 신[God]을 영접하면 구원받는다는 확신이다. 필자는 그런 '복'이나 '은총'이 없다. 언어로 쪼개고, 사유로 분석하고, 논리로 증명하는 논사(論師)와 강사(講師) 스님이 마냥 존경스럽다. 서양 중세 수도원의 교부(敎父)들이 존경스럽다. 받들어 따르려 노력한다. 왜? 석가 부처님 자체가 그렇게 고도의 지성과 분석 방법을 활용하셨기 때문이다.

화엄의 경학에서도 「승도솔천궁품 제23」을 분석적으로 읽는다. 자잘한 문단 쪼개기와 개념과 사상의 유래 분석은 생략하고, 크게 열 단락으로 나누어 요점만 소개한다.

⑴지금 도솔천에 드시는 부처님과 대중들의 모습과 음성을, 온 법계 무수한 도량 곳곳의 법회마다 모인 대중들이 동시에 똑같이 보고 듣는다. ⑵부처님께서 처음 도를 이루신 '보리수 밑'을 떠나지 않은 채 다음 법회 장소로 옮기고, 또 옮기고, 그러기를 계속하더라도 이전의 장소들을 떠나시지 않는다. ⑶천왕(天王)들은 부처님 대중들을 맞이하려고 치장한다. 부처님 앉으실 좌석과 각종 실내장식은 물론 나아가 모인 대중들은 저마다의 수행과 착한

일로 몸과 마음을 단장한다. ⑷당시 인도인들이 생각할 수 있는 최상의 공양을 부처님께 올린다. ⑸온 대중들이 훌륭하신 부처님의 능력과 공덕을 직접 눈으로 본다. ⑹도솔천 임금을 필두로 전 대중이 부처님께 이 궁전에 계셔달라고 청을 올린다. ⑺그건 그들의 몫이고, 부처님은 부처님의 장엄으로 스스로 장엄하게 하시고 위엄과 공덕을 갖추시어 대중의 청을 따라주신다. ⑻그 모습을 본 도솔천의 온 대중들이 큰 이익을 얻는다. ⑼천왕은 부처님께서 수많은 세월을 거치면서 얼마나 멋지셨는지 게송으로 찬송한다. ⑽마침내 부처님께서 사자좌에 오르신다.

제⑼단락에서 도솔천 천왕이 올린 총 10게송을 아래에 인용한다.

> 지난 옛적 무애월(無礙月)여래 계시매
> 여러 가지 길상 중에 가장 승하며
> 그 부처님 장엄전에 일찍 드시니
> 그러므로 이곳이 가장 길상해.
>
> 옛날에 광지(廣智)여래 계시었으매
> 여러 가지 길상 중에 가장 승하며
> 그 부처님 이 금색전 일찍 드시니
> 그러므로 이곳이 가장 길상해.

옛날에 보안(普眼)여래 계시었으매
여러 가지 길상 중에 가장 승하며
그 부처님 이 연화전 일찍 드시니
그러므로 이곳이 가장 길상해.

옛날에 산호(珊瑚)여래 계시었으매
여러 가지 길상 중에 가장 승하며
그 부처님 이 보장전(寶藏殿) 일찍 드시니
그러므로 이곳이 가장 길상해.

옛날에 논사자불(論師子佛) 계시었으매
여러 가지 길상 중에 가장 승하며
그 부처님 이 산왕전(山王殿) 일찍 드시니
그러므로 이곳이 가장 길상해.

옛날에 일조(日照)여래 계시었으매
여러 가지 길상 중에 가장 승하며
그 부처님 이 중화전(衆華殿) 일찍 드시니
그러므로 이곳이 가장 길상해.

옛날에 무변광불(無邊光佛) 계시었으매
여러 가지 길상 중에 가장 승하며
그 부처님 이 수엄전(樹嚴殿) 일찍 드시니
그러므로 이곳이 가장 길상해.

옛날에 법당(法幢)여래 계시었으매

> 여러 가지 길상 중에 가장 승하며
> 그 부처님 이 보궁전(寶宮殿) 일찍 드시니
> 그러므로 이곳이 가장 길상해.
>
> 옛날에 지등(智燈)여래 계시었으매
> 여러 가지 길상 중에 가장 승하며
> 그 부처님 이 향산전(香山殿) 일찍 드시니
> 그러므로 이곳이 가장 길상해.
>
> 옛날에 공덕광불(功德光佛) 계시었으매
> 여러 가지 길상 중에 가장 승하며
> 그 부처님 이 마니전 일찍 드시니
> 그러므로 이곳이 가장 길상해.

과거에 무수한 여래께서 이곳 도솔천에 왕림하셔서 법문하셨다고 한다. 그만큼 이곳은 유서도 깊고 좋다는 뜻이다. 게송이 나왔으니 말인데, 독자님은 산문? 아니면 게송? 어느 쪽이 더 이해하기 쉬운가요? 필자는 산문의 이해를 좀 더 돕기 위해 게송은 참고하는 정도이다. 이런 이야기를 연세대 수업 시간에 했더니, 게송이 더 잘 이해된다는 학생이 퍽 많았다.

교수하면서 통산 약 40학기 정도 필자는 연세대에서 전교생을 대상으로 하는 '필수교양'으로 불교철학을 강의했다. 최근 두 학기는 『원각경·현담』(운당문고, 2013년 초판)

을 주교재로 250명 정원으로 진행했는데, 언제나 그렇듯 학생들의 반응은 불교가 이렇게 분석이고 논리적인 줄은 몰랐었다고 참 신기해한다. 이 교재는 규봉 종밀 스님이 지은 『원각경대소』의 앞에 붙어있는 〈현담(懸談)〉을 우리말로 번역하여 자세하게 주석을 붙이고, 또 규봉 스님의 '과목치기'에 따라 본문을 번역하고 주석한 것이다. 『원각경』은 '작은 화엄경'이라 불릴 정도로, 대승의 교리를 종합적으로 짧은 분량으로 자신도 이해하고 남에게도 전하기에 그만인 책이다.

2. 도솔천 대중들이 올리는 찬송
- 「도솔천궁게찬품 제24」 -

 도솔천으로 올라오신 부처님은 마침내 사자좌에 앉으셨다. 이제부터 「도솔천궁게찬품 제24」가 시작된다. 『화엄경』 구성 작가는 무슨 이야기 할 지 벌써 생각을 해두었다. ⑴첫 번째로 모여드는 대중들을 묘사하자. ⑵두 번째로 부처님에게 광명을 놓으시게 하자. ⑶세 번째로 모여든 대중이 저마다 부처님을 찬송하게 하자. 번호를 따라가면서 작가의 구상을 들어보기로 한다.

 ⑴ 첫 번째. 인도 사람들은 10이라는 숫자를 좋아한다. 이 숫자야말로 모든 경우의 수를 완전하고 온전하게 다 갖추었다고 생각했다. 그야말로 '원[圓]'이다. 보름달이 꽉 차서 한껏 밝듯이, 조금도 모양이 일그러지지 않고, 밝기가 조금도 빠진 게 없다. 10방위에서 위대한 보살들이 몰려온다. 혼자만 오는 게 아니고 10만 부처님 세계로부터 티끌같이 많은 숫자의 보살을 데리고 온다. 그들이 사는 세계는 이곳 도솔천 궁전에서 티끌 수만큼 멀리 떨어진 먼 곳에 있다. 세계가 얼마나 드넓고 많은지, 작가는 이미 「화장세계품 제5」에서 말해두었다. 작가는 다만 시방(十

方)에서 온 10명의 대표 보살 이름만 나열한다. 금강(金剛)당보살, 견고(堅固)당보살, 용맹(勇猛)당보살, 광명(光明)당보살, 지(智)당보살, 보(寶)당보살, 정진(精進)당보살, 이구(離垢)당보살, 성수(星宿)당보살이다. 보살마다 전문으로 일삼는 소위 '전공' 내용으로 이름을 붙이는 작가가 좀 짓궂어 보인다.

보살 이름에 '당(幢, 범 Dhaja, 장대)'으로 돌림 삼은 것에도 작가다운 발상이다. 청량 스님은 이렇게 해석한다. 첫째는 높이 솟았다는 뜻이니, 3현위(賢位; 10주, 10행, 10회향)의 최상이기 때문이다. 둘째는 세워준다는 뜻이니, 중생들이 깨치도록 지혜로 어루만지고 불쌍히 여겨 세워주기 때문이다. 셋째는 돌아올 곳을 표시한 푯대이니, 중생마다 그 깃대를 보고 서원의 선법을 짊어지고 돌아오기 때문이다. 넷째는 꺾어 없앤다는 뜻이니 용맹한 장군의 깃대와 같아서 모든 악마의 무리를 쳐부수기 때문이다.

이렇게 수많은 보살이 몰려와서는 부처님께 인사를 올린다. 독자님은 혹시 궁금해하실 수 있다. 그렇게 많은 대중이 앉을 좌석은 있을까? 작가의 솜씨는 이런 고민을 싹 쓸어버린다. 부처님께서는 도리천왕이 바친 자리를 변화시켜 그들이 모두 앉을 수 있게 만드신다. 즉 '마니보장 사자좌'를 변화시켜 '묘보장 사자좌'를 만들어 모두 앉게 한다. 한 법회에 모여 앉은 대중들의 몸에서는 깨끗하고 무수한 광명이 발산된다. 물론, 그 광명은 '청정한 마음인 허물없는 원력'으로 인해 생겼다.

(2)두 번째. 대중들이 다 모이자, 부처님은 '두 무릎 사이'에서 무수한 광명을 발산하여 대중들은 물론 온 법계와 허공계를 비추신다. 이 광경을 '이곳'에 모인 보살들도 보고, 물론 '저곳' 허공계와 온 법계의 중생들도 모두 보고 있다. 이것이 어찌하여 가능한가? 청량 국사는 두 가지 원인이 있어서 가능하다고 해석했다. 첫째는 옛날 옛적에 같이 닦은 수행이 있기 때문이고, 둘째는 저마다 수행을 제대로 닦아 공덕이 쌓였기 때문이란다.

무릎에서 빛을 발한 이유를 독자님은 알아채셨을 것이다. 사람들의 뼈 중에서 폈다 접었다 할 수 있는 가장 큰 뼈가 무릎 관절이다. 『화엄경』 구성 작가는 '폄'에 착안했다. 다음에 설할 「십회향품 제25」의 핵심 주제인 '펼쳐서 남에게 나누어 주자!'를 암시하고 있다.

(3)세 번째. 비로자나 부처님께서 방광으로 보여주신 '지휘봉'은 이미 움직였다. 오케스트라의 모든 단원은 음성으로, 악기로, 제 몫의 연주를 시작한다. 금강당보살을

시작으로 10명의 보살이 각각 10게송 씩 찬송한다. 금강당보살의 게송만이라도 소개해 본다. 그런데, 서사시인의 음률은 어떠했을까? 아마도 느리면서도 저음으로, 애달프지만 마음을 상하게 하지는 않았으리라[哀而不傷]. 마치 범패의 '짓 소리'처럼……

> (1)여래는 세상에 나지도 않고
> 열반도 없지만
> 본래의 큰 원력으로
> 자재한 법 나타내시네.
>
> (2)이 법은 헤아릴 수 없고
> 마음으로 요량도 못하니
> 지혜로 저 언덕에 이르러야
> 부처님 경계 보게 되리.
>
> (3)육신이 부처 아니요
> 음성도 그렇거니와
> 육신과 음성을 떠나서
> 부처님 신통을 보는 것도 아니라.
>
> (4)지혜가 적은 이는
> 부처님의 참된 경계 알지 못하니
> 청정한 업을 오래 닦아야
> 이것을 분명히 알게 되리라.

(5) 정각은 오는 곳도 없고
가는 데 없건만
청정하고 미묘한 육신
신력으로 나타나는 것.

(6) 한량없는 세계에서
여래의 몸 나타내어
미묘한 법 말씀하지만
그 마음 집착이 없네.

(7) 지혜는 끝단 데 없어
온갖 법 분명히 알고
법계에 널리 들어가
자재한 힘 나타내나니,

(8) 중생과 모든 법
알고 보면 걸림없는 것
여러 가지 모양을 나타내어
모든 세계에 두루하네.

(9) 온갖 지혜 구하여
위없는 각을 이루려면
청정하고 묘한 마음으로
보리행 닦을 것이요,

(10) 누구나 여래의 이러한

> 위력과 신력을 보려거든
> 가장 높으신 어른께
> 공양하고 의심 내지 말라.

이상의 게송에서 ⑴~⑻은 모두 부처님의 덕을 찬송한 것인데, 이 중에서 ⑴~⑸는 고요하면서[寂] 항상 작용하는[照] 덕을, ⑹은 작용하면서도 고요한 덕을, ⑺~⑻은 고요함과 작용이 서로 걸림 없이 자유자재함을, 각각 읊고 있다. 마지막으로 ⑼~⑽은 부지런 수행하라고 권하면서 맺는 게송이다. 깨침을 이루려면 수행하라는 것이다. 부처님을 뵈오려면 불탑에 공양을 올리란다.

3. 다양한 회향을 설법하심
-「십회향품 제25」-

 이제 비로소 도솔천에서의 본 법회가 시작된다. 이곳은 원하는 모든 게 다 이루어지는 곳이다. 출세를 원하면 직위가 높아지고, 돈을 원하면 부자가 되고, 병든 사람은 건강을 되찾고, 장수를 원하는 사람은 오래 산다. 뭐든지 다 원하는 대로 된다. 이런 사람들을 대상으로 대체 무슨 말을 할 수 있을까? 그런 사람에게 무슨 법문을 해야 귀 기울일까?『화엄경』구성 작가는 분명하게 말한다. 오므려 쥐어 모두 갖추었으면, 이제 오므린 손을 펼쳐 남에게 주어라. 이런 내용이「십회향품 제25」에서 펼쳐진다.
 사람이 사는 데에 의·식·주가 기본이라고 한다. 전 세계는 말할 것도 없고 우리나라만 보더라도, 옷도 모자라지 않고, 집도 모자라지 않고, 식량도 모자라지 않는다. 전체로는 넘치고 남는다. 범위를 넓혀 세계를 봐도 그렇다. 그런데 누군가에게는 또 어느 지역에서는, 먹고 사는 최소한의 인간다운 삶조차 힘들 정도로 부족하다.
 과연, '욕망이 다 채워지는 세상', 즉 도솔천이 존재할까?『화엄경』의 구성 작가는 정말 그런 장소가 있다고 믿었을까? 아니다. 그런데 왜 그런 장소를 택해서 회향 법문을 할까? 이 질문의 답은 독자님 스스로 살펴야 할 것이다. 세상의 어머니'들'이 남아서 자식 입에 먹을 것 넣어주셨을까? 관세음보살은 자안(慈眼; 자비의 눈)으로 중생을 보는 분이라고, 그래서 그 보살의 이름이 관세음보살이라고 부처님께 사뢰는 무진의보살의 심정을 알 수 있으려나? 『법화경』「관세음보살 보문품 제25」를 두고 하는 말이다.

『화엄경』의 구성 작가는 분명하게 말한다. '세 곳으로 되돌려라!' 축원문에 나오는 "회향삼처실원만(廻向三處悉圓滿)"이다. 중생에게로, 깨달음으로, 온 법계로, 이렇게 세 곳으로 회향하라고 한다. '온 법계'는 요즈음 말로 해석하면 '무수한 세상'쯤 될 것이다. 대승을 믿는 불자들의 행동 강령이다. 오만가지 행동[萬行]을 하는 궁극의 목적은 이 셋이라고 말이다. 만행을 떠난다는 대승의 구도자들이여, 중생 구호를 목표 삼으시오! 깨달음을 목표 삼으시오! 세상 구제를 목표 삼으시오! 청량 국사는 말한다. '회'는 되돌림[轉]의 뜻이고, '향'은 나아감[趣]의 뜻이라고. 이 말을 붙여보면 회전취향(回轉趣向)이다. 되돌려 내보냄이다.

'회향'의 의미는 이 정도 설명해 두고, '회향'의 구체적

행법(行法)을 경학의 훈고 방법으로 밝혀보기로 한다. 화엄종 종사이신 청량 스님은 크게 열 가지로 나누어 종합하고 있다. 화엄에서 경우의 수를 열[十]로 예시하는 것은, 사례는 무수하니 나머지는 알아서 유추하라는 뜻이다.

(1)첫째는 제 것을 돌려 남에게 회향하란다. (2)둘째는 적은 것을 돌려 많게 회향하란다. 작은 선행이라 염려 말고 남에 되돌려 그들을 많이 기쁘게 하라는 뜻이다. (3)셋째는 자신이 쌓은 '인행(因行)'을 돌려 남의 '인행'으로 회향하란다. '인행(因行)'이란 흔하지 않은 용어이지만 불경을 독서하려면 외워두어야 한다. '원인 노릇을 하는 수행'이다. '깨달음이라는 결과[果覺]'의 상대어이다.

(4)넷째는 원인을 돌려 결과로 회향하란다. 원인 제공은 내가 했는데, 깨침의 결과를 남에게도 돌리는 수행이다. (5)다섯째는 열등한 것을 돌려 수승하게 회향하란다. 무슨 말이냐? 범부 내지는 성문이나 연각의 부류에 속한 수행자들이 좋아하는 일을 대승의 구도자인 내가 비록 따라하기는 했더라도, 그 결과를 대승의 깨달음으로 결과 맺도록 실천하라는 뜻이다. (6)여섯째는 깨침의 '무리[比]'를 돌려서 체험[證]으로 회향하란다.

(7)일곱째는 현상[事]을 돌려 이치[理]로 회향하고, (8)여덟째는 차별(差別)을 돌려 원융(圓融)으로 회향하고, (9)아

홉째는 세간을 돌려 출세간으로 회향하고, ⑽열째는 '이 치에 수순하는 현상적 행[順理事行]'을 돌려 '이치를 이루는 일상[理所成事]'으로 회향한다.

열째는 좀 더 설명이 필요한데, 이 부분은 '10 회향' 중에서 제8에 해당하는 '진여의 작용으로 회향' 대목에서 (*335쪽) 보태기로 한다.

이상의 열 중에서 ⑴~⑶은 '중생'에 관련하고, 다음의 ⑷~⑹은 '깨달음'에 관련하고, 다음의 ⑺~⑻은 '진여법계'에 관련하고, 끝으로 ⑼~⑽은 '깨달음'과 '진여법계' 모두에 관련한다. 즉, '3처 회향'이다. 관(觀)하듯이 음미해야 할 것이다. 화엄은 교즉관(教即觀) 즉, 가르침 그 자체가 바로 위파사나의 관찰 대상이다.

✽ 「십회향품 제25」의 구조 조망

「십회향품 제25」의 전체 구조를 먼저 알아두기로 한다. 경학자들은 이 대목도 역시 총 10분(十分)으로 나누어 해설하고 있다. '분(分)'은 전체를 구성하는 한 부분이라는 뜻이다. 10분은 다음과 같다.

⑴ 삼매분(三昧分)
⑵ 가분(加分)

(3) 기분(起分)
(4) 본분(本分)
(5) 설분(說分)
(6) 서응분(瑞應分)
(7) 결통분(結通分)
(8) 증성분(證成分)
(9) 게찬권수분(偈讚勸修分)
(10) 교량공덕분(校量功德分)

돌이켜보면 「십주품 제15」에서는 '총 7분'으로, 「십행품 제21」에서도 '총 7분'으로, 이곳 「십회향품 제25」에서는 '총 10분'으로, 다음의 「십지품 제26」에서는 '총 10분'으로 나누었다. 약간의 차이가 있지만 '3현(賢)과 10지(地)'는 전체를 가닥 잡아 쪼개어 풀어가는 형식이 비슷하다. 이것은 '3현과 10지'의 서술 형식을 맞추려는 작가의 구성 솜씨이기도 하다. 다시 말하면 『화엄경』 구성 작가의 작품 형식에는 정형화된 틀이 있다. 경을 읽을 때 이런 정형화된 틀을 대조하며 살피는 것도 독서의 맛이다.

한편, 『화엄경』 총 80권 중 「십회향품」은 제23권에서 제33권까지로 총 11권에 걸친 많은 분량을 할애했다. 참고로, 「세주묘엄품 제1」(총 5권), 「십지품 제26」(총 6권), 「이세간품 제38」(총 7권), 그리고 「입법계품 제39」(총 21권)

과 비교하면, 『화엄경』 구성 작가가 '회향'을 매우 강조하고 있음을 알 수 있다.

이하에서는 위에서 말한 10분(十分) 하나하나를 설명할 것인데, 지루할 수 있지만, 꾹 참고 읽어 『화엄경』의 구조 파악에 힘 붙이시기를 기대한다.

❋ 보살은 삼매에 들고 부처님은 가피로 응답

⑴〈삼매분〉은 회주이신 금강당보살이 부처님의 신력(神力)을 받들어 보살지광(菩薩智光) 삼매에 들어가는 부분이다.

⑵〈가분〉은 10만 세계의 미진수 부처님들께서 금강당보살에게 가피(加被)하여 힘 실어주는 부분이다. 어떻게 가피하는지 본문을 인용한다.

> 그대가 능히 이 보살지광삼매에 들었도다. 선남자여, 이것은 ⑴시방으로 각각 10만 세계의 티끌 수 부처님들이 신력으로 그대에게 가피하려는 것이며, ⑵또한 비로자나여래의 지난 옛 서원의 힘과 위신의 힘이며, ⑶또 그대의 지혜가 청정한 연고이며, ⑷모든 보살의 선근이 더욱 승한 연고로, ⑸그대로 하여금 이 삼매에 들어서 법을 연설케 하려는 것이느니라.

이 인용문을 잘 살펴보면, (1)에서 (5)에 이르는 다섯 가지 '원인' 때문에 금강당보살이 삼매에 들어서 회향 관련 법문하는 '결과'가 초래됨을 알 수 있다. 불교 교리를 지탱하는 중심 논리인 '원인-결과'를 작가는 이곳에서도 활용한다.

청량 국사도 이런 교리에 따라, (1)첫째는 도움[伴]이 되는 부처님들의 신통력, (2)둘째와 (3)셋째는 중심[主]이 되는 비로자나 부처님께서 과거 세상에 닦은 원력과 현재의 위신력, (4)넷째는 설법의 주인공인 금강당보살 자신의 파워, (5)다섯째는 설법을 듣는 이들의 훌륭한 능력, 이렇게 '다섯 원인'을 꼽고 있다.

돌이켜보면 「십주품 제15」에서는 듣는 이들의 훌륭함에 대한 원인 부분이 경전 본문에 빠져있고, 「십행품 제21」에는 설법하는 주인공이신 공덕림보살 자신의 파워에 대한 언급이 빠져있다. 그런데 이는 생략한 것일 뿐, 구성 작가의 누락은 아니다. 오히려 어슷비슷 엮어가는 작가의 구성 기법이다. 이런 서술 기법을 '기호(綺互)'라 한다.

불교 전체의 근본 논리인 '원인[因]-결과[果]' 위에 화엄의 특별 논리인 '중심[主]-도움[伴]'을 탑재하여, 위의 인용문을 좀 더 분석적으로 읽어보기로 한다. 원인 노릇 중에서 '중심'은 금강당보살 자신의 파워이고, 원인 노릇 중에서 옆에서 울타리 되어주는 '도움'은 설법을 듣는 보살대중의 훌륭한 능력이다.

한편 결과 노릇 중에서 '중심'은 비로자나 부처님의 과거와 현재의 원력이며, 결과 노릇 중에서 '도움' 되어주는 짝은 시방세계의 수많은 부처님의 가피이다. 이를 경학의 '과목치기'로 〈인과주반(因果主伴)〉이라 한다. ⑵〈가분〉을 이상과 같이 분석적으로 해독하면, 『화엄경』 구성 작가가 '원인과 결과', '중심과 주변', 이런 구조적 기법으로 어떻게 이야기를 엮어가는지 짐작할 수 있을 것이다.

이상의 분석에서 알 수 있듯이, 불보살들이 금강당을 돕는 이유가 무엇일까? 이에 대한 답변을 『화엄경』을 인용하여 밝혀보기로 한다. 모두 총 22가지 이유를 들고 있다. 그중 마지막 이유는 "모든 보살의 10회향을 연설하게 하려함"이다. 경전 구성 작가는 대승불교 담당자로 가상의 인물인 무수한 '보살'을 설정해 놓고, 그 모든 보살이 어떻게 회향하는지를 금강당보살의 입을 빌려 말하고 싶었다.

이상은 총론적 이유이다. 그러면 각론적 이유는 무엇인가? 그것이 중요하다. 금강당보살을 내세워 10회향 법문을 하게 해서, 『화엄경』 구성 작가는 대체 무슨 말을 하려는 것인가? 좀 길지만, 매우 중요한 대목이기에 아래에 인용한다.

> "보살들로 하여금, (1)청정하고 두려움 없음을 얻게 하려는 연고며, (2)걸림 없는 변재를 갖추게 하려는 연고며, (3)걸림 없는 지혜의 자리에 들어가게 하려는 연고며, (4)온갖 지혜라는 큰마음에 머물게 하려는 연고며, (5)다함 없는 선근을 성취하려는 연고며, (6)걸림 없는 선한 법[白法]을 만족케 하려는 연고며, (7)넓은 문인 법계에 들게 하려는 연고며, (8)모든 부처님의 신력을 나타내는 연고며, (9)지난 시절을 생각하는 지혜가 끊어지지 않게 하려는 연고며, (10)모든 부처님께서 여러 근을 보호하심을 얻으려는 연고니라.
>
> (11)한량없는 문으로 여러 가지 법을 연설케 하려는 연고며, (12)듣고는 다 알아서 받아 지니고 잊지 않게 하려는 연고며, (13)보살들의 모든 선근을 거두어들이려는 연고며, (14)세상을 뛰어넘는 도를 이루게 하려는 연고며, (15)온갖 지혜의 지혜를 끊지 않으려는 연고며, (16)큰 서원을 개발(開發)하려는 연고며, (17)진실한 이치를 해석하려는 연고며, (18)법계를 알게 하려는 연고이며, (19)모든 보살을 기쁘게 하려는 연고며, (20)모든 부처님의 평등한 선근을 닦게 하려는 연고며, (21)일체 여래의 종성을 두호하려는 연고이다."

다른 곳도 그렇듯이 인용한 본문의 번호는 필자가 붙였

다. 이상의 21가지의 각론적 이유로, 금강당보살에게 가피를 주어 '10회향 법문'을 하게 하는 것이다.

독자님은 운허 스님이 문단을 ⑴~⑽과 ⑾~㉑로, 둘로 나눈 점도 주목해야 할 것이다. 스님께서 이렇게 문단을 나눈 데는 이유가 있다. 예부터 화엄의 경학 전통에서는 이렇게 나누어 해석하는데, 그 전통의 대표는 청량 징관 국사이다. 조선의 화엄 종사들도 모두 이런 전통을 따랐다.

⑴~⑽과 ⑾~㉑의 두 문단 중, 앞 문단은 보살들에게 무수한 '능력을 갖추도록' 하기 위함이고, 뒷 문단은 보살들에게 이러저러한 '일을 수행하도록' 하기 위함이다. 또 다른 측면에서 말하면 앞 문단은 보살 자신의 이익 즉 자리(自利)를 위함이고, 뒷 문단은 남을 위함 즉 이타(利他)를 위함이다.

경전은 이렇게 분석적으로 읽어야 한다. 게다가 대승경전은 항상 초기 경전을 염두에 두고 읽어야 한다. 지면 관계상, 첫 번째 이유 ⑴만을 그렇게 읽어보자. 핵심 용어는 '두려움 없음[無畏]'이다. 과거 수백 년 전에 석가모니 부처님께서 말씀하신 가르침을 화엄의 구성 작가는 소환하고 있다. [아함]이 되었건 [니까야]가 되었던 '두려움 없음[無畏]' 관련 이야기는 산재한다. 필자가 가까이 두고 읽는 한역 『잡아함경』(제 1,227경)에도 여래의 '4무소외(四無所畏)'가 등장한다. 월운 스님이 번역한 [한글대장경]에는 『모경(母經)』이라고 경 이름을 붙였는데, 『증일아함경』에도 많이 등장한다.

이후에 등장하는 (2) 이하의 내용들도 초기 경전에서 등장하는 가르침을 대승의 안목으로 재해석하여 사용하고 있다. 중요한 포인트는 이야기 소재[話素]는 같지만, 지난 과거를 소환하는 현재적 의도가 다른 점이다. 대승의 독자님은 이 점을 간파해 내야 한다. 의도는 회향에 있다.

이상으로 필자는 가지(加持)를 통해서 무엇을 완성하려 하는지? 그리고 또 가지를 하는 이유가 무엇인지? 『화엄경』 본문을 인용하여 소개했다.

이하에서는 가지(加持) 하는 양상[相]을 살펴보기로 한다. 이 대목에서도 『화엄경』 구성 작가는 초기불교의 신·구·의(身口意) 3업 개념을 소환한다. 향후 입으로 법을 설하게 하려고 가지(加持) 하는 것이니, 작가는 이야기를 부처님의 구업(口業)에서부터 시작한다.

첫째는 금강당보살에게 구업(口業)을 발휘하여 설법할 수 있도록 힘 보태주는 장면이다. 금강당보살에게 변재(辯才; 말재주)를 증가시켜 주기 위함이다. 우선, 본문을 공유하기로 한다.

> ⑴불자여, 그대는 마땅히 부처님 위신의 힘을 받들어 이 법을 연설할 것이니, ⑵부처님의 호념을 얻은 연고며, ⑶부처의 가문에 편안히 머문 연고며, ⑷출세간하는 공덕을 더하는 연고며, ⑸다라니의 광명을 얻은 연고며, ⑹장애 없는 불법에 들어간 연고며, ⑺큰 광명으로 법계를 널리 비추는 연고며, ⑻허물없는 깨끗한 법을 모은 연고며, ⑼광대한 지혜의 경계에 머문 연고며, ⑽장애 없는 법의 광명을 얻은 연고니라.

10구절 중에서 ⑴은 총론인데 금강당보살이 회향 관련 법문을 할 수 있도록 어편(語便; 말솜씨)을 돌봐주신다. 그리고 ⑵에서 ⑽까지는 그것이 가능한 이유(연고)를 밝히는 각론이다.

각론은 좀 더 자세하게 분석해서 읽어야 할 것이다. 즉, 회향 관련 법문을 하기 위해서는 '파워[力]'가 있어야 가능한데, 그것이 무엇인가? 첫째는 남의 힘이고 둘째는 자신의 힘이다. 첫째 남의 힘이란 본문에 나오는 ⑵'부처님의 호념을 얻은 연고'이다. 경학 훈고 용어로 이를 과력(果力) 또는 증상연력(增上緣力)이라고도 한다. '수행이 원인이 되어 깨침이라는 과보를 얻으신 그런 부처님의 힘 보태줌'. 이것이야말로 모든 존재의 근원이고 행위의 원동력이며, 가치의 원천이고, 법계의 본질이다. 대승의 특징을 물씬 풍기는 대목이다.

대승불교는 초기불교에 비교해 종교적 요소가 강한데, 바로 이런 부분이 그렇게 생각하게 한다. 초기불교에서의 부처님은 '훌륭한 선생님 또는 수행자'의 모습이 두드러진다. 반면 대승불교에서의 부처님은 태양처럼 '생명과 존재를 역동하는 힘'으로 묘사된다. 대승불교가 퍼진 각 지역에서는 '부처님의 호념(護念)'을 빌고 기원하는 신앙 형태가, 그 지역의 역사와 사상과 어울려 찬란한 문화를 꽃피웠다. 호념이란 '보호하고 염려한다'라는 뜻이다.

대승에 따르면, 모든 중생은 부처님의 보호와 염려해주심 속에서 살아가고 있다. 대승의 이런 확신의 근거에는 바로 『화엄경』이 있다. 경전 구성 작가는 태양에 견준 '비로자나 부처님'을 등장시켜 이런 신앙이 나올 여지를 만들어주었다. 『화엄경』 본문에는 이렇게 부처님의 힘을 바탕으로 삼고, 그 위에 초기불교에서부터 강조해 온 자신의 노력을 보탠다.

⑶에서 ⑽까지는 자신의 힘인데, 이것은 유위(有爲)로서 인연(因緣)으로 만들어진 것이다. 반면, ⑵는 무위(無爲)로서 본원(本源)으로 존재하는 것이다.

자신의 힘에 해당하는 ⑶~⑽ 중에서, ⑶, ⑷, ⑸는 '인위적 조작이 있는 청정한 법의 힘[有作淨法力]'이며, ⑹, ⑺

은 '인위적 조작이 없는 청정한 법의 힘[無作淨法力]'이며, ⑻, ⑼, ⑽은 '몸 청정의 힘[身淨力]'을 나타낸다. 경학자들은 이렇게 본문 내용을 세 부분으로 가닥을 쳐서 해석해 왔다. 독자님도 잘 들여다보면 그 '결[理]'이 갈라짐을 알 수 있다.

⑶, ⑷, ⑸의 내용처럼 보살은 부처님 집안에 태어나 가업을 이어 무루(無漏) 공덕을 기르고 일체를 갖춘 지혜를 익혔다. 이렇게 스스로 수행한 힘 때문에 회향 법문이 가능하다. ⑹과 ⑺처럼 닦아 없앨 어떤 대상에도 걸림이 없고, 수행하는 주체인 지혜에도 걸림 없는 그런 수행을 했다. 그런 힘으로 회향 법문이 가능하게 되었다. ⑻~⑽에서 ⑻은 성문승의 수행이고, ⑼는 보살승의 수행이고, ⑽은 부처의 수행이다. 이렇게 세 방면의 수행을 몸소 다 닦은 힘 때문에, 그 힘으로 금강당보살이 회향 법문을 할 수 있는 것이다.

이상에서 좀 길지만, 금강당보살이 회향 관련 법문을 할 수 있도록 부처님들이 '힘 보태 붙잡아 주는[加持]' 방식을 보았다. 그 방식은, 말로도 하고, 또 마음으로도 하고, 마지막에는 몸으로도 하는 그런 방식이었다. 몸으로 하는 대표적 방식이 바로 '정수리 만져줌'이다. 여러 곳에서 몰려오신 부처님들이 금강당보살의 정수리를 만져주자, 삼매에서 일어난다. 이를 ⑶〈기분(起分)〉이라 한다. 이하부터 ⑷〈본분(本分)〉이 시작된다.

＊ 국회 본회의장에서 다룰 의제 상정하듯이

> 불자들이여, 보살마하살의 부사의한 큰 서원이 법계에 충만하며 일체중생을 널리 구호하나니, 이른바 과거·미래·현재의 모든 부처님의 회향을 닦아 배우는 것이니라.

위의 『화엄경』 본문을, 경학의 치경(治經) 전통에서는 세 내용으로 가닥을 쳐서 읽는다. 첫째, 보살에게는 큰 서원이 있다. 둘째, 그 서원이 법계에 충만하여 중생을 모두 구호한다. 셋째, 3세 모든 부처님도 그렇게 하신다.

'보살의 서원'이란, 구체적으로 말하면 『화엄경』에 등장하는 수많은 보현보살의 서원이다. 넓혀서 말하면 대승경전에 등장하는 일체 보살의 서원이고, 줄여서 말하면 '보현보살의 10대 행원'이다. 이런 보살의 수행과 서원이 법계에 충만한 것이 '원인' 노릇을 하여, 일체중생을 구호하는 작용이 '결과'로 드러난다. 서원이 원인이고 중생 구호가 결과인 셈인데, 『화엄경』 구성 작가는 대승불교의 회향을 이런 방식으로 풀어가고 있다. 보살이 중생을 구호하겠다는 원력을 세워 그것을 실천하는 것이 회향이란다.

이상으로 회향에 대한 총론적 설명을 마친 『화엄경』 구성 작가는 각론적 다음의 인용문처럼 '10회향' 과목을 거론한다. 국회의 본회의 시작 전에 의제를 상정하는 것과 비슷하다.

> (1)하나는 일체중생을 구호하면서도 중생이라는 상(相)을 여의는 회향이요, (2)둘은 깨뜨릴 수 없는 회향이요, (3)셋은 모든 부처님과 평등한 회향이요, (4)넷은 온갖 곳에 이르는 회향이요, (5)다섯은 다함이 없는 공덕장 회향이요, (6)여섯은 일체 평등한 선근에 들어가는 회향이요, (7)일곱은 일체중생을 평등하게 따라주는 회향이요, (8)여덟은 진여의 모양인 회향이요, (9)아홉은 속박도 없고 집착도 없는 해탈 회향이요, (10)열은 법계에 들어가는 무량한 회향입니다.

거론된 각각의 의제별 자세한 내용은 뒤에(*336쪽) 나오니, 이 대목에서는 대체 '무엇을' 회향한다는 것인지에 초점 맞추어 보자. 즉, 회향이란 돌려준다는 뜻인데, 대체 무엇을 준다는 말인가? (1)에서는 돌려주는 내용이 중생 구호이다. 회향의 내용이 중생 구제이다. 이런 방식으로 독자님은 '대체 무엇을 준다는 말인가?' 이런 의문을 자신에게 던져가면서 「회향품 제25」 전체를 읽어주시기를 바란다. 그러면 작가의 의도가 좀 더 잘 보인다.

먼저 위에서 인용한 운허 스님의 본문 번역을 그런 방식으로 대조하면서 읽어보자. 예를 들면, (2)"둘은 깨뜨릴 수 없는 회향"인데, 대체 무엇을 되돌려준다는 말인가? 그것은 3보를 굳게 믿은 결과로 얻은 공덕을 타인에게 돌려준다는 뜻이다. (3)은 3세의 부처님께서 실천하신 내용을 내가 똑같이 배운다는 뜻이고, (4)는 그렇게 배운 대로 온 중생에게 모든 곳에서 베풀어 되돌린다는 뜻이고, (5)는 각종 보살행의 결과로 쌓아 얻은 공덕 모두를 되돌린다는 뜻이다. 이 대목에서는 다양한 보살행이 소개되는데 '보현보살 10대 행원'과 유사한 덕목들이 등장한다.

(6)에서는 다양한 보시를 소개하는데, 그런 보시들이 사(事)와 리(理)에 걸림 없이 평등한데, 이로 말미암아 생기는 공덕을 회향한다. 특히 이 대목에서는 부처님의 출세를 찬탄하고 모든 것을 보시하는 동시에 남에게도 그렇게 하도록 하는 것이 회향이란다. 소위 포교하고, 전법하고, 전도하는 것이 바로 중생에게 되돌려주는, 즉 회향이라고 말한다.

(7)은 말 그대로 사람을 차별하지 않고 나아가 모든 생명을 차별 없이 그들의 바람을 따라주는 것이다. 그리하여 끝내는 그들이 자신들의 번뇌를 다스려 깨침의 길을

가도록 따라주는 것이다. ⑻은 보살들이 수행하는 모든 선행은 끝내 진여(眞如)와 하나 되어야 하는데, 이렇게 진여와 하나 된 수행을 남에게 되돌려주는 것이다. ⑼는 겉모양에 속박되지 않고 나아가 소견에 집착하지 않아 모든 작용에 자유자재한 그 자체가 회향이며, ⑽은 본마음에서 우러남을 타인에게 보이는 것이다.

✽ 티 없는 중생 구조 회향

드디어 이제는 「십회향품 제25」의 총 10분(分) 중에서 다섯 번째 부분에 해당하는 ⑸〈설분〉을 소개할 차례이다. 회향해야 할 내용의 주제에 대해서는 앞의 ⑷〈본분〉에서 열 가지로 소개한 대로이다. 전체 10회향 중에서 첫째인 ⑴ '일체중생을 구호하면서도 그런 티를 떨친 회향'을 경학의 전통에 따라 분석적으로 읽어보기로 한다.

참고로, 구성 작가는 각각의 회향마다 먼저 산문으로, 뒤 이어서 운문으로 이야기를 엮어간다. 그런데 아시겠지만, 「십회향품 제25」의 게송은 모두 '응송(應頌)'이다. 이런 작품적 성격을 알고 독자님은 앞의 산문과 뒤의 게송을 짝지어 대조하여 읽으면, 내용의 이해는 물론 문학의 맛을 더할 것이다. 자, 그러면 회향해야 할 선의 덕목[善

根]이 무엇인지를 언급하는 대목을 인용한다. 경학에서는 이 대목을 〈정명소회(正明所廻)〉라고 '과목치기'를 한다. 그 뜻은 〈회향의 내용을 바로 밝힘〉 정도가 될 것이다.

> 불자들이여, 무엇을 보살마하살의 〈일체 중생을 구호하면서도 중생이라는 상을 여의는 회향〉이라 하는가.
>
> 불자들이여, 이 보살마하살이 단(檀)바라밀을 행하고, 시(尸)바라밀을 청정히 하고, 찬제(羼提)바라밀을 닦고, 정진(精進)바라밀을 일으키고, 선(禪)바라밀에 들어가고, 반야(般若)바라밀에 머무르며, 대자·대비·대희(大喜)·대사(大捨)로 이러한 무량 선근을 닦으며, 선근을 닦을 때 이렇게 생각하느니라.
>
> '이 선근으로 일체 중생을 두루 이익케 하여 모두 청정케 하며, 필경에는 지옥·아귀·축생·염라왕 등의 한량없는 고통을 길이길이 여의게 하여지이다.'

구성 작가는 이상과 같이 회향할 내용을 제시하고 나서는, 대승의 보살행을 실천하는 자라면 어떻게 회향하는지, 그 양상을 둘로 나누어 소개하고 있다. 먼저, '모양을 띤' 중생 구호 사례를 서술하고, 다음, '모양을 떨친' 중생 구호 사례를 서술한다.

좀 복잡하기는 한데, 작가는 '모양을 띤' 중생 구호의 사례를 아래의 네 경우로 나누어 서술하고 있다. 이렇게 쪼개서 본문을 읽어야 그 내용이 제대로 보인다. 경학 훈고의 도움을 받지 않고는 참, 어려운 일이다.

㉠ 중생들에게 이익과 즐거움을 주는 방식으로 구호하기
㉡ 중생들이 자신을 괴롭혀도 자애의 마음으로 감수하는 방식으로 구호하기
㉢ 중생들이 받을 고통을 내가 대신 받아들이는 방식으로 구호하기
㉣ 내가 아니면 그 누가 저 중생들을 구하겠느냐는 뛰어난 기상을 갖는 방식으로 구호하기.

필자의 이 책에서는, 지면 관계로 부득이 ㉠에 해당하는 본문만 인용한다.

> 보살마하살이 선근을 심을 적에, 자기의 선근으로 이렇게 회향하느니라.
>
> 내가 마땅히 (1)일체중생의 집이 되니 모든 괴로운 일을 면케 하려는 연고며, (2)일체중생의 구호가 되리니 모든 번뇌에서 해탈케 하려는 연고며, (3)일체중생의 귀의할 데가 되리니 모든 공포를 여의게 하려는 연고며, (4)일체중생의 나아갈 데가 되리니 온갖 지혜

에 이르게 하려는 연고며, (5)일체중생의 안락처가 되리니 구경의 편안할 곳을 얻게 하려는 연고며, (6)일체중생의 광명이 되리니 지혜의 빛을 얻어 어리석은 어둠을 멸하게 하려는 연고며, (7)일체중생의 횃불이 되리니 모든 무명의 암흑을 깨뜨리려는 연고며, (8)일체중생의 등불이 되리니 끝까지 청정한 곳에 머물게 하려는 연고며, (9)일체중생의 길잡이가 되리니 그들을 진실한 법에 들게 하려는 연고며, (10)일체중생의 대도사(大導師)가 되리니 걸림없는 큰 지혜를 주려는 연고니라.

위에서, ㉮의 내용만 인용한다고 했는데, 아무래도 ㉰의 본문도 인용해야겠다. 보살행의 구구절절한 양상이 잘 드러나는 대목이기 때문이다.

불자들이여, 보살마하살이 모든 중생이 나쁜 업을 짓고 중대한 고통을 받으며, 이런 장난으로 부처님을 보지 못하고 법을 듣지 못하고 스님들을 알지 못함을 보고는, 생각하기를 '내가 저 나쁜 갈래에서 중생들을 대신하여 가지가지 괴로움을 받으며 그들을 해탈케 하리라' 하느니라. 보살이 이렇게 괴로움을 받으면서도 더욱더 정진하여 버리지도 않고 피하지도 않고 놀라지도 않고 공포하지도 않고 물러가지도 않고 겁내지도 않고 고달퍼하지도 않나니, 무슨 까닭인가.

> 그가 서원한 대로 일체중생을 책임지고 해탈케 하려는 연고니라.

 이 정도에서 본문 인용을 할애(割愛)하기로 한다. 이렇게 '모양을 띤' 중생 구호의 사례를 넷으로 나누어 서술하는 과정에서, 『화엄경』 구성 작가는 비유를 곁들여 작가적 솜씨를 구성지게 발휘한다. 작가의 그런 솜씨를 이 책에 다 담아내지 못해서 매우 아쉽게 생각한다.

 지면 관계상 이 정도에서 그치지만, 당시 새롭게 대두되는 대승 운동가들이 추구하는 불교가 어떠했는지 추측하기 어렵지 않다. 이런 양상은 초기 대승 경전인 [반야부]에도 나타난다. 다만 [화엄부]와 다른 점은 '불성(佛性)'과 보살행을 긍정의 논법으로 드러내냐? 아니면 부정의 논법으로 드러내냐? 그 차이가 있다. 자, 다시 본론으로 돌아간다.

 독자님의 기억을 다시 소환한다. 앞쪽에서 '모양을 띤' 중생 구호와 '모양을 떨친' 중생 구호, 이렇게 나눈 부분을 기억하시는지? 구성 작가가 지금까지는 '모양을 띤' 중생 구호의 양상을 소개했다. 이하부터는 '모양을 떨친' 중생 구호를 소개할 순서인데, 『화엄경』 구성 작가는 그것을 두 단계로 추켜 올리는 향상일로(向上一路)의 기법을 활용한다.

첫째 단계를 [청량소초]에서 국사는 "자취를 털어버리는 지혜를 활용하여, 이전에 실천한 중생 어여삐 여기는 마음이며 모든 인위적 흔적을 말끔히 지운다"라고 했다. 그러면서 노자 『도덕경』에 나오는 천지(天地)나 성인(聖人)은 무심하여 티 내지 않는 사례를 들고 있다. 『화엄경』의 해당 본문을 인용하면 다음과 같다. 〈중생이라는 자취를 털어 법계의 실상으로 들어가는 것〉이다.

> 불자들이여, 보살마하살은 또 생각하기를 '나는 해[日]가 온갖 것에 두루 비치어도 은혜를 갚으려 하지 않는 것같이, 중생들의 나쁜 일을 모두 받아들이면서도 이것으로 말미암아 서원을 버리지 않을 것이며, 한 중생이 악하다고 해서 일체중생을 버리지 않을 것이요, 다만 부지런히 선근을 닦아 회향하여 널리 중생들로 하여금 모두 안락을 얻게 하리라' 하느니라.

둘째 단계는 '깨침의 결과로 드러나는 작용'을 '무위 적정의 열반'으로 한 단계 더 올려 향상하는 것이다. 〈깨침이라는 자취를 털어 법계의 실상으로 들어가는 것〉이다.

> 이러한 선근으로 회향하면, 청정하게 상대하여 다스리는 법을 수행하여 생기는 선근은 모두 출세간하는

> 법을 따라가는 것이므로 둘이란 모양을 짓지 아니하니, 업에 나아가 온갖 지혜를 닦는 것이 아니고, 업을 여의고 온갖 지혜에 회향하는 것도 아니며, 온갖 지혜가 곧 업이 아니지만 업을 떠나서 온갖 지혜를 얻는 것도 아닙니다. 업이 빛[光影]과 같이 청정하므로 과보도 빛과 같이 청정하고, 과보가 빛과 같이 청정하므로 온갖 지혜의 지혜도 빛과 같이 청정하며, 나[我]와 내 것[我所]이란 모든 시끄러움과 분별을 여의었으며 이렇게 알고서 선근의 방편으로 회향하는 것입니다

위의 본문에서 "이러한 선근으로 회향하면"이란 지금 인용한 본문 바로 앞에 나오는 '중생을 집착할 게 없는 법의 성품에 안돈(安頓)하여 두려는 회향'을 포함하여 '모든 법의 탐욕 여읜 것을 관하는 회향'에 이르는 총 22가지 회향을 지칭한다. 또, 본문의 "둘"이란 '모양을 띰'과 '모양 떨침'을 말한다. 내니 남이니 하는 생각 없앰은 물론, 없앤다는 생각도 없이 그렇게 보살행을 하라는, 대승경전 작가의 주문이다.

위에서 말한 '22종의 회향'은 매우 중요하니 본문을 아래에 인용한다.

> (1)중생을 집착할 것이 없는 법의 성품에 안돈하여 두려는 회향, (2)중생의 성품이 동하지 않고 변하지 않음을 보는 회향, (3)회향하는 데 의지함도 없고 취함도 없는 회향, (4)선근의 모양을 취하지 않는 회향, (5)업과 과보의 자체 성품을 분별하지 않는 회향, (6)5온(五蘊)의 모양에 집착하지 않는 회향, (7)5온의 모양을 깨뜨리지 않는 회향, (8)업을 취하지 않는 회향, (9)과보를 구하지 않는 회향, (10)인연에 물들지 않는 회향, (11)인연으로 일으킨 것을 분별하지 않는 회향, (12)명칭에 집착하지 않는 회향, (13)처소에 집착하지 않는 회향, (14)허망한 법에 집착하지 않는 회향, (15)중생의 모양·세계의 모양·마음의 모양에 집착하지 않는 회향, (16)마음의 전도(顚倒)·생각의 전도·소견의 전도를 일으키지 않는 회향, (17)말하는 길[語言道]에 집착하지 않는 회향, (18)일체 법의 진실한 성품을 관하는 회향, (19)일체중생의 평등한 모양을 관하는 회향, (20)법계의 인(印)으로 여러 선근을 인치는 회향, (21)모든 법의 탐욕 여읜 것을 관하는 회향입니다.

✻ 보리밭 밟듯이 밟아가는 강원의 이력

총 10종의 회향 중에서 제1 회향에 해당하는 '일체중생을 구호하면서도 중생이라는 상(相)을 여의는 회향'을 설명하는 데도, 길고도 길었다. 나머지 아홉 종의 회향도 그와 같은 방식으로 분석해서 조목조목 읽어야 한다. 그러니 강원(講院)의 대교과정(大教科程)에서 '화엄을 본다'라는 건 참으로 어렵고도 멀고 먼 길이다. 필자는 지금 듬성듬성 뛰어넘어가고 있는데, '이력(履歷)'은 말 그대로 밟고 지나가는 것이다. 봄바람에 들뜬 보리싹을 한발 한발 밟고 지나가듯 해야 한다. 그러잖으면 봄바람에 들떠 말라비틀어지고 만다.

우리나라 전통 강당(講堂)에서 보는 이력과정(履歷課程; 일종의 커리큘럼) 교과서 속에는 당나라 청량 국사와 그의 제자 규봉 선사의 주석서는 절대적이다. 『화엄경』에는 [청량초소]가, 『금강경』과 『기신론』과 『원각경』에는 [종밀소초]가 근간이다. 스승 청량과 제자 규봉으로 이어지는 교판과 행상의 분류와 해석은 통일적이고 정합적이기 때문이다. 물론 이통현(李通玄)의 『화엄론』이나 진계(眞界)의 『기신론찬주』나 육조 혜능(惠能)의 『금강경구결』 등이 일면 시원함은 있지만, 장차 교학을 담당하려는 강사(講師) 양성을 위한 교과서로서는 적합하지 않다. 그런 책들은 이력을 마치고 여가에 보아도 된다. 젊어 기억력 좋은 시절, 분석적으로 논증적으로 논서를 대조해 가면서 경전을 읽어야 한다.

경학 연구에는 과문(科文)이 매우 중요한데, 이 점을 일찍이 간파했던 고려의 대각 국사 의천(義天; 1055~1101) 스님은 무수한 과문을 수집하여 [속장경]에 담았다. 동양 삼국 경학 연구에 지대한 공헌을 했으니, 현재도 경전을 분석적으로 읽으려는 사람은 해당 경전의 과문이 속장경에 있는가 확인해서 거기에서 출발해야 한다.

✽ 다시, 갈 길을 재촉하며

앞에서 소개했듯이 청량 국사는 「십회향품 제25」를 (1)삼매분, (2)가분, (3)기분, (4)본분, (5)설분, (6)서응분, (7)결통분, (8)증성분, (9)게찬권수분, (10)교량공덕분, 이렇게 10분(十分)으로 과목을 나누었다. 이하에 (6), (7), (8), (9), (10)은 구조만이라도 설명해 마치기로 한다.

(6)〈서응분(瑞應分)〉은 금강당보살의 회향 관련 법문을 듣고 주변에서 상서로 감응하는 부분이다. 얼마나 적절하고 좋은 법문을 했는지, 첫째는 땅이 진동하여 감축하고, 둘째는 여러 중생이 몸 정성 마음 정성 공양을 바친다.

(7)〈결통분(結通分)〉은 한자 말 그대로 '맺어서 시방의 모든 곳도 다 그렇다고 회통하는 부분'이다. 지금 설법은 사바세계 수미산 위에 있는 도솔천 궁전에서 일어나고 있다. 그런데 (7)에서는 이런 설법이 널리 수많은 일체 시방

세계의 모든 도솔천 궁전에서도 일어나고 있다고 한다. '회향'이라는 보살행의 보편성을 보증하려는 『화엄경』 구성 작가의 솜씨이다. 보살에게 있어 '회향'이라는 실천은 모든 '시-공'을 막론하는 보편적 덕목이란다. 세계가 얼마나 많은지는 「세계성취품 제4」에서 이미 소개했다.

⑻〈증성분(證成分)〉은 타방의 무수한 금강당보살이 몰려와서 지금 설법을 마친 이곳의 금강당보살을 칭찬하고, 제대로 '회향' 법문을 했다고 증명하는 대목이다. 이런 신통한 일이 가능한 건 모두 부처님의 '신력(神力)' 때문이란다. 『화엄경』의 도리에 따르면 세상사 모두가 부처님의 공덕이다. 법계의 공덕이고 중생의 공덕이다. 물 한 모금조차 모두가 감사이고 은혜이다. 그렇기는 하지만, 이런 신앙에만 빠져 대승 운동 출현의 근본인 보살행을 잊어서는 안 될 것이다.

이제 다시 부처님의 신력을 받은 금강당보살은 〈게송으로 찬탄하여 수행하기를 권하는 부분〉 즉, ⑼〈게찬권수분(偈讚勸修分)〉을 시작한다. 게송은 7언 4구로 총 47수(首)로 이루어졌다. 제1 게송에서 제36 게송까지는 10종 회향을 거듭 게송으로 밝히는 부분이고, 제37 게송에서 제45 게송까지는 회향의 수승함을 찬탄하여 듣는 이에게 닦도록 권하는 부분이고, 끝의 제46과 제47 두 게송은 ⑽교량

공덕분(較量功德分) 즉, 그 어떤 공덕보다도 '회향' 공덕이 위대함을 노래하는 부분이다. ⑩에 해당하는 마지막 2수를 아래에 인용한다.

수 없는 중생들도 셀 수 있으며	一切衆生猶可數
3세의 마음들도 알 수 있으나	三世心量亦可知
이러한 보현보살의 여러 불자의	如是普賢諸佛子
그지없는 공덕은 측량 못하리.	功德邊際無能測
한 털로 허공 재어 끝낼 수 있고	一毛度空可得邊
온 세계의 티끌도 셀 수 있지만	衆刹爲塵可知數
이렇게 큰 신선인 여러 불자의	如是大仙諸佛子
머무른 행과 원은 측량 못한다.	所住行願無能量

우리말답게 글로 옮긴 운허 스님의 솜씨는 한문과 대조해 읽으면 더욱 빛난다. 긴 여운이 남는 회향 찬송의 번역에는 생전의 인자하신 모습 여전하시다.

제10장. 체험 시작의 측면에서 답변

제10장. 체험 시작의 측면에서 답변⑤

0. 총 론

앞의 제9장에서 필자는 「십회향품 제25」의 구조적 측면을 밝히면서 본문을 소개했다. [80화엄] 속에는 분량이 많은 품들이 있다. 「세주묘엄품 제1」(총 6권), 「화장세계품」(총 3권), 「십회향품 제25」(총 11권), 「십지품 제26」(총 6권), 「십정품 제27」(총 4권), 「여래출현품 제37」(총 3권), 「이세간품 제38」(총 7권), 「입법계품 제39」(총 21권)이다. 권수를 보면 화엄의 작가가 중요하게 여기는 주제를 짐작할 수 있다.

✻ 경학(經學)과 교학(敎學) 사이에 서성이며

이제부터는 「십지품 제26」(총 6권)을 소개하려 하는데, 이 즈음에 연구 방법에 있어 경학(經學)과 교학(敎學)의 차이에 관해 필자의 견해를 밝혀두고자 한다. 경학은 『화엄경』 본문 자체에 주목한다. 한편, 교학은 본문을 해석하는 과정에서 생산된 이론에 주목한다. 그런데 막상, 연구를 해 보면 경학과 교학은 상호 보완하여 상승시킴을 알 수 있다. 교학에 밝은 연구자는 『화엄경』 본문을 깊게 읽어낼 수 있다. 그런가 하면 『화엄경』 본문에 대한 이해가 깊어지면 교학 이론도 깊어지고 풍부해진다. 그런데 문제는 현실적으로 양쪽을 골고루 갖추기가 쉽지 않다. 그것은 연구자의 역량에 기인하기도 하고, 일정 부분은 연구 풍토에도 이유가 있다. 필자는 작금의 학계 연구 풍토에 대해 함께 생각해 보자는 차원에 문제를 제기한다.

근대 이후 소위 화엄 교학(敎學) 방면을 연구하는 학자들의 연구 주제를 볼 것 같으면, 화엄 교판, 성기 사상, 화엄삼매, 해인삼매, 일심 사상, 법계관, 6상 원융, 3성 원융, 10현 연기, 불신론, 수증론, 보살행 등등을 단골 주제로 거론한다.

이런 주제가 『화엄경』 본문 이해에 도움이 안 되는 건 아니다. 그런데 특정 시기에 『화엄경』이 편집되었고, 그렇게 편집된 『화엄경』 속에 담긴 사상을 밝혀내어 당시의 인간들이 무슨 생각을 또 어떻게 생각했는지를 연구하려 한다면, 과연 작금의 이런 교학이 무슨 의미가 있을까? 혹, 출가 수행자처럼 『화엄경』에 담긴 내용을 진리로 받들어 배우고 익혀 따르려 한다면, 작금의 이런 교학 이론들은 또 무슨 도움을 줄 수 있을까? 한 번쯤은 생각해 보아야 한다,

필자가 염려하는 점은 『화엄경』 자체의 독서나 연구가 소홀해지지나 않을까이다. 불교의 역사를 돌아보면, [아함]에 담긴 뜻을 유기적으로 총체적으로 이해하려고 노력하는 과정에서 각 부파(部派)의 논사들은 철학적이고 논증적 이론들을 구사했다. 『화엄경』도 마찬가지이다. 『화엄경』을 읽고 이해하려는 과정에서 생산된 주석서 속에 교학 이론들이 표출된다.

[아함]이 되었든 『화엄경』이 되었든, 텍스트 자체를 읽는 행위가 우선이다. 읽어야 생각하게 되고 생각해야 논의가 일어난다. 읽기-생각하기-논의하기-글로 쓰기, 이런 일련의 작업은 상호적이다. 논의가 깊어져야 잘 읽고, 생각해야 논의가 깊어지고, 읽으면서 생각하게 되고, 쓰면서 생각하는 등등 말이다.

특히, 중국에서는 인도의 문헌자료를 한문으로 역경(譯經)하는 과정에서, '빡센 해석'이 개입된다. 역경에는 석경(釋經)이 동반된다. 필자가 말하는 '빡센 해석'의 뜻을 보충하기 위해 하나의 사례를 들어본다. 현대 중국어나 일본어나 한글로 한문 경전을 '번역'하는 경우를 보자. 정확한 뜻을 몰라도, 웬만큼 훈련된 한역불전(漢譯佛典) 문헌학자라면 어려운 개념들이나 생소한 용어는 한자를 그대로 노출하면서 문법에 틀리지 않게 번역할 수 있다. 월운 스님 앞에서 글을 볼 때 필자도 그렇게 넘어가려 한 적이 한두 번이 아니다. 그럴 때면 지금 새긴 그게 무슨 뜻인지 쉬운 우리말로 설명해 보라고 하신다. 영락없이 틀린다.

그런데 한자 문화권이 아닌 지역의 언어, 예를 들면 영어로 번역할 경우는 그게 안 통한다. 반드시 현대어로 풀어야 한다. 사고와 언어는 물론 원초적 개념을 비롯하여 고유명사조차 번역하는 그런 번역을 필자는 '빡쎈 해석'이라 말한 것이다. 범어에서 한문으로 옮길 때 당시 역경사들도 그랬다.

「십지품 제26」 읽기는 그런 의미의 '빡센 해석'이 겹겹이 쌓인 지식층과 마주하는 작업이다. 그런 해석을 통해 인도의 세친 스님을 비롯하여, 당·송의 지엄-법장-징관-정원-자선 스님 등으로 이어지는 축적된 지식과 사유 방식을 읽어내야 한다. 나아가 조선을 거쳐 축적된 이 지역의 지성도 해독해 내야 한다.

필자는 불교 고전에 대한 이상과 같은 입장에서, 경학의 훈고 방법으로 『화엄경』 본문을 가닥 잡아 독서하려 노력은 하고 있다. 이 책의 제10장에서 다루는 「십지품」도 위와 같은 독서의 여운을 적은 것이다.

첫째는 『화엄경』의 여러 품(品) 중 「십지품 제26」이 하필이면 왜 이곳 순서에 배치되었는지를 먼저 알아두어야 한다. 둘째는 「십지품」을 설하는 보살, 또 이 품이 설해지는 장소, 그리고 10지(十地)에서의 '지(地)'의 뜻도 미리 알아두어야 한다. 셋째는 「십지품」에서 내세우는 주장과 지향점도 알아두어야 한다. 넷째는 본문을 읽어가는 것인데, 먼저 「십지품」의 해설서인 『십지경론』에서 인도의 세친 스님께서 「십지품」 본문 전체를 어떻게 분석하고 해석했는지 검토해 두고, 다음은 세친 이후 중국에서 전개된 여러 스님의 누적된 「십지품」 본문 읽기 경험을 알아두어야 한다. 「십지품」 본문을 먼저 읽으셨던 인도의 선배와 그 전통을 확인하고 비판 종합한 중국 선배들의 경험을 최대한 활용하자는 것이다.

경전에는 그것의 창작이든 해석이든, 윗물과 아랫물이 있게 마련이다. 「십지품」 텍스트 속으로 여러 물줄기가 흘러 모여 인간 사유의 '큰물[河]'을 이루고, 세월 속에서 그 물의 결을 갈라내어 다시 해석하는 과정에서 또다시 창조적 사유가 보태져 '바다[海]'를 이룬다.

「십지품」 읽기는 그 심원(深遠)하고 유장(流長)한 망망대해 속으로 자맥질하는 것이다. 『화엄경』 독서란 그런 것이다. 히말라야 흰 눈이 물 되어 황하의 붉은 흙을 녹여 들이고, 백두의 천지가 은하의 정기를 머금어 바다로 흐르듯, 「십지품」은 그렇게 수많은 정보를 담고 우리 앞에 흘러 닥친다.

❋ 역사 속에 태어나 역사를 만드는 작가 선지식

문헌 속에는 사람의 생각이 담겨있는데, 특히 인도에서 만들어져 중국에서 한자로 번역되어 긴 세월 많은 사람이 읽고 해석한 『화엄경』 속에는 시대의 사상과 역사가 녹아 들어 있다.

생각하며 사는 사람이 역사를 만들어가고, 그렇게 만들어진 역사 속에서 사람들은 생각하며 살아간다. 이 둘은 역동하는 상호 변증(辨證)의 관계이다. 사상이나 역사의 관계는 고립이 아니고 의존이며, 혁명이 아니고 변화이다. 유비(類比)가 가능하다.

대승불교 문헌에 등장하는 많은 개념은 초기나 부파 시대의 역사 문헌 속에 이미 등장한다. 대승 5대부 경전으로 꼽히는 화엄, 방등, 반야, 법화, 열반에 등장하는 '보살' 개념도 그렇다. 이와 함께 보살의 실천 덕목인 '바라밀', 그리고 그런 실천의 결과로 체험되는 '수행의 지위'도 그렇다. 당시 사람들에게 전해 내려와서 현재에 작동하는 기왕의 사상이나 개념에 주목하여, 자신들의 인생으로 풀어낸 것이다.

그런데 '역사-사상', '사상-역사', 이 둘을 연관해서 그것을 대상화하여 '학적 방법'으로 연구를 시작한 곳은 근대서유럽이다. 중세 유럽이나 고대 중국이나 인도 등 여타 지역에 그런 연구가 없었던 것은 아니지만, 이들은 '진리라는 확신'에 충만했다. 자신들에게 전해진 지식이 어떤 역사 속에서 어떤 방식으로 만들어졌는지 문제 삼기에는 '성인의 말씀'이라는 무게감이 너무도 컸다.

화엄의 중요한 개념 축을 이루는 10지(十地) 관련 사상도 인간들이 생각해 온 역사의 퇴적이지, 특정의 어떤 한 명의 성인이 만든 말씀이 아니다. '보살' 개념도 결국은 고대 인도인들의 '전생 이야기'의 축적이다. [베다]를 거치면서, 초기불교의 '본생담'을 거치면서, 위에서 언급한 '대승 5대부 경전' 속에 가짓수와 내용을 늘려가고 넓혀간 것이다. '대승 5대부 경전' 속에서도 처음에는 10주(十住) 사상이 생기면서 차츰 10지(十地) 쪽으로 옮겨 간다. 그런 뒤에 다시 '주'와 '지'와 '회향'이 혼용되기도 한다.

중요한 것은 보살의 '수행'이고, '수행'을 하게 되면, 무언가의 변화를 당사자가 '체험'하게 된다는 발상이다. 그런 '수행'과 '체험' 관련 이야기들이 세월 속에서 점점 늘어났고, 그것이 기원 전후해서 경전 구성 작가들의 입을 통해 큰 덩어리의 이야기로 재구성되고, 다시 기원후 2세기 3세기를 지나면서 글자로 기록된다. 그러니 『화엄경』에 등장하는 '10(十)'이라는 원수(圓數)로 묶은 신(信), 주(住), 행(行), 장(藏), 회향(廻向), 지(地) 등의 이야기들은, 애초 정형화시킬 수 있는 고정된 게 아니다.

『화엄경』에 특정해서 말해보면, 경전 구성 작가는 결과적으로 '큰 이야기 모음집'을 세상에 내놓았다. 그런데 그 '큰 이야기 모음집' 속에는, 만들어진 시대와 장소를 특정하기 어려운 무수한 '작은 이야기'가 혼재한다. 비록, 법회의 장소를 아홉 곳으로 설정하는 둥, 또 품(品)의 숫자를 39품으로 하는 둥, 이야기를 쏟아내는 보살 이름을 다양하게 바꾸는 둥, 방광(放光)의 위치를 이동하는 둥, 이런저런 구상을 했지만, 그 속에는 서로 맞지 않는 부분들도 있다. 그렇다고 그것을 탓할 수는 없다. 작가 선지식이란 그저 실존의 삶을 사는 주체이자 언어의 씨줄과 사유의 날줄로 세계를 베 짜는 조화옹(造化翁)과 비슷하다. 한자의 뜻처럼 무언가를 창작하는 작가(作家)일 뿐이다. 정형화하여 이론적으로 체계화하는 것은 뒤에 오는 사람의 몫이다.

1. 불교사에 등장하는 수행 체험 단계별 정리
  - 「십지품 제26」 -

독립적으로 유행하던 『십지경(十地經)』을 방대한 『화엄경』의 한 부분인 「십지품 제26」으로 편입시킨 작가의 의도는 무엇일까? 선대의 학승들은 "「십지품」 이전에는 발원 즉 회향에 대해서 말했으니, 이제 「십지품」에서는 체험의 단계에 들어가는 이론을 밝혀보자"라고 해석했다. 이것을 경학의 '과목치기'로 ⑤〈명이원령증입(明已願令證入)〉이라 한다. 이런 과목 구조는 다른 곳에서도 (*304쪽) 말했다. 그래서 「십회향품」 뒤에 「십지품」을 배치한 것이다. '발원'은 무엇무엇을 하겠다는 마음 먹기이고, '회향'은 그렇게 마음먹은 대로 실천을 완수한 것으로, 구조는 동일이다.

그런데 '10회향'이나 '10지'는 모두 '이론'이다. 이론은 이론인데, '체험의 시작[證入]'을 밝히는 '이론'이라는 말이다. 그럼, 실제 '체험'은 어느 품에서 보여 주는가? 『화엄경』 구성 작가는 그것을 「이세간품 제38」과 「입법계품 제39」에서 보여 주고 있다. 「이세간품」에는 200개의 질문을 설정하여 총 2,000개의 답으로 그걸 보여 주었고, 한편 「입법계품」에서 선재라는 젊은이를 등장시켜 세상살이 속에서 그것을 체험하게 하는 방식으로 보여 주고 있다.

왜 이런 구별을 하는가? 독립의 『십지경』이 별도로 유행하다, 나중에 『화엄경』의 「십지품」으로 편제되었다는 이야기는 필자도 했고, 이 방면의 연구자들이 많이 말했다. 독자님도 알고 계실 것이다. 그런데, 독립 유행하던 『십지경』을 독서할 때, 인도의 세친 스님은 '수행 단계'임에 주목했다. 그러나 방대한 『화엄경』 속으로 편입된 「십지품」을 독서할 때, 중국의 학승들은 '수행 단계 관련 이론'으로 읽어냈다. 「십지품」의 내용을 이론으로 읽을 것이냐? 실천으로 읽을 것이냐? 이 점이 서로 달랐다.

문헌 발달 역사상, 인도 학승으로서는 '지금 유통되는 『화엄경』 전체'를 접할 수 없었다. 『화엄경』 전체를 안중에 넣고 「십지품」을 읽어갈 수 있었던 건 후대 중국의 학승들이다. 필자는 후자의 독서 경험을 활용하고 있는데, 이런 문제는 「십지품」을 인도 불교의 맥락에서 읽어갈 것인가? 중국불교의 맥락에서 읽어갈 것인가? 그것과도 관련되어 있다. 역사 맥락 없이 문헌을 읽으면 때로는 중요한 정보를 잃거나 때로는 오해 내지는 왜곡할 수 있다.

지성의 역사는 맥락이다. 시공을 초월한 원형적이고 애

초부터 완성된 문헌이나 사상은 없다. 대기설법(對機說法)에서 '기(機)'가 바로 맥락을 염두에 둔 지혜이다. 스스로 '대기해서 법을 설한다'고 고백한 붓다는 이 점을 간파하고 있다. '대기설법'임을 인정하지 않는 자들의 원형주의적 발상은 문서를 교조화하게 한다.

※ [청량소초]에 활용된 훈고 방법

중국에서는 한대(漢代)의 경학자 정현(鄭玄; 127~200) 이후 육경(六經)을 다루는 훈고학(訓詁學) 방법이 정립되어 갔다. 여기에 허신(許愼; 58~148)의 문자학(文字學)과 유흠(劉歆; 기원전 46~기원후 23)과 유향(劉向)의 목록학(目錄學)이 보태지면서, 다시 시대가 더 내려와 당대(唐代)의 음운학(音韻學)이 발달하면서, 고전 텍스트 비평에는 세계 지성사 어디에도 볼 수 없는 최고의 문화(文華)를 꽃피웠다.

필자가 동경대학에서 유학하던 1980년대 말에는 중국철학과와 중국어문학과 두 과가 같은 자료실을 썼는데, 고적(古籍)이 산적해 있다. 그 자료들을 활용해서 철학과에서는 훈고학과 목록학 관련 강의를 분담하고, 어문학과에서는 문자학과 음운학을 분담하여, 학생들은 서로 오가며 배웠다. 그때는 힘들었는데 그립고 행복한 시절이었다.

당나라 당시 청량이나 종밀 등 법성종(法性宗) 계통의 경학자들은 위의 기초학을 불경 본문 해석에 능숙하게 구사했다. 이 점에 대해서는 필자의 『규봉 종밀과 법성교학』(올리브그린, 2013) 제2장에서 자세하게 다루었으니, 거기로 미루고 이 대목에서는 훈고의 두 방식만 소개한다. 하나는 수문석의(隨文釋義)이고 다른 하나는 통석어의(通釋語義)이다. 복잡하지만 요점만 말하면 전자는 본문을 따라가며 의미를 따지는 방법이고, 후자는 의미만을 추려 모아 분류하여 해석하는 방법이다. 청량과 종밀의 본문 주석은 전형적인 수문석의(隨文釋義) 방식이다. 한편, 본문 주석 앞에 붙인 〈현담〉은 통석어의 방법이다.

[청량소초]는 『화엄경』 전 품을 수문석의(隨文釋義) 방식으로 주석하고 있는데, 그 양상을 필자의 이 작은 책에 모두 소개할 수는 없다. 그렇지만 독자님에게 「십지품 제26」에 한정하여 일지(一指)의 맛이라도 보여드리려 한다.

청량 국사는 「십지품」을 해석하는 데에 많은 분량을 할당한다. 봉은사판 [청량소초]가 〈현담〉 '총 8책'을 빼면 본문을 해석한 분량만 총 70책에 달하는데, 「십지품」 해석에 국사는 『천자문』 순서로 〈려(麗) 자 권〉에서 〈광(光) 자 권〉까지 사용하니, 무려 총 14책이 된다. 총 14책 전체를 청량은 네 덩어리로 크게 나눈다. ①내의(來意), ②석명(釋名), ③종취(宗趣), ④석문(釋文)이 그것이다. 이하에 청량의 치경(治經) 방법에 따라 그 대강을 소개한다.

첫째는 ①〈내의(來意)〉이다. 위에서 필자는 '맥락'을 운운했는데, 이 대목에서 청량 국사는 『화엄경』의 여러 품(品) 중 「십지품 제26」이 하필이면 왜 이곳 순서에 배치되었는지를 해명한다. 그 답은 첫째로, 제2회의 보광명전 설법인 「여래명호품 제7」에서 '10지' 관련 질문이 나왔기 때문이다. 다음, 앞에서 '3종의 현자 지위[賢位]' 관련 이야기를 종결했으니, 이제는 '성자 지위[聖位]' 관련 이야기를 하려는 때문이다. 전자는 원인이고 후자는 결과이다. 즉, 「십주품」을 중심으로 '지혜[解]'를 말했고, 「십행품」을 중심으로 '수행[行]'을 말했고, 「십회향품 제25」를 중심으로 '회향[願]'을 말했다. 이제 이곳 「십지품」을 중심으로 '체험[證]'을 말하려는 것이다.

둘째는 ②〈석명(釋名)〉이다. 「십지품」을 하필이면 왜 「십지품」이라고 이름을 붙였는가? 설법하는 사람으로 이름을 붙이면 '금강장보살품'이 되고, 장소로 이름을 붙이면 '타화자재천품'이 되고, 내용으로 이름을 붙이면 '십지품'이 된다. 그런데 이 작품의 저자는 내용을 주목하여 이 경전의 이름을 『십지경』이라 했다는 것이다. 이것은 청량 국사의 해석이다.

셋째는 ③〈종취(宗趣)〉인데, 「십지품」에서 내세우는 주장[宗]과 그렇게 주장하여 목적하는 지향점[趣]이 무엇이냐? 간단하게 말하면 열 단계[地, 範 bumi]의 지혜로 번뇌를 제거하여 진여를 체험하자는 것이 핵심 주장[宗]이고, 원융하고 서로 걸림이 없는 다양한 수행의 양상을 보여주려는 것이 궁극의 지향점[趣]이다.

넷째는 ④〈석문[釋文]〉이다. 본문을 해석하는 부분인데, 위에서 필자도 말했듯이 중국불교의 맥락에서 「십지품」을 해석하여 총 10분(十分)으로 쪼개서 풀어간다.

이상의 ①~④의 과목 치기 방식은 [청량소초]에서 반복적으로 사용되고 있다. 경학의 훈고 방법으로 『화엄경』을 읽어가는 전형의 구조적 독서이다. 한·중·일 동북아시아에서 오랫동안 공감받은 독서법으로, 그것을 완성한 경학의 대가는 바로 당나라 청량 징관 국사이다. 조선 후기부터 지금껏, 우리나라는 징관-종밀-자선-정원의 교학 전통으로 승려를 교육했다.

❋ 떨어져서 조견(照見)해야 보이는 것들

인도의 세친(世親) 스님이 쓴 『십지경론』의 존재를 통해 『십지경』이 독립적으로 유행되었던 사실을 확인할 수 있다. 이런 작은 이야기가 모여 도랑이 되고 도랑이 모여 대하(大河)를 이루듯 큰 이야기 속으로 편집된다. 대승의 5부로 불리는 [화엄부], [방등부], [법화부], [열반부], [반야부] 등 방대한 경전들도 원래, 작은 분량의 이야기들이 먼저 유행되다가, 훗날 대승 경전 작가에 의해 큰 분량의 경전 속으로 편입된다.

그런데, 경전 구성 작가가 제아무리 솜씨가 좋다고 해도, 그 많은 이야기를 모순 없이 엮어가는 건 쉽지 않다. 게다가 방대한 대승 경전 사이를 모순 없이 정합적으로 구성한다는 건 더욱 쉽지 않다. 그것은 결국 뒷날 '해석자'의 몫이 되었다. 높은 데 올라, 멀리 보는 시력으로 시야도 넓게 확보하고, 전모를 조망하고 조직하는 형이상학적 안목을 갖추어야 한다. 소위 '조견(照見)'해야만 한다. '조견'의 한 방법으로 화엄의 경학자들은 불경에 등장하는 다양한 '관(觀; 빨 vipassanā)'을 네 범주로 묶어서 교(敎; 빨 sāsana)의 양상을 분석했다.

수많은 경전을 '조견'하면서 해석하는 전문 승려를 '의해승(義解僧)'이라 부르고, 그들의 학문을 '경학(經學)'이라 한다. 의해승들에 의한 경학에는 일정한 경향성을 띠게 되는데, 인도 불교의 역사에서는 그 경향성을 '부파(部派)'별로 정리했고, 중국불교의 역사에서는 그 경향성을 '종파(宗派)'별로 정리한다.

이야기가 좀 옆으로 가지만, 중국불교 연구자로서 한마디 보태야 하겠다. 중국불교를 연구하기 위해서는 인도불교를 '어느 정도' 알아야 한다. 그 이유는 당시 중국의 학승들이 인도 학승이 남긴 재료를 활용하고 있기 때문이다. 같은 이유로 한국불교를 연구하기 위해서는 중국불교를 '어느 정도' 알아야 한다. 마찬가지로 신라나 조선의 학승들은 중국 학승들이 생산한 자료를 자신의 학문에 활용하고 있기 때문이다.

위에서 필자는 '어느 정도'라고 애매하게 표현했지만, 아는 정도가 깊고 넓을수록 훌륭한 연구 성과를 낼 수 있다. 그리고 인도, 중국, 한국을 통틀어 어느 지역의 불교를 연구하든, 그 지역의 고유사상을 철저하게 알아두어야 한다. 대표적으로 인도의 '브라만 사상'과 '6파 철학', 중국의 유교와 도교, 한국의 고유사상, 등을 잘 알아두어야 한다. 경학자는 이런 사전(事前) 지식을 바탕으로 자신의 철학을 세워야 한다. 지난 시대를 설명하여, 지금의 이 시대를 살아가는 자신의 실존적 삶 말이다. 그리고 그것을 사유로 담아내고 다시 언어로 표현할 줄 알아야 한다. 역사에 남는 경학가들이 바로 그런 인물들이다.

대승 경전의 구성 작가가 편집한 『화엄경』의 본문을

제대로 읽어내기 위해, 초기불교의 연기 사상을 활용하여 '사사무애하는 법계'를 관찰하는 방법을 고안해 내었다. 이 방법을 신앙적으로 체험한 대표적 인물은 (뒷사람 즉 '화엄 5조설'을 정립한 규봉 종밀에 의해 화엄종(華嚴宗)의 초조(初祖)가 된) 두순(杜順; 557~640) 스님이다. 두순 스님은 현학적 이론가가 아니다. 삼매 실천가이자 기도승이다. 게다가 신비한 종교적 기적도 보였던 분이다.

『화엄법계관문(華嚴法界觀門)』이라는 작은 분량의 문서가 남아있는데, 후대 사람들이 두순 스님의 종교적 체험을 글로 남긴 것이다. 문면(文面)만 보면 현학적으로 보이지만, 이 저술은 논리만으로는 그 진가를 제대로 파악하기 어렵다. 거기에 삼매의 수행이라는 경험치가 보태져야 뜻하는 바를 읽어낼 수 있다.

❋ 십지품의 가닥을 치고 과목 점검

자, 이런 종교성과 논리성을 염두에 두면서 ④〈본문 해석[釋文]〉부분을 시작하기로 한다. 역시 경학 훈고 방법에 따라 열 부분[十分]으로 나눈다. 열이란 다음과 같다.

⑴ 서분(序分)　　⑵ 삼매분(三昧分)
⑶ 가분(加分)　　⑷ 기분(起分)

⑸ 본분(本分)　　　　　⑹ 청분(請分)
⑺ 설분(說分)　　　　　⑻ 지영상분(地影像分)
⑼ 지이익분(地利益分)　⑽ 지중송분(地重頌分)

한문을 괄호 속에 써 두었으니, 대강의 내용을 짐작할 수 있을 것이다. ⑴〈서분〉에서 ⑷〈기분〉까지 각각의 부분[分]마다 감탄을 자아내는 『화엄경』 구성 작가의 솜씨가 발휘되지만, 지면 관계로 분석은 생략한다. 또 각 분의 이름 뜻도 이미 앞에서 설명한 바 있으니 풀이하지 않는다.

「십지품 제26」의 본론인 ⑺〈설분〉으로 바로 들어가기로 한다. 다만, 본론에 들어가기에 앞서 ①환희지, ②이구지, ③발광지, ④염혜지, ⑤난승지, ⑥현전지, ⑦원행지, ⑧부동지, ⑨선혜지, ⑩법운지 등 10지의 관계에 대해, 특히 각 지(地) 사이의 관계를 언급해 두고자 한다.

앞에서 ③〈종취〉를 소개하면서 필자는 이런 말을 했다. 중요하니 인용한다. "열 단계의 지혜로 번뇌를 제거하여 진여를 체험하자는 것이 핵심 주장[宗]이고, 원융하고 서로 걸림이 없는 다양한 수행의 양상을 보여주려는 것이 궁극의 지향점[趣]이다." 여기에서 주목해야 할 구절은 '원융하고 서로 걸림이 없는 다양한 수행의 양상' 부분이다. 핵심은 원융(圓融)이다. 즉, 한 가지의 지위가 모든 지위를 포함하고, 한 가지의 행에 모든 행이 갖추어진 보현보살의 원만 융통한 수행이 「십지품」에서 펼쳐진다. 비록 순차적으로 제① 환희지에서 제⑩ 법운지까지 나열했지만, 실제로는 한 가지 바라밀 각각 속에 각기 열 가지 바라밀이 갖추어지고, 또 역시 하나의 지위[地]마다 열 가지 지위를 모두 갖추고 있다.

이런 해석적 견해가 가능한 것은, 연기하는 법계(法界)를 '사사무애의 관점'에서 이해하려는 당시 사람들의 발상 때문이다. '연기(緣起)'의 관점에서 존재와 인식을 설명하려는 불교는, 부파의 분열과 교리 해석의 역사 속에서, '업' 개념을 매개로, 또는 번뇌에 오염된 의식인 '아뢰야식' 개념을 매개로, 또는 인연에 상응하는 '진여' 개념을 매개로, 또는 위에서 말한 사사무애하는 '법계' 개념을 매개로, 다양한 방법으로 연기 사상을 변주(變奏)하고 있다.

※ 제1지 환희지

이하에서도 종전대로 『화엄경』 본문을 운허 스님의 [한글대장경] 번역에서 인용한다. 첫 단계는 제① 환희지(歡喜地) 즉, 세속의 삶을 뒤로 하고 마침내 '수행자의 삶으로 살아가는 지위[見道位]'이다. 화엄의 전통에서는 두 문단으로 과목을 쳐서 독서해 왔는데, 앞 문단 ⑴~⑽은

'제① 환희지에 들어갈 수 있는 사람의 자격이 어떠한지[依何身]'를 열 가지로 나열한 것이고, 뒷 문단 ⑾~⒇은 '제① 환희지에 들어가려는 까닭이 무엇인지[爲何義]'를 열 가지로 나열한 것이다. 번호를 붙여놓았으니 잘 보면, 왜 이렇게 '과목치기'를 했는지 그 '결[理]'이 보인다.

> 불자들이여, 어떤 중생으로 하여금 ⑴선근을 깊이 심고, ⑵모든 행을 잘 닦고, ⑶도를 돕는 법을 잘 모으고, ⑷여러 부처님께 잘 공양하고, ⑸청정한 법[白淨法]을 잘 쌓고, ⑹선지식께서 거두어 주심이 되고, ⑺깊은 마음을 청정하게 하여, ⑻광대한 뜻을 세우고, ⑼광대한 지혜[解]를 내면, ⑽자비가 앞에 나타나나니,
>
> ⑾부처님의 지혜를 구함이며, ⑿열 가지 힘을 얻으려 함이며, ⒀크게 두려움 없음을 얻으려 함이며, ⒁부처님의 평등한 법을 얻으려 함이며, ⒂일체 세간을 구호하려 함이며, ⒃큰 자비를 깨끗이 하려 함이며, ⒄10력(十力)과 남음이 없는 지혜[無餘智]를 얻으려 함이며, ⒅모든 부처님 세계를 깨끗이 하여 장애가 없게 하려 함이며, ⒆잠깐 동안 일체 3세를 알고자 함이며, ⒇큰 법륜을 굴릴 적에 두려움이 없으려 하는 연고로, 불자여, 보살이 이런 마음을 일으키느니라.

❋ 제2지 이구지

다음 단계는 제② 이구지(離垢地) 수행의 시작이다. 초기불교에 등장하는 수행법을 분류하는 방식은 다양한데, 화엄의 경학에서는 「십지품」을 '3학(學)'의 방법으로 정리한다. 제② 이구지에서는 '계학(戒學)'이 근간이 된다. 왜 '떠날 리(離)', '때 구(垢)'라 했는가? 범부(凡夫)의 세계에서 묻었던 때를 떨치기 시작하기 때문이다. 제② 이구지에서의 수행은 '때 빼기'이다. 때를 빼는 데에는 계율만큼 효과적인 수행이 없단다. 어떻게 계를 실천하는지 본문을 인용해서 보기로 한다.

> 불자여, 보살이 이구지에 머물면, (1)성품이 저절로 일체 살생을 멀리 여의어서, 칼이나 작대기를 두지 아니하고, 원한을 품지 아니하고, 부끄럽고 수줍음이 있어 인자하고 용서함이 구족하며, 일체중생으로 생명 있는 자에게는 항상 이익하고 사랑하는 마음을 내나니, 보살이 오히려 나쁜 마음으로 중생을 시끄럽게 하지도 않거늘, 하물며 남에게 중생이란 생각을 내면서, 짐짓 거친 마음[重意]으로 살해할까 보냐.
> (2)성품이 훔치지 않나니, 보살이 자기의 재산에는 만족함을 알고 다른 이에게는 인자하고 사랑하여 침노하지 않으며 다른 이에게 소속한 물건에는 남의 것이

> 라는 생각을 내어 훔치려는 마음이 없고, 풀잎 하나라도 주지 않는 것은 가지지 않거든, 하물며 생활에 필요한 물건이리오.
> (3)성품이 사음하지 않나니, 보살이 자기의 아내에 만족함을 알고 남의 아내를 구하지 않으며, 다른 이의 아내나 첩이나, 다른 이가 수호하는 여자나, 친족이 보호하거나, 약혼하였거나, 법으로 보호하는 여인에게 탐하는 마음도 내지 않거든, 하물며 일을 벌이겠으며[徒事], 또 제 곳이 아닌 것[非道]이리오.
> (4)성품이 거짓말을 하지 않나니, 보살은 항상 진실한 말과 참된 말과 시기에 맞는 말을 하고, 꿈에서라도 덮어두는[覆藏] 말을 차마 하지 못하며, 하려는 마음도 없거든 하물며 짐짓 범하리오.

이상에는 (1)에서 (4)까지만 인용했는데, 본문에는 계속해서 "(5)이간하는 말을 하지 않나니", "(6)나쁜 말[惡口]을 하지 않나니", "(7)번드르르한 말[綺語]을 하지 않나니", "(8)탐내지 않나니", "(9)성내지 아니하나니", "(10)삿된 소견이 없나니", 이렇게 보살의 길을 가려는 수행자의 '10선업(善業)의 길'을 소개하고 있다. 끝으로 화엄 경학의 입장에서 첨언하면, 이 대목의 독서 포인트는 인간의 '성품에 본래[性自]' 이런 열 가지 선업이 갖추어져 있다는 점이다.

✱ 제3지 발광지

 화엄의 교학에서는 '다양한 관점'을 들이대어 복잡한 '세상'의 관계 양상을 풀어내고 있다. 무언가가 존재하고 있어서 보이는 게 아니라, '보기'와 '존재'가 서로 의존한다. 다양한 '관점'만큼 다양하게 '세상'이 알려진다. 그리고 그 '봄'에는 보는 자의 기존 관점이 매개된다. 물론 매개되는 관점도 만들어지는 것인데, 그것은 사람과 사람 속에 누적되어 전승된다.
 제③ 발광지 수행은 '존재[法] 바르게 보기[觀]'에서 출발한다. 바르게 잘 보아야만 제대로 된 지식을 만들 수 있다. 바른 행동을 위한 첫 단계는 제대로 알기이다. 그러면 무엇을 제대로 알란 말인가? 유위법을 제대로 알라는 것이다. 유위법이란 인위적으로 만들어진 것으로 그 속에는 물질적인 것도 있고 심리적인 것도 있다. 『반야심경』의 색, 수, 상, 행, 식 등 5온(蘊)의 범주에 드는 것들이다.
 제③ 발광지에서 그것을 두 방면으로 들려[聞]준다. 하나는 유위법 자체의 본모습이고, 또 다른 하나는 유위법에 대한 세상 사람들의 잘못된 생각이다. 『화엄경』 본문을 차례로 인용한다. 먼저, 유위법 자체의 본모습이다.

> 불자여, 보살마하살이 제3지에 머물고는, 모든 하염 있는 법[有爲法]의 실상을 관찰하나니, 이른바 (1)무상하고, (2)괴롭고, (3)부정하고, (4)안온하지 못하고, (5)파괴하고, (6)오래 있지 못하고, (7)찰나에 났다 없어지고, (8)과거에서 오는 것도 아니고, (9)미래로 가는 것도 아니고, (10)현재에 있는 것도 아니니라.

이상은 조건 속에서 만들어진 유위법의 실상을 설명하고 있다. 이걸 모르는 것이 번뇌이고 어리석음이다. 다음, 유위법에 대한 세상 사람들의 잘못된 생각이다.

> 또 이 법을 관찰하면, (1)구원할 이도 없고, (2)의지할 데도 없고, (3)근심과 함께하고, (4)슬픔과 함께하고, (5)고통과 함께 있고, (6)사랑하고 미워하는 데 얽매이고, (7)걱정이 많아지고, (8)정지하여 있지 못하며, (9)탐욕, 성내는 일, 어리석은 불이 쉬지 아니하고, (10)여러 근심에 얽매여 밤낮으로 늘어나며 요술과 같아서 진실하지 아니하도다.

이렇게 유위법의 실상을 들었으면[聞], 들어 안 대로 그 앎이 무엇인지를 반성적으로 생각해야[思] 한다.

> 보살이 이렇게 하염 있는 법을 싫어하고, 이렇게 일체중생을 불쌍히 생각하고, 온갖 지혜의 지혜에 의지

> 하여 중생을 제도하려 하면서, 생각하기[作是思惟]를 '이 중생들이 번뇌와 큰 고통 속에 빠졌으니, 무슨 방편으로 구제하여 구경(究竟) 열반의 낙에 머물게 하리라' 하는 것이다."

그리고 이렇게 몸과 마음에 훈습하고 길들여가야 한다.

> 중생을 제도하여 열반에 머물게 하려면 장애가 없이 해탈한 지혜를 여의지 않아야 하나니, 장애가 없이 해탈한 지혜는 '일체 법을 실상과 같이 깨달음[一切法如實覺]'을 여의지 않고, '일체 법을 실상과 같이 깨달음'은 '만들어짐도 없고[無行] 생멸도 없는[無生] 행의 지혜'를 여의지 않고, '만들어짐도 없고 생멸도 없는 행의 지혜'는 '선정의 공교롭고 결정하게 관찰하는 지혜[禪善巧決定觀察智]'를 여의지 않고, '선정의 공교롭게 많이 앎[善巧多聞]'을 여의지 않았도다.

이상으로 유위법의 실상을 듣고[聞] 사유[思]했으면, 이제는 몸소하는 실천[修]이 남았다. 즉, 욕심과 악한 일과 선하지 못한 법을 떨쳐 없애 '초선(禪)'에 머물고, 깨달음과 관찰함을 멸하여 '제2선(禪)'에 머물고, 기쁨을 여의어 '제3선(禪)'에 머물고, 즐거움을 끊되 먼저 고통을 제거하고 기쁨과 근심을 소멸하여 '제4선(禪)'에 머문다. 다음으로, 허공이 끝없는 곳에 머물고, 다시 알음알이가 끝없는 곳에 머물고, 다시 아무것도 없는 곳에 머물고, 마지막에는 생각이 있지도 않고 생각이 없지도 않은 곳에 머문다.

『화엄경』 구성 작가는 제③ 발광지 속에 초기불교의 4선(禪) 8정(定) 사상을 수용하고, 그런 수행의 결과로 얻게 되는 다양한 능력으로 4무량심과 5신통력을 발휘하도록 한다. 또, 대승불교의 근본이념인 보살의 원력 사상을 첨가하여, 업보의 결과로 수동적으로 태어나는 삶이 아닌 중생 구제를 위해 자발적으로 태어나는 적극적 삶을 보여준다. 대승 발생 당시까지 유행하던 부파불교의 교리를 조금씩 '비틀고 넓혀' 새롭게 해석해 내고 있다.

✻ 제4지 염혜지

『화엄경』 구성 작가는 당시 현존하던 부파 소속 승려들이 수지하고 독송하여 전해오는 초기 경전과 그 의미를 당시 승려들이 어떻게 해석하는지 잘 알고 있었다. 그뿐만 아니라 당시 인도 바라문교의 여러 수행법, 나아가 전래의 인도 고유의 의학 지식에도 식견이 높다. 이런 자료들을 이야기 소재로 큰 이야기를 엮어간다. 그리하여 시대가 요구하는 지식을 생산해 내고 있다.

이렇게 생산하는 과정에서 기존의 지식을 분류하고, 그것들 사이의 상호 관계성을 총체적으로 조망하는 관계 논리를 개발했다. 그때 사용하는 것 중의 하나가 '상즉(相即)'과 '상입(相入)'의 관계 논리이다. 하나가 없으면 그 밖의 다른 하나도 있을 수 없고, 반드시 서로 기댐에 의해 서로의 존재가 가능해 질 때에 이를 '상즉'이라 한다. 그런가 하면 전체 집합을 상정해야 집합(Set)을 구성하는 요소(Element)도 획정되는데, 하나의 요소를 가능하게 하려면 전체를 상정해야 한다. 때문에, 각각의 하나가 없으면 전체는 구성 불가능하고, 전체를 상정하지 않으면 하나도 하나로서 의미를 획정할 수 없다. 이럴 경우를 '상입'이라 한다.

이런 구성 방식을 『화엄경』의 본문을 통해서 확인해 보자. 「십지품 제26」 중에서 제④ 염혜지를 설명하는 대목인데, 본문을 인용한다.

> 이 보살은 4섭법 중에서는 일을 함께하는 것[同事]이 치우쳐 많고, 10바라밀 중에는 정진바라밀(精進波羅蜜)이 치우쳐 많으니, 다른 것을 닦지 아니함은 아니지만 힘을 따르고 분한을 따를 뿐입니다.

참고로 '4섭법'이란 보시섭, 애어섭, 이행섭, 동사섭으로, 보살이 남들과 함께 행복을 추구하는 실천 방식이다. 『화엄경』 구성 작가는 초기불교에 등장하는 '4섭법'을 여기에 활용한다. 필자는 '활용'이라 했는데, 그렇다. 대승의 작가는 초기의 여러 이론을 활용하여 시대가 요구하는 불교를 만들어낸다. 그러기는 아비달마 논사들도 마찬가지인데, 아비달마 논사들은 '주석' 내지는 '논증'이라는 방식으로 말하기와 글쓰기를 했지만, 대승의 작가들은 '보살'이라는 가상의 인물을 만들어 '대화'를 통해 시대의 문제를 소통하고 있다. 그뿐만 아니라 다양한 부처도 가상으로 다수 등장시켰다. 그리하여 보살과 보살과의 관계, 보살과 부처와의 관계, 부처와 부처와의 관계, 이렇게 '관계'를 엮어내었다. 그러면서 전체를 아우르는 비로자나 부처님이라는 형이상학적 도구도 만들어내었다.

위의 인용문에 등장한 10바라밀과 제④ 염혜지에서 힘 기울이는 정진 바라밀과의 관계도 역시 위와 같다. 10바라밀이란 '보시-지계-인욕-정진-선정-지혜'의 여섯 바라밀에, '방편-원-력-지' 넷을 합한 것이다. 이렇게 바라밀 수행의 항목을 늘린 것도 대승 작가들의 솜씨로서 시대의 필요를 반영한 것이다.

이상에서 필자는 『화엄경』 구성 작가가 초기불교와 부파불교의 교리를 시대 요구에 따라 운용하면서, '상즉(相

即)'과 '상입(相入)'의 관계 논리를 활용했다는 이야기를 한 것이다. 즉 재구성 '형식'을 소개했는데, 이하에서는 '내용' 즉, 제④ 염혜지에서의 수행을 소개하기로 한다.

> "불자여, 보살은 이 염혜지에 머물고는 몸이란 소견[身見]이 머리가 되어, 나란 고집[我見], 사람이란 고집[人見], 중생이란 고집[衆生見], 오래 산다는 고집[壽命見], 온(蘊)·계(界)·처(處)로 일으킨 집착과,
>
> 나오고 빠지고 하는 것을 생각하고 관찰하여 다스리는 연고며, 나의 소유인 연고며, 재물인 연고며, 집착하는 곳인 연고로, 이런 모든 것을 다 여의느니라.

작가는 가상의 금강장보살을 등장시켜 역시 가상인 해탈월보살에게 이야기를 전하는 형식으로 작품을 구성했다. 인용된 본문의 내용은 잘못된 집착의 종류를 나열하고, 그것이 왜 잘못된 집착인지 이유를 대는 방식으로 구성되어 있다. 수많은 집착이 있지만, 핵심은 역시 '몸이란 소견[身見]'이다. 범어 표기로는 'satkāya-dṛṣṭi', 한자로는 '살가야견(薩迦耶見)'으로 표기해 왔는데, 그 뜻은 쉽게 말하면 불생불멸하는 자아가 영원히 실재한다는 견해이다. 이런 잘못된 견해에 얽매이는 이유는, 위 인용문의 뒷

부분에 제시되어 있다. 그러면서 "이런 모든 것을 다 여의라"고 주문하고 있다.

중국의 경학자들은 『화엄경』을 해석하는 과정에서, 『유가사지론』 내지는 『성유식론』 등 소위 '유가행파'의 수행 이론을 많이 인용한다. 여기에는 그럴만한 현실 배경이 있다. 중국 당나라 정관 22년(서기 648년), 현장 스님은 『유가사지론』(총 100권) 번역을 마쳤는데, 이 책은 인도 유가사(瑜伽師, 범 yogācāra)들의 '관찰 행법[觀法]' 관련 이론과 체험을 '총 17지(地)'로 나누어 소개하고 있다.

새로운 불교사상이 인도에서 당나라로 들어온 것이다. 새로운 사상에 능동적으로 반응하려는 지식인들이 움직였다. 불교(佛敎)는 물론 도교(道敎) 수행자들까지도 말이다. 텍스트 비평을 하던 당나라 경학(經學) 전통에 새로운 문헌이 소개된 셈이다. 이런 상황을 균형 있게 이해하려면, 중국 고유의 '경학'을 알아두어야겠기에 간단히 소개하기로 한다.

'분서갱유'로 기억되는 진시황과 당시 집권자들은, 자신들이 생각하기에 실제 생활에 필요한 정보를 담은, 예를 들면 농사와 의학과 기술과 『주역』 같은 점술 관련 등의 문서만 남기고, 철학 역사 문학 군사 외교 관련 문서를 통제했다. 그 과정에서 막대한 정보 훼손이 생기자, 한

(漢) 왕조는 유교(儒教)를 국교로 채택하면서 지난 과거의 정보 복원에 착수했다. 사실 그대로의 '팩트(fact)를 보존'하고, 그것의 '의미를 해석'하는 '문화(文華)' 부흥을 국책으로 시작했다. 이런 시대 배경 속에서 '경학'이 부흥하는데, 이는 향후 중국 지성계의 주류를 이루었다. 불경을 번역하는 '역경승(譯經僧)'과, 경전의 의미를 해석하는 '의해승(義解僧)'들도 역시 중국 고유의 경학(經學) 전통을 수용도 하고 확장 발전시켰다.

『화엄경』이야말로 부처님의 모든 말씀을 다 담고 있다고 믿는 천재 '의해승'들이 '경학'에 가담했다. 구마라습 스님 이전의 고역(古譯), 구마라습 스님 이후의 구역(舊譯), 현장 스님이 시작한 신역(新譯), 이 모두를 참조하여 『화엄경』의 본문 해석을 풍부하게 했다. 해가 갈수록 해석의 전통이 쌓였으니, 법장-청량-규봉-자선-정원으로 이어지는 당-송 시대의 '의해승'들이 뒤를 이었다. 뒷사람들은 이들을 '화엄종 종사(宗師)'라 불렀는데, 이들의 경학은 조선을 거쳐 일본까지 퍼져갔다.

그런데 여기에서 확인해 두어야 할 점이 있다. 화엄의 경학자들은 '유가행파' 수행자들이 따르던 인간 이해와 삶의 가치에 대해 서로 입장을 달리했다. 그리하여 저들 사상을 법상종(法相宗)이라 이름하고, 자신들 사상을 법성종(法性宗)이라 이름했다. 이렇게 이름하는 과정은 당연, '비평과 수용'이라는 철학적 해석 작업이 수반되었다.

법상종과 법성종 사이에는 서로 양보할 수 없는 교리상의 차이가 있는데, 그 내용을 조선의 승려들은 강원의 4집과(四集科) 과정에서 규봉 종밀 스님이 지은 『선원제전집도서』라는 책 속에서 학습하고, 다음으로 4교과(四教科) 과정에서 종밀 스님의 『원각경대소』〈현담(懸談)〉에서 더 배우고, 마지막에는 대교과(大教科) 과정에서 [청량소초]의 〈현담〉 속에서 총정리를 한다. 이런 세 종류의 불서를 독파하여, 법상종과 법성종 교리 행상(行相)의 같고 다름을 숙지해야만 인간 본성에 관한 형이상학, 행위에 관한 가치론, 지식에 관한 인식론, 등 불교철학을 제대로 정립할 수 있다.

화엄종 종사들은 법상종의 이론을 도입하여, 『화엄경』 10지(十地)의 순서가 왜 이렇게 배열되었는지 그 이유를 해설한다. 즉, 제① 환희지에서는 '의요(意樂, 閉 aśaya; 기꺼이 하려는 마음)'를 청정하게 하고, 제② 이구지에서는 '계율'을 청정하게 하고, 제③ 발광지에서는 '선정'을 청정하게 하고, 제④ 염혜지부터 제⑩ 법운지까지는 '지혜'를 청정하게 한다고 해설했다.

위에서 사용된 '4종류의 청정한 수행' 발상은 『잡아함경』을 비롯하여 『화엄경』에 이르는 곳곳에 등장하는데, 화엄 경학자들은 『유가사지론』에서 그 정보를 수집했다. 제④ 염혜지(焰慧地)는 '(번뇌를) 태워 없애는 지혜 수련 경지'란 뜻이다. 번뇌가 신·구·의 3업으로 겉으로 드러나 '청정한 마음'을 장애하는 즉 '소지장(所知障)'에 속해있는 '본능에 배어있는 번뇌[俱生惑]'를 태워 없애는 수행이다. 번뇌를 소멸하는 수행임은 같지만, '청정한 마음'의 인정 여부에 법상종과 법성종이 갈라진다.

✽ 잠깐 멈추어 서서 지나온 길 되돌아보기

필자는 지금 타화자재천 궁전에서 펼쳐지는 「십지품 제26」을 소개하고 있다. 여러 세계로부터 수많은 보살과 그 보살에 딸린 대중들이 몰려와 설법을 듣고 있다. 금강 장보살을 필두로 '장(藏)' 자가 붙은 보살들이다. '장(藏)'은 곳간이다. 귀한 물건을 모아 간직하는 창고이다. 모아 두기만 하는 게 아니라 필요할 때 내어 쓰는 게 중요하다. 수행에 필요한 일체 방법[助道]을 모아 간직하고, 필요에 따라 퍼내어 중생을 구호한다.

이렇게 중생에게 이익을 주고 교화하는 가상의 인물로 대승불교 경전 작가가 가공해 낸 인물이 바로 '보살'이다.

인도인들은 전생에 지은 업의 결과로 태어난다고 믿어왔는데 작가는 그런 전통의 방향을 뒤집었다. '남을 구제하려는 소망하는 힘'이란 뜻의 '원력(願力, 뗌 āvedhavaśa)'이라는 신조어를 적극적으로 활용했다. 업의 죄보로 태어나는 게 아니고, 중생 구제의 원력 때문에 자발로 세상에 나는 것이란다. 그게 보살이란다.

한편, 그런 보살이 설법하는 방식을 궁리했다. 대승 작가는 '삼매' 속에서 부처님의 가피를 받는 방식을 활용한다. 총체적인 '해인삼매(海印三昧)'와 구체적인 각 모임에서의 삼매를 필요에 따라 이름 붙여 만들었다. 타화자재천궁에서 모인 법회는 '보살 대지혜 광명 삼매' 속에서 진행된다. 육안으로는 볼 수 없다.

이제 진리를 설하는 주인공의 지평을 넓혀야 했다. 이미 석가모니 부처님이 안 계신 줄은 세상이 다 아는 일이다. 『화엄경』 구성 작가는 깊이 생각했다. 인도 당시의 서사 작가처럼 1인칭적 화법을 피했다. 또 일반 민중에게 아비달마 논사들의 '논증' 방식이 외면받는 현실도 알았기에, 1인칭적 화법도 아니고, 논증도 아닌 그 무엇이 필요했다. 그렇다고 『금강경』이나 『법화경』처럼 석가모니 부처님이 말씀하셨다고 했다가는, 성문(聲聞)의 전통 승려들에게 비난받을 게 뻔하다.

『화엄경』 구성 작가는 진리의 영원성에 착안했다. 진리란 언제나 어디에서나 '참'이어야 한다. 다만 그것을 알아차리는 자의 어리석음 때문에 숨고 드러남이 있을 뿐이다. 『화엄경』 구성 작가는 그런 '보편·영원한 진리 자체'에 대한 사유들이 당시 인도의 지성계에 널리 퍼지는 상황을 잘 알고 있었다. 법신(法身, 凡 dharma kāya) 개념 말이다.

태양을 숭배하는 민중들의 정서도 잘 알고 있었다. 일상 경험에서 태양의 기능은 두루 하다. 보편이다. 게다가 당시 인도의 수학·논리학·천문학·문법학 등은 그 어느 때보다 발달했다. 수미산을 중심으로 태양이 운행하는 하나의 '세계'가 있고, 그런 세계가 우주에 광대하게 펼쳐진다는 사실을 경험과 추론으로 언어를 사용하여 설명해 내었다. 『화엄경』 구성 작가는 진리 자체를 몸체[身, 凡 kāya]로 하는 부처님을 활용했다. '태양처럼 온 곳을 비추는 부처님' 햇빛으로 인해 설산(雪山)이 보이듯 모든 있는 그대로의 존재를 드러나게 하는 즉, '비로자나 부처님'을 대승 경전의 무대에 등장시켰다.

『화엄경』 전체의 진리 담론을 조망하는 부처님은 진리를 본질로 하는 비로자나 부처님이다. 마치 봄이 되어 꽃 피고 얼음 풀리는 '봄의 현상'은 경험할 수 있지만, '봄 자체'는 경험할 수 없듯이, 법신은 경험의 대상[境, 뛥 gocara]은 아니다.

『화엄경』 법회를 관장하는 부처님은 그런 분이다. 그런 '분'이라고 인격을 부여할 수조차 없는 존재이다. 아니 '존재'라는 언어로 지시되거나 한정될 수도 없다. 있지만 없는 것이다. 다만, 봄의 현상을 설명하기 위해 봄이란 언어 기호가 필요할 뿐이다. '그 자체'와 '그 자체의 작용'을 법신(法身)과 응신(應身) 개념으로 치환하고, 둘 사이를 수행이라는 단독적 계기를 매개 삼아 인연생기(因緣生起)로 풀어내었다.

자기 자신의 수행이라는 계기가 원인이 되어, 그 원인에 상응하여 생긴 존재를 '뛰어난 응신[上應身]'이라 한다. 또는 자신의 수행에 따른 '결과로 받은 것[果報]'임을 '되갚아 받은 몸'이라는 뜻으로 보신(報身)이라 이름 붙이기도 했다. 반면에 이번에는 그 계기가 내가 아니고 중생 구제의 원력을 세운 타인에서 기인하여, 별 수행 없이 내게 선물로 다가온 부처님의 경우는 화신(化身)이라 이름한다. 이 경우는 중생과 상응하니 응신이긴 응신인데, 보신에 비해 '하열한 응신[下應身]'이다. 인도의 석가모니 부처님이 바로 그런 분이다. 이렇게 대승 경전 속에 뒤섞인 '법-보-화'의 3신(身)을 갈라내어 합리적으로 설명하는 불신론(佛身論)은 교학은 뒷날 '대승논사(大乘論師)'의 몫이 되었다.

현재 필자는 『화엄경』을 '네 단락으로 나누는 4분설(四分說)'을 활용하여 ②수인계과생해분(修因契果生解分)을 소개하고 있다. 〈제②분〉의 핵심 주제는 수행 관련 '지혜[解]'이다.

수행하기 위해서는 무엇보다 부처님의 신·구·의 3업에 의지해야 한다고 대승 경전 작가는 생각했다. 그리하여 「여래명호품 제7」에서 여래의 신업(身業)을 소개하고, 「사성제품 제8」에서 여래의 구업(口業)을 소개하고, 「광명각품 제9」에서 의업(意業)을 소개했다. 부처님도 수행을 닦아 신·구·의 세 방면의 뛰어난 과보를 얻었으니, 수행 길에 들어선 우리도 그 결과에 의지해야 한다는 건 작가적 발상이다.

이렇게 여래의 3업에 의지할 것을 전제로, 당시까지 전해 내려온 다양한 수행 '이론'을 '여섯 층위[六位]'로 묶어 배치한다. 즉 ①확신[信] 관련 법문→ ②지혜[解] 관련 법문→ ③수행[行] 관련 법문→ ④회향[願] 관련 법문→ ⑤체험의 시작[證入] 관련 법문→ ⑥체험의 완성[等佛] 관련 법문이다.

✻ 제5지 난승지

한숨 돌렸으니 제⑤ 난승지로 진도를 나가기로 한다. 「십지품 제26」은 위의 ①~⑥ 중에서 ⑤체험의 시작[證入]에 관련된 이론이니, 이하에서 소개하는 제⑤ 난승지도 그 범주에 속함을 알 수 있겠다.

제⑤ 난승지(難勝地)는 한문이 뜻하듯이 '이겨내기 어려운 경지'이다. 『해심밀경』이나 『성유식론』이나 『유가사지론』이나 『현양성교론』 등 유식 계통의 여러 책 속에서도 그렇게 해석하고 있다. 무엇이 그렇게 이겨내기 어려운가?

제1지에서 제4지까지는 세속에 물들었던 습관과 욕망을 점차로 제거하는 수행이었다. 수행이 깊어져 가면서, 자신도 모르게 우쭐해진다. 이 우쭐함이 참으로 극복하기 어렵단다. 우쭐함을 극복하고 계속 정진해야 하는데, 그러기 위해서는 고요하고 청정한 마음을 가져야 한단다. 생사의 괴로움을 끊고 열반으로 나아가겠다는 '티 남은' 분별심 털어내기를 제⑤ 난승지에서 집중하여 설명하고 있다.

우선 과거 현재 미래의 모든 부처님의 가르침을 받아들이되 고요하고 청정한 마음을 가져야 한다. 다음으로 ①

계 지키기, ②마음을 고요하고 청정하게 하기, ③잘못된 이론이나 의심 제거하기, ④바른 수행인지 아닌지 알기, ⑤수행 관련 지혜와 견해 갖추기, ⑥깨달음을 돕는 여러 관찰법 익히기, ⑦중생 교화하기, 이렇게 일곱 가지 수행을 해야 한다고 한다.

이런 방법으로 미세한 에고(ego)가 작동하는 분별심을 제거한 뒤, 이제는 무분별의 진여와 하나 되어야 한다. 어떻게 말인가? 원력을 놓지 말아야 하고, 중생에 대한 자비심을 버리지 말아야 하고, 복과 덕을 쌓아가야 하고, 쉬지 말고 노력하고, 방편을 잘 구사하고, 더 높은 수행으로 나아가려 관찰 수행을 계속하고, 부처님의 보호와 염려해주심을 받아야 하고, 알아차림[念]과 지혜[智]의 힘을 유지해야 한다.

이상은 수행이 좀 되었을 때 제 마음속에 저도 모르게 생기는 우쭐해하는 '티'를 털어내는 수행이다. 극복하기, 또는 떨쳐버리기 수행이다. 그런가 하면 적극적으로 챙기기도 해야 한다. 크게 두 종류가 있는데 첫째는 지식적으로 알아두어야 할 청정한 수행의 방법이고, 둘째는 실천적으로 중생을 이롭게 하는 행동이다.

첫째는 고·집·멸·도의 '네 가지 성스러운 진리'를 여실하게 챙기기이다. 나아가서는 '세속의 진리'를 비롯하여 더 나아가 '여래의 지혜를 성취하는 진리'에 이르기까지 모두 10가지의 진리를 알아야 한다고 한다.

> 불자여, 보살마하살은 이것이 고성제(苦聖諦)며, 이것이 고집성제(苦集聖諦)며, 이것이 고멸성제(苦滅聖諦)며, 이것이 고멸도성제(苦滅道聖諦)임을 실상대로 아나니, 세속의 이치[俗諦]를 잘 알고, 제일가는 이치[第一義諦]를 잘 알고, 형상의 이치[相諦]를 잘 알고, 차별한 이치[差別諦]를 잘 알고, 성립하는 이치[成立諦]를 잘 알고, 사물의 이치[事諦]를 잘 알고, 생기는 이치[生諦]를 잘 알고, 다하여 생기지 않는 이치[盡無生諦]를 잘 알고, 도에 들어가는 지혜의 이치[入道智諦]를 잘 알고, 모든 보살의 지위가 차례로 성취되는 이치[一切菩薩地次第成就諦]를 잘 알고, 내지 여래의 지혜가 성취되는 이치[如來智成就諦]를 잘 아느니라.

둘째는 중생 구제하기이다. 사랑 베풀기와 불쌍히 여기기이다. 그러기 위해서는 갖가지 기술을 몸에 익혀야 한단다. 『화엄경』 본문 한 단락만 소개하면 다음과 같다. 대승다운 발상이다.

> 불자여, 이 보살마하살은 중생을 이익케 하기 위하여 세간의 기예를 모두 익히나니, (1)이른바 글과 산수와 그림과 서적과 인장과 지대·수대·화대·풍대와 가지

가지 이론을 모두 통달하며, ⑵처방법을 잘 알아서 여러 가지 병과 간질과 미친 증세와 소갈병들을 치료하며, ⑶귀신이 지피고 도깨비에 놀래고 모든 방자와 저주를 능히 제멸하며, ⑷문장과 글씨와 시와 노래와 춤과 풍악과 연예와 웃음거리와 고담과 재담 따위를 모두 잘하며, ⑸도성과 성시와 촌락과 가옥과 원림과 샘과 못과 내와 풀과 나무와 꽃과 약초들을 계획하고 가꾸는데 모두 묘리[宜]가 있고, ⑹금·은·마니·진주 등이 있는 데를 다 알고 파내어 사람들에게 보이며, ⑺일월성신이나, 새가 울고 천둥하고 지진하고 길하고 흉한 것이나, 상과 신수가 좋고 나쁜 것을 잘 관찰하여 조금도 틀리지 아니하느니라.

✽ 제6지 현전지

제④ 염혜지 수행으로 번뇌를 태워 없애 세간을 벗어나기는 했으나 아직 세간으로 들어가 중생을 구제하기까지는 되지 못했으며, 제⑤ 난승지에서는 세간에 들어갔더라도 생사윤회에 오염될까 염려하여 버리려 하거나, 열반은 청정한 거라 여겨 추구하려는 소견이 남아있다.『화엄경』구성 작가는 이제는 한 단계 더 나아가, 버리니 또는 추구하니 하는 작의(作意; 작정하기)를 지우는 수행을 제⑥ 현전지(現前地)에 배치한다.

'현전'이란 눈앞에 나타난다, 마음속에 분명하게 드러난다는 뜻인데, 무엇이 그렇게 드러난단 말인가? '관찰하는 지혜'이다. 관찰? 무엇을 관찰한다는 말인가? 모든 현상의 연기(緣起)이다. 연기를 관찰하는 지혜의 힘이 붙으면, '분별없는 지혜'가 눈앞에, 마음에, 분명해진다. 그러면 그 지혜를 바탕으로 대자대비의 마음으로 세상을 구제해야 비로소 제⑥ 현전지가 완성된다. 이번에는 이런 일련의 과정을 압축한 『화엄경』 해당 게송을 인용한다.

모든 법의 성품을 통달한다면	若能通達諸法性
있건 없건 마음이 동하지 않고	於有於無心不動
세상을 구원하려 수행하나니	爲欲救世勤修行
부처님 입으로 난 참 불자로다.	此佛口生眞佛子

절집 강원(講院)이나 마을 집 서재에서 청량 국사의 [청량소초]를 읽어본 사람은 경험하겠지만, 제⑥ 현전지 부분이 제일 어렵다. 양도 많다. 『천자문』의 순서로 번호 붙인 〈궐(闕) 자 권〉 전체 총 246장과, 〈주(珠) 자 권〉 중 앞의 총 130장을 차지한다. 과목(科目)도 대단히 복잡해서, 이 대목을 읽고 나면 어둡고 긴 터널을 빠져나온 듯, 마음 한구석에는 뭔가를 깨친 듯, 거뜬해지는 경안(輕安)의 미세 망념조차 생긴다.

제⑥ 현전지에서의 수행을 시작하려면 제5지를 지나 제6지에 진입해야 하는데, 그러려면 일체법은 연기이고 공임을 관찰하는 10종의 수행을 익혀야 한다고 한다. 10종의 수행을 본문에서 인용한다.

> 무엇이 열인가? 일체 법이 ⑴형상이 없으므로 평등하고, ⑵자체가 없으므로 평등하고, ⑶나는 일이 없으므로 평등하고, ⑷성장함이 없으므로 평등하고, ⑸본래부터 청정하므로 평등하고, ⑹희롱의 말이 없으므로 평등하고, ⑺취하고 버림이 없으므로 평등하고, ⑻고요하므로 평등하고, ⑼요술 같고 꿈 같고 영상 같고 메아리 같고 물속의 달 같고 거울 속의 모습 같고 아지랑이 같고 화현과 같으므로 평등하며, ⑽있고 없음이 둘이 아니므로 평등하니라.
>
> 보살이 이렇게 일체 법을 관찰하여 제 성품이 청정하고, 따라 순종하며 어김이 없으면 제6 현전지에 들어가나니 밝고 이로운 수순인(隨順忍)은 얻었으나 무생법인(無生法忍)은 얻지 못하였느니라.

그런데 본문의 두 번째 문단에서 읽을 수 있듯이, 제⑥ 현전지에 막 진입했다고 하더라도 아직 무생법인(無生法忍)을 얻은 건 아니란다. 멈추지 말고 계속 닦아야 제⑥

현전지의 경지를 완성하게 된다.

 이제부터가 제⑥ 현전지의 핵심이다. 청량 국사는 이 핵심 부분을 셋으로 '과목치기'를 한다. 과목이 복잡하니 좀 두드러지게 표기한다. 독자님께서는 놓치지 않으시기를 바란다.

　㉮ 마음과 경계를 총체적으로 밝히는 부분.
　㉯ 관찰하는 양상을 낱낱이 밝히는 부분.
　㉰ 법계 연기 관찰을 총결하는 부분.

 이하에서 순서대로 위에서 가닥 잡은 과목에 『화엄경』 본문을 배속하여 읽어보기로 한다.

　㉮ 마음과 경계를 총체적으로 밝히는 부분
 이곳에서의 '마음'이란 대비의 마음이고, '경계'는 세간의 생멸이다. 즉 사랑하는 마음으로, 순간 앞에 생겼다가 뒤에 사라지는 세상일을 관찰하고, 또 잡된 생각이 생겨나고 청정한 생각이 사라지는 것을 관찰하는 것이다.

> 불자여, 이 보살마하살이 이렇게 관찰하고는 다시 대비(大悲)를 으뜸으로 하여 대비가 늘어나고 대비가 만족하며, 세간의 나고 멸함을 관찰하느니라.

㉴ 관찰하는 양상을 낱낱이 밝히는 부분

이 부분은 한마디로 말하면 12연기의 관찰이다. 공, 무상, 무아의 관찰이다. 우리나라 불교도들에게 많이 알려진 연기(緣起) 관련 이야기는 '12지(支) 연기'이지만, 『화엄경』 구성 작가는 석가모니 이래 불교의 역사에서 해석되고 늘어난 다양한 연기 이야기를 모았다. 그 다양함을 한마디로 말하면 '법계에서 일어나는 총체인 커다란 연기[法界一大緣起]'이다. 즉, 커다란 하나의 법계 연기이다.

제⑥ 현전지 수행의 핵심은 법계 연기를 관찰하는 것이다. 10이라는 숫자를 좋아하는 화엄의 경전 작가는 '열 겹[重]으로 연기의 관찰[緣起觀]'을 구성한다. 이 점이 잘 드러나도록 운허 스님은 [한글대장경]에서 섬세하게 번역해 놓았다. 운허 스님의 번역을 잘 보면, "불자여,"로 시작하는 내용을 다섯 문단으로, 이어서 "또,"로 시작하는 내용을 다섯 문단으로, 이렇게 총 10문[十門]으로 나누었다.

첫째는 제1문(유지상속문; 有支相續門)이다. 그 시작 부분을 인용한다.

> 세간에 태어나는 것이 모두 '나'에 집착한 탓이니, 만일 '나'를 여의면 날 곳이 없으리라.

'나'라는 집착을 끊으면 윤회가 끝나지만, 집착하면 이어진다. 이렇게 윤회가 '유지상속(有支相續)'하는 내용이 위의 인용문 뒤에 이어진다.

> 범부는 지혜가 없어 나에 집착하여 항상 있는 것과 없는 것을 구하며, 바르게 생각하지 못하고 허망한 행을 일으키어 사특한 도를 행하므로, 죄받을 업[罪業]과 복 받을 업[福業]과 변동하지 않는 업[不動業]이 쌓이고 증장하며, 여러 가지 행에 마음의 종자를 심고 번뇌[漏]도 있고 취함[取]도 있으므로, 다시 오는 생의 나고 늙고 죽음을 일으키나니, 이른바 업은 밭이 되고, 식(識)은 종자가 되는데, 무명(無明)이 덮이고, 애정의 물이 축여주고, 나[我]라는 교만이 물을 대어주므로 소견이 증장하여 명색(名色)이란 싹이 나느니라.
> 명색이 증장하여 5근(五根)이 생기고, 여러 근(根)이 상대하여 촉(觸)이 생기고, 촉과 상대하여 수(受)가 생기고, 수(受) 뒤에 희망하여 구하므로 애(愛)가 생기고, 애가 증장하여 취(取)가 생기고, 취가 증장하여 유(有)가 생기고, 유가 생겨 여러 갈래 중에 5온으로 된 몸[五蘊身]을 일으키는 것을 난다[生] 하고, 나서는 변하고 쇠하는 것을 늙는다[老] 하고, 필경에 없어지는 것을 죽는다[死] 하며, 늙어서 죽는 동안에 여러 가지 시끄러움[熱惱]이 생기고, 시끄러움으로 인하여

> 근심하고 걱정하고 슬퍼하고 탄식하는 여러 가지 고통이 모이느니라.

그런데 중요한 것은 이런 윤회에 상속하는 현상은 누가 시켜서 그런 것도 아니고, 그런 인연을 모으는 주관자 있어서 그렇게 되도록 하는 것도 아니다. 짓는 이가 있는 것도 아니다. 이 점을 알아야 한다.

『화엄경』 구성 작가는 또 다른 방식으로 연기 상속을 설명한다.

> 제일가는 이치[第一義諦]를 알지 못하므로 무명이라 하고, 지어놓은 업과(業果)를 행(行)이라 하고, 행을 의지한 첫 마음이 식(識)이요, 식과 함께 난 4취온(四取蘊)을 명색(名色)이라 하고, 명색이 증장하여 6처(六處)가 되고, 근(根)과 경(境)과 식(識)의 세 가지가 화합한 것을 촉(觸)이라 하고, 촉과 함께 생긴 것을 수(受)라 하고, 수에 물드는 것을 애(愛)라 하고, 애가 증장한 것을 취(取)라 하고, 취가 일으킨 유루업(有漏業)이 유(有)가 되고, 업으로부터 온(蘊)을 일으키는 것을 나는 것[生]이라 하고, 온이 성숙함을 늙음[老]이라 하고, 온이 무너짐을 죽음[死]이라 하고, 죽을 적에 이별하는 것을 어리석어 탐내고 그리워하여 가슴이 답답한 것을 걱정이라 하고, 눈물 흘리며 슬

> 퍼함을 탄식이라 하나니, 오근에 있어서는 괴로움이라 하고, 뜻에 있어서는 근심이라 하고, 근심과 괴로움이 점점 많아지면 시달림이라 하나니, 이리하여 괴로움이란 나무가 자라거니와, 나도 없고 내 것도 없고 짓는 이도 없고 받는 이도 없도다.

연기를 다양한 각도에서 소개하고 있다. 이 부분의 본문에서는 연기하는 각각의 지(支, 有支, 범 aṅga)의 의미가 잘 드러난다.

둘째는 제2문(일심소섭문; 一心所攝門)이다. 일심(一心)에 의지해서 연기되는 현상을 설명하고 있다. 이때의 일심을 연기 현상체를 생성하는 근본 자리 즉, 생처(生處)로 이해하면 불교와는 영 멀어진다. 화엄에서의 일심(一心)은 사유와 논의를 가능하게 하는 의지처 즉, 의처(依處)이다.

> 불자여, 이 보살마하살은 또 이렇게 생각하느니라. '3계에 있는 것이 오직 한 마음뿐인데, 여래가 이것을 분별하여 12가지[十二有支]라 말하였으니, 다 한 마음을 의지하여 이렇게 세운 것이로다.
>
> 무슨 까닭인가. 일을 따라서 생기는 탐욕이 마음과 함께 나나니, 마음은 식(識)이요, 일은 행(行)이라. 행

에 미혹함이 무명(無明)이며, 무명과 마음으로 더불어 함께 나는 것이 명색(名色)이요, 명색이 증장한 것이 6처(六處)요, 6처의 셋이 합한 것이 촉(觸)이요, 촉과 함께 생긴 것이 수(受)요, 수가 싫어함이 없는 것이 애(愛)요, 애가 거두어 버리지 아니함이 취(取)요, 이 여러 존재의 가지[支]가 생기는 것이 유(有)요, 유가 일으킨 것이 태어남[生]이요, 나서 성숙함이 늙음[死]이요, 늙어서 무너짐을 죽음[死]이라 하도다.'

유명한 구절이다. 위 인용문의 첫 문단 한자 원문을 인용하면 다음과 같다. 그런데, 「승야마천궁품 제19」에서 지림보살(智林菩薩)이 게송으로 설한 "若人欲了知, 三世一切佛, 應觀法界性, 一切唯心造."와는 서로 의미가 섞이지 않도록 해야한다. 이야기가 비슷하면서도, 맥락 즉 행상(行相)이 서로 다르다는 점도 알아야 한다.

三界所有, 唯是一心.
如來於此, 分別演説.
十二有支, 皆依一心, 如是而立.

이렇게 『화엄경』에는 "불자여," 그리고 "또", 이렇게 말을 이어가면서 다양한 연기 관찰을 총 10문(十門)으로 열어간다. 이 책에서는 지면 관계상 각 문(門)의 명칭만 소개하고 줄이기로 한다.

  제3문 : 자업조성문(自業助成門)
  제4문 : 불상사리문(不相捨離門)
  제5문 : 삼도부단문(三道不斷門)
  제6문 : 삼제윤회문(三際輪廻門)
  제7문 : 삼고집성문(三苦集成門)
  제8문 : 인연생멸문(因緣生滅門)
  제9문 : 생멸계박문(生滅繫縛門)
  제10문 : 무소유진문(無所有盡門)

㈜ 법계 연기 관찰을 총결하는 부분

이 부분에서는 이상의 연기 관찰 방식을 역·순(逆順)으로 소개하고 있다. 거기에 다시 염·정(染淨)의 경우를 곱하면, 10×2×2, 이렇게 총 40경우가 된다. 연기 관찰을 총결하는 『화엄경』의 본문을 인용한다.

> 불자여, 보살마하살은 이렇게 열 가지의 역순(逆順)으로 모든 연기(緣起)를 관찰하나니, 이른바 12유지(十二有支)가 계속하는 연고며, 한 마음에 포섭되는 연고며, 자기의 업이 다른 연고며, 서로 여의지 않는 연고며, 3도(三道)가 끊어지지 않는 연고며, 과거와 현재와 미래를 관찰하는 연고며, 세 가지 괴로움이 모이

> 는 연고며, 인연으로 나고 없어지는 연고며, 얽매여 속박됨을 내고 멸하는 연고며, 아무것도 없고 다함을 관하는[無所有盡觀] 연고니라.

불교의 핵심은 연기(緣起)임을 『화엄경』 구성 작가는 다양한 서술 방식으로 엮어내고 있다. 좀, 길어지지만, 그렇다면 이런 제⑥ 현전지의 수행을 통해서 얻어지는 효과는 어떠한가? 이에 대한 『화엄경』 본문의 답변을 청량 국사는 다섯으로 가닥을 잡아 선명하게 드러내고 있다.

첫째, 번뇌의 대치가 수승해진다.
둘째, 수행이 수승해진다.
셋째, 삼매가 수승해진다.
넷째, 무너지지 않은 마음이 수승해진다.
다섯째, 자재력이 수승해진다.

지면 관계상 이 다섯 중에서 첫째에만 『화엄경』 본문을 할애하기로 한다. 독자님이 혹시 운허 스님 번역 『화엄경』을 읽게 되면, 순차적으로 다섯 번 "불자여,"라고 부르면서 진행되는 본문을, 위의 다섯 가닥과 짝지어 읽기를 바란다.

> 불자여, (1)보살마하살이 이러한 열 가지 모양으로 연기를 관찰하여 내가 없고[無我] 사람이 없고[無人] 수명이 없고[無壽命], 제 성품이 공하고[自性空] 짓는 이[作者]가 없고 받는 이[受者]가 없음을 알면, 곧 공해탈문(空解脫門)이 앞에 나타나게 됩니다.
> 모든 유지(有支)가 다 제 성품이 멸함을 관찰하여, 필경까지 해탈하고 조그만 법도 서로 내는 것[相生]이 없으면, 곧 모양 없는 해탈문[無相解脫門]이 앞에 나타나게 됩니다.
> 이와 같이 공하고 모양 없는 데 들어가서는, 원하는 것이 없고, 다만 대비를 으뜸으로 하여 중생을 교화할 뿐이니, 곧 원이 없는 해탈문[無願解脫門]이 앞에 나타나게 됩니다.
> (2)보살이 이와 같이 세 해탈문을 닦으면, 남이라 내라는 생각을 여의고, 짓는 이라 받는 이라는 생각을 여의며, 있다 없다 하는 생각을 여윕니다

위의 본문에 나오는 "열 가지 모양으로 연기를 관찰하여"에서 "열"이란, 위에서 말한(*393쪽) ⑭〈관찰하는 양상을 낱낱이 밝히는 부분〉에 나오는 10문(十門)〉을 지칭한다. 그리고 위의 본문은 크게 (1)과 (2)로 내용의 결이 달라지는데, (1)에는 세 해탈문 획득에 수승함을 드러내는 법문이고, (2)에서는 있니[有] 없니[無] 하는 상(相)을 떨쳐

냄이 수승함을 드러내는 법문이다. 이렇게 본문을 가닥쳐서 읽으면 내용이 좀 더 선명하게 들어올 것이다.

✽ 제7지 원행지

 대승 구성 작가가 이야기를 꾸며감에는 당연하겠지만 과거 기성의 불교에서 소재로 가져다 쓴다. 이 책에서 다루고 있는 '10지(十地)' 사상도 그렇다. 실존 인물 석가모니 부처님이 열반하고 난 뒤, 신앙심이 돈독한 제자들은 부처님을 신격화시켜, 각 부파들은 전생 이야기를 담은 본생담(本生談, ㊩ Jātaka)을 다투어 만들었다. 이것은 영웅의 이야기를 만들어내던 고대 인도인들의 서사문학(敍事文學) 전통과도 밀접하다. 이런 증거는 경전으로는 수나라 시대에 번역된 『불본행집경(佛本行集經)』 속에 두드러지고, 남방의 『쿠따카 니카야; Kuddaka-Nikāya』나 『마하바스투Mahavastu; 大事』에 보인다.

 이런 작품 등에 등장하는 '10지' 사상은, 뒷날 초기 대승 경전 군(群)에 속하는 [반야부]를 비롯하여, 『보살영락본업경』과 『화엄경』 등에 영향을 준다. 이상에 거론한 불멸 후 만들어진 작품 중에서, '10지' 사상을 풍부하게 구성한 작품은 역시 『화엄경』이다. 위의 『보살영락본업경』

을 보면 그저 '보살법주(菩薩法住)'라는 말을 시작으로 다양한 10사(十事)를 나열할 뿐 조직성은 『화엄경』만 못하다.

『화엄경』 구성 작가는 재래의 '10지'를 재구성할 때 ① 항포(行布)와 ②원융(圓融)의 두 축을 사용한다. ①은 각 항(項) 사이를 순서 지우는 차제(次第)의 발상이고, ②은 하나의 항속에 여타의 항을 품어 안는 포섭(包攝)의 발상이다. 항이 무엇이든 상관없다. 세상의 다양한 '사태[事]'를 ①과 ②의 측면에서 엮어내는 것이 『화엄경』 구성 작가의 전용 솜씨이다.

「십지품 제26」 각각의 지(地)에 대한 설명도 당시 유행하던 10바라밀 사상과 짝 지우는데, 예컨대 제⑦ 원행지에서는 '방편' 바라밀을 중심으로 수행하되, 여타의 아홉 바라밀을 곁으로 겸한다고 한다. 각각의 지(地)마다 이런 말을 반복한다.

제⑦ 원행지에서의 수행 상황을 화엄의 경학 전문가들은 다섯 과목으로 '과목치기'를 한다.

① 인위적 조작 없는 수행 즐기기.
② 집착하지 않고 보살행 거두기.
③ 위의 두 가지 수행의 뛰어남과 차별성 밝히기.
④ 이전의 총 여섯 종의 지(地)보다 이곳 원행지의

뛰어남 밝히기.
⑤ 원행지 수행의 결과 밝히기.

순서에 따라 ①을 소개하기로 한다. 참고로 위에서도 말했듯이 『화엄경』 구성 작가는 제⑦ 원행지에 총 10종의 바라밀 중 제7 방편 바라밀, 즉 수행에 필요한 각종 바라밀을 이곳에 배치하는 점을 기억해 두면, 본문 내용 파악에 도움이 된다.

> 불자여, 보살마하살이 제6지의 수행을 구족하고, 제7 원행지(遠行地)에 들어가려면, 열 가지 방편 지혜를 닦으며 수승한 도를 일으켜야 하느니라. 무엇을 열이라 하는가.
> 이른바 ⑴공하고 모양 없고 원이 없는 삼매를 닦지만 자비한 마음으로 중생을 버리지 아니하며, ⑵부처님의 평등한 법을 얻었지만 항상 부처님께 공양하기를 좋아하며, ⑶공함을 관찰하는 지혜의 문에 들었지만 복덕을 부지런히 모으며, ⑷3계를 멀리 떠났지만 그래도 3계를 장엄하며, ⑸모든 번뇌의 불꽃을 끝까지 멸하였지만 일체중생을 위하여 탐하고 성내고 어리석은 번뇌의 불꽃을 일으키며, ⑹모든 법이 요술 같고 꿈 같고 그림자 같고 메아리 같고 아지랑이 같고 변화와 같고 물속의 달 같고 거울 속에 영상 같아서

> 성품이 둘이 없는 줄 알지만 마음을 따라 한량없이 차별한 업을 짓느니라.
>
> (7)비록 일체 국토가 허공과 같은 줄을 알지만 청정하고 묘한 행으로 부처님 국토를 장엄하며, (8)부처님의 법신은 본 성품이 몸이 없는 줄 알지만 상(相)과 호(好)로 몸을 장엄하며, (9)부처님의 음성은 성품이 적멸하여 말할 수 없는 줄을 알지만 일체중생을 따라서 여러 가지 차별한 맑은 음성을 내며, (10)부처님을 따라서 3세가 오직 한 생각인 줄을 알지만 중생들의 뜻으로 이해하는 분별을 따라서 여러 가지 모양, 여러 가지 시기, 여러 가지 겁으로써 모든 행을 닦느니라.

위의 본문에서 법문이 "a 하지만~b 하며"가 10회 반복된다. 전반부의 "a 하지만" 쪽은 '관공(觀空; 공 관찰)'이고, 후반부의 "b 하며"는 '섭유(涉有; 중생 속으로 들어감)'이다. 반야의 공을 즐겨 닦았기 때문에 일체 유위(有爲)의 세계로 들어가 보살행을 실천할 수 있다.

지면이 늘어나는 관계로, ②~④까지는 생략하고, ⑤의 〈원행지 수행의 결과 밝히기〉를 소개한다. ⑤에서는 과목 이름이 말하듯이, 제7지 수행을 통해 획득하게 되는 결과이다. 그 결과는, 첫째로 각종 업이 청정해지고, 둘째로 각종 삼매를 얻을 수 있고, 셋째로 성문이나 연각승을 뛰어넘게 되고, 넷째로 세상의 온갖 일에 어울리되 물들지 않고 보살행을 하는 등의 빼어난 실천이 가능하게 된다.

역시 지면 관계상, 첫째의 업청정(業淸淨)에 해당하는 본문만 인용한다.

> 불자여, 보살이 이 제7지에 머물러서는, (1)깊고 깨끗한 마음으로 몸의 업을 성취하고, 말의 업을 성취하고, 뜻의 업을 성취하여 선하지 못한 일체 업으로서 여래가 꾸짖으신 것은 모두 여의었고, 선한 일체 업으로서 여래가 칭찬하신 것은 항상 닦아 행하며, (2)세간에 있는 경전이나 기술이나 제5지에서 말한 것들을 모두 자연으로 행하게 되어 일부러 공드리는 것이 아닙니다.
> (3)이 보살이 3천대천세계에서 크게 밝은 스승이 되나니, 여래와 제8지 이상 보살을 제외하고, 다른 보살의 깊은 마음과 묘한 행으로는 동등할 이가 없으며, (4)모든 선정의 삼매와 삼마발저와 신통과 해탈이 모두 앞에 나타나거니와, 그러나 그것은 닦아서 이루어진[修成] 것이고, 제8지와 같이 과보로 얻은[報得] 것이 아닙니다. 이 지의 보살이 찰나찰나마다 구족하게 닦아 모은 방편 지혜와 모든 보리분법이 점점 더 원만해집니다.

이상의 본문도 (1)~(4)로 가닥을 잡아 분석적으로 읽는 것이 좋다. (1)에서는 여래께서 금하신 일체 모든 계행이 청정해짐을, (2)에서는 세상의 여러 지식들을 자연스럽게 통달함을, (3)에서는 훌륭한 스승이 됨을, (4)에서는 깨침에 이르는 각종 수행이 완성됨을, 각각 밝히고 있다.

※ 또, 한숨 돌리고

길고 먼 길을 지나왔다. 한숨 돌리고 화엄의 숲에서 좀 빠져나와, 멀리서 그 숲을 바라보는 시간을 갖기로 한다. 이참에 필자는 『화엄경』 구성 작가가 『화엄경』이라는 방대한 작품을 만들기 위해서 기존의 어떤 이야기 소재[話素]를 활용했을까? 만든 시기가 언제인가? 이런 이야기를 좀 하려는 것이다.

먼저, 갖추어진 『화엄경』 출현은 중국 동진 시절 불타발타라에 의해 421년 번역된 60권본이다. 이 책에 주석을 붙인 당나라 현수 법장 스님은 『화엄경전기(華嚴經傳記)』의 「지류(支流)」편 속에, 쪼가리 경전[支類經]의 존재를 언급하고 있다. 예를 들면 [60화엄]의 「명호품」에 해당하는 『도사경』이 있었다고 한다. 이 경전은 후한(後漢) 월지국 사문 지루가참 스님이 178~189년 사이에 번역한 것이다. 그 외에도 지겸 스님이 222~228년 사이에 번역한 『보살영락본업경』 등, 총 36종의 '지류'를 소개한다. 지류가 『화엄경』이라는 대하(大河)에 모였다는 암시이다.

기원후 2세기경에는 분명, 『화엄경』류(類)의 이야기가 현존했다. 게다가 실존 인물 용수(龍樹; 150~250) 스님의 저술에 지금의 『화엄경』 속에 있는 내용이 부분적으로 인용되어 있다.

대하(大河)와도 같은 『화엄경』 세트(set)가 과연 어느 시기에 그 원형이 갖추어졌는지는 특정하기 쉽지 않다. 위의 정황이 고작이다. 필자도, 통설에 따라 중앙아시아 파미르고원 북쪽의 우전(于闐) 지역에서 편집되었다고 말은 하지만, 고고학과 문헌 발생학 연구가 더 필요한 부분이다.

인문 사상에서 새로움이란 극히 드물다. 그것이 '혁명'이었든 '변화'였든, 기존의 사유를 활용하고 있다. 종교 사상도 사람이 만든 역사 산물이다. 이 점은 필자가 과거 문헌을 바라보는 일관된 시각이다.

『화엄경』 내용을 보면, 부파 중 '설일체유부'와 '경량부'로 귀속되는 문서의 이론이 대거 활용되고, 또 한역(漢譯) [아함]에 속한 경전 속의 한문(漢文) 용어들이 등장한다. 역어(譯語)가 동일하다. 그리고 초기 대승 경전에 속하는 [반야부] 관련 경전의 스토리도 많이 등장한다. 한마디로 말하면, 긴 세월 동안 전해지던 '이야기 소재[話素]'를 인도와 중국을 연결하는 중앙아시아 부근에서 통찰력 있고 깊이 수행한 경전 작가가 편집한 것이 중국에 전한 60 또는 80 화엄이다.

필자는 [80화엄]을 주로 열람하는데, 그렇게 된 연유는 전래의 강원에서 청량 징관 스님의 [청량소초]가 교재로 쓰였고, 필자 또한 그 전통을 배웠기 때문에 이 책이 익숙하다. [청량소초]를 통해서 [80화엄]』본문을 읽다 보니 본문이 유기적인 듯 보이지만, [청량소초] 없이 『화엄경』만 보면 전체의 가닥이 잡히지 않는다. 이런 어려움은 필자만의 느낌은 아닐 것이다. 청량 징관 국사께서 [청량소초]를 내면서 각 '품(品)'의 첫 부분에 〈내유(來由)〉라는 과목(科目)을 시설하여, 이전의 '품'과 지금의 '품' 사이를 유기적으로 연결하고 있는 것도, 필자처럼 가닥을 못 치는 이를 배려한 것일 것이다.

총 39개 '품'이 결코 수미상응(首尾相應) 하지만은 않는다. 아무리 '작가적 솜씨'라도, 시기적으로 그리고 지역적으로 달리 생산된 쪼가리 이야기를 천의무봉(天衣無縫) 엮어내기에는 한계가 있다. 그래도 엮어가는 '꿸지[串]'가 있기는 한데, 필자가 보기에 그것은 ①항포(行布)와 ②원융(圓融)의 두 꼬치이다. 이 책의 앞에서(*402쪽) 밝혔듯이,

①은 각 '항(項)' 사이를 순서 지우는 차제(次第)의 발상이고, ②는 하나의 항(項) 속에 여타의 항을 품어 안는 포괄(包括)의 발상이다. 10지(地)의 늘어놓음도 그렇다.

＊ 힘 안 들이지만 안 되는 게 없는 보살행

이하에서는 제⑧ 부동지, 제⑨ 선혜지, 제⑩ 법운지를 묶어서 설명할 텐데, 그렇게 하는 데는 이유가 있다. 이전의 '일곱 종의 지(地)'는 모두 인위적인 작의(作意)가 개입된다. 그런데 이후의 '세 종의 지(地)'는 그런 인위성을 지워버린다. 그리하여 이 단계에서 비로소 '일승(一乘)'으로 진입한다. 이 세 지(地)에서는 현전(現前)하는 번뇌의 부림을 받지 않는다. '부파 논사'들이 일체법을 '유위법'과 '무위법'으로 범주화하는 발상을, 『화엄경』 구성 작가는 작품을 구성하는 법상(法相) 체계로 수용한다. 이런 점을 눈치챈 '대승 논사'들은 화엄의 법상을 『유가사지론』, 『대승장엄론』, 『양섭론』, 『성유식론』, 『십주론』 등에서 밝혀내고 있다. 이런 경학의 축적은 청량 국사의 [청량소초]에 쌓여 지금에 전한다.

『화엄경』 구성 작가는 경의 곳곳에서 이타적 보살행을 강조하는데, 제⑧ 부동지에는 특히 '공용 없는[無功用]' 보살행을 권한다. 불교에서 무심(無心) 또는 무공용(無功用)이니 하는 용어들이 많이 등장하는데, 『금강경』도 그렇다. 수보리를 등장시켜 부처님과 문답 형식으로 구성 작가는 이야기를 꾸며간다. 대승을 주장하는 불교도는 어떻게 수행해야 하며, 또 수행하는 과정에서 나타나는 잘못을 어떻게 극복할까? 이런 문제 제기에 대해, 보시 등 여섯 가지 바라밀 수행을 하되, ⑴모든 중생에게, ⑵최상의 깨달음을 얻도록, ⑶변함없이, ⑷'나노라 하는 티 있는 마음' 등을 내지 말고 하라고 대답한다. 경학자들은 ⑴을 광대심(廣大心), ⑵를 제일심(第一心), ⑶을 상심(常心), ⑷를 부전도심(不顚倒心), 이렇게 4심(心)을 말한다. 이 중에서 ⑷의 '부전도심'이 필자가 앞에서 말한 '무공용'과 그 의미를 같이 한다. 그러면 단도직입적으로 묻고 답변하자.

· 질문; '무심'이나 '무공용'을 강조하는 이유는 무엇일까?
· 답변; 바른 지식을 얻기 위함이다. 바른 지식에 따라 행동해야 원하는 결과를 이룰 수 있다.

좀 더 설명하기로 한다. 감각 기관[根], 감각 기관의 재료가 되는 대상[境], 의식의 활동성[識], 이렇게 근·경·식 3사(事)가 화합할 때 비로소 지식이 만들어진다는 이야기는, 불경의 곳곳에서 읽을 수 있다. 마치 멀쩡한 귀를 가진 사람이 라디오에서 흘러나오는 노랫소리에 마음을 기울이면, 음과 가사 내용에 관한 지식을 만들듯이 말이다. 물론 그 지식에는 언어가 수반된다.

그중에서 여섯 번째의 '의(意)'라는 기관은 '법(法)'을 대상으로 하는데, 거기에 '식(識)'이 작동하면, 지식이 만들어진단다. '의'라는 감각 기관이라니? '눈'과 '귀'와 '코'와 '혀'와 '피부' 등의 감각 기관은 알겠는데, '의'라는 감각 기관은 어디에 붙어있나? '의'라는 감각 기관은 실은 저마다의 기억 덩어리로, 한 찰나 이전에 작동하던 '식'이 만들어 누적한 지식 알갱이 집합이다. 한 찰나 이전의 '식'을 '의'라고 하여, 찰나라는 극히 짧은 시간의 선후를 두지만, 이 둘은 '등무간(等無間)'의 관계이다.

우리는 '누적된 지식 덩어리'를 가지고 그것을 감각 기관 삼아 '자신의 감각 기관에 주어지는 소재'에 대한 지식을 만들어간다. 그래서 참인 지식을 만들기 위해서는 지식 만들기에 관계되는 기관 즉, '누적된 지식 덩어리'를 잘 다듬어야 한다. '누적된 지식 덩어리' 속에 오염되거나 일그러진 종자(種子, 🄟 bīja)가 있으면 깨끗하게 하고 펴야 한다. 마치 눈이라는 감각 기관에 병이 나면 치료해야 사물이 있는 그대로 보이듯이 말이다.

좀 더 극단적으로 말하면 아예 '누적된 지식 덩어리'의 활동성 자체를 정지시켜, '자신의 감각 기관에 주어지는 소재'가 있는 그대로 나에게 알려지도록 해야 한다. 내가 대상에게 말을 걸기보다는 대상이 나에게 말을 걸어오도록 해야 한다. 아니면, '종심소욕불유구(從心所欲不踰矩)'라는 공자님의 『논어』 말씀처럼, 마음대로 하더라도 세상 법도를 넘지 않도록, '누적된 지식 덩어리'인 몸과 마음[身心]을 정화해도 좋다. 망령된 마음을 없애라는 뜻인 '무망심(無妄心)'을 줄인 뜻으로서의 '무심(無心)' 말이다.

이런 '무공용', '무상의 정사유', '무심' 등의 자세로 보살행을 실천하라고 금강장보살은 설법을 계속하고 있다. 이하에 인용된 『화엄경』 본문처럼, 대승 경전 작가는 집요하게 요구한다. 티 없는 마음으로 이타적인 삶을 살아내 보자고. 중생을 불쌍하게 여기라고.

> 또 선남자여, 그대는 비록 이 고요한 해탈을 얻었지만, 범부들은 능히 증득하지 못하였으므로 여러 가지 번뇌가 앞에 나타나기도 하고, 여러 가지 깨닫고 관찰함이 항상 침노하나니, 그대는 이런 중생들을 불쌍하게 생각하라. 또 선남자여, 그대는 본래에 세운 서원을 기억하고 일체중생을 모두 이익케 하여 부사의한 지혜의 문에 들어가게 하라.

『화엄경』 구성 작가는 기존의 명상 수행 관련 다양한 이야기를 이곳 제⑧ 부동지 부분에 모아두기는 한다. 무자성(無自性)의 공이 어떠니, 심왕(心王)과 심소(心所)가 멸했느니, 멸진정(滅盡定)이 어떠니, 욕계의 번뇌가 작동하지 않느니. 그러나 결국은 꿈 깨고, 티 없이 보살행 하란 말이다.

❋ 보살행 실천에도 기법이 필요

제⑧ 부동지 다음에 제⑨ 선혜지를 배치한 이유가 무엇인가? 필자는 『화엄경』 구성 작가의 구성 의도를 역으로 추정하려는 것이다. [청량소초]』(夜 자 권)에서는 이 문제를 소위 〈내의(來意)〉라는 과목을 설치하여 해명하고 있다. 답은 이렇다. 제⑧ 부동지에서는 무공용(無功用)이니 무상(無相)이니 하는 용어로 표현되듯, '티 없는' 보살행은 완성했다. 그러나 중생제도에 필요한 최적의 설법 기술을 습득하지는 못했다.

이에, 다음 단계로 제⑨ 선혜지를 배치하여 '훌륭한 지혜' 즉 '선혜(善慧)'를 활용한 설법의 기술을 보여준다. '티 없는 알음알이[無礙解]'에서 나오는 지혜야말로 모든 지혜 중 가장 '훌륭한 지혜[善慧]'이다. 그것은 '주-객'의 구분이 없는 무개념의 지혜[智, 범 prajñā]이다.

제⑨ 선혜지의 핵심은 '네 종류의 무애'인데, 이 네 종류의 무애를 마음[心] 방면에서 언급할 경우는 '4무애혜(無礙慧)' 또는 '4무애지(無礙智)'라 하고, 언어[口]의 방면으로 언급할 경우는 '4무애변(無礙辯)'이라 한다. '4무애'는 온갖 교법에 통달한 (1)법(法) 무애, 온갖 교법의 중요 의미를 잘 아는 (2)의(義) 무애, 여러 가지 말을 알아 통달하는 (3)사(辭) 무애, 여러 지방의 언어를 알아 상대의 근기에 알맞게 잘 말하는 (4)요설(樂說) 무애이다. 이런 식의 해석은 『금광명경』, 『해심밀경』, 『대승장엄론』, 『유가론』, 『유가론』, 『성유식론』 등에도 등장한다.

제⑨ 선혜지의 본문도 경학의 훈고 방법에 따라 세 과목으로 가닥 잡는다. 첫 부분은 ①〈찬청분(讚請分)〉인데, 금강장보살이 이상에서 제8지 설한 것에 찬사를 보내고 이어서 제9지 설법을 간청하는 대목이다. 둘째 부분은 ②〈정설분(正說分)〉인데, 금강장보살이 해탈월보살에게 제9지의 법문을 바로 설하는 대목이다. 셋째 부분은 거듭 게송으로 마무리하는 ③〈중송분(重頌分)〉이다.

핵심적 내용은 〈정설분〉인데, 〈정설분〉은 다시 전후 두 대목으로 가닥을 쳐서 읽는 것이 경학 전통이다. 전반부는 제9지에서 실천해야 하는 '원인 노릇을 하는 수행'이고, 후반부는 그런 실천에 따른 '결과로 얻는 과보'이다. 지면 관계상 설명을 '원인 노릇을 하는 수행'으로 좁히기로 한다.

『화엄경』 구성 작가는 어떤 수행을 제9지에 배치했는가? 위에서 말했듯이 중생 교화인데, 그러기 위해서는 (1)첫째 법사로서의 방편을 갖추어야 하고, (2)둘째 지혜의 방편을 갖추어야 하고, (3)셋째 중생들의 마음, 번뇌, 업, 근기, 성품, 잠재의식, 생명을 받는 양상, 습관, 수행 정도 등을 파악해야 하고, 마침내는 (4)넷째 설법을 해야 한다. 이 넷이 대승 법사가 갖추어야 할 기능 내지는 기술이다.

네 기능 모두 중요하지만, 그래도 핵심은 즉, (4)의 설법하기이다. 법사가 설법을 제대로 하기 위해서는 지혜를 갖추어야 하고, 또 '말솜씨[語便]'가 있어야 하고, 또 강의 기법을 갖추어야 한다. 『화엄경』 작가는 이런 이야기들을 이곳 제⑨ 선혜지 법문에 모아놓았다. '말솜씨' 관련 『화엄경』 본문을 인용하기로 한다.

> "불자여, 보살이 이 선혜지에 머물러서는 큰 법사가 되고 법사의 행을 갖추어서 여래의 법장(法藏)을 잘 수호하나니, 한량없이 공교한 지혜로 네 가지 걸림없는 변재를 일으키고 보살의 말로써 법을 연설합니다. 이 보살은 항상 네 가지 걸림 없는 지혜를 따라서 연

> 설하고 잠깐도 버리지 아니하나니, 무엇이 넷인가. 이른바 법에 걸림없는 지혜[法無礙智]와, 뜻에 걸림없는 지혜[義無礙智]와, 말에 걸림없는 지혜[辭無礙智]와, 말하기 즐기는 데 걸림없는 지혜[樂說無礙智]이니라.

이상과 같은 '4무애의 지(智)'야말로 가장 좋은 가장 훌륭한[善] 지혜[慧]이다. 그러니 '선혜(善慧)'이다. 『화엄경』 구성 작가는 자신의 편집 방침대로, '선혜(善慧)'를 활용한 '말솜씨'을 10가지로 반복해서 늘어놓는다. 첫째만 인용하면 다음과 같다.

> 이 보살은 법에 걸림 없는 지혜로는 모든 법의 제 모양을 알고, 뜻에 걸림 없는 지혜로는 모든 법의 차별한 모양을 알고, 말에 걸림 없는 지혜로는 그릇되지 않게 말하고, 말하기 즐기는 데 걸림 없는 지혜로는 끊어짐이 없이 말하나이다.

✲ 게송 독송에도 방식이 있다

제⑩ 법운지에서는 법신(法身, 범 dharma-kāya)을 목전에서 체험하게 된다. 법운지(法雲地)의 이름에 구름 운(雲)자에는 세 가지 의미가 있다. 첫째, 구름은 만물을 적시고 길러내는 물[水]을 머금듯, 제10지의 가르침은 중생을 부처로 길러내는 작용을 갖추고 있다. 둘째, 생물과 무생물 모두에게 비 내린다는 평등의 뜻도 들어 있다. 셋째는 구름이 작열하는 태양을 가려 시원하게 하듯, 중생의 뜨거운 번뇌를 식혀준다.

제10지의 구성도 역시 ①〈찬청분(讚請分)〉, ②〈정설분(定說分)〉, ③〈중송분(重頌分)〉으로 3분(三分) 하여 가닥을 치는데, 과목명은 이전에 이미 설명했으니 중복하지 않는다. 제⑩ 법운지(法雲地) 설명에서는 중송(重頌) 독서하는 요령을 독자님과 함께 하기로 한다.

고대의 종교 문헌들은 동서를 막론하고 모두 암송에서 시작된다. 소리와 음절, 그리고 박자가 중요하다. 호흡과 밀접하다. 초기불교의 5정심관(五停心觀)으로 수식관(數息觀)을 꼽듯이, 수행에서 호흡은 매우 중요하다. 중국과 한국의 역경사(譯經師)들은 이 점을 매우 신경 썼다. 운허 스님과 월운 스님의 한글 번역에 특히 게송 부분에는 그렇게 애쓰신 부분들이 역력하다.

제⑩ 법운지에 나오는 게송은 앞의 산문 속에 나오는 내용과 상응해서 뒤에 운문으로 거듭하여 송한다. 이곳의 중송은 응송(應頌)으로 총 42수이다. 본문에서 언급하지 않았던 내용을 읊는 고기송(孤起頌)과는 다르다. 총 42수

중 첫수는 총체적으로 찬탄해서 듣기를 권하는 부분이고, 마지막 한 수는 제10지의 법문이 얼마나 넓고 깊은지 이루 다 말로 할 수 없다는 마무리 부분이다. 중간의 총 40수가 중송의 핵심이다. 경학의 훈고 전통에서는 중송의 핵심 되는 총 40수를 모두 여덟 과목으로 가닥을 친다.

㉮ 이전의 제9지까지 수행이 꽉 찼음을 노래하는 부분. (총 13수)
㉯ 삼매를 노래하는 부분. (총 1수)
㉰ 수행의 지위 획득을 노래하는 부분. (총 5.5수)
㉱ 10지 수행에서 얻는 지혜가 끝없다고 노래하는 부분. (총 3.5수)
㉲ 법운지의 명칭을 노래하는 부분. (총 3수)
㉳ 신통을 노래하는 부분. (총 2수)
㉴ 수행 지위에 따른 결과를 노래하는 부분. (총 4.5수)
㉵ 말만으로는 드러낼 수 없다고 추가하여 노래하는 부분. (총 7.5수)

게송은 내용상 은유나 비유 그리고 형식상 생략과 도치가 많으므로, 앞서 설한 본문의 장항(長行)과 상호 연결하여 읽는 것이 독서 포인트(point)이다.

이상의 ㉮에서 ㉵에 이르는 총 여덟 과목 중, ㉮〈제1지에서 제9지까지 수행이 꽉 찼음을 노래하는 부분(총 13수)〉중에서 제1지에서 제9지까지 내용을 게송으로 읊은 10.5수를 아래에 인용한다. 게송을 우리말로 옮기는 운허 스님의 멋진 솜씨를 조금이라도 맛보시기 기대하며, 한문도 함께 소개한다.

(1)모든 법 평등함을 분명히 알고
중생을 이익하려 큰마음 내다.
초지(初地)에 머물러서 이 마음 내고
나쁜 짓 아주 떠나 항상 기쁘며
了知諸法皆平等 爲利衆生發大心
住於初地生是心 永離衆惡常歡喜

(2)원력으로 선한 법 널리 닦아서
어여삐 여김으로 이지(二地)에 들고,
계행 다문(多聞) 갖추고 중생을 생각
더러운 때 씻으니 마음이 깨끗
願力廣修諸善法 以悲愍故入後位
戒聞具足念衆生 滌除垢穢心明潔

(3)세간에서 세 가지 독한 불 관찰
넓고 크게 아는 이 삼지(三地)에 들고,
觀察世間三毒火 廣大解者趣三地

(4)세 가지 있는 곳이[三有] 모두가 무상

화살에 맞은 듯이 고통이 치성
하여진 것[有爲] 떠나서 불법 구하려
큰 지혜 있는 이가 염혜지 들고,
三有一切皆無常 如箭入身苦熾然
厭離有爲求佛法 廣大智人趣焰地

(5) 지혜가 구족하여 보리를 얻고
한량없는 백천의 부처님 공양
가장 승한 공덕을 늘 관찰하면
이 사람이 난승지에 들어가오며,
念慧具足得道智 供養百千無量佛
常觀最勝諸功德 斯人趣入難勝地

(6) 지혜와 모든 방편 잘 관찰하고
가지가지 나타내어 중생 구하며
위없는 10력(十力) 세존 공양하오면
생멸 없는 현전지에 들어가오며,
智慧方便善觀察 種種示現救衆生
復供十力無上尊 趣入無生現前地

(7) 세상에서 모르는 것 능히 다 알고
〈나〉란 고집 느끼잖고 유무(有無) 떠나며
법의 성품 고요한데 인연 따르면
미묘한 지혜 얻어 칠지(七地)에 들고,
世所難知而能知 不受於我離有無

法性本寂隨緣轉 得此微妙向七地

(8)지혜와 방편이며 광대한 마음
행하고 굴복하고 알기 어려워
적멸을 증하고도 항상 닦으면
허공 같은 부동지에 나아가리라.
智慧方便心廣大 難行難伏難了知
雖證寂滅勤修習 能趣如空不動地

(9)-1)부처 말씀 적멸한 데서 일어나
가지가지 지혜 업을 널리 닦아서
십(十) 자재 구족하고 세간을 관찰
이러하게 선혜지에 들라 하시네
佛勸令從寂滅起 廣修種種諸智業
具十自在觀世間 以此而昇善慧地.

(9)-2)미묘한 지혜로써 중생 마음과
업과 번뇌 빽빽한 숲 다 관찰하고
그들을 교화하려 도에 나아가
부처님의 깊은 도리 연설도 하고
以微妙智觀衆生 心行業惑等稠林
爲欲化其令趣道 演說諸佛勝義藏,

(9)-3)차례로 수행하여 착한 일 구족
구지(九地)에서 복과 지혜 쌓아 모으고
부처님의 위없는 법 항상 구하여

부처님 지혜 물을 머리에 붓고,
次第修行具衆善 乃至九地集福慧
常求諸佛最上法 得佛智水灌其頂

위의 인용문에서 보다시피, 제⑨ 선혜지는 세 게송, 제③ 발광지는 반 게송, 나머지는 모두 1게송 씩 읊었고, 한 게송이 총 4구(句)임을 독자님도 아실 것이다.

다음, 제⑩ 법운지에서 무슨 수행을 닦았기에 그 이름을 붙였는지를 읊는 게송 즉 ㈃〈법운지의 명칭을 노래하는 부분〉 총 3수를 아래에 인용한다.

(1)보살이 법운지에 머물러서는
생각는 힘 구족하여 불법 갖나니
큰 바다가 용의 비를 모두 받듯이
이 지에서 받는 법도 그와 같더라.
菩薩住此法雲地 具足念力持佛法
譬如大海受龍雨 此地受法亦復然

(2)시방에 한량없는 모든 중생들
부처님 법 얻어 듣고 지니었거든
한 부처님 계신 데서 들은 불법도
저보다 지나가서 한량없으며,
十方無量諸衆生 悉得聞持持佛法
於一佛所所聞法 過於彼數無有量

> (3)옛적의 지혜 서원 위신력으로
> 잠깐에 시방세계 널리 퍼지게
> 단이슬 비 내려서 번뇌를 소멸
> 그래서 법운지라 이름하오며,
> 以昔智願威神力 一念普遍十方土
> 霪甘露雨滅煩惱 是故佛説名法雲

작가는 법운지라고 이름 붙인 이유를 위와 같이 게송으로 표현하고 있다. 지난 과거 세상에 세운 서원이 원인이 되어 끝없는 보살행을 닦은 끝에, 그 결과로 감로의 비를 내려 번뇌를 소멸한단다. 지금, 바로 이 순간 나도 발심하여 그리하여 수행을 쌓아가면 훗날 언젠가 반드시 법우(法雨)를 내려 시방세계 곳곳에서 중생을 이롭게 할 것이다.

이하의 4.5게송은 ㉰〈수행 지위에 따른 결과를 노래하는 부분〉이다. 법운지의 경지에 올랐어도 결과는 전법을 통한 중생 구제이다.

> 이 지의 보살들이 부처님 공양
> 시방의 모든 국토 두루 다니고
> 지금 있는 성인께도 공양하여서
> 구족하게 부처 공덕 장엄하였고,

이 지에 머물러선 다시 3세의
걸림없는 법계 지혜 연설하오며
중생과 국토들도 다 그러하여
부처님의 모든 공덕 이르기까지,

이 지에 있는 보살 지혜 광명이
중생에게 바른 길 보여주나니
세간 어둠 멸하기는 자재천 광명
이 광명도 그와 같이 어둠을 멸해.

이 지에 머물러선 3계의 왕 되어
3승의 모든 법문 연설도 하고
잠깐 동안 한량없는 삼매 얻으며
부처님을 뵈옴도 이와 같더라.

이 지 공덕 지금 대강 말했거니와
전부를 말하자면 끝이 없나니

제11장. 체험 완성의 측면에서 답변

제11장. 체험 완성의 측면에서 답변⑥

0. 총 론

『화엄경』의 여러 품 사이를 유기적으로 해석하기 위해 중국의 대승 논사들은 여러 방면으로 연구했다. 그중, 청량 징관 국사는 [청량소초]에서 문답상속과(問答相屬科)에 따라 질문과 답변이 어떻게 얽혀지는지에 주목하면서 이 문제를 풀었다.

『화엄경』 속에 등장하는 근간이 되는 큰 질문을 경학의 훈고 용어로 대위문답(大位問答)이라 하는데, 다섯 번 이루어진다. ⑴첫째로 제1회 설법에서 일어난 총 40종의 질문은 그 회에서 모두 답이 되며, ⑵둘째로 제2회 초에서 제기된 총 40종의 질문은 제2회 초에서 제7회 말에 걸쳐 나누어 답변이 된다. 물론 이 중간중간 질문들이 있기는 하지만 질문 끝에 이어서 답한다. ⑶셋째로 제8회 초에 쏟아진 총 200종의 질문은 그 회에서 해결된다. ⑷넷째로 제9회 초에서 제기된 질문 총 60종에 대해서는 여래께 '사자빈신 삼매'에 들어 여러 상서를 드러내어 답하신다. ⑸다섯째로 복성 동편 언덕에서 출발한 선재 동자가 구법 여행에서 주고받은 질문과 답변이 있다.

이제 시작하는 제11장에 다루는 총 6품은 회차로는 제7회이고, 다섯 번의 '대위문답' 중에는 제(2)에 해당한다. 질문은 「여래명호품 제7」 벽두에 제기되었는데, 경학에서는 이 질문은 크게 세 대목으로 '과목치기'를 해서 분석한다는 이야기, 필자는 이 책에서 여러 번 했다. 가닥을 잡아야 글이 보이기 때문에 다시 반복한다.

① 누구의 과보에 의지해서 수행해야 하는가?
  · 답변 : 여래의 신·구·의 3업을 기준 삼아라.
  · 위치 : 제7품~제9품
② 어떤 수행을 닦아야 하는가?
  · 답변 : 여섯 층위[六位]의 이론을 따라라.
  · 위치 : 제10품~제32품
③ 수행하면 어떤 성과를 얻는가?
  · 답변 : 부처가 된다.
  · 위치 : 제33품~제37품

위의 ②에서 말하는 '여섯 층위'란 (1)확신, (2)지혜, (3)수행, (4)회향, (5)체험의 시작, (6)체험의 완성이다. 이제부터 제11장에서는 (6)체험의 완성 관련 답변을 살필 것이다. 이 대목에서 생각해 볼 점이 있는데, (1)에서 (5)까지의 내용은 초기불교 경전인 [아함]에도 곳곳에 등장하지만,

제(6)의 '체험의 완성' 즉 등불(等佛) 관련 이야기는 유독 대승 경전에만 등장한다는 점이다. 인도 땅의 석가모니가 '부처' 되었듯이, 석가모니 부처님이 실천했던 방법대로 우리도 수행하면, 누구나 '부처' 될 수 있다. 이런 발상은 소승과 대승을 가르는 큰 산이 된다. 모든 중생이 부처와 동등해[等佛]진단다. 과연 대승의 '다불(多佛)' 설을 어떻게 이해해야 할까?

✱ 세월 속에 해석되고 늘어나는 가르침

대승 경전을 어떻게 받아들여야 할까? 필자와 소견을 달리하는 연구자도 있음을 독자님은 염두에 두시길 바란다.

불교사를 돌아보면, 기원전 268~232년 사이 왕좌에 있던 아쇼카왕 시절 제3차 결집을 하면서, 석가모니(기원전 624~544년) 부처님과 제자들이 주고받은 말씀과 출가공동체의 규칙 등이 비로소 문자화되기 시작했다. 그 사이 약 300년간은 제자들이 암송하여 전수해 왔는데, 제자들의 구성도 이런저런 이유로 변화가 있었다. 상좌부(일명 설산부)와 대중부의 근본 분열을 시작으로, 대중부 계통의 8개 부파와 상좌부 계통의 10개 부파에 이르는 18개의 지말

분열, 거기에다 2개의 근본 분열을 모두 합하면 모두 20개 부파 이름이 『이부종륜론(異部宗輪論)』에 소개된다. 조선의 강원에서는 전통적으로 『제교행상(諸教行相)』 또는 『화엄품목(華嚴品目)』에 실린 「소승이십부청량섭육진수합일(小乘二十部清涼攝六眞首合一)」이라는 첩자(帖子)를 통해서 학습해 지금에 이른다.

분열된 부파의 이름은 많지만, 문헌 기록이 확인되는 부파는 상좌부, 대중부, 정량부, 화지부, 법장부, 설일체유부 정도이다. 그 문헌이란, 당나라 현장 스님이 중국으로 가져온 사본(寫本)과 현존하는 율장(律藏)을 말한다. 이들 부파는 각 공동체의 전통에 따라, 경장과 율장에 대한 해석(解釋)도 쌓아갔다. 훗날의 불교학자는 이를 논장(論藏)이라 하는데, 현존하는 것으로 팔리어(Pāli)로 적힌 상좌부의 7론이 있고, 산스크리트어(Sáṃskṛta)에서 한문(漢文)으로 번역한 설일체유부의 7론이 있고, 여기에 법장부 소속의 『사리불아비담론』이 있다.

현재 불교학을 연구하는 학자들은 이렇게 각 부파가 전승하던 석가모니의 말씀([니카야] 또는 [아함])과 석가모니 공동체의 율장, 그리고 각 부파가 해석(解釋)해 놓은 논장을 기초자료로 삼아, 초기불교 모습을 '추정'하고 있다. 다만 각 부파가 '전하는 것'은 말 그대로 '전하는 것'이므로, 전달자의 소견이 끼어들 수 있다. 그래서 현존하는 팔리어(Pāli)로 적힌 [니카야]와 한문(漢文)으로 번역된 [아함]을 대조 분석한다. 이 둘 사이에 교집합으로 나타나는 교설이야말로 부처님 가르침 즉 불교의 근본이다.

이런 근본에, 기원전 1세기에서 기원후 2세기 사이 활동하던 대승 작가는 당시 유행하던 힌두교의 사상을 담은 총 12장의 『마누법전』, 그리고 『마하바라타』와 『라마야나』 등에서 이야기 소재를 보탰다. 이렇게 만들어진 새로운 부류의 크고 작은 대승 경전들이 유행하다가, 뒷날 그것이 커다란 하나의 전집(全集)으로 모여진다. 대표적인 것으로 훗날 당나라 현장 스님이 600권으로 한문 번역한 『대반야경』이 있다. 지금 우리가 보는 80권 『화엄경』도 이런 배경에서 경전 작가가 만든 것이다.

이런 입장을 가진 필자는 1,362개의 작은 경전을 수록한 한역 『잡아함경』 한역본을 근본으로 삼아, 『화엄경』 속에 그것이 어떻게 활용되는지 주목하고 있다. 『쌍윳다니까야』로는 어휘나 발상의 유사성 찾기에는 직접 도움은 안 된다. 한역 『잡아함경』의 경우는 개념이나 용어가 [80화엄]의 그것과 많이 일치한다. 역어(譯語)의 일치성 등으로 볼 때, 한역 『잡아함경』과 『화엄경』의 대본은 문헌 계보의 일치 가능성이 매우 높다.

※ 체험이 완성되어, 부처와 동등해짐

필자는 이 책에서 '증입(證入)'을 '체험의 시작'이라고 번역하고, '등불(等佛)'을 '체험의 완성'이라고 번역하여, 양자의 관계를 시작과 완성의 과정으로 표시했다. 이런 해석 방법은 청량의 경학 훈고에서 빌려온 것이다. 시작과 끝이라는 과정을 『화엄경』 본문에 대비하면 다음과 같다. 「십지품 제26」은 '증입(證入)'으로 '체험의 시작' 단계이다. 체험의 완성은 「십정품 제27」, 「십통품 제28」, 「십인품 제29」, 「아승지품 제30」, 「여래수량품 제31」, 「제보살주처품 제32」 등 총 6품에서 이루어진다. 이상의 총 6품에서 수행이 완성되어, 부처와 동등해지는 '등불(等佛)'의 과정이 완료된다.

그런데 이 '등불(等佛)'의 완성은 다음에 나오는 총 5품의 '원인'이 되기도 한다. 다시 말하면, '증입(證入)'이 원인이 되어 '등불(等佛)'의 결과를 이루었는데, 다시 '등불(等佛)'이 원인 노릇을 하여 다음에 오는 제33품~제37 등 총 5품의 원인 노릇을 한다. 이렇게 화엄의 경학(經學)에서는 '인-과'의 꼬리를 연이어 본문을 훈고(訓詁)한다. 이런 입장에서 제27품~제32품의 총 6품을 〈인원(因圓)〉이라고 과문(科文)을 붙인다. 이와 상대하여 제12장의 소재가

제11장. 체험 완성의 측면에서 답변 433

되는 「불부사의품 제33」, 「십신여래상해품 제34」, 「여래수호품 제35」, 「보현행품 제36」, 「여래출현품 제37」을 〈과만(果滿; 깨달음이라는 결과가 꽉 참)〉이라 한다.

〈인원〉이니 〈과만〉이니 하는 용어가 특수한 것 같지만, 절집에서는 곳곳에서 접할 수 있다. 필자는 2018년부터 약 5년간은 경기도 파주시 광탄면에 있는 고령산 보광사(普光寺)로 일요일마다 출석하여 재가 불자님들에게 불경을 읽어주었는데, 그 절 대웅보전(大雄寶殿) 주련의 기구(起句)가 인원과만증여여(因圓果滿證如如)로 시작한다. 일상에서 쓰던 용어이다. 『화엄경』의 구조를 잘 아는 분이 절 이름도, 내부의 법신 부처님도, 주련도 설계한 것이다.

제2회 초반에 (1)'확신[信]' 관련 법문을 보광명전에서 시작하더니, 제3회부터는 천상으로 무대를 옮겨 총 4회의 법문을 펼치더니, 이제는 지상으로 내려와 다시 보광명전에서 제7회 전반부(총 6품)를 (6)'체험의 완성[等佛]'을 완료했다. 이로써 성불(成佛)을 위한 일체의 원인은 완전하게 갖추게 되었다. 이 대목에서 경학에서는 가닥을 치고 과문(科文)을 〈인원(因圓)〉으로 붙였다. 그러니 자연 제7회 후반부(총 5품)는 〈과만(果滿)〉이 된다. 참으로 작가의 솜씨이다. 과목 관련 이야기는 이 정도로 그친다.

그런데, 독자님은 아직도 기억하고 계시는지? 「여래현

상품 제2」에서 '질문' 40개가 쏟아진 것을. 그중 마지막 질문 중에 "온갖 보살의 바다 지혜를 부처님 세존께서 우리에게 말씀해 주신다면……"이 있다. 이 질문에 대한 답변이 이 책 제11장의 소재인 「십정품 제27」, 「십통품 제28」, 「십인품 제29」에서 해결된다.

「십정품 제27」에서는 부처님께서 직접 보현보살에게 '열 가지의 삼매' 이름을 거론하시면서 보현의 수행과 서원에 들어가도록 명하신다. 다음으로 「십통품 제28」에서는 '열 가지 신통'을 보현보살의 입을 통해 들려준다. 끝으로 「십인품 제29」에서는 '열 가지 인(忍)'에 대해 들려준다. '인(忍)'은 범어로는 '크샤티(梵 kśati)'인데, 확실하다고 인정하고 알아차리는 특수한 지혜의 일종이다.

『화엄경』 구성 작가는 열 가지씩 선정[定], 신통[通], 지혜[忍]를 모두 충족하면 부처와 같아지게[等佛] 된다고 한다. 경학에서는 이를 〈보살의 업의 작용이 아주 '커짐'을 밝힘〉이라 하여 〈명업용광대(明業用廣大)〉라고 과문(科文)을 달았다.

그리고 이상의 총 3품에 이어, 「아승지품 제30」, 「여래수량품 제31」, 「제보살주처품 제32」에서는 〈보살의 업의 작용이 아주 '깊어짐'을 밝힘〉이라 하여 〈총현심광(總顯深廣)〉이라고 과문(科文)을 붙인다.

제11장. 체험 완성의 측면에서 답변 435

경전 구성 작가는 제30품에서는 고대 인도인들의 시간 계산 관련 지식을, 제31품에서는 공간에 따라 시간 계산이 달라짐을, 제32품에서는 무한히 펼쳐지는 공간을, 각각 편집해 넣는다. 그리하여 이렇게 하염없는 '시간-공간'의 형식 속에서 보살이 실천해야 할 수행을 나열한다.

이렇게 업의 작용이 '커지고' 또 '깊어지면', 마침내 긴 과정의 '체험 완성'이 성취되어, 이제는 '부처와 같아지게[等佛]'된다. 이상의 총 6품에서 '원인으로서의 수행' 관련 모든 이론은 다 충족된다. 이제는 드러나는 결과만이 남아있다. 그 결과를 '등불[等佛]'과 구별하여 '성불(成佛)'이라고 과문(科文)을 따로 붙인다. 등불[等佛]'은 원인의 측면에서, '성불(成佛)'은 결과의 측면에서, 이름은 달리 붙였지만, 내용은 동일하다.

『화엄경』 구성 작가는 '성불(成佛)'의 결과로 얻은 효능 관련해서는 제33품~제37품의 총 5품에 배치한다. 이 대목에서도 작가는 참으로 멋진 솜씨를 보인다. 제36품에서 제시한 보현행을 닦기만 하면, 「여래출현품 제37」에 나오듯 누구에게나 똑같이[平等] 자신에게 본래 갖추어진 무량한 청정한 업의 작용이 저마다 드러난단다. 제 속에서 출현하는 여래를 체험한단다.

1. 선정 총정리
-「십정품 제27」-

『화엄경』 구성 작가는 성불(成佛)을 주제 삼아, 이와 관련한 여러 법문을 제7회에 배당된 총 11품 속에 담았다. 그중 성불의 '원인'이 되는 수행 관련 이야기는 전반부 총 6품에, 그리고 성불한 '결과' 드러나는 효과에 대해서는 후반부 총 5품에, 각각 배치했다. 반복이지만 이를 경학 훈고의 과문(科文)으로 표기하면, 전반부는 〈인원(因圓; 수행이라는 원인의 충만)〉이고, 후반부는 〈과만(果滿; 깨달음이라는 결과의 충만)〉이다. 이런 경학 훈고의 전통에 따라, 전반부의 〈인원〉 관련 총 6품을 필자의 이 책 제11장에서 다루고, 후반부 〈과만〉 관련 총 5품을 제12장에서 다룰 예정이다.

제7회의 설법 장소는 보광명전이다. 그리고 '종취(宗趣)'는 다음과 같다. 보현보살이 실천한 수행의 원인과 그에 따른 결과의 효용[德用]이 완전하고 충분하게 모두 갖추어짐을 '종(宗)'으로 삼고, 중생들을 깨달음의 세계로 들어가게 함을 '취(趣)'로 삼는다.

필자가 기왕 경학(經學)이라는 훈고 방법을 소개하고

있으니, 경학 용어 중의 하나인 종취론(宗趣論)의 뜻도 소개한다. 종취(宗趣)에서 '종(宗)'은 해당하는 부파 또는 해당하는 텍스트 속에서 내세우는 최고의 가치 또는 주장 또는 진리 준거를 뜻하고, '취(趣)'는 그런 '종'이 지향하는 최종 도착 지점 즉, '종'을 통해서 목적하려는 게 무엇인지를 밝힌 내용이다. 대승의 논사들은 '경을 다룰[治經]' 때 꼭 '종취'를 논한다. 이를 통해 독자는 그 논사가 경을 어떻게 이해하고 있는지를 엿볼 수 있다.

물론 후배들로서는 이런 전통의 입장을 따라도 좋고, 아니면 별도의 종취론(宗趣論)을 세워 독자적으로 독서해도 무방하다. 그러나 스승 제자 사이에는 달리할 수 없다. 종취론 등 소위 교상판석을 달리하면 스스로 스승이 되어 학문적으로 독립하면 된다. 그렇게 독립한 사상이 공감을 받아 전통으로 대를 이을지는 별도이다. 그러니 독자적으로 해석할 때는 깊이 있는 연구가 필요하다. 종취론을 포함한 교상의 판석에 관한 철학적 담론은 〈현담(懸談, 또는 玄談)〉의 중요 주제이다.

자, 그러면 전반부 총 6품을 본격적으로 해설해 가기로 하는데, 이 부분을 〈인원(因圓)〉이라 했는데, 이 지점에서 의문이 생긴다. 그 의문은 '깨침[覺]'에 필요한 원인으로서의 수행이라면, 그것은 이미 제6회 설법인 「십지품 제26」

에서 모두 했는데, 어찌하여 제7회의 전반부에 총 6품을 배치해서 또다시 이야기하는가?

중요한 질문이다. 바로 이런 문제 때문에, 제7회 전반부의 총 6품의 내용을 제10지에서 한 단계 더 오른 제11지로 보아야 한다느니, 아니다느니, 하는 논의가 논사들 사이에 일어난다. 필자는 제11지를 인정하는 스승들의 계보를 따르는데, 경학은 사법(師法)이 중요하다.

참고로, 제7회의 전반 총 6품을 등각(等覺)의 지위에, 후반 총 5품을 묘각(妙覺)의 지위에 자리 매기기도 한다. 그런데 필자는 청량의 [청량소초]처럼 전반부 총 6품을 수행 이론 총 '여섯 층위[六位]'의 마지막 제6위에 해당하는 〈등불(等佛)〉로 가닥을 쳤다. 그리고 후반부 총 5품은 지위로 치지 않고, 총 여섯 층위[六位]의 수행 이론에 따른 실천을 완성했을 때 즉 성불했을 때 드러나는 효과로 별도로 행상(行相)을 잡았다. 이 역시 조선 경학의 전통이다.

이야기가 좀 옆으로 가지만, 석가모니 부처님 생전에는 "여시아문(如是我聞)" 즉 듣는 게 중요했고, 문자로 결집(結集)된 이후에는 "수지독송(受持讀誦)"이 중요하다. "여시아문"이든 "수지독송"이든, 그런 뒤에는 사유해야 한다. 문(聞)과 사(思), 이 둘을 반복해서 몸에 '깡지'가 만들어져야 한다. 마치 무표색(無表色)처럼. 그게 수(修)이다. 반복에는 필자처럼 글쟁이들은 원고 쓰는 것만큼 좋은 방법도 드물다. 신·구·의 3업에 새겨지고 들러붙어 굳이 하려 하지 않아도 주머니 속의 송곳 삐져나오듯 그렇게 삶 속에서 드러나도록 사무쳐야 한다.

이런 점을 염두에 두면서, 필자는 제11지를 인정하는 경학 전통에 따라 『화엄경』을 수지독송 해오고 있다. 이는 조선의 강원(講院)으로 이어지는 화엄의 전통이다.

전반부 총 6칙의 첫째가 「십정품 제27」인데, 전통 경학에서는 이 품 전체를 다섯 과목(科目)으로 가닥을 친다.

(1) 서분(序分) : 서론 부분.
(2) 청분(請分) : 법문을 청하는 부분.
(3) 시설자분(示說者分) : 법문을 설할 자를 보이는 부분.
(4) 본분(本分) : 설법의 주제를 제시하는 부분.
(5) 설분(說分) : 법을 설하는 부분.

(1)〈서분〉에서는 세존께서 마가다국 '보리수 밑'에서 정각을 이루시고, 보광명전에서 삼매(三昧)에 드셨다는 내용이 소개된다. '삼매'란 마음을 하나의 대상에 집중하는 것인데, 이 부분에서 화엄의 구성 작가는 그 내용을 간략하

지만 하나하나 소개하고는 그것을 모두 묶어 세존께서 '무상(無相)'의 경계에 집중하셨음을 밝힌다. '무상'이란, 초기 경전에 등장하는 공, 무아, 무상(無常), 연기를 뜻한다.

⑵〈청분〉에서 작가는 보안보살이 부처님께 법문 청하는 내용을 서술하고 있다.

⑶〈시설자분〉에서는, 부처님은 보현보살이 이 법회에 동참하고 있으니, 그에게 물으라고 '패스'한다. 이 말을 들은 수많은 대중이 보현을 보려고 했으나 보질 못한다. 부처님은 "나무 보현보살"을 지극 정성으로 염불하라고 대중에게 권한다. 드디어 보현보살이 대중의 눈에 보인다. 작가의 연출이다.

⑷〈본분〉은 아주 특별하다. 『화엄경』에서 부처님께서 직접 말씀하시는 세 대목 중, 한 대목이다. 핵심은 '보현보살의 10대(十大) 삼매' 이름을 직접 거론하면서 바로 이 10대(十大) 삼매로 인해, 그것이 보현으로 대표되는 수행과 회향을 완수할 수 있다고 하는 점이다. 다시 말하면 화엄의 작가는 삼매야말로 보현의 행(行)과 원(願)을 완성하여 제11지에 오르게 하는 수행임을 밝혔다. 그것도 부처님의 입을 통해서 말이다. 이렇게 설법할 주제만 부처님께서 직접 말씀하시게 하고, 작가는 솜씨를 부린다. 구

체적인 내용은 보현보살 그대가 말하라고 '패스'하는 방식으로 말이다.

부처님의 명을 받든 보현보살이 설법하는 장면이 ⑸〈설분〉에서 펼쳐진다. 이곳에서는 세존이 거명한 10정(十定)에 대해, 보현보살이 자세하게 설명한다. [80화엄]에서, 이곳 「십정품 제27」에 할당된 권수가 제40권~제43권이다. 총 네 권이다. 작가에게 그만큼 삼매가 중요했음을 알 수 있겠다.

✽ 삼매가 무엇인지, 부처님을 소환하는 경전 작가

「십정품 제27」의 핵심 주제는 인도말로는 삼마지(빨 samādhi, 三摩地, 三昧)인데 한문으로는 등지(等持), 또는 정(定), 또는 정수(正受) 등으로 의역된다. 이 책에서는 일단 '4선(禪) 8정(定)'의 준말인 '선정' 정도로 표기를 통일해서 글을 전개한다. 대승의 경전 작가는 저 먼 옛날 석가모니 부처님 때부터 전승되어 당시까지 내려오는 고대 인도의 갖가지 선정을 재구성한다. 재구성의 기준은 '무상(無相)'이다. 역사 속에 축적된 다양한 선정법을 '열 가지의 선정[十禪定]'으로 정리하고 설명해 간다. 이런 맥락을 알고 있는 전통 경학에서는 「십정품」의 종취(宗趣)를

'무상(無相)'으로 잡았는데, 통찰력 있는 해석이라고 생각된다. 「십정품」의 요지는 "수행자라면 모든 걸 관찰하되, '관찰되어진 모든 것'의 무상함(無相)에 집중하라"이다.

'무상(無相)'은 [아함]에 자주 등장하는 용어인데, 역사적 석가모니의 생각을 가장 온전히 담고 있다고 평가되는 『잡아함경』에 특히 더 많다. 『잡아함경』(제80경)의 한 구절을 인용한다. "바르게 사유하는 삼매[正思惟三昧]가 있어서 '색의 모양[色相]'이 끊어지고 소리, 냄새, 맛, 감촉, '법의 모양[法相]'이 끊어지는 것을 관찰하나니, 이것을 모양 없음[無相]이라 한다." '바르게 사유하는 삼매[正思惟三昧]'에서, '정사유'는 뜻으로 번역한 것이고 '삼매'는 소리로 번역한 것이다. 이렇게 뜻과 소리를 나란히 두는 번역 방식은 한역(漢譯)에 종종 보인다.

『원각경』 첫머리에 나오는 "삼매정수(三昧正受)"라는 구절만 해도 그렇다. 많이들 "삼매를 바르게 받으시고"로 읽는데 잘못이다. '삼마-디(া samādhi)'를 중국에서는 소리나는 대로 '산메이(三昧)'로 적고, 뜻으로는 '정수(正受)', '정(定)', '등지(等持)'로 번역했다. 이렇게 소리와 뜻을 함께 나열한 예는 많은데, 우선 가까운 예로 『기신론』의 '비파사나관'이나 '사마타관'도 그렇다.

아무튼 위에서 인용한 『잡아함경』(제80경) 구절은 월운 스님이 구나발타라 삼장의 한역(漢譯)을 한글 번역한 내용이다. 무상(無相)의 상(相) 자를 중국 북송 시절(980년 入宋) 시호(施護, ㉲ dānapāra) 삼장은 상(想) 자로 번역했는데, 어느 경우나 산스크리트어 '아-니미따(㉲ animitta)'를 번역한 것으로 추정된다. 영어권에서는 '형상 또는 표시가 없음[Without form, or sign]'으로 이해한다. 다시 설명하면 일체에는 고정적 실체가 없음을 집중 관찰하라는 주문이다.

'무상' 이야기가 길어졌는데, 그만큼 이 용어가 중요하고 그 수행이 중요하기 때문이다. 자, 그러면 다시 「십정품」의 내용으로 돌아가자. 「십정품」의 내용은 다섯 부분으로 문단을 나눌 수 있다는 이야기는 앞에서 했다. 이 이 중 네 번째의 ⑷〈본분〉에서 부처님은 친구(親口)로 열 가지 선정[十定]의 이름을 나열한 다음, 자세한 설명은 보현보살에게 미룬다.

대승의 작가가 만약 부처님께서 설법하는 형식을 취했다면, 허구성이 들통이 났을 것이다. 이미 석가모니 부처님 열반한 지 5백여 년이 지났기 때문이다. 물론 진리의 부처인 법신 즉, '비로자나불'이라는 개념을 만들었지만, 설득력은 떨어진다. 결국 대승 작가는 솜씨를 부려, 부처님이 보현보살에게 설법을 명하고 그 '명을 받들어' 보현의 입으로 선정[定]을 설명하게 한다. 음성은 보현보살의 입에서 나왔지만, 원천은 부처님의 뜻이라는 문학적 기교이다. 대승 경전은 석가모니 말씀을 근본 삼아 문학적 기교를 부린 시대의 산물이다.

절에 좀 다닌 신도들이라면 스님들이 염불할 때 하는 소리, '승불신력(承佛神力)' 또는 '원승삼보력가지(願承三寶力加持)'를 들어보았을 것이다. 이때의 승(承)은 '받들다'는 뜻이다. 「십정품 제27」에서는 "승여래지(承如來旨)"로 표기했다. 3보나 부처님의 신통한 힘을 받들어 설법도 하고, 나아가 영가들도 이 도량에 와서 설법을 들을 수 있다는 발상이다.

부처님의 '금구친설(金口親說)'의 열 가지 삼매는 다음과 같다.

> 그때 부처님께서 보현보살에게 말씀하셨다.
> "보현이여, 그대는 보안과 여기 모인 여러 보살들을 위하여 열 가지 삼매[十三昧]를 말하여서 그들로 하여금 보현의 온갖 행과 원에 들어가 원만히 이루게 하라.
> 모든 보살마하살이 이 열 가지 큰 삼매를 말함으로써 과거 보살들은 이미 뛰어났고, 현재 보살들은 지금 뛰어나고, 미래 보살들은 장차 뛰어나게 되리라. 무

> 엇이 열인가. ⑴하나는 너른 광명[普光] 큰 삼매요, ⑵둘은 묘한 광명[妙光] 큰 삼매요, ⑶셋은 여러 부처님 국토에 차례로 가는[次第徧往諸佛國土] 큰 삼매요 ⑷넷은 청정하고 깊은 마음인[淸淨深心行] 큰 삼매요, ⑸다섯은 과거의 장엄한 갈무리를 아는[知過去莊嚴藏] 큰 삼매요, ⑹여섯은 지혜 광명의 갈무리인[智光明藏] 큰 삼매요, ⑺일곱은 모든 세계의 부처님 장엄을 아는[了知一切世界佛莊嚴] 큰 삼매요, ⑻여덟은 중생의 차별한 몸인[衆生差別身] 큰 삼매요, ⑼아홉은 법계에 자유자재하는[法界自在] 큰 삼매요, ⑽열은 걸림없는 바퀴인[無礙輪] 큰 삼매니라.
> 이 열 가지 큰 삼매는 여러 큰 보살들이 잘 들어갔으며, 과거·미래·현재의 부처님이 이미 말했고, 장차 말하고, 지금 말하느니라.

『화엄경』 구성 작가는 드물지만, 부처님을 등장시켜 직접 말씀하시게 하는 서술 방식을 택하기도 하는데, 위에서 인용한 대목이 바로 그런 사례이다. 부처님이 설법 주제를 상정한 ⑷〈본분〉은 크게 넷으로 가닥을 친다. ①첫째는 열 가지 큰 삼매를 설하면 어떤 공덕을 얻는지를 말씀하시는 부분. ②둘째는 구체적으로 열 가지 삼매의 이름을 나열하시는 부분. ③셋째는 선정의 뛰어난 덕을 찬탄하시는 부분. ④넷째는 대중들이 법문 듣기를 원하니 보현 그대는 어서 법문을 설하라고 권하면서 마무리하시는 부분.

앞에 인용한 본문에서, 열 가지 큰 삼매 이름은 이미 소개했다. 이제는 보현보살이 명을 받아 구체적으로 열 가지 큰 삼매를 설명할 차례이다. 경학에서는 이 부분을 ⑸〈설분(説分)〉이라 이름 붙인다. 지면 관계상, ⑴첫째의 '너른 광명 큰 삼매[普光明大三昧; 넓은 광명 큰 삼매]'에 한정해서, 이것을 사례로 삼아 제⑸〈설분〉의 얼개를 소개하기로 한다.

화엄 경학에서는 전통적으로 논의 구조를 훈고하는 방식으로 표(標; 표방), 석(釋; 해석), 결(結; 맺음)의 3단 구조를 사용한다. 이는 인도 철학의 논증 전통이다. 주장하는 당사자인 입론자(立論者)와 그 주장을 상대하는 대론자(對論者) 사이에, 먼저 논의 내용을 판단 형식으로 주장한다. 요즘 말로 하면 '안건 상정'인데, 이게 '표(標; 표방)'이다. 이왕 말이 나온 김에 좀 더 보충하자면, '표'와 '결'의 명제 구성 형식과 내용은 같다. 다만 '표'는 입론자는 주장하지만, 대론자는 아직 인정하지 않은 판단임에 반해, '결'은 입론자와 대론자 양자가 서로 공감한 판단이다.

주장을 논증해 가는 부분인 석(釋; 해석)에는 상대의 공감을 끌어내는 작업이 다섯 단계로 촘촘하게 진행된다.

대론의 주제인 표(標; 표방)로 제시한 '넓은 광명 큰 삼매'에 들기[入] 위해서는 다섯 가지를 해야 한단다.

㉮ 무궁무진의 지혜 갖추기.
㉯ 무궁무진의 마음 먹기.
㉰ 자유자재로 명상에 들기.
㉱ 아주 섬세한 지혜를 갖추기.
㉲ 세속을 멀리하기.

㉮에서 열 가지 지혜가 거론되는데, 부처님의 출현 관련 지혜, 중생들의 변화 관련 지혜, 세계가 무상하고 공한 줄을 아는 지혜, 법계에 들어가는 지혜, 보살을 잘 지도하는 지혜, 보살들이 수행을 포기하지 않게 하는 지혜, 일체법의 무상·무아·공·연기를 아는 지혜, 마음을 집중하는 지혜, 깨닫겠다는 지혜, 원력이 그것이다.

㉯에서도 열 가지 마음가짐이 소개되는데, 첫째가 중생 구제의 마음이다. 지면 관계로 생략하지만, 내용은 '보현보살의 10대 행원'과 유사하다.

㉰에서는 장소에 구애되지 않고 자유자재로 삼매에 드는 양상 열 가지를 소개하는데, 역시 지면 관계상 생략한다.

㉱의 내용은 매우 중요하므로 『화엄경』 본문을 인용하

여 독자님과 공유한다.

> 마음이란 요술과 같고, 모든 세간이란 꿈과 같고, 부처님들이 세상에 나시는 것이란 영상과 같고, 모든 세계는 변화한 것과 같고, 음성과 말은 메아리와 같은 줄을 깊이 깨닫고, 실상대로의 법을 보고 실상대로의 법으로 몸이 되고, 모든 법이 본래 청정한 줄을 알고, 몸과 마음이 진실한 자체가 없음을 알고, 몸이 항상 한량없는 경계에 있고, 부처님의 지혜와 광대한 광명으로 온갖 보리의 행을 닦느니라.

㉓도 『화엄경』 본문을 인용하여 독자님 스스로 경의 맛을 접하도록 했다.

> 이 삼매에 머물면, 세상을 넘어서고 세상을 멀리 여의어서 의혹하게 할 이도 없고 무색하게 할 이도 없느니라. 불자여, 마치 몸속을 관찰하여 부정하다는 관[不淨觀]에 머물면 몸이 모두 부정한 줄을 보게 되듯이, 보살마하살도 그와 같아서 이 삼매에 들어서 법의 몸[法身]을 관찰하며, 여러 세간이 그 몸에 들어감을 보며, 그 가운데서 모든 세간과 세간의 법을 분명히 보지만 세간과 세간의 법에 모두 집착하지 않느니라."

이상을 잘 살펴보면, ㉮와 ㉯는 선정의 방편(方便)이고,

㉓는 선정의 체(體)이고, ㉔와 ㉕는 선정의 용(用)임을 알 수 있다.

『화엄경』 구성 작가는 제40권에서 「십정품 제27」을 시작하여 제43권 끝까지 10가지 선정을 '늘어지게' 모아놓았다. 아무리 『화엄경』의 별명이 '대경(大經)'이라지만 해도 너무한다. 중국에서는 간결함[乾淨]을 좋아하고 인도에서는 늘어짐[蔓衍]을 좋아하는가?

『대반야경』 600권만 해도 그렇다. 앞에서 한 말을 또 반복하고, 그렇게 반복한 것을 받아 다시 반복하고. 필자가 처음 불경을 손에 든 때가 스무 살 초반인데, 그동안 여러 번 재도전했지만, 이 경은 여태 완독하지 못했다. 이제 곧 칠순인데 엄두를 다시 낼 수 있을지? 사실, 600권 중에서 제577권째에 해당하는 한 권짜리 『금강경』도 반복이 심하다. 다행히 세친 스님의 '27단의설(斷疑說; 스물일곱 겹의 의심 끊기 독서법)' 덕에 논증적으로 읽을 수 있었다.

『대반야경』을 풀어놓은 용수의 『대지도론』 총 100권은 그래도 읽을만했다. 촘촘한 논리가 오히려 집중하게 했다. 그래도 논증(論證)의 방법이 불편하다. 귀류법(歸謬法)의 논증 방식을 택하기 때문이다. 어떤 명제(命題)가 참임을 직접 증명하는 대신, 그 부정 명제를 참이라고 가정하여 그것의 모순을 드러내어 본래의 명제가 참임을 보이는 간접 증명법, 그게 불편하다. 필자는 '파상교(破相教)'보다 '현성교(顯性教)'가 편안하고, 반야보다는 화엄에 끌린다. 저마다의 성향이 있다는 것이니, 어느 게 옳고 그르다는 것을 말하려는 건 아니다.

『화엄경』 독서는 지루해서 손에서 내려 놓을만하면 새로운 이야기가 다시 소매를 잡아당기는 듯한 느낌이 든다. 마치 스승 공자를 우러르는 제자 안연(顏淵)의 심정이라고나 할까? "우러러볼수록 높아만 가고, 연구할수록 단단해지며[仰之彌高, 鑽之彌堅]; 뵈오면 앞에 계시더니, 어느덧 뒤에 계신다." 독자님은 "瞻之在前(첨지재전) 忽焉在後(홀언재후)"를 어떤 심정으로 받아들이실까? 필자에게는 이렇게 들린다. 학문[文]으로 속을 넓혀주시고 예절[禮]로 몸가짐을 단속하게 하시는 우리 선생님. 어서 오라 앞에서 손을 내미시더니, 포기하려는 마음 들자 어느 결엔가 힘내라고 등 뒤에 서 계시네.

✳ 그리움과 고마움

독서나 인생은 긴 여행길인데, 거기에는 스승 제자 간의 '끌림'이 중요하다. 이런저런 생각이 밀려든다. 한암당 정수(正修) 스님 봉선사 주지 시절이다. 며칠 뒤에 개최될 운허 스님 한글 번역 관련 세미나 자료집을 편집하던 중, 필자는 월운 스님께 자료집 앞에 붙일 글을 청했더니, 위에 인용한 「자한편(子罕篇)」 끝에 "2013년 10월 8일 봉선사 다경실에서 海龍 謹記"라고 쓰신 쪽지를 건네주셨다. 순간 마음이 먹먹했다.

'해룡(海龍)'은 월운 스님의 스승, 운허 스님께서 붙여주신 법명이다. 당시 운허 스님은 부산 범어사에 계시면서, 경상남도 남해 화방사에 행자로 와 있던 21세 '언양 김(金) 공 성구(成九) 군'을 1949년 단옷날, '남쪽 바다의 용'이라 이름 지어 제자로 들였다. 뵙지도 못한 채 제자는 화방사에서 홀로 『도서』, 『절요』, 『서장』, 『선요』 등 그 절에 있던 경전을 죄 다 읽었다. 사자(師資)의 첫 상면은 1952년 음력 5월 22일 저녁이었지만, 사부님 앞에서 제자는 평생 '해룡'이라 여쭌다. 스승의 고마움을 담은 표현이 '근기(謹記)'이다. 이때의 '기(記)'는 '씁니다'가 아니고 '기억합니다'의 뜻이다.

사부님 슬하에서 경을 펼친 지 7년이 되던 1959년, 법제자로 내려받은 당호가 월운(月雲)이다. 어두운 밤하늘에는 달빛 되어 비춰 주고, 태양 뜨거운 대낮에는 구름 되어 가려주라는 뜻이다. 누구를? 중생을.

그해에 통도사에서 전강 받아 교편 잡으신 이래 평생 글을 쓰셨는데, 글 끝에, 보통은 '월운'이라 쓰시고, 자긍심이 좀 나실 때는 '월운' 앞에 '백파문손(白坡門孫)'을 더 보태신다. 그러나 스승 운허 스님 앞에서는 항상 '해룡'이라시며, 때로는 '고부(辜負; 은혜 못다 갚은)'을 더 붙이신다.

10년 전의 저 글이 필자가 읽은 우리 스님 손수 쓰신 손 글씨 마지막 '海龍'이다. [80화엄]의 수많은 말씀은 손을 놓을라치면 어서 오라 기다려주시고, 다시 잡으려 들면 아득하기만 하다. 더 여쭈어야 할 게 얼마나 남았는지도 모르겠는데, 무심한 세월은 사부님의 총기를 훔치려고만 든다.

필자 서문에서도 밝혔듯이, 이 책은 2022~2023년 만 2년간 매주 〈법보신문〉에 연재한 내용을 토대로 만들었다. 2023년 6월 19일 자로 간행된 〈법보신문〉 1685호에 〈신규탁의 화엄경학 제68호〉가 게재되었다. 대승 경전 중 [반야부]와 [화엄부]의 내용이 긴 이유를 설명하다가, 공부에 있어 스승의 역할과 그 고마움을 이야기하는 쪽으로 흘러 '공자-안연'과 '운허-월운' 이야기로 빠졌다. 그 원고를 다 쓰고 신문사에 이메일로 보낸 날은 15일 오후 1시경이었다. 월운 스님은 6월 16일 오후 10시 36분에 시적(示寂)하셨다. 공부에 있어 스승의 중요성을 운운하는 원고 쓰면서 감정이 올라와 토요일쯤에는 뵙고 와야겠다고 했는데, 16일 밤 11시에 급한 전화를 받았다. 스님 입적하셨으니 토요일 아침 7시 회의에 참석하란다. 아이고, 아이고. 창천(蒼天)! 창천(蒼天)!

17일 새벽 봉선사로 들어와 '장례소위원회'의 회의에 참석하면서 스님 연보와 행장 및 각종 의문(儀文) 초안을 쓰고, 21일 다비와 습골을 마치고, 22일 첫 7재를 오전에 마치고 집으로 돌아왔다. 지난 일주일이 홀연한 광풍 한 줄기가 훅-하고 지나간 듯하다. 집에서 좀 쉬면서 월운 스님 입적 관련 각종 언론 보도를 살펴보니 '화엄종주 월운당 해룡 대강백'이란 용어가 많은데, 독자님이 혹 궁금해하실 것 같아 사족을 붙인다.

'월운'은 법사(法師)이신 운허 스님께로 입실(入室)할 때 받은 건당(建幢)의 당호(堂號)이고, '해룡'은 출가 때 은사(恩師) 운허 스님께서 지어주신 법명(法名)이다. 우리 스님의 경우는 은사와 법사가 같다. '대강백'은 강사 중에서 으뜸이라는 뜻으로 백(伯) 자를 붙였고 더 높혀 대(大) 자를 붙였다.

'화엄종주'는 좀 낯설 수 있다. 경학(經學)에서는 '종(宗)'과 '교(敎)'를 세밀하게 분석한다. 이런 문헌 비평을 '교상판석' 줄여서 '교판'이라고 하는데, 〈현담(懸談)〉의 〈종취통별(宗趣通別)〉 과목에서 집중적으로 다룬다. 간단하게만 소개하면, '종(宗)'은 중생 쪽에서 구분한 것이고, '교(敎)'는 부처 쪽에서 구분한 것이다. 무슨 말인가 하면, 부처님은 제각기 중생의 수준에 맞추어서 다양한 방법으로 '가르침[敎; 圏 śāsana]'을 펼치신다. "장대교망(張大教網; 가르침의 그물을 넓게 펼친다)"하여 "녹인천어(漉人天魚; 천상과 인간 세상의 중생을 거져낸다)"한다는 말도 여기서 유래한다. 한편, 중생은 제 마음에 맞는 가르침을 으뜸으로 삼아[宗] 수행을 닦는다.

초기불교 시절에는 '종'이 나뉘지 않았지만, 부파불교 시절에는 약 20개로 나뉘었고, 거기에 대승불교의 '진공(眞空)무상종', '유식법상(法相)종', '여래장(藏)연기종', '원융(圓融)구덕종'까지 보태져 매우 복잡하다. '원융구덕종'의 종지(宗旨)를 잘 드러내는 경전이 『화엄경』인데, 이런 배경에서 '화엄종'이라는 용어가 나왔다. 이 용어를 처음 쓴 사람은 당나라 때의 규봉 스님으로, '초조 두순, 제2조

지엄, 3조 현수, 제4조 청량' 순으로 계보를 세웠다.

월운 스님 법호 앞에 '화엄종주'를 붙인 이유는 평생 화엄을 중심 삼아 출가와 재가의 제자를 교육하시고 책을 쓰셨기 때문이다. 밤 11시에 입적하셨다는 전화를 받고, 다음 날 새벽 스님 거처인 다경실(茶經室)로 들어가 법구가 모셔진 병풍 앞에 꿇어 인사 올리고, 평소 집필하시는 옆방으로 들어가 보니, 컴퓨터 옆에 『화엄경』 사기(私記)가 펼쳐져 있었다.

스님께서는 임종의 순간까지 『병발(柄鉢)』을 교감하고 계셨다. '병(柄)'은 후라이팬 '자루'의 그런 자루이다. 발(鉢)은 스님들이 공양하시는 바리때 즉 발우(鉢盂)이다. 점점 작게 만들어 넷을 포갠다. 그런데 거기에 자루를 붙이면 걸려서 포개지지 않는다. [청량소초] 읽기의 꼭 필요한 책인데 겸손하게 조선의 설파 상언(雪坡尙彦; 1701~1769) 스님께서 붙인 이름이다. 우리 스님은 임종의 그날도 화엄을 보셨다. 사부님 염려하시지 마옵소서. 남겨진 출가 재가 제자들이 유지를 받들어 세존께서 남기신 가르침[遺教]을 봉행할 것입니다.

❋ 티 없이 펼치는 보살의 이타행

『화엄경』의 「십정품 제27」에는 '10종의 큰 삼매'가 소개되었다는 이야기와 그중 첫째의 제(1) '너른 광명의 큰 삼매'는 앞에서 했으니 되었고, 중간은 생략하고, 이제 마지막 제(10)의 '걸림 없는 바퀴인 큰 삼매'를 소개하며 「십정품 제27」 전체를 마치려 한다.

'걸림 없는 바퀴인 큰 삼매'는 『화엄경』 제43권 한 권 전체에 할당될 만큼 분량이 대단하다. 역시 문단을 쪼개서 읽어야 독서에 효과가 있다.

㉮ 무애륜 삼매에 들어가는 방법을 설명하는 대목.
㉯ 삼매 속에서 실천하는 지혜의 작용을 나열하는. 대목.
㉰ 삼매의 결과로 얻는 이익을 설명하는 대목.

첫째와 셋째는 간단하게만 설명하고, 가능한 한 둘째 대목에 지면을 더 할애하기로 한다. 왜냐하면 실천이 중요하기 때문이다.

㉮의 무애륜 삼매에 들어가는 방법으로 『화엄경』의 본문에서는 모두 22구절을 할애하여 설명하고 있다. 화엄의 경학에서는 이 22구절에 대해서도 '인-과'의 구조로 분석

한다. 당사자 본인의 몸과 입과 마음 등을 활용하여 걸림 없는 삼매에 드는 총 11구절은 '원인의 작용'을 설명한 것이고, 뒤의 11구절은 부처님의 힘으로 삼매에 들어가는 '결과의 작용'을 설명한 것이다.

쉽게 말하면 삼매에 들어감에도 인위(因位)에 있는 본인 자신의 노력이 바탕이 되고, 그 위에 과위(果位)에 계신 부처님의 가피가 보태져야 한다는 『화엄경』 구성 작가의 발상이다. 대승의 특징은 이성의 합리성을 바탕으로 하되, 신앙으로 이성을 되짚어 반성하는 총합적 지향에 있다.

㉯에는 삼매에 들어가서 해야 하는 실천의 양상을 불·법·승 3보(三寶) 측면에서 소개하고 있다. 불·법·승은 수행하는 사람의 세상살이에 무엇과도 바꿀 수 없는 보배이다. 첫째는 부처님께서 평생 몸소 보여주신 실천이 보배이니 이를 따라서 실천하는 것이고, 둘째는 부처님께서 설하신 가르침이 보배이니 이를 따라서 실천하는 것이고, 셋째는 보현으로 대표되는 보살행이 보배이니 이를 따라서 실천하는 것이다. 이렇게 세 문단으로 나누어 소개하고 마지막 문단에서 이상의 말씀을 매듭짓는다.

㉯에서, 대승의 구성 작가가 『화엄경』의 이 대목을 통해 세상 사람들에게 전하려 한 메시지를 다음과 같이 정

리할 수 있다. 대승을 표방하는 불자라면 실제 생활에서, 첫째 '대승에서 말하는 부처님'을 본받아 실천하고, 둘째 '대승에서 말하는 부처님의 가르침'을 본받아 실천하고, 셋째 '대승에서 말하는 보살의 수행'을 실천하라는 것이다.

대승 작가는 이런 실천을 후세 사람들에게 주문하는 과정에서 '묘한 발상'을 하고 있다. 『화엄경』 문장의 곳곳에 그런 발상이 드러나지만, 위의 셋째 부분에 국한해서 설명을 보태기로 한다.

즉, '보살의 수행'을 저마다의 현장 속에서 실천하라고 하는데, 끝도 시작도 없이 계속하라는 것이다. 먼저, 그런 작가의 표현을 『화엄경』 본문에서 보기로 한다.

> 불자들이여, 이 보살마하살은 보현의 행에 머물러서 잠깐잠깐 동안에 백억 말할 수 없는 삼매에 들어가지만, 보현보살의 삼매와 부처님의 경계를 장엄한 앞 시절[前際]을 보지 못하느니라.

독자님은 "앞 시절[前際]을 보지 못하느니라"에 주목하길 바란다. 자신이 이전에 수많은 보살행을 했더라도 그것을 전혀 마음에 담아두지 않는다. 그래서 '앞 시절[前際]'을 보지 못하는 것이다.

이런 사연을 『화엄경』 본문에서는 열 가지 이유를 들어 소개하고 있는데, 청량 국사는 [청량소초]에서 이 열 가지 이유를 줄여서 "차삼매경 구경무진고(此三昧境 究竟無盡故)"라고 표현했다. 즉, '무애륜 큰 삼매' 속에서 하는 선정은 그 대상[境]이 한없이 많기 때문이란다. 어찌하여 그렇게 많은가? '이만큼 했으니 됐다'라는 마음의 티가 없기 때문이다. 선불교에서는 이런 마음가짐을 '전후제단(前後際斷)'이라고 한다. 중국 선종의 초조인 달마 스님도 "자교오종(藉敎悟宗)"이라고 말했듯이 선(禪)이 교(敎)를 떠나 따로 있는 게 아니다. 앞생각도 잊고, 뒷생각도 잊으니, 해도 해도 끝이 없는 것이 대승의 보살행이다. 보살행이야말로 불교의 열매이다. 씨 뿌리고 꽃 피고 열매 맺듯이.

㈑에서는 삼매 수행을 잘하면 그 결과로 얻게 되는 효험을 네 가지 측면에서 설명하고 있다. 첫째는 부처님으로부터 얻는 효험, 둘째는 자기 자신 속에서 생기는 효험, 셋째는 깨침을 완성해 가는 과정상의 효험, 넷째는 결과적으로 본인 자신이 부처 되는 효험이다. 이 넷 중에서 『화엄경』의 백미는 셋째이다. 깨침을 완성하는 과정에서 큰 법장[大法藏; 크나큰 진리 창고]에 머물게 된다. 본문을 아래에 인용한다.

> 그 마음은 열 가지 큰 법장[十大法藏]에 머무르니, 무엇이 열인가. (1)이른바 온갖 부처님을 생각하는 데 머물며, (2)일체 중생을 조복하는 큰 자비에 머물며, (3)헤아릴 수 없이 청정한 국토를 나타내는 지혜에 머물며, (4)부처님의 경계에 깊이 들어가는 결정한 지혜에 머물며, (5)과거·미래·현재의 모든 부처님의 평등한 보리에 머물며, (6)걸림없고 집착없는 짬에 머물며, (7)모든 법이 모양이 없는 성품에 머물며, (8)과거·미래·현재의 모든 부처님의 평등한 선근에 머물며, (9)과거·미래·현재의 모든 여래께서 법계에 차별 없는 몸과 말과 뜻으로 짓는 업으로 앞에서 지도하는 지혜[先尊智]에 머물며, (10)3세의 모든 부처님께서 태어나고 출가하고 바른 깨달음을 이루고 법 바퀴를 굴리고 열반에 드심을 관찰하여 찰나의 짬에 들어가는 데 머무는 것이니라.

이상에서 큰 법장[大法藏] 열 가지만 말했지만, 화엄에서의 열[十]은 무궁무진을 뜻한다. 우리 자신들 속에 이런 무진 보배가 간직되어 있다는 게 『화엄경』 구성 작가가 우리에게 전하고자 하는 메시지이다.

독자님은 사시불공 때 요령을 천천히 흔들면서 바라지 스님이 부처님께 올리는 청사(請詞)의 이런 구절을 들어보았는지? "어빈궁자(於貧窮者) 영득복장(永得伏藏)" 말이다. 제 속에 보물을 간직한 창고가 있는데, 그걸 몰라 꺼내어 쓰질 못하고 어렵게 사는 중생의 어리석음을 형용하는 말이다. 지금 제가 공양을 올리는 부처님이야말로 제 속에 감추어진 보물 즉, 복장(伏藏)을 발견하게 해주시는 분이라는 자기 고백이다. '사시마지' 불공 때 잘 들으면 소리가 들릴 것이다. 그런 부처님이시여, 조촐한 이 공양을 받으소서. 나무(南無) 일심봉청(一心奉請)…

2. 선정으로 생기는 드넓은 업의 작용
  - 「십통품 제28」 -

 필자의 경우 이미 오랜 습관이 되었는데, 『화엄경』 본문을 읽으면서도 항상 『잡아함경』(총 1,362개의 경)의 어느 대화를 '변주(變奏)'하는가에 주목한다. 마찬가지로 대승 경전을 대상으로 하는 논서를 읽을 때도 초기 경전을 대상으로 하는 아비달마 논사(論師)의 논증을 염두에 둔다. 초기불교와 대승불교를 유기적으로 읽어야 불교 전체가 보인다는 필자 나름의 철학이다.

 한편, 초기 경전 주석에 빠진 논사들의 논의가 '소승'이라 비난받듯이, 대승 경전의 주석에 빠진 논사들의 논의도 '소승'이라 비난받아 마땅하다. 둘 다 하는 일이 책장이나 넘기고 남이나 세상살이와는 거리를 두니 말이다. 필자 자신이 부끄러워서 하는 말이다. 수행하고 그 틈에 포교하며 중생 돕는 논사들도 많으니, 그런 분들은 참으로 대단한 분들이다. 그런 분들이야말로 본분(本分) 논사(論師)이시다.

 불교는 처음도 수행이고 끝도 수행이다. 그런 수행의 방향은 자기 쪽으로도 향하고 타인 쪽으로도 향한다. 수행이란 12연기로 말하자면, '무명(無明, 🄑 avidyā)'의 퇴치이다. 그래야 안이 행복하고 밖이 평화롭단다. '무명'이라는 용어 내지는 발상이 성립하기 위해서는, 본래는 밝았는데[明, 🄑 vidyā] 번뇌가 가린다는 전제(前提), 또는 선행(先行), 또는 선험(先驗) 등의 가설(假設; hypothesis)이 있어야 한다. 그러고 나서, 번뇌에 주목하여 '번뇌를 끊어 지워가는[斷滅; 단멸]' 논리를 세우는 논사(論師)도 있고, 밝음에 주목하여 '밝음의 기능을 이뤄가는[成德; 성덕]' 논리를 세우는 논사도 있다. 이 과정에서 다양한 개념과 판단을 구사하여 주장도 하고, 그 주장을 뒷받침하는 근거를 제시하여 상대 주장을 논파하는 변증(辨證)이 늘어진다. '말'이 많아지고 '썰'이 난무한다.

❋ 이루 말할 수 없는 선정의 효염

이제 「십통품 제28」을 소개할 차례이다. 이전의 제27품 즉 「십정품 제29」에서 선정이라는 '원인'이 있으니, 이어지는 제28품에는 '결과'가 나와야 할 것이다. 선정 수행으로 인해 생긴 신통력으로, 「십통품 제28」에서는 '10가지 신통'을 소개하고 있다.

『잡아함경』(제993경, 제1,141경) 등에 등장하는 6신통(神

通)에, '10(十)'을 완전 수[圓數]라고 생각했던 『화엄경』 구성 작가가 형식미를 갖춘 것이다. 6신통이란 ①신족통(神足通), ②천이통(天耳通), ③지타심통(知他心通), ④숙명통(宿命通), ⑤천안통(天眼通), ⑥누진통(漏盡通), 등인데, 구성 작가는 이를 소재[話素]로 삼아 『화엄경』 속에 그 의미를 다양하게 늘리고 넓혀 놓았다.

불교의 역사 속에서 신통의 종류가 늘어나는 건 당연한 현상이지만, 중요한 건 신통을 설명하는 논리의 운용이다. 인도의 전통 논리학파와 대론하면서 [아함]의 진리성을 대변하던 부파 논사들의 인명논리를, 화엄의 구성 작가는 적극 활용하고 있다. 이 점은 놀라운 일이다. 우선 '10신통'의 이름을 두 부류로 나누어 아래에 열거한다.

첫째 부류에 속하는 신통으로, ①다른 이의 마음을 아는 신통, ②걸림 없는 하늘 눈 신통, ③전생 일을 아는 신통, ④내생 일을 아는 신통, ⑤걸림 없이 청정한 하늘 귀 신통, ⑥성품도 없고 동작도 없이 모든 세계에 가는 신통이 있다. 여기까지는 [아함]의 여러 경전 속에 등장하는 6신통의 내용과 그리 다를 게 없다.

둘째의 부류에 속하는 신통으로, ⑦모든 말을 잘 분별하는 신통, ⑧수 없이 형상 몸을 나투는 신통, ⑨모든 법을 아는 지혜의 신통, ⑩모든 법이 다 없어지는 삼매에 들어가는 신통이 있다. 이상의 네 신통은 화엄의 특징을 잘 보여준다. 그 특징은 크게 두 축을 이루는데, 하나는 중생 구제[일곱째와 여덟째 신통]이고 다른 하나는 공(空)한 법성(法性) 알기[아홉째와 열째 신통]이다.

제⑨의 '모든 법을 아는 지혜의 신통'을 설명하는 본문을 아래에 인용한다.

> 불자들이여, 보살마하살은 온갖 법을 아는 지혜의 신통으로써
> ⑴온갖 법이 이름이 없고 성품이 없고 오는 것도 없고 가는 것도 없고, 다른 것도 아니고 다르지 않은 것도 아니며, 가지가지도 아니고 가지가지 아닌 것도 아니며, 둘도 아니고 둘 아닌 것도 아니며,
> ⑵나도 없고 견줄 것도 없으며, 나지도 않고 없어지지도 않으며, 흔들리지도 않고 무너지지도 않으며, 진실도 없고 허망도 없으며, 한모양이고 모양이 없기도 하며, 없는 것도 아니고 있는 것도 아니며, 법도 아니고 법 아님도 아니며, 시속을 따르지도 않고 시속을 따르지 않기도 않으며, 업도 아니고 업 아닌 것도 아니며, 갚음도 아니고 갚음 아님도 아니며, 함이 있는 것도 아니고 함이 없은 것도 아니며, 제일가는 이치[第一義]도 아니고 제일가는 이치 아님도 아니며,

> 길도 아니고 길 아님도 아니며, 벗어남도 아니고 벗어나지 않음도 아니며, 한량 있는 것도 아니고 한량 없는 것도 아니며, 세간도 아니고 출세간도 아니며, 인으로 난 것도 아니고 인으로 나지 않은 것도 아니며, 결정도 아니고 결정 아님도 아니며, 성취함도 아니고 성취하지 않음도 아니며, 나옴도 아니고 나오지 않음도 아니며, 분별도 아니고 분별 아님도 아니며, 이치와 같음도 아니고 이치와 같지 않음도 아닌 줄을 아느니라.

이상의 인용문은 '법을 아는 지혜 신통'을 설명하는 대목인데, 여기서 말하는 법(法)이란 대승의 수행자가 선정 수행을 통해 안으로 체험한 내자증(內自證)의 진리[法]이다.

문단은 크게 두 대목으로 나눌 수 있다. ⑴첫째는 어떤 말이나 설명으로도 어찌할 수 없다는 방식으로 '법을 아는 지혜 신통'의 제모습[實相]을 드러내는 대목이다. 청량 국사는 이 대목을 〈약이언현실(約離言顯實)〉이라고 과문(科文)을 붙였다.

⑵둘째는 이것이라 해도 안 되고 이것이 아니라 해도 안된다는 방식으로 신통의 제모습을 드러내는 대목이다. 청량 국사는 이 대목을 〈약이공현실(約二空顯實)〉이라고

과문(科文)을 붙였다. 하나의 명제가 있으면 그 명제의 모순 명제를 구성하고, 두 명제 모두를 부정하는 논법을 구사하고 있다. 사구(四句)를 끊어버리고 백비(百非)를 논하는 전형적인 반야 중관의 논법이다.

좀 복잡하게 느낄 수 있지만, 본문을 쪼개고 가닥을 잡아 읽으면 구성 작가의 의도를 제대로 읽어낼 수 있다. 설명이 길어지니, ⑴첫째 대목만 다시 인용해서 분석하고 나머지 ⑵의 대목은 부득이 할애(割愛)하기로 한다.

"온갖 법이 ①이름이 없고 ②성품이 없고 ③오는 것도 없고 가는 것도 없고, ④다른 것도 아니고 다르지 않은 것도 아니며, ⑤가지가지도 아니고 가지가지 아닌 것도 아니며, ⑥둘도 아니고 둘 아닌 것도 아니며,"

설명을 위해 필자는 위의 인용문을 ①에서 ⑥으로 여섯 구절로 나누고 번호를 붙였다. 화엄의 구성 작가는 선정으로 인해 얻은 '내자증(內自證)의 진리[法]'는 깊고 깊어, 「십정품 제29」에서 말한 대로 제대로 된 선정을 닦은 수행자만 알 수 있는 특별한 신통이라고 했다. 그러면서 그 신통의 실상을, 어떤 말이나 설명으로도 드러낼 수 없다는 식의 '묘한 방식'으로, 결국 드러내고 있다.

'묘한 방식'이란, ①에서 ③까지는 '한결같이' 드러내는 방식을 사용하며, 그런가 하면 ④에서 ⑥까지는 '대비해서' 드러내는 방식을 사용했다. 구성 작가가 이야기를 꾸며가는 방식 즉, '한결같이' 또는 '대비해서'에 주목하여 가닥을 쳐 본 것이다.

좀 더 자세하게 설명해 보기로 한다. 선정으로 얻은 내자증의 진리란 그것의 공능[物之功]을 언어나 문자로 파악할 수 없어서 ①처럼 이름 붙일 수 없단다. 또, 내자증(內自證)의 진리는 인연 따라 이루어지므로 ②처럼 성품이 없단다. 또, 내자증의 진리는 '시간의 형식' 밖에 있으므로 ③처럼 오는 것도 가는 것도 없단다. 이렇게, 이럴 수도 없다. 저럴 수도 없다. 없다. 없다. 이런 방법으로 내자증의 진리를 드러내니, 참으로 '묘한 방식'이다.

한편, 인용문 ④에서는 같으냐 다르냐[同異]로, ⑤에서는 하나이냐 많으냐[一多]로, ⑥에서는 쪼갤 수 없느냐 있느냐[一二]로, 모순 항을 짝으로 기대게[相待] 하기도 하며, 둘 모두를 지워버리는[雙遮] 방식으로 내자증의 진리를 드러내니, 이 역시 '묘한 방식'이다.

『반야심경』처럼, 이것도 없고[無] 저것도 없고[無], 그렇게 계속해서 없다[無]고 하여 무언가를 드러내는 논법을 작가는 구사하고 있다. 『화엄경』 구성 작가의 이런 서술 방법으로 인해, 필자는 [반야부]가 먼저 출현했고, 반야에서 공(空)을 논증하는 차전(遮詮)의 논법이 『화엄경』 속으로 들어왔다고 판단한다. 사실, [청량소초]에도 이 대목의 설명에 삼론(三論) 교학의 다양한 이론을 소개하고 있다.

이하에는 화엄에서 말하는 '열 가지 신통'이 얼마나 대단한지 본문을 인용하여 「십통품 제28」을 마치려 한다. 내용보다, 자신의 주장을 드러내는 논증의 방법이 '묘한 방식'이다. a도 알지 못하고, b도 알지 못하고, c도 알지 못하고, d도 알지 못하고, ……. 이렇게 계속 부정하다가, 마지막에서 가서 오직 누구누구만이 안다. 이런 식이다.

> 불자들이여, 보살마하살이 이 열 가지 신통에 머물면 모든 하늘이 헤아리지 못하며, 일체중생도 헤아리지 못하며, 일체 성문과 모든 독각과 모든 보살도 헤아리지 못하며, 이 보살의 몸으로 짓는 업을 헤아릴 수 없으며, 말의 업으로 헤아릴 수 없으며, 삼매의 자유로움을 헤아릴 수 없으며, 지혜의 경계를 헤아릴 수 없나니, 오직 부처님과 이 신통을 얻은 보살을 제하고는 이 사람의 공덕을 말하거나 칭찬하거나 찬탄할 수 없느니라.

불교에서 선정을 왜 그토록 강조하는지 알 수 있게 하는 품(品)이 바로 「십통품 제28」이다. 여름철 겨울철 안거

(安居) 때마다 선방에서 화두 들고 씨름하는 우리나라 조계종의 간화선(看話禪) 가풍은 길이 보존하고 배워야 할 귀한 전통이다.

3. 깊고 깊은 지혜를 밝힘
  - 「십인품 제29」 -

 「십인품 제29」는 회차로는 제7회이고, 설법 장소는 석가모니 부처님께서 정각을 이루신 '보리수 밑' 근처의 보광명전으로 설정되어 있고, 설주(說主)는 보현보살이다.
 『화엄경』 구성 작가가 당시까지 축적된 불교의 다양한 가르침[敎]을 연출할 때 등장시키는 가상의 대표 보살이 있다. 한 보살은 '문수'이고 다른 한 보살은 '보현'이다. 제7회차에 해당하는 보광명전 법회는 '보현'을 축으로 한 법문이다. 당시 『화엄경』 구성 작가 눈에는 '관세음'이나 '지장'을 설주(說主) 삼아 설법 무대에 올리기에는 아직 일반인들에게 친숙하지 않았다.
 『화엄경』은 보현보살의 입을 빌려 당시 '보살 운동'을 하는 당사자들에게, 보살이 갖추어야 할 10인(十忍)에 대해 설명한다. '열 가지 지혜'를 얻으면 일체 보살의 걸림 없는 인(忍)에 이르러 온갖 불법이 장애가 없고 또 다함이 없다고 한다. 여기서 말하는 '인(忍)'은 범어 '크샤티(kśāti)'를 번역한 말인데, 확실하다고 인정하고 인가하는 특수한 지혜의 일종이다. 중국의 법장 스님은 "인자지조

관달(忍者智照觀達)"이라 했고, 다음 세대의 청량 국사는 "인위인해인가, 즉지조관달(忍謂忍解印可, 即智照觀達)"이라 했다. 지혜로 비추어 달관하는 것이 '인(忍)'이란다. 이렇게 법장의 교학을 계승하려는 청량의 경전 해석 방법은 [청량소초] 도처에서 발견된다.

우선 10인(十忍)의 명칭을 열거하면 다음과 같다.

① 음성인(音聲忍)   ② 순인(順忍)
③ 무생인(無生忍)   ④ 여환인(如幻忍)
⑤ 여염인(如焰忍)   ⑥ 여몽인(如夢忍)
⑦ 여향인(如響忍)   ⑧ 여영인(如影忍)
⑨ 여화인(如化忍)   ⑩ 여공인(如空忍)

허깨비니, 불꽃이니, 메아리니, 신기루니, 꿈이니, 사용된 한자(漢字)만 보아도 작가가 무엇을 전하려는 지 짐작할 수 있다. ①~③은 인명(因明)의 논리로 말하면 '법(法)'에 해당하고, ④~⑩은 '유(喩)'에 해당하는 것으로, 내용은 초기불교 경전에 자주 등장하는 무상·무아·공·연기 등을 소재로 시대에 맞춘 변주(變奏)이다. '허깨비 같다느니', '꿈 같다느니', '음성 같다느니' 하는 말은 『금강경』 4구게로 많이 들어보셨을 것이니 그것으로 대치하기로 하고, 제③ 무생인(無生忍)에 주목하기로 한다.

필자의 설명보다는 독자님 몸소 경전 본문의 맛 즉 문미(文味)를 느끼도록 본문을 인용한다.

> 불자들이여, 어떤 것을 보살마하살의 죽살이 없는 지혜의 인이라 하는가. 불자들이여, 이 보살마하살이 조그만 법이 나는 것도 보지 않고 조그만 법이 사라지는 것도 보지 않느니라.
> 무슨 까닭인가. 나지 않으면 사라짐이 없고, 사라짐이 없으면 다함이 없고, 다함이 없으면 때를 여의고, 때를 여의면 차별이 없고, 차별이 없으면 처소가 없고, 처소가 없으면 고요하고, 고요하면 탐욕을 여의고, 탐욕을 여의면 지을 것이 없고, 지을 것이 없으면 소원이 없고, 소원이 없으면 머물 것이 없고, 머물 것이 없으면 가고 옴이 없나니, 이것을 보살마하살의 셋째 죽살이 없는 지혜의 인이라 하느니라.

'죽살이 없는 지혜의 인'. 생소할 수도 있겠지만 운허 스님은 '무생인(無生忍)'을 그렇게 한글화했다. 무생(無生)에서 '생(生)'은 생·주·이·멸(生住異滅)의 준말이다. 즉 '무생주이멸(無生住異滅)'이다.

외국어를 어떻게 번역할 것인가? 참 어려운 문제이다. 철학은 생각에서 시작하는데, 생각은 언어 또는 그것의 기호화로 타자와 관계를 맺는다. 자기가 자기의 기억을 소환하는 회상이나 반성도 그렇다. 언어와 사유는 밀접한 관련이 있다. 불교가 여타의 지역으로 퍼지면서, 지역화(化)하는 과정에 해당 지역의 언어와 문자로 되새겨 표기할 필요가 생겼다. 세제(世諦)는 언어와 사유로 환원할 수 있고 그래야만 한다. 언어나 사유 이전 소식인 진제(眞諦)의 환원 불가능성만 고집해서는 안 될 것이다. 물론 철학이 보편학임을 자부하지만, 그것에 종사하는 학자는 구체적이고 역사적이고 지역적인 단독자이다. 제 문화의 제 지역의 제 말로 생각을 표현하는 것은 중요하고도 중요하다. 운허 스님의 [한글대장경] 번역어를 읽을 때면, 참으로 많은 생각을 하게 한다.

10인(十忍) 각각에 10(首)의 게송이 붙어있다. 이 책에서는 제③ 무생인(無生忍)을 인용한다.

> ⑴33천 가운데
> 있는 하늘 사람들
> 한 그릇에 밥을 먹지만
> 먹는 밥 제각기 달라,
>
> ⑵제각기 다른 여러 가지 밥
> 시방에서 오는 것 아니고
> 그들의 닦은 업으로

저절로 그릇에 담기니

⑶보살들도 그와 같아서
온갖 법 살펴보건대
인과 연으로 생기는 것
나지 않으매 사라짐이 없으며

⑷사라지지 않으매 다함이 없고
다함이 없으매 물들지 않아
세상의 변하는 법에
변함이 없음을 알고

⑸변함이 없으매 처소가 없고
처소가 없으므로 고요하나니
마음이 물들지 않아
중생을 건지려 하네.

⑹부처님 법 오로지 생각해
언제나 산란치 않고
자비와 서원하는 마음
방편으로 세상에 다니며

⑺열 가지 힘 애써 구하여
세상에 있으나 머물지 않고
가는 것 없고 오는 것 없이
방편으로 법을 말하네.

> (8) 이 인(忍)이 가장 높아서
> 모든 법 다함이 없고
> 참 법계에 들어가지만
> 실제로는 들어갈 것도 없어
>
> (9) 보살들 이 인에 머물면
> 여러 부처님 두루 뵈오며
> 같은 때에 수기 받나니
> 이것을 부처님 직책 받는다고.
>
> (10) 3세 모든 법
> 고요하고 청정함 알고
> 중생들을 교화해
> 좋은 길에 두나니

「십인품 제29」 설명을 시작하면서 필자는 총 10인(十忍) 중에서 앞의 세 종류의 인(忍)은 '판단[法]'의 형식으로 주장한 것이고, 뒤의 일곱 인(忍)은 '비유[喩]'의 형식으로 주장한 것이라고 했다.

인도의 논리학에서 '비유'는 아리스토텔레스 형식논리의 '대전제'에 해당하는데, 약간 다른 점은 '대전제' 역할을 하는 '명제' 속에 입론자이건 대론자이건 모두가 경험이 가능한 사례를 명시하는 점이다. 예를 들면, 연기 있는 곳에는 어느 경우에나 불이 있다. 마치 아궁이처럼.

총 10인(十忍) 중에서 뒤의 일곱 인은 '비유'의 형식으로 이야기를 꾸려가고 있다. 반면 앞의 세 종류의 인(忍) 설명에는 '비유'의 방법을 사용하지 않았다. 이 점을 보완하기 위해 작가는 앞의 세 종류의 인(忍)은 게송 속에 '비유'로 주장하는 방식을 활용했다.

무생인(無生忍)을 읊은 총 10수의 게송 중에서 ⑴에서 ⑶까지는 먹는 밥의 '비유'를 활용한 것이다. 이어서 ⑷에서 ⑺까지의 총 4수의 게송은 무생인(無生忍)의 내용 자체를 게송으로 읊은 것이다. 그리하여 ⑷~⑺ 네 게송만 잘 읽고 이해해도 무생인(無生忍)의 뜻을 이해할 수 있게 작가는 작품을 구성지게 꾸렸다. 마지막 ⑻에서 ⑽에 이르는 세 게송은 결론 맺는 부분이다. 이렇게 베 짜듯 어슷비슷 엮어가는 표현 기법을 '기호(綺互)'라 한다.

필자의 말이 길어졌는데, 요는, 경은 쪼개서 읽어야 한다. 청량 국사의 [청량소초]에 그렇게 적혀있다. 강원에서는 이렇게 쪼개고 쪼개 읽는 훈련을 한다.

4. 숫자를 통해 본 선정의 효능
-「아승기품 제30」-

순서에 따라 이번에는 「아승기품 제30」을 소개하려고 하는데 이를 통해 우리는 고대 인도인들의 수(數) 관련 발상을 알게 될 것이다. 그런데, 「아승기품 제30」 설명으로 들어가기 전에 이 품을 포함한 총 3품의 '결[理]'이 이전의 총 3품과 달라진다는 점을 말해둔다.

『화엄경』 구성 작가는 제7회(총 11품) 모임을 보광명전에서 펼치는데, 이 모임에서 작가는 두 가지 메시지를 전한다. ①첫째; 전반부 총 6품의 주제는, 〈등불(等佛; 깨침의 완성)〉을 하기 위한 이론 소개이다. 그 이론이란, 하나는 선정[定] 관련 이론, 둘은 신통[通] 관련 이론, 셋은 지혜[忍] 관련 이론이다. ②둘째; 후반부 총 5품의 주제는, 이젠 앞에서 등불(等佛)이 되었으니, 즉 부처가 되었으니 〈성불(成佛)〉의 결과로 얻는 업보의 효능이다.

경학자들은 ①을 〈인원(因圓)〉, ②를 〈과만(果滿)〉이라고 가닥을 잡고 과문(科文)을 붙인다. 풀어서 말하면, '갖추어야 할 원인이 원만해지니, 그에 따른 결과가 충만해진다'라는 뜻이다. 한편, ①의 〈인원〉에 해당하는 총 6품은 전후 둘로 나누는데, 앞의 세 품은 『화엄경』 초반의 「

여래현상품 제2」에서 제기한 다양한 질문을 '개별적으로' 답변하는 부분이고, 뒤에 세 품은 수행의 공덕이 매우 깊고 드넓음을 '총체적으로' 드러내는 부분이다.

독자님도 기왕에 경학(經學)에 초대되었으니, 과목 이름을 외워두시면, 『화엄경』 본문의 가닥을 잡는데 도움이 될 것이다. ①의 총 6품 중에서 앞의 세 품을 〈정답전문(正答前問)〉, 뒤의 세 품을 〈총현심광(總顯深廣)〉으로 과문(科文)을 붙인다.

〈총현심광〉에 해당하는 세 품 중, 「아승기품 제30」에서는 숫자의 단위를 통해, 「여래수량품 제31」에서는 국토에 따라 시간의 단위가 달라짐을 통해, 「제보살주처품 제32」에서는 사방 곳곳에서 수행하는 무수한 보살 대중의 존재를 통해, 수많은 수행자가 긴 세월 깊고 넓게 자리이타의 보살행을 한다는 걸 총체적으로 보여준다. 그것도 깊고 드넓게.

설명이 좀 길어졌지만, 이렇게 긴 설명을 하는 이유는 이제부터 소개하려는 「아승기품 제30」의 내용을 『화엄경』 전체의 맥락 속에서 독자님과 공감하려는 것이다.

이곳에서는 심왕보살이 부처님이 알고 계시는 수량이 어떠하신지를 여쭈는 질문에, 부처님께서 직접 답변하신다. 문답의 주제는 '수(數)의 단위'이다. 전에도 언급했지만 『화엄경』 본문에서 부처님의 금구친설(金口親說) 형식의 법문은 앞의 「십정품 제27」과 이곳의 「아승기품 제30」, 그리고 뒤에 나오는 「여래수호광명공덕품 제35」 세 곳 뿐이다.

상례에 따라, 이 품이 순서상 왜 이곳에 배치되었는지를 소개한다. 우선 꼽을 수 있는 이유는 앞의 세 품은 질문에 따른 개별적 답변이지만, 이곳 「아승기품 제30」을 포함한 이하의 세 품은 '성불(成佛)'로 얻어지는 효험이 얼마나 심오한지를 보여주려는 것이다. 한편, 앞의 '십정', '십통', '십인'에서 지혜가 원만하고 그런 지혜를 끝까지 모두 체험했기 때문에, 이곳 「아승기품」에서는 그로 인해 얻게 되는 공덕이 대단함을 숫자로 보여 주려 하기 때문이다.

한마디로 말하면 수행이란 매우 중요한 것이고, 세상 누구라도 수행하면 그에 따른 결과에 딱 들어맞는 미묘한 공덕이 생기게 마련인데, 그 공덕의 양은 '무수(無數)'하다. '셀 수 없음'이라는 것이다. 그런데 '셀 수 없음'을 말하려면, 우선 '셈'이 설정되어야, 그래야 그런 '셈'이 '없음'을 말할 수 있다. 「아승기품」에서는, '셈'을 말하여 '셀 수 없음'을 드러내고 있다.

불경에는 무엇을 부정하는 표현이 많이 나온다. 대부분

은 '무엇무엇이 아니다'라고 '서술적 형식'으로 그것을 표현하지만, 긴 서술적 표현을 때로는 명사화하여 줄이기도 한다. 예를 들면 무수(無數), 무량(無量), 무변(無邊), 무등(無等), 불가수(不可數), 불가칭(不可稱), 불가사의(不可思議), 불가량(不可量), 불가설(不可說) 등등으로 말이다. 이런 부정적인 사유나 표현이 성립하려면, 즉 '무(無)'나 '불가(不可)'를 운운하려면, 반드시 '무엇이' 특정되어야 한다. 공(空)도 마찬가지이다. '무엇'이 공한 것인지 말이다. '무엇'이 없는 '공 그 자체'는 성립 불가능하다. 절대 무(無)? 절대 공(空)? 그것은 언어의 희론(戱論)이다. 없음은 있음만큼 있다.

글을 쓰는 필자 자신을 위한 말인데, 보도듣도 못한 숫자를 세는 단위가 「아승기품 제30」에 등장하는데, 그 '허풍'이랄지, 내지는 '상상력'이랄지 그것에 홀리지 말고, 이런 수(數)를 늘어놓는 『화엄경』 구성 작가의 의도에 주목해야 한다. 그것은 간단하다. 수행의 공덕을 숫자로 계량(計量)하면 〈'불가설' 곱하기 '불가설'〉의 수량이라는 것이다. 한마디로 줄이면 작은 수행이라도 그 공덕은 대단하다는 것이다. 자, 그러면 좀 지루할 수도 있겠지만, 『화엄경』에서 말하는 '수의 단위'를 본문에서 확인하기로 한다.

선남자여, 일백 낙차(洛叉)가 한 구지(俱胝)요, 구지씩 구지가 한 아유다(阿庾多)요, 아유다씩 아유다가 한 나유타(那由他)요, 나유타씩 나유타가 한 빈바라(頻婆羅)요, 빈바라씩 빈바라가 한 긍갈라(矜羯羅)요, 긍갈라씩 긍갈라가 한 아가라(阿伽羅)요, 아가라씩 아가라가 한 최승(最勝)이요, 최승씩 최승이 한 마바라(摩婆羅)요, 마바라씩 마바라가 한 아바라(阿婆羅)요, 아바라씩 아바라가 한 다바라(多婆羅)요, 다바라씩 다바라가 한 계분(界分)이요, 계분씩 계분이 한 보마(普摩)요, 보마씩 보마가 한 녜마(禰摩)요, 녜마씩 녜마가 한 아바검(阿婆鈐)이요, 아바검씩 아바검이 한 미가바(彌伽婆)요, 미가바씩 미가바가 한 비라가(毗才羅伽)요, 비라가씩 비라가가 한 비가바(毗伽婆)요, 비가바씩 비가바가 한 승갈라마(僧羯邏摩)요, 승갈라마씩 승갈라마가 한 비살라(毗薩羅)요, 비살라씩 비살라가 한 비섬바(毗贍婆)요, 비섬바씩 비섬바가 한 비성가(毗盛伽)요, 비성가씩 비성가가 한 비소타(毗素陀)요, 비소타씩 비소타가 한 비바하(毘婆訶)니라.
비바하씩 비바하가 한 비박지(毘薄底)요

〈중간 필자 생략〉

달라보다씩 달라보다가 한 하로나(訶魯那)니라.
하로나씩 하로나가 한 마로다(摩魯陀)요

제11장. 체험 완성의 측면에서 답변

> 〈필자 중간 생략〉
>
> 마라라씩 마라라가 한 사바라(娑婆羅)니라.
> 사바라씩 사바라가 한 미라보(迷羅普)요
>
> 〈필자 중간 생략〉
>
> 그지없음씩 그지없음이 한 그지없는 제곱이니라.
> 그지없는 제곱씩 그지없는 제곱이 한 같을 이 없음이요,
>
> 〈필자 중간 생략〉
>
> 이것을 또 말할 수 없이 말할 수 없는 것이 한 말할 수 없이 말할 수 없는 제곱이니라.

여기서 운허 스님이 '씩'이라 번역한 것은 '곱하기'의 뜻, 즉 제곱이다. '낙차(洛叉)'는 범어 '락시아[범 Lakṣa]'를 소리 나는 대로 번역한 것으로 지금의 '10만'이라는 숫자에 해당한다고 한다. 긍갈라에서 다바라, 다바라에서 아가바, 아가바에서 비섬바, 비섬바에서 비구담, 비구담에서 삼말야, 삼말야에서 고출(高出), 고출에서 하리포, 하리포에서 마로타, 마로타에서 이교만(離驕慢), 이교만에서 가마달라, 가마달라에서 시바마달라, 시바마달라에서 솔보라, 솔보라에서 미라, 미라에서 사모라, 사모라에서 혜로

야, 혜로야에서 나발라, 바발라에서 타마라, 타마라에서, 무진(無盡), 무진에서 발두마, 발두마에서 아승기전, 아승기전에서 무등(無等), 무등에서 불가칭전(不可稱轉), 불가칭전에서 불가설(不可說)로 점점 숫자의 단위가 '제곱'으로 올라간다.

마침내 불가설을 제곱하면 불가설전(不可說轉)이 되고, 다시 그것을 제곱하여 '불가설 불가설전'에 이른다. 『화엄경』 구성 작가가 사용한 '불가설 불가설전'이라는 용어는, 무한함을 표현하는 하나의 용어가 되어 대승 경전 곳곳에 쓰이게 되었다. 이번 기회에 '불가설 불가설전'이라는 용어의 출전과 그 생성 배경을, 좀 지루할 수 있지만 일단 소개는 해 둔다. 많은 사람은 단행본으로 유통되는 『화엄경 보현행원품』에서 '불가설 불가설전'을 들어보았을 것이다.

5. 시간을 통해 본 선정의 효능
- 「여래수량품 제31」 -

「여래수량품 제31」과 「제보살주처품 제32」는 경전의 분량이 매우 짧다. 그 전체를 아래에 운허 스님의 [한글대장경]에서 인용한다. 따로 설명을 붙이지는 않겠다.

> 그때 심왕보살마하살이 대중 가운데서 여러 보살에게 말하였다.
> "불자들이여, 석가모니께서 계시는 사바세계의 한 겁이 아미타부처님께서 계시는 극락세계에서는 하루 낮 하룻밤이요, 극락세계의 한 겁은 금강견불(金剛堅佛)이 계시는 가사당(袈裟幢) 세계의 하루 낮 하룻밤이요, 가사당 세계의 한 겁은 선승광명연화개부불(善勝光明蓮華開敷佛)이 계시는 불퇴전음성륜(不退轉音聲輪) 세계의 하루 낮 하룻 밤이요, 불퇴전음성륜 세계의 한 겁은 법당불(法幢佛)이 계시는 이구(離垢) 세계의 하루 낮 하룻밤이요, 이구 세계의 한 겁은 사자불이 계시는 선등(善燈) 세계의 하루 낮 하룻밤이요, 선등 세계의 한 겁은 광명장불(光明藏佛)이 계시는 묘광명(妙光明) 세계의 하루 낮 하룻밤이요, 묘광명 세계의 한 겁은 법광명연화개부불(法光明蓮華開敷佛)이 계시는 난초과(難超過) 세계의 하루 낮 하룻밤이요, 난

> 초과 세계의 한 겁은 일체신통광명불(一切神通光明佛)
> 이 계시는 장엄혜(莊嚴慧) 세계의 하루 낮 하룻밤이
> 요, 장엄혜 세계의 한 겁은 월지불(月智佛)이 계시는
> 경광명(鏡光明) 세계의 하루 낮 하룻밤이니라.
> 불자들이여, 이렇게 차례차례로 백만 아승기 세계를
> 지나가서 나중 세계의 한 겁은 현승불(賢勝佛)이 계
> 시는 승련화(勝蓮華) 세계의 하루 낮 하룻밤인데, 보
> 현보살과 함께 수행하는 큰 보살들이 그 가운데 가득
> 하였느니라."

'무수(無數)함'을 말을 하려니, '수(數)'를 말하는 것이다. '무수'의 뜻은 앞의 「아승기품 제30」에서 소개했다. 작가는 '무수(無數)함'을 말하고, 다시 시간의 단위가 다름을 말한다. 1겁만 해도 긴 세월인데, 사바세계의 1겁은 극락세계에서는 하루에 해당한다고 하니, 극락에의 시간은 얼마나 길까? 구성 작가는 이렇게 긴 세월을 말하여 그 긴 세월 보현보살과 함께 수행하는 보살이 '무수(無數)'함을 말한다. 그리고 궁극에는 그런 보현으로 대표되는 보살의 수행과 서원이 긴 세월 계속됨을 말하고 있다.

6. 공간을 통해 본 선정의 효능
   - 「제보살주처품 제32」 -

이상에서는 「여래수량품 제31」의 본문을 인용하는 방식으로 그 내용을 독자님에게 소개했다. 다음으로 이어지는 「제보살주처품 제32」도 본문을 인용하여 소개하기로 한다.

> 그때 심왕보살마하살이 대중 가운데서 여러 보살에게 말하였다.
> "불자들이여, 동방에 선인산(仙人山)이 있으니 옛적부터 보살들이 거기 있었으며, 지금은 금강승(金剛勝)보살이 그의 권속 3백 보살과 함께 그 가운데 있으면서 법을 연설하느니라.
> 남방에 승봉산(勝峰山)이 있으니 옛적부터 보살들이 거기 있었으며, 지금은 법혜(法慧)보살이 그의 권속 5백 보살과 함께 그 가운데 있으면서 법을 연설하느니라.
> 서방에 금강염(金剛焰)산이 있으니 옛적부터 보살들이 거기 있었으며, 지금은 정진무외행(精進無畏行)보살이 그의 권속 3백 보살과 함께 그 가운데 있으면서 법을 연설하느니라.
> 북방에 향적(香積)산이 있으니 옛적부터 보살들이 거

> 기 있었으며, 지금은 향상(香象)보살이 그의 권속 3천 보살과 함께 그 가운데 있으면서 법을 연설하느니라."

이상과 같이 사방(四方)에 보살들이 수행하는 처소가 있다고 한다. 현재 우리는 '동-서-남-북' 순으로 외우지만, 고대 인도인들은 '남-서-북-동'으로 남쪽에서 시작하여 왼쪽으로 돌려 외운다. 방향 인식의 사유가 다르다. 이어서 그 사이의 간방(間方)도 설명하는데, 그 지역이 실재하는지는 확인 불가능하지만, 가능한 지명도 등장한다. 예를 들면 바이샬리, 마투라아, 마란다, 캄보디아, 진단(震旦; 중국), 소륵(疏勒; 圖 sogd), 캐슈미르, 간다라 등등 말이다.

각 방위에 무수한 보살들이 부처님의 가피를 받아 법을 설하고 있다. 화엄의 구성 작가는 이렇게 무수한 곳에서 한없는 법을 설하는 보살을 등장시켜, 보살을 그렇게 하는 분이 바로 부처님을 말한다. 듣는 이로 하여금 깨친 자의 공덕이 무량함을 간접적으로 알게 하는 방법을 활용했다. 작가다운 솜씨이다.

제12장. 수행하면 부처가 된다

제12장. 수행하면 부처가 된다

0. 총 론 ①

제12장에서는 제목을 '수행하면 부처가 된다'로 바꾸어 달았다. 이 대목에서 다시 한번 과목을 점검하고 향후의 진도를 도모해야겠다. 『화엄경』은 무수한 '문-답'으로 이루어졌다는 이야기, 또 그 '문-답'들이 서로 다발을 이루어 결속되었다는 이야기, 그리고 그 다발이 아래와 같이 모두 넷이라는 이야기, 여러 번 반복했다.

⑴첫째 다발(제1회)에서는 부처님을 포함한 중생들의 무리와 그런 무리가 의지해서 사는 세계 설명이 핵심 주제이고, ⑵둘째 다발(제2회~제7회)에서는 다양한 수행과 그에 따른 결과를 이론적으로 설명하는 것이 핵심 주제이고, ⑶셋째 다발(제8회)에서는 이상의 이론에 입각한 실천 수행이 핵심 주제이고, ⑷넷째 다발(제9회)에서는 '선재'라는 가상의 젊은 수행자를 등장시켜 세상살이 속에서 수행의 효과[德]를 직접 체험하게 하는 것이 핵심 주제이다.

이상의 네 다발 중에서 현재 필자는 ⑵둘째 다발을 진행하는 중인데, 경학에서는 둘째 다발을 크게 세 과목으로 가닥 친다.

㉠ 첫째 : 답소의과문(答所依果問)
  ↳ 누구의 과보에 의지해 수행해야 하는가에 답변.

㉡ 둘째 : 답소수인문(答所修因問)
  ↳ 어떤 수행을 닦아야 하는가에 답변.

㉢ 셋째 : 답소성과문(答所成果問)
  ↳ 수행하면 어떤 능력을 얻는가에 답변.

 이제 제12장에서는 위의 ㉠, ㉡, ㉢ 중에서 ㉢셋째의 〈답소성과문(答所成果問; 수행을 완성하면 그 결과 어떤 능력을 얻는가에 대한 답변)〉에 해당하는 본문을 살필 차례이다. ㉢셋째 질문에 대한 답변이 제12장에 나오므로, 그 답변을 제목으로 뽑아 '수행하면 부처가 된다'라고 붙였다.
 「여래명호품 제7」에서 제기된 질문 총 40가지를 '결[理]'에 따라 세 유형으로 크게 묶었다는 설명(*130~130쪽)은 꼭 기억해 두어야 한다.
 ㉢셋째에는 총 다섯 품이 배속되니, (1)「불부사의품 제33」, (2)「여래십신상해품 제34」, (3)「여래수호광명공덕품 제35」, (4)「보현행품 제36」, (5)「여래출현품 제37」이다. 이 다섯 품의 공통 주제는 성불했을 때 드러나는 효과인데, 이 효과를 설명하는 방법으로 『화엄경』 구성 작가는 솜씨를 발휘한다.

⑴~⑸의 다섯 품을 어떻게 배치할까? 작가는 그걸 생각했다. 수행을 통해 깨치게 되었을 때 즉, 부처가 되었을 때 누구에게나 드러나는 능력을, ⑴의 한 품에서는 총론적으로, ⑵~⑸의 네 품에서는 각론적으로, 꾸며가기로 말이다.

이상은 작가 쪽 관점에서의 구상이다. 이제 독자 쪽 관점에서 말해보면, 소위 '총론'에 해당하는 한 개의 품인 ⑴에서 성불을 완수한 여러 부처'들'에게 공통으로 나타나는 불가사의한 공덕을 알 수 있다. 한편, '각론'에 해당하는 네 품 중에서 ⑵와 ⑶에서는 〈수생(修生; 외모)〉을, ⑷와 ⑸에서는 〈수현(修顯; 마음)〉을, 알 수 있다. 그중에서 ⑵의 「여래십신상해품 제34」에서는 상(相; 몸에 드러나게 잘생긴 부분)을, ⑶의 「여래수호광명공덕품 제35」에서는 호(好; 위의 상에 딸린 좀 더 자세한 부분)를 알 수 있다.

한편, ⑴~⑶의 세 품에서는 성불을 완료했을 때 나타나는 결과를 '차별 인과 관계'로 밝혔다. 한편, ⑷와 ⑸의 두 품에서는 그것을 '평등 인과 관계'로 밝히고 있다. 경학의 훈고 용어로 이를 〈전삼품차별인과(前三品差別因果)〉, 〈후이품평등인과(後二品平等因果)〉라고 '과목치기'를 한다. 처음에는 과목이 너무 많아 번거로울 수 있지만, 어쩌랴. 수많은 온갖 꽃으로 장엄한[雜華嚴飾] 경전이 화엄경(華嚴經)

이며, 또 인생이란 살아가는 동안 자꾸자꾸 마주치는 갈래 길의 연속이다. 그때그때 가닥을 잡으면서 살아가야 한다.

『화엄경』의 과목(科目)을 쳐 가닥을 잡을 때 자주 쓰는 공구서(工具書)가『화엄품목』인데, 사부님 덕에 알게 되었다. 스님의 일기를 보면, 경남 진주 연화사(蓮花寺)에 소장된 목판에서 찍어오셨음을 알 수 있다. 스님께서는 손 닿을만한 주위에 항상『화엄품목』을 두신다. 사정을 모르는 시자가 청소하면서 책꽂이 꽂으면 다시 내려두신다. 허락을 받아 펼쳐보니 연필로 깨알 같은 글씨로 메모를 해두셨다. 필자도 지금『화엄품목』을 펼치고 이 글을 쓴다. 노학승(老學僧)의 모습이 기억 속에는 여전히 엄전하시다.『화엄품목』표지 사진을 이 책 앞 입구에 삽입해 두었으니, 독자님도 일별 바란다.

1. 성불의 결과로 드러나는 총체적 효능
-「불부사의법품 제33」-

제7회의 후반부 총 5품 중에서 「불부사의품 제33」이 여타의 품들과 어떻게 연결되는지는, 앞의 총론에서 언급했다. 수행을 하면 누구나 부처가 된다는 게 『화엄경』 구성 작가의 본심이다.

이제부터 설명하는 「불부사의품 제33」을 포함한 총 3품에서, 구성 작가는 수행을 통해 드러난 성불의 효능을 설명하고 있다. 자세하게 나누어 말하면, 제33품에서는 덕(德)의 측면에서, 제34품에서는 상(相)의 측면에서, 제35품에서는 호(好)의 측면에서, '원인과 결과를 차별적'으로 성불의 효능을 '쪼개어' 설명하고 있다. 용어 설명인데, '덕(德)'이 내적으로 얻어진 것이라면, '상(相)'과 '호(好)'는 외적으로 드러난 것이다. 이상의 세 품과는 달리, 제36품과 제37품에서는 성불의 효능 관련해서 두 품 사이의 인과 관계를 평등하게 '통으로' 설명한다.

「불부사의품 제33」 본문 전체의 과목을 나누면, 모두 넷이 된다. 첫째, 모인 대중이 마음으로 설법을 청하는 (1)〈청분(請分)〉. 둘째, 세존이 청련화장보살에게 힘 실어주는 ⑵〈가피분(加被分)〉. 셋째, 가피를 받은 청련화장보살이 지혜와 변재 등을 모두 체험하는 ⑶〈증분(證分)〉. 넷째, 청련화장보살이 연화장보살에게 답변하는 방식으로 짜인 ⑷〈설분(説分)〉이다. 이 품에는 중송(重頌)은 없다.

⑴〈청분(請分)〉은 대중들이 속으로 생각하는 방식으로 구성 작가는 이야기를 구성한다.

> ⑴부처님들의 국토는 어찌하여 헤아릴 수 없으며, ⑵부처님들의 본래 소원은 어찌하여 헤아릴 수 없으며, ⑶부처님들의 종성은 어찌하여 헤아릴 수 없으며, ⑷부처님들의 나타나심은 어찌하여 헤아릴 수 없으며, ⑸부처님들의 몸은 어찌하여 헤아릴 수 없으며, ⑹부처님들의 음성은 어찌하여 헤아릴 수 없으며, ⑺부처님들의 지혜는 어찌하여 헤아릴 수 없으며, ⑻부처님들의 자유자재하심은 어찌하여 헤아릴 수 없으며, ⑼부처님들의 걸림없음은 어찌하여 헤아릴 수 없으며, ⑽부처님들의 해탈은 어찌하여 헤아릴 수 없는가?'

모인 대중들이 이렇게 모두 열 가지를 궁금해한다. 이에 대해 ⑷〈설분(説分)〉에서 청련화장보살은 답변에 앞서 "불자여,"라고 불러가면서, ⑴국토에 대해 2가지로, ⑵본원에 대해 2가지로, ⑶종성에 대해 2가지로, ⑷출현에 대해 2가지로, ⑸불신에 대해 5가지로, ⑹음성에 대해 2가지로, ⑺지혜에 대해 3가지로, ⑻자재에 대해 8가지로, ⑼무애에 대해 3가지로, ⑽해탈에 대해 3가지로 각각 답변한다.

이 중에서 ⑷ '세상에 출현하는 방식 관련 2가지 답변' 중 한 답변을 인용하기로 한다.

> 불자여, 부처님 세존께서는 열 가지 두루 들어가는 법이 있으니, 무엇이 열인가. ⑴모든 부처님은 깨끗하고 묘한 몸이 있어 3세에 두루 들어갑니다. ⑵모든 부처님은 세 가지 자유자재함을 구족하여 중생을 두루 교화합니다. ⑶모든 부처님은 다라니를 모두 구족하여 온갖 불법을 두루 받아 지닙니다. ⑷모든 부처님은 네 가지 변재를 구족하여 온갖 청정한 법 바퀴를 두루 굴립니다. ⑸모든 부처님은 평등한 큰 자비를 구족하여 일체중생을 항상 버리지 않습니다. ⑹모든 부처님은 깊은 선정을 구족하여 일체 중생을 항상 두루 관찰합니다. ⑺모든 부처님은 다른 이를 이롭게 하는 선근을 구족하여 쉴 새 없이 중생을 조복합니다. ⑻모든 부처님은 걸림이 없는 마음을 구족하여 온갖 법계에 두루 머무릅니다. ⑼모든 부처님은 걸림없는 신통한 힘을 구족하여 잠깐 동안에 3세 부처님을 두루 나타냅니다. ⑽모든 부처님은 걸림이 없는 지혜를 구족하여 잠깐 동안에 3세 겁의 수효를 두

> 루 건립하나니, 이것이 열이니라.

위의 본문을 보면 부처님이 세상과 관계하는 모습을 모두 열 가지로 나하는데, 각각의 행위마다 그 행위가 언제나 어디서나 누구에게나 소위 '보(普)하고 편(徧)'하다고 한다. 청량 국사는 이를 〈편현(徧現)〉과 〈상현(常現)〉으로 과문(科文)을 붙였다. 무언가가 '일(一)'에 나타나면 그것은 '다(多)'에도 나타난다. 그 '일(一)'이 시간이든, 장소이든, 사람이든, 사건이든, 그것이 무엇이든 말이다. 이것이 화엄의 '보(普) 사상'이다. 보현보살의 이름에 들어 있는 '보' 자도 그런 '보'이다.

이상으로, 깨치면 드러나는 '보(普)'의 능력을 『화엄경』 구성 작가는 열 가지 작용 측면에서 정리하고 있다. 해당 본문을 인용한다.

> 불자여, 부처님 세존께서는 열 가지 믿고 받기 어려운 광대한 법이 있으니, 무엇이 열인가. 이른바 (1)모든 부처님이 온갖 마군들을 모두 깨뜨리어 멸하는 것이고, (2)모든 부처님이 온갖 외도들을 모두 항복 받는 것이고, (3)모든 부처님이 온갖 중생을 모두 조복하여 즐겁게 하는 것이고, (4)모든 부처님이 온갖 세계에 다니면서 여러 중생을 교화하는 것이고, (5)모든

> 부처님이 깊고 깊은 법계를 지혜로 증득하는 것이고, ⑹모든 부처님이 둘이 아닌 몸으로써 가지가지 몸을 나타내어 세계에 가득한 것이고, ⑺모든 부처님이 청정한 음성으로 네 가지 변재를 내어 끊임없이 법을 말하거든 듣고 믿는 이가 헛되지 않은 것입니다.
> ⑻모든 부처님이 한 털구멍 속에 온갖 세계의 티끌 수 같은 부처님을 나타내되 끊임이 없는 것이고, ⑼모든 부처님이 한 티끌 속에 온갖 세계의 티끌 수 같은 세계를 나타내되 가지각색 매우 묘한 장엄을 갖추었고, 항상 그 가운데서 묘한 법 바퀴를 굴리어 중생을 교화하지만, 티끌이 커지지도 않고 세계가 작아지지도 않으며, 항상 증득한 지혜로 법계에 편안히 머무는 것이고, ⑽모든 부처님이 청정한 법계를 분명히 통달하고 지혜의 광명으로 세간의 어리석음을 깨뜨리고 부처님 법을 잘 받게 하며 여래를 따라서 10력에 머물게 하나니, 이것이 열이니라.

이 책에 인용한 이상의 본문들에서는 제 ⑴의 〈청분〉에서 제기된 열 가지 질문 중에서, 넷째 즉 ⑷ '여래의 출현' 관련 질문에 한정하여 살펴보았다.

깨치면 드러나는 '보(普)'의 능력을 작가는 이상의 인용문처럼 열 가지로 소개하고 있다. 보듯이, 열 가지 모두를 갖춘 '깨친 이'의 능력은 말 그대로 불가사의하다. '깨친 이'의 능력을 이렇게 청련화장보살의 입을 통해 말하게 하니, 듣는 대중들은 부처님의 능력에 감탄한다. 그런데 『화엄경』 작가의 '노림수'는 다만 깨친 이의 능력에 대한 감탄과 찬송에 그치지만은 않는다. 작가의 노림은 사람은 누구나 부처님과 같은 능력 있음을 알리려는 데 있다. 그 '노림'을 「여래출현품 제37」 속에 드러낸다.

『화엄경』 작가는 '깨친 이'가 스스로 나의 깨친 내용은 이러하노라는 식으로 말하게 하는 방식으로 작품을 구성하지 않았다. 궁금함을 느낀 보살 '자신들'이 스스로 생각하게 하고 '자신들'의 언어로 고백하게 했다. 생각하지 않는 자에게는 어떤 수도 없다. 그렇다고 '자신들'끼리만 말하면 '자신들'만의 말이 되니, '부처님의 가지' 힘으로 말하게 함으로써, 보살들의 고백을 '깨친 이'의 말씀으로 승화시켰다.

'깨친 이'가 어떤 분인지는 초기 경전 즉 [아함] 특히 『잡아함경』에 자세하다. [아함]의 내용을 학(學)하고, 동시에 스스로 사(思)해야 한다. 어느 한쪽만 하면 망(罔)하거나 태(殆)하게 된다. 그렇게 끊임없이 반복적으로 해야 몸과 마음과 언어로 체화(體化)되는 수(修)를 완성한다.

2. 성불의 결과로 드러나는 효능의 모습
-「여래십신상해품 제34」-

 『화엄경』의 구성 작가는 수행을 다양한 각도에서 강조해 왔다. 누구나 수행을 하면 깨쳐서 부처가 된다고 힘주어 말도 했다. 이 길을 먼저 간 석가모니 부처님의 경험을 본받으라고 제7품과 제8품과 제9품에서는 신·구·의 3업(業)의 측면에서 설명했다. 그리고 제10품에서 제32품에 걸쳐, 수행의 각종 이론을 여섯 층위[六位]로 구구절절 망라했다.

 이렇게 해온 끝에서 이제, 작가는 '성불의 결과로 드러나는 효능'을 사람들에게 말하기로 했다. '덕(德)'의 측면에서, 그리고 '상(相)'과 '호(好)'의 측면에서 나누어 법문하기로 구상도 마쳤다. 우선, 깨달음을 얻게 되면 갖추어지는 내면의 불가사의한 '파워'에 대해 설명했으니, 이제는 외적인 '파워'를 설명할 때이다.

 작가는 당시 불교계에 부처님 몸을 칭송하는 '32상(相) 80종호(好)'로 널리 알려진 이야기 소재[話素]도 준비해 두었다. 「여래십신상해품 제34」에서는 두드러지게 드러난 특징인 '상(相)'을, 「여래수호광명공덕품 제35」에서는 그런 '상(相)'에 딸린 자잘한 특징인 '호(好)'를, 나누어 배치하기로 했다.

✽ 필자의 화엄경 독서법

이상은 『화엄경』 작가의 관점에서 이야기한 것이다. 이제 필자는 한 명의 독서인(讀書人)으로 읽는 이의 관점에서, 필자의 독서법을 독자님께 보여드리려 한다. 평소 필자가 『화엄경』을 어떻게 읽어가는지 사적인 일이라 조심스럽지만 공개하려는 것이다.

「여래십신상해품 제34」에 특정해서 말해보겠다. 필자는 제일 먼저 조선 시대 묵암 최눌 스님이 만드신 『화엄품목』 첩자(帖子)를 펼친다. 다음으로 월운 스님이 정리한 『화엄경청량소초과도집』을 펼친다. 그다음으로 운허 스님의 [한글대장경] 『화엄경』, 그다음으로 [청량소초]의 「여래십신상해품」이 들어있는 〈중(重) 자 권 상(上)〉을 펼친다. 이제는 고인이 되셨지만, 우리 스님도 그러셨고 제방(諸方)에 흩어져 교학을 담당하는 법 형제들도 그렇게 하는 줄로 알고 있다. 사부님은 사기(私記)까지 참조하시지만, 필자는 그렇게까지는 못 한다.

참고로, 책을 묶은 양식에 대해 한마디 하고 넘어가기

로 한다. 봉은사 복각본(覆刻本) [청량소초]는 권(卷) 수로는 총 80권이고, 책(冊) 수로는 총 78책이다. '권'은 족자를 보면 축(軸)에 종이를 붙여 둘둘 말 듯이, 마는 단위이다. '권'의 모양이 어떻게 생겼는지는 강원(講院)에서 학인(學人)으로 살아 본 스님들은 그 느낌을 아실 것이다.

4교과(四敎科) 과정에서 배우던 다음의 내용이 있다. 즉, 당대 화엄 종사 규봉 스님이 젊은 시절 『원각경』을 만나 감격하여 하신 말씀, "권말종축(卷末終軸), 감오류체(感悟流涕)" 말이다. 그런가 하면, 사찰의 아침 종성에 나오는 "낭함지옥축(琅函之玉軸)"이라는 게송도 있다. 『화엄경』은 두루마리 말대[軸]의 소재가 옥(玉)이다. 귀한 책일수록 귀한 소재로 '축'을 만든다. 그렇게 만든 두루마리를 담는 상자[函] 또한 귀한 푸른 산호[琅] 재질이다. 매일 첫 새벽 불전(佛殿)에 올라 종 치며 고백한다. "나무 비로교주 화장자존 연보게지금문 포낭함지옥축 진진혼입 찰찰원융 십조 구만오천 사십팔자 대방광불화엄경"이라고 말이다. 중간의 수식어를 빼면 "나무 대방광불화엄경"이다. 일종의 창제(唱題)이다. 『법화경』을 소의 경전으로 하는 사람들은 "나무 묘법연화경", 일본어로는 "남 묘우호우렌게교우"로 발음할 것이다.

'두루마리[卷]'는 내용 단위로 나눈 것이고, '책'은 끈

[線]으로 장정하는 과정에서 부피 단위로 나눈 것이다. 제본의 역사로 보면, '권자본'에서 '책자본'으로, 책자본은 다시 배접(褙接)에서 선장(線裝)으로 제본의 유행이 달라진다. 전통 강원에서 보는 [청량소초]에는 이런 역사의 흔적이 그대로 축적되어 있다. 그래서 '권'과 '책'이 다르고, 묶인 두께도 다르다.

한편 '책'은 『천자문』 순서로 순서를 붙인다. 지금 우리가 보려는 「여래십신상해품 제34」는 '중(重)'이라는 글자가 붙은 제62번째의 책 속에 들어 있는데, '권 제48의 1'의 「여래십신상해품 제34」, '권 제48의 2'의 「여래수호광명공덕품 제35」, '권 제49의'의 「보현행품 제36」의 총 3권을 묶어서 총 1책으로 했다. 그만큼 분량이 적음을 알 수 있다.

그러면 「여래출현품 제37」은 어찌 될까? 『천자문』 순서가 '채중개강(菜重芥薑)', '해함하담(海鹹河淡)'인데, '중'자 다음에 오는 '개'(권 제50), '강'(권 제51), '해'(권 제52의 1, 권 제52의 2)로, 1권마다 1책으로 총 3책(冊)에 배치했다. 분량이 제법 많음을 알 수 있다.

✱ 부처님의 몸매

각설하고, 「여래십신상해품 제34」 내용으로 들어가기로 한다. 이 품(品)의 제목 속에 들어 있는 '10신(十身)'은 『화엄경』의 첫 품인 「세주묘엄품 제1」에서 교주의 불가사의함을 '지혜'와 '몸'의 측면에서 각각 논한 내용과 연결된다.

「세주묘엄품 제1」 전반부(*47~51쪽)에서 『화엄경』에 등장하는 부처님이 어떤 분이신지 여래의 몸을 열 가지 측면에서 소개하고 있다. 즉, (1)보리신, (2)위세신, (3)복덕신, (4)의생신(意生身), (5)상호장엄신, (6)원신, (7)화신, (8)법신, (9)지신(智身), (10)역지신(力持身)의 측면에서 묘사하고 있다. 『화엄경』은 전체를 연결해서 읽어야 한다.

자, 그러면 「여래십신상해품 제34」에서는 부처님의 몸매를 어떻게 묘사하고 있는가? 남의 몸매를 거론하는 것이 좀 '외람'될 수 있지만, 독자님의 이해를 돕기 위해서 직설적으로 말하면, 당시의 고대 인도인들이 좋게 생각하는 온갖 '멋진 몸매'를 죄다 부처님에게 가져다 붙인다.

총 97종의 거룩한 요소가 소개되는데, 그것을 신체 부위 별로 정리하면 다음과 같다. ①정수리(32상), ②미간(1상), ③눈(1상), ④코(1상), ⑤혀(4상), ⑥입의 윗잇몸(1상),

⑦오른쪽 뺨 아랫니(4상), ⑧오른쪽 뺨 윗니(1상), ⑨입술(1상), ⑩목(1상), ⑪오른쪽 어깨(5상), ⑫가슴(11상), ⑬오른손(13상), ⑭부자지(1상), ⑮오른쪽 볼기(2상), ⑯오른쪽 넓적다리(2상), ⑰오른 이니연(伊尼延) 사슴 장딴지(3상), ⑱발아래(13상)이다. 참고로 ⑰의 '이니연'은 '아이니야(범 aiṇeya)'의 음으로 뜻 번역은 '녹왕(鹿王)'이다.

모두 인용할 수 없으니, ①정수리의 총 32상(相) 중에서 처음의 하나를 인용한다.

> 그때 보현보살마하살이 여러 보살에게 말하였다.
> "불자들이여, 여래의 정수리에 보배로 장엄한 서른두 가지 거룩한 모습이 있습니다.
> ⑴그 가운데 거룩한 모습이 있으니 이름이 모든 방위에 비치는 한량없는 큰 광명 그물을 두루 놓음[光照一切方普放無量大光明網]입니다. ⑵온갖 기묘한 보배로 장엄하였고, 보배로운 머리카락이 두루하여 보드랍고 치밀한데, ⑶낱낱이 마니보배 광명을 놓아 그지없는 모든 세계에 가득하여 빛깔[色相]이 원만한 부처님 몸을 나타내나니, ⑷이것이 하나입니다.

위의 본문을 읽어 가는 경학의 해석 방법이 있다. 공식처럼 가닥을 쳐서 읽는다. 맨 먼저, 부처님의 '멋진 몸매' 중 설명하려는 부위를 거론한다. 위 인용문에서는 '정수리'를 거론했다. 다음에는, 거론된 '정수리'의 빼어난 요소 32곳을 하나하나 설명해 간다. 경전 작가는 부처님 몸 총 18부위에 간직된 총 97종의 멋진 곳을 일정한 방식으로 서술해 간다.

이번이 첫 번째 설명인데, 설명하는 문단의 구조에도 (1)~(4)로 반복되는 일정한 '결(理)'이 있다. (1)은 열명(列名; 이름 나열하기)이니, 이름을 보여 어떤 작용을 하는지 알 수 있게 했다. 운허 스님은 친절하게 명칭도 한글 번역하신다. (2)는 체엄(體嚴; 본바탕 꾸미기)이니 겉에 꾸며진 모습이다. (3)업용(業用; 간직된 작용)이니, 그 멋진 빼어난 작용이다. 끝으로 (4)결수(結數; 순서 매김)로, 계수하는 것이다.

한편, 위에서 필자가 '외람'이라고 양해를 구했으니, 부처님의 ⑭부자지 모습이 어떻게 생겼는지 보도록 하자. 한문으로는 '음장(陰藏)'이라고 번역했는데, 운허 스님의 [한글대장경]을 인용하면 다음과 같다.

> 여래의 부자지에 거룩한 모습이 있으니, 이름이 부처 음성을 두루 내는 구름이라. 온갖 묘한 보배로 장엄하였고, 마니등 불꽃 광명을 놓으니, 그 빛이 치성하여 여러 보배 빛을 갖추어 모든 허공과 법계에 두루 비추며, 그 가운데 모든 부처님이 왕래하여 다니며

> 곳곳마다 두루함을 나타내나니,"

『화엄경』 본문 해석만 보아서는 상상이 안 간다. 청량 징관 국사의 [청량소초]에는 "유여마왕(猶如馬王)"이라 간단하게 주석했다. '猶如'란 '~과 비슷하다'는 뜻이고, '馬王'이란 말들의 왕이니 말 중에서도 제일 크고 잘나고 힘센 말을 뜻한다. '말 거시기'처럼 생긴 것을 위의 인용문처럼 둘러놓았으니, 청량의 주석을 보지 않고는 도저히 상상이 안 간다.

참고로 대승 경전에 등장하는 한자 용어 중에, 명사(名詞) 뒤에 '~운(雲)', ~해(海), ~왕(王) 등의 명사를 붙여 명사를 연이어 붙이는 형태가 종종 등장하는데, 이 경우 뒤의 명사는 앞의 명사를 형용하는 기능을 한다. 즉 구름처럼 드넓은, 끝없는; 바다처럼 넓은, 그 속에 별의별 것이 다 들어있는; 임금처럼 힘센, 높은, 다른 모든 것을 거느리는, 이렇게 앞의 명사를 뒤에서 꾸며준다.

고대 한어(漢語)로 번역된 경전을 읽을 때는 그 산스크리트어 대본을 염두에 두어야 한다. 특히 번역하는 과정에서 생긴 변형에 주목해야 한다. 청량 국사의 경우는 40권본 『화엄경』의 번역 현장에도 참석했듯이, 산스크리트 텍스트를 보았고 읽을 수 있었다. 그러나 남녀관계를 비롯하여 인도인들과 중국인들의 문화·어법·사고 등의 차이로, 번역을 에두르는 사례가 적지 않다. 그래도 청량은 산스크리트 텍스트를 보았고 읽었기 때문에 주석에 "유여마왕(猶如馬王)"이라고 적을 수 있었다.

경학 연구는 다양한 고전 언어 연구를 통해 본래의 뜻에 주목해야 한다. 동시에 사상사적 의미도 주목하여, 반성 없는 믿음의 독단에 빠지지 말고 인간 연구라는 열린 지평으로 나아가야 한다.

3. 성불의 결과로 드러나는 효능의 모습
-「여래수호광명공덕품 제35」-

『화엄경』 구성 작가는 요즈음 사람들도 그렇지만 자신의 몸매를 남에게 드러내는 게 아무래도 쉽지 않았던 듯하다. 다른 한편으로는 본인 자신만이 알지 남은 잘 모르니 직접 말할 수밖에 없기도 하다. 『화엄경』의 다른 품에서는 보살들을 시켜서 말하게 하는 방식으로 경전의 내용을 엮어갔는데, 작가는 「여래수호광명공덕품 제35」만은 부처님이 직접 당신의 몸매를 말씀하시게 구성했다. 일단 이야기는 보수보살에게 들려주는 방식으로, 그것도 지금이 아닌 전생 도솔천 보살 시절 이야기를 풀어내고 있다.

「여래수호광명공덕품 제35」의 품명에 들어 있는 '수호(隨好)'를 운허 스님은 '따라서 잘생긴 모습'이라 번역하셨다. '따라서'란 「여래십신상해품 제34」에서 말한 부처님의 잘생긴 모습[大人相]에 수반(隨伴)된, 즉 더불어 붙었다는 뜻이다.

이야기는 이렇다. 도솔천에 '매우 사랑스러움[甚可愛樂]'이라는 이름의 〈하늘 북[天鼓]〉이 있었는데, 이 북은 사람처럼 말할 수 있는 북이었다. 그 〈하늘 북〉이 도솔천 천

제12장. 수행하면 부처가 된다   511

자(天子)들에게 부처의 전신인 보살의 신체에 대해 이런 저런 이야기를 들려준다. 먼저 보살의 '발밑'에 있는 천살 바퀴[千輻輪]을 거론하여 이 바퀴의 작용이 얼마나 훌륭한 지를 말해 준다. 화엄경』 본문을 인용하니, 작가의 솜씨를 직접 보시기 바란다.

> 불자여, 보살의 발바닥의 천 살 바퀴[千輻輪]는 이름이 광명 두루 비추는 왕[光明普照王]이요, 여기에 따라 잘생긴 모습이 있으니 이름이 원만왕(圓滿王)인데 항상 마흔 가지 광명을 놓으며, 그 가운데 한 광명의 이름은 청정한 공덕[淸淨功德]인데 능히 억 나유타 부처 세계의 티끌 수 세계에 비추며, 중생들의 가지가지 업의 행과 가지가지 좋아함을 따라 모두 성취하게 하며, 아비지옥에서 극심한 고통을 받는 중생이 이 광명을 만나면 모두 목숨이 마치고는 도솔천에 태어나느니라. 이미 그 하늘에 나서는 이러한 하늘 북 소리를 듣느니라.

그러니까, "이곳 도솔천에 모인 여러 천왕들이여, 여러분들은 과거에 지옥에 있었는데, 나 부처가 전생에 보살로 수행하던 시절 내 발밑을 보았다. 그때 발밑을 본 공덕으로 지옥의 고통을 면하고 이곳 도솔천에 와선 북소리를 듣는다"라는 것이다. 맨 아래의 발밑을 본 공덕이 이 정도이니, 몸의 꼭대기인 정상(頂上)은 더 말해 무엇하랴! 그런데 사실 부처님의 정상은 볼 수 없단다. 기도를 많이 하신 분들이 들려주는 기도 속에서 만난 부처님 친견 체험담, 독자님은 들어 보셨는지요? 저는 들어보았습니다. 부처님의 '정상(頂相)'은 볼 수 없다고 그렇게 꿈속에서 부처님께서 말씀하시더랍니다.

작가는 신비한 소리 하려는 게 아니니, 다음의 본문을 보아야 할 것이다. '아(我)'와 '아소(我所)'가 없다는 법문을 연설하려는 것이 작가의 의도이다.

> 그때 하늘 북은 여러 천자들에게 말하였다.
> "〈내〉가 내는 소리는 여러 선근으로 이루어지는 것이니, 여러 천자여, 내가 나라고 말하여도 나에 집착하지도 않고 내 것에 집착하지도 않는 것같이, 모든 부처님들도 그와 같아서 스스로 부처라 말하여도 나에 집착하지도 않고 〈내 것〉에 집착하지도 않는다.
> 여러 천자들이여, 마치 내 음성이 동방에서 오는 것도 아니고, 남방·서방·북방과 네 간방과 위와 아래서 오는 것도 아니듯이, 업과 과보와 성불하는 것도 그와 같아서 시방에서 오는 것이 아니다.
> 천자들이여, 마치 너희들이 지난 세상에 지옥에 있었을 적에, 지옥과 몸이 시방에서 온 것이 아니고, 다만 너의 뒤바뀐 나쁜 업과 어리석음에 얽매여서 지옥과

> 몸이 생겼으므로, 그것은 근본도 없고 온 데도 없느
> 니라."

〈하늘 북〉은 이렇게 '부처님 발밑', 아니 아직 부처 되기 이전의 수행 과정에 있는 '보살의 발밑'에서 무아(無我) 법문이 쏟아진다는 것이다. 그러니 저 꼭대기 부처님 '정상'은 인간의 생각으로는 '짐작'조차 못할 위대한 법문이 쏟아질 것이다. 『화엄경』 구성 작가는 듣는 이에게 무한한 상상력을 발동시킨다.

이렇게 〈하늘 북〉을 한바탕 연극의 무대에 올려 연설하게 하면서 이 자리에는 '때를 여읜 삼매[離垢三昧]'에 드신 '비로자나 보살'도 와 계신다고 한다. 연극무대에는 조명이 빠질 수 없다. 「여래수호광명공덕품」의 광명은 바로 비로자나 보살이 놓는 광명이다. 작가는 그 광명에 대해서도 말해둔다.

> "착하고 착하다, 여러 천자여. 비로자나 보살이 때를
> 여읜 삼매[離垢三昧]에 들었으니 너는 마땅히 경례하
> 라."

이때 천자들은 하늘 북이 이렇게 권하는 소리를 듣고 모두 이런 생각을 하였느니라.
"기특하고 희유하다. 무슨 인연으로 이렇게 미묘한

소리를 내는가."

그때 하늘 북은 여러 천자들에게 말하였느니라.
"내가 내는 소리는 여러 선근으로 이루어지는 것이니, 여러 천자여, 내가 나라고 말하여도 나에 집착하지도 않고 내 것에 집착하지도 않는 것 같이, 모든 부처님들도 그와 같아서 스스로 부처라 말하여도 나에 집착하지도 않고 내 것에 집착하지도 않는다.
여러 천자들이여, 마치 내 음성이 동방에서 오는 것도 아니고, 남방·서방·북방과 네 간방과 위와 아래서 오는 것도 아니듯이, 업과 과보와 성불하는 것도 그와 같아서 시방에서 오는 것이 아니다.
천자들이여, 마치 너희들이 지난 세상에 지옥에 있었을 적에, 지옥과 몸이 시방에서 온 것이 아니고, 다만 너의 뒤바뀐 나쁜 업과 어리석음에 얽매여서 지옥과 몸이 생겼으므로, 그것은 근본도 없고 온 데도 없는 것과 같느니라.

여러 천자여, 비로자나 보살이 위엄과 공덕의 힘으로 큰 광명을 놓거니와, 이 광명이 시방에서 오는 것이 아니니 천자들이여, 나의 하늘 북 소리도 그와 같아서 시방에서 오는 것이 아니고, 다만 삼매란 선근의 힘으로 반야바라밀의 위엄과 공덕의 힘으로 이렇게 청정한 음성을 내며 이렇게 가지가지 자유자재함을 나타내느니라."

제12장. 수행하면 부처가 된다   515

〈하늘 북〉이 이렇게 말하자, 천왕들은 비로자나 보살 계시는 곳으로 가 문안 여쭈려 했지만, 뵈올 수가 없었다. 이때 어떤 천왕이 비로자나 보살은 지금 저 인도 땅 정반왕궁 마야부인의 태에 들었다고 귀띔해 준다. 이 또한 작가의 연출이다. 〈하늘 북〉이 천자들에게 말한다.

> "천자들이여, 보살마하살이 여기서 죽어서 저 인간에 난 것이 아니다. 다만 신통으로써 중생들의 마음을 따라서 그들로 하여금 보게 한 것이다. 천자들이여, 내가 지금 눈으로 보는 것 아니지만 능히 소리를 내듯이, 보살마하살이 '때를 여읜 삼매[離垢三昧]'에 든 것도 그와 같아서 눈으로 보는 것 아니지만, 능히 간 데마다 태어나서 분별을 여의고 교만을 제하여 물들지 않음을 보이는 것이다.

위의 본문에 나오는 보살은 '비로자나 부처님'의 전신이다. 독자님은 〈하늘 북〉이 법문하는 무대가 도솔천임을 기억해야 할 것이다.

이렇게 보살 발밑에 있는 천살바퀴[千輻輪] 이야기를 시작한 〈하늘 북〉의 법문에는, 부처님 몸의 다른 부분으로 넓혀가지는 않았다. 이것은 필자의 생각인데, 아마도 『화엄경』 구성 작가는 부처님 신체의 자세한 부분에 대해서는 듣는 이들의 저마다 상상에 맡기려는 작가 솜씨일 수도 있다. 작은 것을 보여 큰 것은 스스로 짐작하게 하는 일종의 기법인지도 모르겠다. 이렇게 생략해 마치고는, 작가는 〈하늘 북〉의 법문을 보고 들어 얻게 되는 이익에 대해 다음과 같이 말하고 있다.

> (1)이런 법을 말할 때에 백천억 나유타 부처 세계의 티끌 수 세계에 있는 도솔천 천자들은 죽살이 없는 법 지혜를 얻고, 한량없고 헤아릴 수 없는 아승기 욕심 세계 천자들은 아뇩다라삼먁삼보리의 마음을 내었고, 6욕천(六欲天)에 있는 모든 천녀는 모두 여자의 몸을 버리고 위없는 보리의 마음을 내었느니라.
> (2)그때 천자들이 보현보살의 광대한 회향을 들었으므로 10지(十地)를 얻고, 모든 힘으로 장엄한 삼매를 얻었으며, 중생 수와 같은 청정한 삼업으로써 모든 무거운 업장을 참회하였으므로 곧 백천억 나유타 부처 세계의 티끌 수와 같은 칠보 연꽃을 보았다.

이상의 본문에 나오는 "그때 천자들이 '보현보살'의 광대한 회향을 들었으므로"는 잘 읽어야 한다.

풀이해 보면, 〈하늘 북〉이 들려준 내용은 '보현보살의 광대한 회향' 사례인데, 천자들이 이 법문을 들은 까닭에 10지(地)의 경지도 얻고 삼매도 얻었다는 것이다. 또 이어서 〈하늘 북〉이 들려준 내용은 '3업을 깨끗이 하는 참회'

사례인데, 천자들이 이 법문을 들고 실천해 칠보 연꽃을 보게 되었다는 것이다. 그런데 「여래수호광명공덕품」 어디에도 '보현보살'이 법문하는 장면은 보이지 않는다. 역시 이 대목도 작가 솜씨이다. 다음에 나올 「보현행품 제36」의 복선을 이런 방식으로 깔고 있는 것이다.

참고로, 필자가 위의 인용문에서 문단 나누어 번호 ⑴과 ⑵를 붙인 이유는 과목이 달라져 그렇게 했다. 인용문 전체는 〈하늘 북〉의 법문으로 천자들이 이익 얻는 광경이 시작되는 곳이다. 『화엄경』 구성 작가는 앞의 ⑴문단에서는 우주법계의 무수한 도솔천 천자들이 얻은 이익을 말했고, ⑵문단 즉, "그때 천자들이" 이하는 〈하늘 북〉 법문을 직접 보고 들은 천자에 한정해서 이익을 말했다. 경학의 훈고로 설명하면, 앞 문단은 〈여중익(餘衆益; 여타 중생의 이익)〉이고, 뒷 문단은 〈당기익(當機益; 해당 중생의 이익)〉이다.

4. 성불의 효능을 드러내게 하는 원인
　-「보현행품 제36」-

앞의 「여래십신상해품 제34」와 「여래수호광명공덕품 제35」에서는, 깨친 이가 수행의 결과로 생긴 외모[修生]를 기준 잡아, 설명을 해 마쳤다. 이제부터는 수행하여 번뇌를 제거하여 '본래부터 가지고 있던 능력' 드러남[修顯]을 기준 잡아, 소개할 순서이다. 앞질러 '본래부터 가지고 있던 능력'을 말해보면, '보살행'과 '불성'이다. 번뇌 때문에 '요 모양 요 꼴'로 살지만, 내 속에는 본래 보살행의 싹이 들어 있고 또 성불의 종자가 들어있단다.

문제는 번뇌이다. 번뇌가 많고도 많지만, 『화엄경』 구성 작가는 '성내는 마음[瞋]'을 으뜸으로 꼽고 있다. 경전 본문을 보자.

> 불자들이여, 나는 어떤 법의 허물이라도 보살들이 다른 보살에게 성내는 마음을 일으키는 것보다 큰 것을 보지 못하였습니다. 왜냐하면 불자들이여, 만약 보살이 다른 보살에게 성내는 마음을 일으키면 백만의 장애되는 문을 이루게 되는 연고니라.

이렇게 말문을 연 보현보살은 총 100가지 장애를 '늘어

제12장. 수행하면 부처가 된다 519

지게' 열거하고 있다. 100가지 장애가 「보현행품 제36」에 소개되지만, 이 책에서는 지면 관계상 생략한다.

한편, 위에서 '본래 갖추어진 불성'이 드러난다고 필자가 말했는데, 대체 무슨 능력이 드러난다는 것인가? 그 답변을 저 유명한 「여래출현품 제37」에서 미리 인용하는 것으로 대신한다.

> 이때 여래께서 장애가 없이 청정한 지혜 눈으로 법계의 모든 중생을 두루 관찰하고 이렇게 말씀하셨습니다.
> "이상하다. 이상하다. 중생들이 여래의 지혜를 구족하고 있으면서도 어째서 어리석고 미혹하여 알지도 못하고 보지도 못하는가. 내가 마땅히 성인의 도로 가르쳐서 허망한 생각과 집착을 영원히 여의고 자기의 몸속에서 여래의 광대한 지혜가 부처와 같아서 다름이 없음을 보게 하리라."

자, 이제는 경학 훈고 방법으로 역시 '과목치기'를 시작한다. 「보현행품 제36」과 「여래출현품 제37」은 〈후약수현(後約修顯)〉이고, 「여래십신상해품 제34」와 「여래수호광명공덕품 제35」는 〈초약수생(初約修生)〉이다. 이 과목 명칭에서 '약(約)'은 '~의 측면을 기준으로 잡다'는 뜻이다. 그러니까, 화엄의 경학자 청량 징관 국사가 보기에, 『화엄경』 구성 작가는 "제34품과 제35품에서는 〈수생(修生; 겉모습)〉의 측면을 잡아서 이야기를 엮었고, 한편 제36품과 제37품에서는 〈수현(修顯; 속 생각)〉의 측면을 잡아서 엮었다"라고 해석한 것이다.

위의 문장에서 겹따옴표 " " 속의 내용은 청량 국사의 해석을 필자가 미루어 해석한 것이다. 해석이 중층(重層)으로 이루어졌다. 이런 게 경학(經學)의 한 가지 사례이다. 이런 설명을 해대는 필자의 책을 어떻게 읽을까? 역시 독자님에게도 다시 해석의 문이 열려있다.

우리 앞에 놓인 『화엄경』을, 그것을 대상으로 분석하여 해석하며 평가하여 주장하는 일은 '철학(哲學) 하는 사람'의 몫이다. 그래도 역시 중요한 건 '경(經) 자체'에 담긴 본문의 종요(宗要)이다. '경 자체'에 주목하는 일은 '경학(經學) 하는 사람'의 몫이다. 이곳 「보현행품 제36」의 종요(宗要)는 한마디로 말하면, 성내는 마음은 온갖 좋은 걸 가로막으니 잘 다스리라는 말이다. 성질부리지 말란다.

훈고 과정에서 경학자도 때로는 철학자처럼 소위 '썰'을 늘어놓는다. 성인의 말씀인 경(經)에 이런저런 말을 섞는 필자의 모습이 아무래 외람되어 '썰'이라고 비속어로 표현했지만, 좋은 측면도 없지 않다. 예를 들면, 독자님이 직접 『화엄경』 본문에 열거한 '100 부문[門] 장애'를 읽으려면, 매우 지루할 것이다. 그런데 경학이 되었든 철학이 되었든 '썰'을 활용하면, 읽기가 좀 수월할 것이다. 다음을 보기로 한다. 그렇더라도 작품은 직접 읽어야 한다. 본분(本分) 초료(草料)를 먹어야 한다. 남이 씹어준 음식을 받아먹어서야, 그게 어디 작가(作家)인가?

청량 국사는 '100 부문'을 다섯 범주로 쪼개어 10신(十信), 10주(十住), 10행(十行), 10회향(十廻向), 10지(十地)에 짝 지운다. 이렇게 분석적으로 읽으면, 그렇지 않은 경우보다 더 내용이 머리에 쏙 들어오기도 한다. 그러고 보면, 경(經) 자체 속에 그런 '결[理]'이 흐르고 있음도 알 수 있다. 그렇다고 그런 '썰'에 묶이면, 경 본문의 본래 맛을 간과하기 쉽다. 참 어려운 일이다.

아무튼 작가는 성내는 마음을 가장 경계하고 있다. 한번 성내는 마음이 생기면 100가지의 장애가 생긴다고 했다. 이것을 경학의 '썰' 푸는 이들은 '일(一)'과 '다(多)'의 관계로 현란한 소리를 한다. 다 좋다. 경학적 방법을 활용하여 경의 본문을 읽고, 경의 본문에 근거하여 경학을 점검해야 한다. 분명한 건 경이 먹줄이라는 사실이다. 목수가 먹줄로 목재를 마름질하듯이 말이다.

작가가 말하려는 건 화내지 말자는 것이다. 어찌해야 그럴 수 있을까? 거기에는 방법이 필요하다. ①열 가지 법을 부지런히 닦고[勤修], ②열 가지 청정함[淸淨]을 구족하고, ③열 가지 광대한 지혜[廣大智]를 구족하고, ④열 가지로 중생 속으로 두루 들어가고[普入], ⑤열 가지 묘한 마음 먹기[勝妙]를 하고, ⑥열 가지 교묘한 지혜[善巧]를 내야 한다고 한다.

위에서 괄호에 한문을 넣었는데, 경학자들은 이렇게 이름을 붙여 내용을 외운다. 독자님도 기왕에 경학(經學)에 초대되었으니, 외워두시길 권한다. 더불어 ①에서 ⑥ 사이의 관계도 알아두면 좋다. 청량 국사는 이 여섯의 관계를 ①이 시작이고, 나머지 ②, ③, ④, ⑤, ⑥은 결과라고 한다. 또한 ②, ③, ④, ⑤, ⑥끼리의 관계도 중층적으로 연결된다고 해석한다. 즉, 일다(一多)의 상즉상입(相卽相入) 논리를 활용해서 말이다.

성내는 마음을 다스리는 첫 시작인 ①〈근수(勤修)〉의 내용을 인용하여 함께 읽어보기로 한다.

> 그러므로 보살마하살이 모든 보살의 행을 빨리 만족하려거든 열 가지 법을 부지런히 닦아야 하나니, 무엇이 열인가. (1)이른바 마음에 일체 중생을 버리지 않음과, (2)여러 보살에게 여래라는 생각을 내는 것과, (3)일체 불법을 영원히 비방하지 않음과, (4)모든 국토가 다하지 아니함을 아는 일과, (5)보살의 행에

> 믿고 좋아함을 내는 일과, ⑹평등한 허공 법계 같은 보리심을 버리지 않음과, ⑺보리를 관찰하여 여래의 힘에 들어감과, ⑻걸림 없는 변재를 부지런히 익힘과, ⑼중생 교화에 고달픔이 없음과, ⑽일체 세계에 머무르되 마음에 집착이 없음이니, 이것이 열이니라.

이상의 열 가지 내용은 한글 번역만 읽어도 어떻게 닦아야 할지 가늠할 수 있지만, ⑵는 좀 애매하다. 한문을 보면 좀 해결될까? "어제보살생여래상(於諸菩薩生如來想)"이다. 우리가 보살들을 대할 때, 그분이 비록 보살이지만 그분들이야말로 여래의 심부름꾼[如來使] 또는 현신(現身)이라는 생각을 가져야 한다는 말이다.

이상의 열 가지 항목의 부지런한 닦음[勤修]에 대해서도, 경학에서는 각 항목끼리의 관계를 분석적으로 읽어간다. 경학자들은 열 가지를 둘씩 짝지어 다섯 겹으로 묶는 읽기 방법을 제시한다.

⑴과 ⑵는 사람을 기준으로 잡은 수행으로, 겸허히 하고 공경하는 수행이다. 즉, 아래로는 중생에게 겸허한 마음을 가지고 위로는 부처님께는 공경스러운 마음을 낸다.

⑶과 ⑷는 가르침을 기준 잡은 수행으로, 불법의 원리에 순응하고 세상 이치를 제대로 아는 수행이다.

⑸와 ⑹은 마음 씀씀이를 기준 잡은 수행으로, 드넓은

마음으로 두루 수행하여 굳건히 지켜가는 수행이다.

⑺과 ⑻은 지혜를 기준 잡은 수행으로, 안으로는 부처님께서 체험하신 지혜에 들어가며, 밖으로는 뛰어난 논증과 언론을 구사하여 중생에게 전법하는 수행이다.

⑼와 ⑽은 자비와 서원을 기준 잡은 수행으로, 중생이 끝이 없듯이 보살의 실천 행도 끝이 없기 때문이다. 이렇게 읽어가는 게 소위 경학의 독서법이다.

다시 본문의 '성냄[嗔]' 퇴치 여섯 방법으로 돌아오면, ①열 가지 법을 부지런히 닦으면[勤修], ②열 가지 청정함[淸淨]이 구족된다. 나아가 ①과 ②의 수행을 이루면, ③열 가지 광대한 지혜[廣大智]가 갖추어진다. 다시 나아가 ①과 ②와 ③의 수행을 갖추면, ④열 가지로 중생 속으로 두루 들어가는[普入] 수행의 결과를 얻게 된다. 다시 ①과 ②와 ③과 ④의 수행을 갖추면, ⑤열 가지 묘한 마음 먹기[勝妙]가 된다. 다시 ①과 ②와 ③과 ④와 ⑤의 원인이 되는 수행을 쌓아가면 결과적으로 ⑥열 가지 교묘한 지혜[善巧]가 생긴다는 것이다.

이상과 같이 중층적 '인-과'로 결속하여 자리이타의 수행을 엮어가는 것이 『화엄경』 구성 작가의 솜씨이다. 작가는 이 품을 마무리하면서 보현보살의 입을 빌려 다음같이 당부한다.

> 불자들이여, 보살마하살이 이 법을 듣고는 다 마음을 내어 공경하고 받아 지녀야 하나니, 무슨 연고인가. 보살마하살이 이 법을 가지는 이는 공력을 조금만 써도 빨리 아누다라삼먁삼보리를 얻고 일체 불법을 구족하여 3세 부처님 법과 평등하게 되느니라.

①에서 ⑥에 이르는 수행을 하면, 누구나 보살행이 성취되고 부처 마음이 드러난다는 것이다. 『화엄경』 구성 작가는 초기불교의 탐·진·치 3독의 하나인 '성냄[嗔]' 하나 가지고 보살행 실천을 위한 갖가지 방법을 구성지게 엮어간다.

뒤에 이어지는 총 121수의 게송 부분도 구성진 짜임새를 한껏 보여주고 있다. 게송은 모두 고기송(孤起頌)이다. 앞의 장항(長行)에 없는 내용을 읊었으니 말이다. 이렇게 작가는 솜씨를 발휘하여 장항에서 표현하지 못한 내용을 게송에 표현하고, 게송에 없는 내용을 장항에 알 수 있도록 어슷비슷 안배하여 보살행을 드러냈다. 훈고 용어로 이런 기법을 '기호(綺互)'라 한다고 했다.

게송도 크게 둘로 나누어지는데, 앞의 총 24수는 보현보살이 닦은 과거의 보살행을 '포함하여', 3세의 모든 부처님과 보살의 실천행을 노래한 게송이고, 뒤의 총 97수는 보현행에 '한정하여' 노래한 게송이다. 그리고 총 97수도 다시 둘로 내용이 갈라지는 데, 전반부 총 67수는 중생을 '가엾이 여기는 마음으로 지혜를 발휘하는 보살행'이고, 후반부 30수는 중생을 '지혜로 살피면서 가엾이 여기는 보살행'이다. '지혜[智]'와 '가엾이 여김[悲]', 이 둘 어느 한쪽이 빠져서는 안 된다. 겉으로 중생을 가엾이 여기면서 내심에는 지혜를 갖추어야 한다. 그런가 하면 밖으로 냉정한 지혜로 지도하면서도 속마음으로는 가엾이 여겨야 한다.

온전한 전체 게송은 운허 스님의 [한글대장경]으로 미루고 여기서는 '지혜로 살피면서 가엾이 여기는 보살행' 중에서 앞쪽의 총 4수만 소개한다. 이 네 수는 〈걸림 없는 중생 교화[無住攝化]〉의 내용을 담고 있기 때문이다.

> (1)편안치 못한 이는 편안케 하고
> 편안한 이 도 닦는 장소를 보여
> 이렇게 온 법계에 두루하지만
> 마음은 집착함이 아주 없으며
>
> (2)실제에 머물지도 아니하면서
> 열반에 드는 것도 아니지만
> 이렇게 온 세간에 가득하여서

> 수없는 중생들을 깨우치도다.
>
> ⑶법의 수효 중생의 모든 수효를
> 분명히 알면서도 집착하지 않고
> 불법 비를 간 데마다 널리 내려서
> 시방의 모든 세간 흡족케 하며
>
> ⑷그지없는 세계에 두루 퍼져서
> 생각생각 바른 각을 이루면서도
> 보살의 행할 일을 늘 닦아서
> 잠깐도 물러가지 아니하더라.

지루할 수 있지만, 경은 이렇게 쪼개어 음미해야 한다. 소리내 읽어야 한다. 당시, 『화엄경』 구성 작가는 암송에 능했던 사람이다. 지금 문자로 보는 현대인과 환경이 다르다는 점을 알아야 한다.

우전국(于闐國) 사문 실차난타(實叉難陀)의 한문 번역에서는 이런 암송의 맛을 살리려고 음(音)과 운(韻)과 향(向)을 고려했다. 이점을 잘 아시는 운허 스님은 한글 번역에서 이 맛을 살리려 애를 쓰셨다. 독자님도 조용한 곳에서 낭랑하게 한번 읽어보시면 어떨지. 소리내어 한번은 한문을, 한번은 한글 번역을. 운허 스님도 월운 스님도 우리 한글을 대장경이라는 세계에 시민권을 갖도록 노력하신

분들이다. 한글도 이제 당당하게 대장경을 담아내는 문자가 되었다.

⑴ 未安者令安 安者示道場
   如是遍法界 其心無所著

⑵ 不住於實際 不入於涅槃
   如是遍世間 開悟諸群生

⑶ 法數衆生數 了知而不著
   普雨於法雨 充洽諸世間

⑷ 普於諸世界 念念成正覺
   而修菩薩行 未曾有退轉

5. 보현행 실천으로 드러나는 성불의 결과
   -「여래출현품 제37」-

 '성불하면 드러나는 효능'이 어떠한지를 답변하는 품으로 『화엄경』에 모두 다섯, 즉「불부사의법품 제33」,「여래십신상해품 제34」,「여래수호광명공덕품 제35」,「보현행품 제36」,「여래출현품 제37」이 배치되었다는 설명은 여러 번 했다. 그리고 제36품에 나오는 '보현의 행'을 닦은 게 원인이 되어, 제37품에 나오는 '여래의 업보'를 결과로 체득하게 된다는 말도 여러 번 했다.

 이하에서는「여래출현품 제37」을 소개하기로 한다. 이 품은 『화엄경』 총 80권 중에서 제50, 제51권, 제52권에 배치했으니, 작가는 꽤 많은 분량을 할당한 셈이다.

 이제 '『화엄경』 나들이'가 끝나가는 지점이다. 그동안 지나온 뒷길을 돌아볼 겸 또 앞으로 더 둘러볼 길도 미리 소개할 겸, 이 대목에서 방대한 『화엄경』 80권을 분류하는 경학(經學)의 석경(釋經) 방식을 또다시 상기하고 넘어가기로 한다. 이렇게 하는 이유는「여래출현품 제37」을 전후로 새로운 국면이 전개되기 때문이다.

❈ 가던 길 멈추고 온 길 돌아보기

'『화엄경』 나들이'를 시작하면서, 방대한 『화엄경』 본문을 이해하기 위해 옛 선배 학승들이 많은 궁리를 했다는 이야기를 한 적이 있다. 그런 궁리 중에서 대표적으로 그리고 후배들에게도 널리 활용된 방법은 아래와 같다. 과목의 층위가 많아서 숫자를 달리 표시한다.

㉮ 회(會)
㉯ 처(處)
㉰ 품(品)
㉱ 설주(說主)
㉲ 오주인과(五周因果)
㉳ 문답상속과(問答相屬科)

이상은 각 항목에 주목하여 본문을 독서하는 방법인데, 매우 중요하므로 차례로 설명해 보기로 한다.

㉮는 『화엄경』 설법을 위해 모인 회별로 분류해서 독서하는 방법이고, ㉯는 설법한 장소별로 분류해서 독서하는 방법이고, ㉰는 품(品)별로 독서하는 방법이다. ㉮, ㉯, ㉰를 짝지으면, 제1회는 '보리수 밑'에서(총 6품), 제2회는 보광명전에서(총 6품), 제3회는 도리천궁에서(총 6품), 제4회는 야마천궁에서(총 3품), 제5회는 도솔천궁에서(총 3품), 제6회는 타화자재천궁에서(총 1품), 제7회는 보광명전에서(총 11품), 제8회는 보광명전에서(총 1품), 제9회는 급

고독원에서(총 1품), 각각 진행된다.

『화엄경약찬게』에 나오는 "육육육삼급여삼(六六六三及與三), 일십일일역부일(一十一一亦復一)"이 총 39품을 ㉮의 회(會)와 ㉯의 처(處) 별로 묶은 것이다. 이어서 "세주묘엄여래상"으로 시작하여 "이세간품입법계"로 마치는 7언(言) 22구(句) 게송은 ㉰의 품명을 암송하기 쉽게 만든 것이다.

다음은 ㉱의 설주(說主)를 설명하기로 한다. 이는 당회 법회를 주관하는 중심인물에 주목하며 독서하는 방법이다.

제1회에서는 보현보살이 회주가 되어 여래의 의보(依報)와 정보(正報)를 설하고, 제22회에서는 문수보살이 회주가 되어 10신(信) 법문을 설하고, 제3회에서는 법혜보살이 회주가 되어 초현(初賢)이 되는 10주(住) 법문을 설하고, 제4회에서는 공덕림보살이 설주가 되어 중현(中賢)이 되는 10행(行) 법문을 설하고, 제5에서는 금강당보살이 설주가 되어 상현(上賢)이 되는 10회향(廻向) 법문을 설하고, 제6회에서는 금강장보살이 설주가 되어 성인(聖人) 되는 10지(地) 법문을 설하고, 제7회에서는 세존도 회주의 한 분이 되어 부처 지위에 오르는[等覺] 법문을 설하시고, 제8회에서는 보현보살이 회주가 되어 2,000가지 수행을 설하고, 제9회 첫 부분 본회(本會)에는 문수보살이 회주가 되고, 뒷부분 말회(末會)에는 선재 동자가 회주가 된다.

그런데, 앞에서 필자는 "제7회에서는 세존도 회주의 한 분이 되어"라 했는데, 이 말은 좀 설명이 필요하다. 위에서 적은 대로 제7회는 설법 장소가 보광명전(총 11품)인데, 법문을 담당하는 설주(說主)와 해당 품의 개수를 괄호에 넣어 표시면, 보현(총 3품)→ 세존(총 1품)→ 심왕(총 2품)→ 연화장(총 1품)→ 보현(총 1품)→ 세존(총 1품)→ 보현(총 2품) 순으로 진행된다. 즉, 보살이 설주인 곳이 총 9품이다. 그리고 「아승기품 제30」과 「여래수호광명공덕품 제35」 두 품의 설주는 부처님이다. 「십정품 제27」에서는 선정의 이름만 부처님이 거론하셨고, 또 「여래수량품 제37」에서도 부분적으로 말씀하시기는 했다.

※ 다섯 겹으로 돌아가는 인과 법문

지난 설명을 상기하려다 많이 길어졌는데, 그렇게 한 이유는 실은, ㈐의 오주인과(五周因果) 이야기를 하려는 것이다. 즉, 화엄의 경학에서는, 『화엄경』 총 39품 사이의 관계를 '인과 관계'로 결속하여 '다섯 번 돌려가며[五周]' 설법했다고 분석한다. 필자는 이 말을 하려고, 위의 긴 이야기를 여기까지 끌고 왔다. 다섯 둘레의 인과란, ⑴소신인과(所信因果; 제1품~제6품), ⑵차별인과(差別因果; 제7품~제35품), ⑶평등인과(平等因果; 제36품~제37품), ⑷성행인과(成行因果; 제38품), ⑸증입인과(證入因果; 제39품)이다.

위에서 썼듯이, 제⑶의 '평등인과'에는 「보현행품 제36」과 「여래출현품 제37」이 속하는데, 그중 제36품은 인(因)에 해당하고 제37품은 과(果)에 해당한다. '보현행'이라는 실천이 원인 되어, '진여 드러남'이라는 결과가 체험된다. 이런 인과 관계가 모든 사람에게 똑같이 적용된다는 뜻으로 '평등인과'라고 했다. '보현행'을 닦기만 하면, 그 당사자가 잘난 이건 못난 이건 누구나[人], 과거건 지금이건 미래건 언제나[時], 이 세계이건 저 세계이건 어디서나[處], 부처 된다는 필연성 내지는 보편성을, 경학에서는 '평등(平等)'이란 용어로 드러냈다.

끝으로 ㈏의 문답상속과(問答相屬科)로 나누는 방식은 앞에서도 많이 언급했으니 생략하고 아래에 그 과목 이름과 해당 품만 표시해 둔다.

⑴ 거과권락생신분(擧果勸樂生信分) : 제1품~제6품
⑵ 수인계과생해분(修因契果生解分) : 제7품~제37품
⑶ 탁법진수성행분(托法進修成行分) : 제38품
⑷ 의인증입성덕분(依人證入成德分) : 제39품

『화엄경』 본문을 분석하는 이상의 ㉮에서 ㉯에 이르는 여섯 방법은, 나름 모두『화엄경』이해에 의미 있는 한몫을 한다. [청량소초]에는 이 여섯 방법이 모두 동원되고 있어, 복잡한 듯하지만 집중하면 그 길이 분명하게 보인다. 처음 가는 좁고 낯선 오솔길이지만 자주 오가면 큰길이 된다. 맹자(孟子)는 "산경지혜간(山徑之蹊間)도 개연용지이성로(介然用之而成路)"라 하지 않았던가.

※ 수많은 부처의 가르침 중에서 작가가 주목한 핵심

『화엄경』구성 작가는 전체 80권 중에서 총 세 권 분량을「여래출현품 제37」에 할당했으니, 분량 배정으로 봐도 꽤 중요하게 여겼음을 짐작할 수 있다. 훗날 경학의 고승들도 그 의도를 간파하고「여래출현품 제37」을 매우 중요하게 여겼다.

청량 스님이 이런 전통을 종합했고, 청량의 경학은 조선의 고승들도 수용하여 오늘날도 전해지고 있다. 그 한 사례로 이제는 고인이 되셨지만, 봉선사의 월운 스님도「여래출현품 제37」을 매우 중요하게 여겨 일반 재가 대중 강의에도 인용한 적이 있다. 특히 다음의 구절을 애용하셨다.

제12장. 수행하면 부처가 된다   535

> 이상하다, 이상하다. 중생들이 여래의 지혜를 구족하고 있으면서도 어째서 어리석고 미혹하여 알지도 못하고 보지도 못하는가? 내가 마땅히 성인의 도로 가르쳐서 허망한 생각과 집착을 영원히 여의고 자기의 몸속에서 여래의 광대한 지혜가 부처와 같아서 다름이 없음을 보게 하리라.

부처님은 대체 우리에게 무엇을 가르치려 하셨는가? 즉, 불의 교[佛敎]란 무엇인가? 이런 질문에 월운 스님은 위의 인용문으로 대신 답변하고 있다. 자신의 이야기보다는 경학자답게 부처님의 말씀을 전하신다. 그러면서 『화엄경』이 설해진 시기가 "시성정각(始成正覺)"이란 점도 상기시킨다.

이제부터는 필자의 이야기이다. 위의 인용에서 "성인의 도로 가르쳐서"에서 '성인의 도'란 각종 법회나 교리 강연장에서 많이 들을 수 있는 이야기로, 연기법이니, 4성제 8정도니, 37조도품이니, 공·무상·무아니, 6바라밀이니, 사마타니, 위파사나니, 이런 모든 게 해당할 수 있다. 다 좋고 다 맞는 말씀이다. 물론 『화엄경』의 구성 작가도 기존에 유행되고 언급되던 이런 수행법들을 수집하여 다양한 각도에서 연출(演出)해 내고 있다.

그런데, 『화엄경』의 구성 작가 보기에 이전에 출현한

불교의 각종 교설이 추구하는 궁극의 목표는 무엇인가? 그는 말하고 있다. 첫째, 누구나 '여래의 광대한 지혜'를 가지고 있다. 둘째, 어리석어 그런 지혜가 있는 줄도 모르고 세상을 살아간다. 셋째 '성인의 가르침'을 활용해서 그걸 알려주겠다. 넷째 그리하여 그걸 스스로 체험하게 하겠다. 위에서 나온 지시어 '그'는 모두 '여래의 광대한 지혜'로 향하고 있다. 그러니, 4성제 8정도니, 공·무상·무아니, 6바라밀이니, 사마타니, 등등. 그런 가르침을 매개로 저 달을 보라는 게, 여래께서 사바세계에 출현해 평생 경영한 위대한 사업, 즉 일대사(一大事)이다. 그래서 『화엄경』 구성 작가가 「여래출현품 제37」을 이곳에 배치했다.

저마다 갖춘 '여래의 광대한 지혜'는 비유하면 달[月]이고, 연기법이니 사성제니 하는 등등 '성인의 가르침'은 달 가리키는 손가락[標月之指]이다.

필자는 위에서 달[月]이라 했는데, 달리 비유하면, 세상의 모든 정보를 다 기록한 티끌 먼지 크기의 반도체 메모리 칩과도 같다. 여래에게는 물론 우리게도 '간직된 지혜' 즉, 반도체 메모리에 간직된 정보가 있으므로 자유자재로 쓰라는 말씀이다. 이 세상에는 그런 티끌 크기의 메모리 칩이 무수히 많다. 『화엄경』 「여래출현품 제37」에 나오는 유명한 '커다란 경전[大經卷]' 이야기를 필자가 위와 같이 비유했다.

정리하기로 한다. 「여래출현품 제37」을 『화엄경』 전체의 어떤 맥락에서 읽을 것인가? 첫째, 보현의 행원(行願)으로 대표되는 수행을 닦으면, 그 결과 자신에게 본래 간직된 본래 지혜를 마음껏 쓸 수 있다. 이렇게 읽는 방법이 〈오주인과(五周因果)〉이다. 둘째, 문답상속과(問答相屬科)로 읽는 방법도 있다. 즉, 신(信)→ 해(解)→ 행(行)→ 원(願)→ 증입(證入)→ 등불(等佛)의 방법으로 수행을 닦아가면, 얻게 되는 결과가 무엇이냐? 부처가 되면 무슨 효능이 생기는가? 이런 질문에 답하기 위해서 『화엄경』의 이 대목에 「여래출현품 제37」을 설치했다고 읽는 방법이다.

❋ '질문-답변'을 다시 점검하고

『화엄경』의 '화엄(華嚴)'을 때로는 '잡화(雜華)'라는 용어로 번역하듯 『화엄경』은 '복잡'하다. 이런 '복잡'함을, 일관되고 또 유기적으로 설명하기 위해 의해승(義解僧)들은 많은 '궁리'를 했다. 그 '궁리'의 전체 집합으로 '(華嚴十種分科)'를 들 수 있다. 이것은 '대경(大經)'의 전체 내용을 일목요연하게 설명하려는 궁리 끝에 알게 된 지혜 모음이다.''란 다음과 같다.

①본부삼분과(本部三分科) ②문답상속과(問答相屬科)
③이문종의과(以文從義科) ④전후섭첩과(前後躡疊科)
⑤전후구쇄과(前後鉤鎖科) ⑥수품장분과(隨品長分科)
⑦수기본회과(隨其本會科) ⑧본말대위과(本末大位科)
⑨본말편수과(本末遍收科) ⑩주반무진과(主伴無盡科)

전통의 화엄 경학에서는 이런 독서법으로 10종류 모두를 활용하는데, 가장 많이 쓰이는 건 역시 '질문-답변'에 주목한 ②와 ⑧이고, 그중에서도 ②문답상속과(問答相屬科)가 중심을 이룬다. 다만, 「보현행품 제36」과 「여래출현품 제37」의 관계를 논할 때는 위에서 말한 '5주인과'의 해석 방법을 사용한다.

『화엄경』 구성 작가는 역사상의 부처님에게 들은 이야기, 즉 [아함]이 전하듯 제자들이 '질문'하고 석가모니 부처님이 '답변'하는 형식을 잘 알고 있었다. 작가는 그 앎을 자신이 엮어가는 『화엄경』 구성 방법으로 활용한다. [아함]을 포함하여 대승 경전에 나온 진리(法, 圆 dharma)에 대하여 이런저런 해석을 시도하는 훗날의 경학자들, 패러디해서 표현하면 '대승 아비담미아'들은, 그중 화엄 논사들은 그런 '문-답' 형식을 정형화하여 문답상속과(問

答相屬科)라는 본문 해석 방법을 개발했다.

그런데, 『화엄경』 속에는 무수한 '문-답'이 있지만, 대경(大經) 전체를 관통하는 큰 줄기의 '문-답'을 전문 훈고 용어로 '대위문답(大位問答)'이라고 하는데, 모두 다섯이다. ⑴첫째로 제1회에 제기된 질문(총 40종) 모두는 제1회에 답변이 모두 나오고, ⑵둘째로 제2회 초에서 제기된 총 40종의 질문은 제2회 초에서 제7회 말에 걸쳐 나누어 답변된다. ⑶셋째로 제8회에서는 질문 200개가 쏟아지고 그에 대한 답변이 2,000가지로 구름처럼 일어난다. ⑷넷째로 제9회 초에 제기된 질문은(총 60종), 여래께서 사자빈신 삼매에 드시어 답변을 모두 끝내고, ⑸다섯째로 복성 동편 언덕에서 출발한 선재 동자가 구법 여행에서 53명의 선지식과 주고받은 질문-답변은 그때그때 종결된다.

그러면 「여래출현품 제37」은 어떤가? 대승 경전 구성 작가는 '문수보살'의 다른 이름인 '여래성기묘덕보살'이 묻고 '보현보살'이 답변하는 형식으로 이야기를 만들었다. 그런데 이 두 보살의 '질문-답변'은 『화엄경』 전체를 관통하는 '대위문답'은 아니다.

여기에서 궁금함이 생긴다. 「여래출현품 제37」에 나오는 가르침의 양상[敎相]을 '문답'으로 결속되는 『화엄경』의 구조 위에 어떻게 평가 분석[判釋]하고 위치 지어야 할까? 즉, 「여래출현품」의 행상(行相)을 어떻게 판석(判釋) 할까? 아래에 이 문제를 살피기로 한다.

'대위문답(大位問答)'을 기준으로 했을 때, 화엄의 경학 에서는 「여래출현품 제37」 전체를 '답변'으로 가닥을 친 다. 사이사이 문답이 있기는 하지만 대위문답(大位問答)은 아니다. 그렇다면 '질문'은 어디에서 나오는가? 그 '질문' 은 이전의 두 품에서 제기된다.

첫째, 「여래현상품 제2」에서 쏟아진 총 40가지의 질문 의 답변이 제2품에서 모두 끝나지만, 『화엄경』 구성 작가 가 생각하기에 중요한 특히 '부처님의 몸 빛[身光]', '부처 님의 음성', '부처님의 지혜', '부처님의 해탈'에 관한 질문 을 「여래출현품 제37」에서도 답변하도록 중복해서 연출 했다.

둘째, 「여래명호품 제7」에서 쏟아진 질문 40가지 속에 는 일정한 '결[理]'이 있는데, 그 결은 유형 별로 셋으로 묶을 수 있다. ①첫째 누구의 과보에 의지해서 수행해야 하는가? ②둘째 어떤 수행을 닦아야 하는가? ③셋째 그 런 수행을 닦으면 어떤 성과를 얻는가? 이 세 질문 중, ③에 해당하는 질문을 『화엄경』 구성 작가는 「여래출현 품 제37」 전체에서 답변하도록 연출했다.

❋ 본지풍광을 드러내는 작가의 솜씨

「여래출현품」의 전개 형식을 보면 문수보살이 질문하고, 보현보살이 답변한다. 이 모두는 구성 작가의 연출이지만, 진짜 인물은 따로 있다. 누구인가? 그렇게 하게 하는 소위 '총감독'이자 '작가'이자 '지휘자'는 부처님이다. 그것도 음성으로도 모습으로도 볼 수 없는 '비로자나 부처님'이다.

「여래출현품」의 법문이 시작되기 전에 여래의 미간백호에서 '여래출현'이라는 이름의 광명이 솟아오른다. 여러 상서를 보이고는 다시 여래성기묘덕 보살의 정수리로 들어간다. 부처님께서 가지(加持)하시고 문수의 다른 이름인 여래성기묘덕 보살에게 질문하게 하고 보현에게 답변하게 한다. 이로부터 긴 법문이 이어진다. 이 부분을 경학 훈고 용어로 〈설분(說分)〉이라 한다. 그러면 「여래출현품 제37」의 전체 과목을 나누어 보기로 한다. 경학의 전통에 따라 모두 일곱 부분[七分]으로 가닥 친다.

(1) 가지분(加持分) : 가피하는 부분.
(2) 본문(本分) : 법문할 주제를 드러내는 부분.
(3) 청분(請分) : 법문을 청하는 부분.

⑷ 설분(説分) : 법문을 하는 부분.
⑸ 현명수지분(顯名受持分) : 이상에서 한 법문의 이름을 드러내어 수지하게 하는 부분.
⑹ 표서증성분(表瑞證成分) : 상서로 증명하는 부분.
⑺ 이게총섭분(以偈總攝分) : 게송으로 총섭하는 부분.

돌이켜보면 『화엄경』 구성 작가는 「여래명호품 제7」 벽두에서 제기된 ①첫째 질문 즉, "누구의 과보에 의지해서 수행해야 하는가?" 이 질문에 대해 보살이나 연각이 아닌 부처님의 과보에 의지하라고 단호하게 답한다. 그러면서, 수행의 준거로 삼아야 할 부처님의 몸[身]에 대해서는 「여래명호품 제7」에서, 말[語]에 대해서는 「사성제품 제8」에서, 뜻[意]에 대해서는 「광명각품 제9」에서 개별적으로 쪼개어 답변했다.

이렇게 수행의 준거는 부처님의 신·구·의 3업(業)이라고 '선포'한 구성 작가는, ②둘째의 질문 즉, "어떤 수행을 닦아야 하는가?"에 대한 답변을 「보살문명품 제10」에서 「십지품 제26」에 걸쳐 총 여섯 층위[六位]로 엮어낸다. 이제부터는 화엄교학(華嚴教學)의 중요한 대목인데, 『화엄경』 구성 작가는 제10지(地) 위에 한 층을 더 올려 제11지를 설정하고, 제11지에서 닦아야 할 수행 이론으로 「십정품 제27」에서 「제보살주처품 제32」에 이르는 총 6품을 배치했다.

『화엄경』 구성 작가로서는 이제 ③셋째 질문 즉, "수행을 완성하면 어떤 효과를 얻는가?"에 대한 답변을 할 차례가 되었다. 그 답변을 「불부사의법품 제33」을 포함한 총 5개의 품에서 연출했다. 하염없는 수의 단위를 통해 또 세계마다 다른 시간 단위를 통해, 성불의 효과가 얼마나 불가사의한지, 얼마나 훌륭한 몸매를 드러내는지를 연출했다.

『화엄경』 구성 작가는 이제 이곳 「여래출현품 제37」에 이르러 그동안의 긴 이야기 대단원을 매듭짓는다. 수행을 하면 부처가 된다고 말이다. 작가는 이제 부처가 되었을 때, 생기는 능력이며 각종 효능 등을 소개하기로 작정하고, 「여래출현품」에서 다룰 주제를 모두 열 가지로 압축했다. 다시 거론하면, ①여래의 출현 이유, ②여래의 몸의 업, ③여래께서 하신 말의 업, ④여래의 뜻의 업, ⑤여래의 노니는 경계, ⑥여래의 행동거지, ⑦여래께서 완성하신 깨침의 내용, ⑧여래께서 출현하시어 법륜 굴리시는 양상, ⑨열반에 드시는 양상, ⑩세상에 출현하신 여래를 가까이 모신 공덕이다.

먼저, ①〈여래의 출현 이유〉를 열 가지로 연설하는 보현보살의 말씀을 들어보자.

> (1)과거에 한량없이 일체 중생을 거두어 주려는 보리심을 이루려는 연고며, (2)과거의 한량없이 청정하고 뛰어난 뜻을 이루려는 연고이며, (3)과거에 한량없이 일체 중생을 구호하는 대자대비를 이루려는 연고며, (4)과거에 한량없이 계속하는 행과 원을 이루려는 연고며, (5)과거에 한량없이 복덕을 닦으면서 만족한 줄 모르는 마음을 이루려는 연고며, (6)과거에 한량없이 부처님께 공양하고 중생 교화를 이루려는 연고며, (7)과거에 한량없는 지혜와 방편과 청정한 도를 이루려는 연고며, (8)과거에 한량없이 청정한 공덕장을 이루려는 연고며, (9)과거에 한량없이 장엄한 도의 지혜를 이루려는 연고며, (10)과거에 한량없이 통달한 법과 이치를 이루려는 연고이니라.

이렇게 ①〈여래의 출현 이유〉를 열 가지로 대고, 그 각각에 비유를 들어 설명한다.

다음, ②〈몸[身]의 업〉 열 가지 중에서 처음의 업 하나를 인용하기로 한다.

제12장. 수행하면 부처가 된다

> 불자들이여, 보살 마하살들이 마땅히 어떻게 여래, 응공, 정등각의 몸을 보아야 하는가. 불자들이여, 보살 마하살들은 마땅히 한량없는 곳에서 여래의 몸[身]을 보아야 합니다. 왜냐하면 보살 마하살들은 한 가지 법이나 한 가지 일이나 한 몸이나 한 국토나 한 중생에서 여래를 볼 것이 아니고, 모든 곳에 두루하여 여래를 보아야 하기 때문입니다.
> 불자들이여, 마치 허공이 모든 물질과 물질 아닌 곳에 두루 이르지만, 이르는 것도 아니고 이르지 않는 것도 아닌 것과 같나니, 왜냐하면 허공은 몸이 없는 연고입니다.
> 여래의 몸도 그와 같아서 모든 곳에 두루하고 모든 중생에 두루하고 모든 법에 두루하고 모든 국토에 두루하지만, 이르는 것도 아니고 이르지 않는 것도 아니니, 왜냐하면 여래의 몸은 몸이 없는 연고입니다. 그러나 중생을 위하여서 그 몸을 나타내는 것입니다. 불자들이여, 이것이 여래의 몸의 첫째 모양이니 보살 마하살들은 마땅히 이렇게 보아야 하니라.

모든 곳에 여래께서 상주하신다고 생각하라는 것이다. 그리하여 여래는 중생을 위하여 모든 곳에 항상 계시면서 그들을 구호한단다. 이것이 대승불교 운동가들이 생각하는 부처의 업력(業力)이다.

대승 작가에게 있어 이제 여래는 석가모니 한 분만이

아니다. 다수이다. 중생들이 수행한 과업에 따라 부처님을 만날 수 있으니 보신(報身)이시며, 또 우리들의 수행이 없이도 중생을 구호하려 출현하시니 화신(化身)이시다. 진리 그 자체이신 법신(法身)까지 합해, "3불원융(三佛圓融)이시며 10신무애(十身無礙)"이시다. 한편, 보살은 "적자량이(積資糧而)하여 상취보리(上趣菩提)하며 흥행원이(興行願而)하여 하롱군품(下攏群品)"하신다. 사시마지 올릴 때 하는 청사(請詞) 중에서 제1청사의 한 구절이다.

『화엄경』 작가는 말한다. 누구나, 언제나, 어디에서나, 보현의 행원을 실천하기만 하면 평등하게 누구나 여래가 된다고. 이것이 석가모니 부처님의 본뜻이라고. 이것이 불교의 본질이라고. 그러니 당시 여러 파로 나뉘어 수행하던 수행공동체의 출가 중심적 발상이나 사변 중심적 논의 등에서 벗어나, 자신과 남의 안락을 위해 실천하라고 대승 작가는 다그친다.

그렇다고 작가는 마구잡이로 불설(佛說)을 꾸미는 게 아니고 [아함]의 말씀과 전승에 충실했다. 그리고 그 말씀을 일반 대중에게 효과적으로 전달하는 방법을 고안했다. 고대 인도의 오랜 전통인 서사문학 장르에 착안했다. '보살'이라는 새 인물을 창안하여 대화라는 진리 탐구와 전달의 방법도 연출했다. 여래성기묘덕 보살에게 질문하게 하고 보현보살에게 답변하게 하게 했다.

또, '비춰 밝혀주기[光明]'와 '보태주어 품어 안기[加持]'의 방식으로 저 두 보살을 움직였다. 그리하여 여래는 어떤 '짓[業]'을 하는지 [아함]에 자주 등장하는 신·구·의 3업(業)으로 연출한다. 진여(眞如; 진리 그대로)로 이 세상에 오신[來] 여래이신 부처님, 수행의 결과로 깨치신 부처님, 그런 부처님의 하는 일[課業]을 작가는 다양한 방면으로 소개하고 있다.

다음, ③〈말[語]의 업〉 관련 본문을 인용한다.

> 불자여, 보살 마하살은 (1)여래의 음성이 두루 이르는 줄을 알아야 하나니, 한량없는 음성에 두루하는 연고입니다. (2)여래의 음성이 그들의 좋아하는 마음을 따라 환희케 함을 알아야 하나니, 법문 연설하기를 분명히 하는 연고입니다. (3)여래의 음성이 그들의 믿고 이해함을 따라 환희케 함을 알아야 하나니, 마음이 청량해지는 연고입니다. (4)여래의 음성이 교화하는 때를 놓치지 않음을 알아야 하나니, 들을 만한 이는 듣지 못함이 없는 연고입니다. (5)여래의 음성이 나고 없어짐이 없음을 알아야 하나니, 메아리와 같은 연고입니다. (6)여래의 음성이 주재[主]가 없음을 알아야 하나니, 온갖 업을 닦아서 일어나는 연고입니다. (7)

> 여래의 음성이 매우 깊은 줄을 알아야 하나니, 헤아리기 어려운 연고입니다. (8)여래의 음성이 삿되고 굽음이 없음을 알아야 하나니, 법계로부터 나는 연고입니다. (9)여래의 음성이 끊어짐이 없음을 알아야 하나니, 법계에 두루 들어가는 연고입니다. (10)여래의 음성이 변함이 없음을 알아야 하나니, 끝까지 이르는 연고이니라.

『화엄경』 구성 작가가 보기에, 어디에도 계시고 어느 때도 계시는 진리 그 자체인 부처님, 즉 법(法)을 몸[身]으로 삼으신 법신 부처님은 3업(業), 그중에서 말씀의 업이 위와 같다는 것이다.

당시 아비달마 논사처럼 다양한 매개 변수를 사용하는 아규먼트(argument)의 방식을 줄이고, 대승의 작가들은 대화의 내러티브(narrative) 방식을 반복한다. 그리하여 이야기가 길어져 오늘날 현대의 독자들에게는 읽기 '지겹고·지루하고·늘어지고·반복하는', 그런 느낌을 받을 수도 있다.

철학에서 출발하여 불교를 연구하는 필자는 '내러티브'보다 '아규먼트'를 선호한다. 그러나 어쩌랴. 『화엄경』의 구조가 그런걸. 다양한 매개 변수를 임의 가설하여 분석적으로 읽을 수밖에 없다. 이렇게 해서 만난 인연이 경학

(經學)의 훈고(訓詁)이다.

월운 사부님께서는 분석적으로 경을 읽도록 인도하셨다. 궁극에는 [청량소초]를 읽기 위해 4교과(四敎科)의 이력 과정이 설치되었다는 말씀도 종종 하셨다. 이 과정에서 다루는 텍스트는 『금강경 간정기』, 『기신론 필삭기』, 『원각경 대소』, 『능엄경 계환해』인데, 화엄을 읽지 않으면 4교를 읽어도 읽은 게 아니고, 4교의 행상을 숙지하지 못하면 법성종(法性宗) 교학의 체계적 이해가 어렵다. 더불어 한문 문장 해석하는 '석사(釋詞) 강사'에 그치지 말고, 더 나아가 불교 전체 가르침의 양상[敎相]을 분류하고 그 우열을 평가할 수 있는 '교판(敎判) 강사'가 되라고 당부하셨다.

법성(法性)의 교학을 잘 드러내는 경전이 『화엄경』이라는 말도 가능하고, 『화엄경』을 통해 법성의 교학을 세웠다는 말도 가능하다. 『능엄경』의 계환 스님 주석의 단점을 보완하기 위해, 사부님께서는 『능엄경환해산보기』 탈초와 교감과 현토에 20대 시절부터 90대 노년까지 공들이신다. 그렇게 하시는 근본 이유도 성종(性宗) 교학의 정합성 수립 때문이셨다.

다음, ④〈여래의 뜻[意]의 업〉을 소개할 차례이다. 이 부분에 대해서는 좀 자세하게 소개하기로 한다. 먼저 보현보살은 모인 대중들에게 '질문[徵]'을 던진다.

> 불자여, 보살마하살들이 어떻게 여래·응공·정등각의 마음을 알아야 하는가?

일반적으로 '질문'에는 크게 두 종류가 있는데, 하나는 몰라서 하는 질문[問]이고 다른 하나는 알면서도 주변 대중들에게 알게 하려고 일부러 하는 질문[徵]이다.

보현보살의 답변에 대해 경학의 훈고에서는 크게 세 부분으로 가닥 쳐서 과목을 붙인다.

(1) 첫째 문단은 총체적으로 답변하는 부분.
(2) 둘째 문단은 비유를 들어 개별로 답변하는 부분.
(3) 셋째 이생의 이야기를 마무리 지으면서 뜻의 업을 제대로 알라고 권하는 부분.

(1) 첫째 문단에서는 총체적으로 설명하는데, 그 부분을 인용하면 다음과 같다.

> 불자여, 여래의 마음과 뜻과 의식은 모두 얻어 볼 수 없으나, 다만 지혜가 한량없음으로써 여래의 마음을 알아야 하느니라.

여래의 심·의·식(心意識)은 중생들의 능력으로는 알 수 없다고 누르는[抑] 방식으로 여래의 의업이 광대무변함을 상대적으로 드러낸다[揚]. 이런 '부정하여 막는 어법'을 경학 용어로 차전(遮詮)이라 한다. 그 반대는 표전(表詮; 긍정하여 트는 어법)이다. 표전과 차전 이 둘을 섞어 활용하는 것을 억양법(抑揚法)이라 한다. 반야의 공종(空宗) 교학에서는 차전에 치우치지만, 화엄의 법성종(法性宗) 교학에서는 차전과 표전을 적절히 활용한다.

이렇게 억(抑)과 양(揚)으로 듣는 이를 한번 숨 고르게 하고, 『화엄경』 구성 작가는 다시 이야기를 튼다. "다만 지혜가 한량없음으로써 여래의 마음을 알아야 합니다." 표전으로 여래의 의업은 즉 지혜는 한량없다고 드러낸다. 상대의 의견을 눌렀다[抑], 때로는 칭찬했다[揚], 이런 변증의 어법을 훗날 화엄의 경학자들은 각종 논의에 활용한다. 선사들은 그저 누르거나 막아 부정하기만 한다.

(2) 둘째 문단에서는 10가지 비유를 들어서 개별적으로 설명을 해간다. 본문을 차례로 인용한다.

①첫째, 허공의 비유이다.

마치 허공이 모든 물건의 의지가 되지만 허공은 의지

> 한 데가 없나니, 여래의 지혜도 그와 같아서 모든 세간 지혜와 출세간 지혜의 의지가 되지만, 여래의 지혜는 의지한 데가 없는 것과 같느니라.

별도의 설명을 붙일 필요가 없다. 세상의 모든 지혜가 여래의 지혜에 의지한다는 것이다.

②둘째, 법계의 비유이다.

> 비유하면 법계에서 온갖 성문과 독각과 보살의 해탈을 항상 내지만, 법계는 더하고 덜함이 없는 것과 같습니다. 여래의 지혜도 그와 같아서 온갖 세간과 출세간의 가지가지 지혜를 내지만, 여래의 지혜는 더하고 덜함이 없느니라.

법계(法界)에 의지하여 일체의 생주이멸, 생로병사, 성주괴공의 중중무진하는 연기가 펼쳐진다. 경전의 바로 이 부분이 뒷날 화엄종 '법계 연기'설의 교학(教學) 담론의 자료로 되기에 충분했다.

③셋째, 대해(大海)의 비유이다.

> 비유하면 큰 바다의 물이 4천하의 땅과 80억 작은 섬의 속으로 흘러서 땅을 파면 다 물을 얻지만, 내가

> 물을 낸다고 분별하지 않는 것과 같습니다. 부처의 지혜 바다 물도 그와 같아서 일체 중생의 마음 가운데로 흘러 들어가므로, 중생들이 경계를 관찰하거나 법문을 닦으면 지혜가 청정하고 분명하게 되거니와, 여래의 지혜는 평등하고 둘이 없고 분별이 없으면서도 중생의 마음과 행이 다르므로 얻은 지혜도 각각 같지 아니하느니라.

④넷째는 '큰 바다의 보배 구슬 넷'을 비유로 들고, ⑤다섯째는 '큰 바다 밑에서 치성한 광명 내는 큰 보배 넷'을 비유로 들고, ⑥여섯째는 '허공'을 비유로 들고, ⑦일곱째는 '설산 꼭대기에 있는 약나무[藥王樹]'를 비유로 들고, ⑧여덟째는 '3천대천세계를 모두 태우는 겁말(劫末)의 불'을 비유로 들고, ⑨아홉째는 '세계를 무너뜨리는 능장(能障)이라는 큰바람'을 비유로 든다. 끝으로 ⑩열째는 '큰 경책[經卷]'의 비유이다.

(3)셋째 문단에서는 보현보살은 다음과 같이 마무리 지으면서 여래에게 갖추어진 뜻[意]의 업을 제대로 알라고 권한다.

> 불자여, 보살마하살은 응당 이와 같은 등의 한량없고 걸림 없으며 불가사의하고 광대한 모습으로 여래·응

공·정등각의 마음을 알아야 하느니라.

＊ 화엄의 교학 맛보기

이상에서 화엄 구성 작가는 '여래의 뜻[意]의 업'을 소개하는 '10가지 비유'를 들었다. 이 열 가지 비유에 화엄종의 교학(教學) 연구자들은 특별히 관심을 쏟았다. 왜냐하면, 화엄에서 구사하는 사사무애연기(事事無礙緣起) 사상을 이해하는 데에 이보다 더 좋은 비유가 없기 때문이다. 전통 경학에서는 5언(言)으로 이 대목을 암기했다. '10가지 비유'가 무엇인지 독자님은 앞에서 말한 부분을 다시 보시기 바란다.

(1) 무의위의유(無依爲依喩; 허공처럼 의지 없이 일 이루는 부처님의 지혜)
(2) 법계담연유(法界湛然喩; 법계처럼 바탕에 증감이 없는 부처님의 지혜)
(3) 대해잠류유(大海潛流喩; 큰 바닷물이 모든 대지에 잠겨 흐르듯 일체지의 원천이 되는 부처님의 지혜)
(4) 대보출생유(大寶出生喩; 훌륭한 보배처럼 모든 가치의 바탕이 되어주는 부처님의 지혜)
(5) 주소해수유(珠消海水喩; 여의주처럼 번뇌를 소멸시키고 지혜를 이루게 하는 부처님의 지혜)

⑹ 허공함수유(虛空含受喩; 허공처럼 모든 걸 머금어 들이되 걸림이 없는 부처님의 지혜)
⑺ 약왕생장유(藥王生長喩; 영험한 약 나무처럼 중생들에게 이익을 주고 즐거움을 주는 부처님의 지혜)
⑻ 겁화소진유(劫火燒盡喩; 겁의 불길처럼 일체의 번뇌를 다 없애는 부처님의 지혜)
⑼ 겁풍지괴유(劫風持壞喩; 겁의 바람처럼 교묘하게 번뇌를 남기게 하는 부처님의 지혜)
⑽ 진함경권유(塵含經卷喩; 작은 한 먼지 속에도 무수한 경전의 내용이 담기듯, 모든 중생의 성품이 똑같고 평등하게 갖추어진 부처님의 지혜).

소리내어 잘 외워 두면 화엄의 사사무애연기 사상을 이해하는 데에 큰 도움이 된다. 이 중에서 ⑽〈진함경권유〉는「여래출현품 제37」가운데서도 가장 요긴한 비유이며, 나아가「여래출현품 제37」은『화엄경』총 39품의 안목이다. 봉선사 월운 강백께서 평생 주목한 경전이『화엄경』이고,『화엄경』속에서 아래 인용한 구절에 유독 주목하셨다. 스님의 비석과 탑에 '화엄종주(華嚴宗主)'라고 공경한 것도 이런 연유이다.

불자여, 비유하면 큰 경책[經卷]이 있어 분량이 3천대천세계와 같은데, ……〈필자 생략〉……, 이 큰 경책의

> 분량이 비록 대천세계와 같지만, 전체가 한 작은 티끌 속에 있으며, 한 작은 티끌 속과 같이 모든 작은 티끌들도 역시 그러합니다. 이때 어떤 지혜가 밝은 사람이 청정한 하늘 눈을 구족히 성취하여, 이 경책이 작은 티끌 속에 있으면서도 중생들에게 이익을 주지 못함을 보고는 '내가 꾸준히 노력하는 힘으로 저 티끌을 깨뜨리고 이 경책을 내어서 모든 중생을 이익케 하리라'라고 생각하고 즉시 방편을 내어서 작은 티끌을 깨뜨리고 이 큰 경책을 꺼내어 모든 중생으로 하여금 모두 이익을 얻게 하였으며, 한 티끌과 같이 모든 티끌을 다 그렇게 하였습니다. 불자여, 여래의 지혜도 그와 같아서 한량이 없고 걸림이 없어서 일체 중생을 두루 이익케 하는 것이 중생들의 몸속에 갖추어 있건만, 어리석은 이의 허망한 생각과 집착함으로써 알지 못하고 깨닫지 못하여 이익을 얻지 못하느니라.

보현보살이 이런 비유로, 부처 된 자의 지혜를 설명한다. 이어서 부처님이 직접 말씀하신다. 『화엄경』이 대부분 참석한 대중들의 입을 빌려 설법하는 점을 생각하면, 이 대목은 참으로 특이하다. '석가모니께서 보리수 밑에서 성불하자마자 내신 첫 말씀이 『화엄경』이다'라고 주장하는 경전 구성 작가의 설을 인정해 준다면, 경전 작가가 생각하기에 '부처님 말씀'의 핵심이 여기에 담겼다는 자부심의 발로이기도 하다. 운허 스님께서는 [한글대장경]에서 이 구절을 이렇게 번역하셨다.

> 이상하고 이상하다. 중생들이 여래의 지혜를 구족하고 있으면서도 어째서 어리석고 미혹하여 알지도 못하고 보지도 못하는가. 내가 마땅히 성인의 도로 가르쳐서 허망한 생각과 집착을 영원히 여의고 자기의 몸속에서 여래의 광대한 지혜가 부처와 같아서 다름이 없음을 보게 하리라.

✽ 계속되는 궁금함

⑷〈설분〉에서 작가는 부처님 관련 '10가지 질문'을 답변하고 있다. 그중 앞에서 ④〈여래의 뜻[意]의 업〉이 어떤지는 아주 길게 설명했다.

이하에서는 ⑤〈여래의 노니는 경계〉가 어떠한지를 소개하려 한다. 늘 그렇듯이 『화엄경』 구성 작가는 문학 기법의 두 가지 '형식'을 활용하고 있다. 우선 먼저 이야기의 줄거리를 산문으로 길게 늘어놓는 장항(長行)의 기법을 활용한 다음, 이어서 운문으로 앞의 이야기를 거듭 노래하는 중송(重頌)이다. 중송에는 두 종류가 있음을 독자님도 아실 것이다.

이왕 문학의 '형식' 쪽으로 이야기가 흘렀으니, 전통의 경학에서 불경에 담긴 이야기를 소위 문학의 '형식상' 어떻게 분류하는지를 이참에 독자님에게 소개한다.

불교 경전의 작품 양식을 유형별로 분류한 것이 '12분교(分敎)'이다. 여기서 말하는 교(敎, 빠 śāsana, 싸아사나)는 '음성' 또는 '문자' 또는 '분석적 사유'라는 소통의 '매개체'를 통해 겉으로 '드러난 가르침'이다. '드러남'에 방점이 찍힌다. 이렇게 '드러난 가르침'을 통해 우리는 그 속에 '담긴' 이치[法, 빠 dharma, 다르마]와 내용[義, 빠 artha, 아르트하]을 전달받을 수 있다. 독자님께서는 필자가 말하는 소통의 '매개체', 밖으로의 '드러남', 안으로의 '담김' 등의 '언어 놀림'에 주목하시길 부탁한다. 경학에서 소통의 '매개체' 논의를 〈능전체성(能詮體性)〉이라 하며, 밖으로 '드러남' 논의를 〈장승분섭(藏乘分攝)〉이라 하며, 안으로의 '담김' 논의를 〈권실대변(權實對辨)〉이라 한다. 〈장승분섭〉을 논하는 속에서 '12분교'가 거론된다. 12분교란, ⑴계경, ⑵응송, ⑶수기, ⑷고기송, ⑸인연, ⑹자설, ⑺본사, ⑻본생, ⑼방광, ⑽미증유, ⑾비유, ⑿논의이다.

이야기가 길어졌는데, 경학 이해의 중요한 열쇠이다. 『화엄경』 구성 작가는 이상 '12분교'의 형식을 자유자재로 구사하여 화엄의 이야기를 엮어가고 있다. 특히 게송으로 읊어대는 운문(韻文)의 기법을 잘 활용하고 있다. 그중에는 경(經)으로 설한 내용에 짝맞추어 '응송'으로 읊기도 하고, 때로는 이전의 경(經) 내용과는 별도로 독자적으로 즉 '고기송'으로 읊기도 한다. 「여래출현품」에 나오는 게송은 모두 '응송'이다.

다음, ⑤〈여래의 노니는 경계〉를 읊은 게송은 아래와 같이 모두 5수이다.

(1)마음의 경계들이 한량없듯이
부처님의 경계도 그와 같나니
마음 경계 뜻으로부터 났듯이
부처 경계 이렇게 관찰하시오.

(2)용왕이 본처(本處)를 떠나지 않고
마음의 위력으로 큰비 내리니
빗물이 오고 가는 곳이 없어도
용왕의 마음 따라 흡족히 젖어.

(3)열 가지 힘 무니도 그와 같아서
오는 데도 없으며 간 데 없으나
깨끗한 맘 있으면 몸을 나투어
법계처럼 큰 것이 털구멍에 들고.

(4)바다의 진기함이 한량없거늘

> 중생과 땅덩이도 그와 같으며
> 물의 성품 평등하여 차별 없으나
> 그 속에 나는 것은 이익이 각각.
>
> (5)여래의 지혜 바다 그와 같아서
> 갖가지 있는 것이 한량이 없어
> 학(學)과 무학(無學)과 지위[地] 있는 이
> 그 가운데 있어서 이익 얻는다.

위의 게송 중 (1)게송의 셋째 구절의 한문은 "여심경계종의생(如心境界從意生)"이다. 운허 스님은 '심(心)'을 '마음'으로, '의(意)'를 '뜻'으로 번역하신다. 마음으로 짓는 일체의 사량분별이, 사량분별 이전의 차별 없고 한량없는 '뜻'에서 생겨난다는 것이다. 『화엄경』은 '뜻'을 으뜸[宗] 삼는 법성종(法性宗)의 소의경전(所依經典)이다.

※ 여래 출현 관련 문답 마무리

이상이 ⑤〈여래의 노니는 경계〉가 무엇인가를 궁금해 하는 질문에 대한 답변이다. 이하에서 『화엄경』 구성 작가는 계속해서 열 가지 측면의 궁금함을 풀어가고 있다. ⑥〈여래의 행동거지〉, ⑦〈여래께서 완성하신 깨침의 내용〉, ⑧〈여래께서 출현하시어 법륜 굴리시는 양상〉, ⑨

〈열반에 드시는 양상〉, ⑩〈세상에 출현하신 여래를 가까이 모신 공덕〉 등으로 이어진다.

이 중에서, ⑨〈열반에 드시는 양상〉만 소개하기로 한다. 부처님의 열반에 관련된 『화엄경』 본문의 내용은 아래와 같이 크게 '열 가지'로 '과목치기'를 한다. 번거로울 수 있지만, 이렇게 쪼개서 읽지 않으면 작가의 의도를 온전하게 파악하기가 쉽지 않다.

(1) 체성상진(體性常眞)　(2) 덕용원비(德用圓備)
(3) 출몰상담(出沒常湛)　(4) 휴영불천(虧盈不遷)
(5) 시멸묘존(示滅妙存)　(6) 수연기진(隨緣起盡)
(7) 존망호현(存亡互現)　(8) 대용무애(大用無礙)
(9) 체리이변(體離二邊)　⑽ 결귀무주(結歸無住)

'열 가지' 중에서, (2), (3), (4), (5), (6)에 해당하는 본문을 아래에 인용하기로 한다.

> (2)불자여, 여래는 보살을 위하여 여래의 필경 열반을 말하지 아니하며, 저들에게 그 일을 나타내지도 아니하나니, 왜냐 하면 모든 여래가 그 앞에 항상 있음을 보게 하려 하며, 잠깐 동안에 지난 세상 오는 세상의 부처님들의 모습이 원만하여 모두 현재와 같음을 보게 하려는 때문이며, 둘이라 둘이 아니라는 생각도

일으키지 아니하니, 왜냐 하면 보살마하살은 모든 생각에 집착함을 아주 여읜 연고니라.

⑶불자여, 부처님 여래는 중생들로 하여금 즐김을 내게 하려고 세상에 출현하며 중생들로 하여금 사모함을 내게 하려고 열반함을 보이지만, 여래는 참으로 세상에 출현함도 없고 열반함도 없나니, 왜냐 하면 여래는 청정한 법계에 항상 계시면서 중생의 마음을 따라서 열반함을 나타내느니라.

⑷불자여, 비유컨대 해가 떠서 세간에 두루 비치되 무릇 깨끗한 물이 있는 그릇에는 되비쳐 나타나서 여러 곳에 두루하지만 오거나 가는 일이 없으며, 한 그릇이라도 깨지면 되비쳐 나타나지 않느니라. 불자여, 어떻게 생각하느냐. 저 되비쳐 나타나지 않음이 해의 탓이겠느냐?
"아니니이다. 그릇이 깨진 탓이요, 해의 허물은 아니니이다."

불자여, 여래의 지혜 해도 그와 같아서 법계에 두루 나타나되, 먼저도 없고 나중도 없으며, 모든 중생의 깨끗한 마음에는 부처님이 나타나지 않는 데가 없어서, 마음 그릇이 항상 깨끗하면 부처님 몸을 항상 보고, 마음이 흐리고 그릇이 깨지면 보지 못하느니라.

> (5)불자여, 만일 열반함으로써 제도할 중생이 있으면 여래께서 곧 열반을 보이거니와, 실상으로는 여래는 나는 일도 없고 없어지는 일도 없고 열반하는 일도 없느니라.
>
> (6)불자여, 비유컨대 화대(火大)가 모든 세간에서 불붙는 일을 하다가, 혹 한 곳에서 불이 꺼진다면 어떻게 생각하느냐. 여러 세간의 불이 모두 꺼지겠느냐?"
> "아니니이다."
> 불자여, 여래·응공·정등각도 그와 같아서 모든 세계에서 불사를 지으시다가, 혹 세계에서 할 일을 마치면 열반에 드심을 보이거니와, 모든 세계의 여래들이 모두 열반함이 아니니라.
> 불자여, 보살 마하살은 마땅히 이렇게 여래·응공·정등각의 크게 반열반하심을 알아야 하느니라.

(2)는 부처님의 공덕 작용이 얼마나 원융한 지 보여주는 대목이고, (3)은 세상에 나시거나 열반에 드시는 일이 항상 담연(湛然)하심을 보여주는 대목이고, (4)는 겉보기에는 차고 이지러짐이 있지만 본래는 변함이 없음을 보여주는 대목이고, (5)는 열반을 보이시지만 실은 묘하게 항상 계심을 보여 주는 대목이고, (6)은 부처님의 열반은 인연을 따르는 것임을 보여 주는 대목이다.

『화엄경』 구성 작가는 자신이 앞에서(*542~543쪽) 제기한 질문을 보살의 입을 통해 이렇게 다양한 각도에서 답변한다.

이상으로 ⑷〈설분〉에 해당하는 법문을 마치자, 『화엄경』 구성 작가는 이제까지의 법문에 대해 이름을 지어주고, 수지독송할 것을 보살들에게 당부한다. 이 대목을 훈고 용어로 ⑸〈현명수지분(顯名受持分)〉이라 한다. 그런데 제⑸분 속에 아주 '특별한' 이야기가 있어 아래에 인용한다.

> 불자여, 이 법문은 여래께서 다른 중생에게는 말하지 않고, 오직 대승에 나아가는 보살에게 말하며 부사의 한 수레를 타는 보살에게 말하는 것이므로, 이 법문은 모든 중생의 손에는 들어가지 않거니와 보살마하살만은 제할 것입니라.

작가는 문학 기량을 한껏 발휘하여 비유를 들어 이야기를 엮어가고 있다. 전륜성왕만이 가지고 있는 보배가 있는데, 이 보배는 오직 큰 부인이 낳은 장자에게만 물려주듯이, 이상의 가르침은 오직 대승의 보살들에게만 들려준다는 것이다.

다음은 ⑹〈표서증성분(表瑞證成分)〉이다. 작가는 법회에 끝에는 늘 그렇듯이 세계를 진동시키고 구름 같은 꽃을 비롯한 다양한 보물로 오늘의 이 법회를 축하하게 한다.

제12장. 수행하면 부처가 된다

　마지막은 ⑺〈이게총섭분(以偈總攝分)〉이다. 게송으로 이제까지의 법문을 모두 안아 들이는 부분이다. 게송은 모두 네 수이다.

> ⑴한량없는 여래의 지으시는 일
> 세간의 비유로는 말 못하지만
> 중생들을 깨우쳐 알게 하려고
> 비유 아닌 비유로 보이시나니
>
> ⑵이렇게 비밀하고 깊고 깊은 법
> 백천만겁 지나도 못 듣지만
> 정진과 지혜로써 조복한 이야
> 이렇게 깊은 이치 얻어 들으리.
>
> ⑶누구나 이 법 듣고 기뻐하는 인
> 한량없는 부처님을 공양하옵고
> 부처님의 가지(加持)로 거둬 주신 이
> 천상 인간 찬탄하고 공양할 것이
>
> ⑷이는 세상 뛰어난 제일 보배며
> 이는 여러 중생들 구제할 이며
> 이가 능히 청정한 도를 내리니
> 그대들이 지니고 방일치 말라.

　이렇게 작가는 게송으로 「여래출현품 제37」의 긴 법회를 마감한다.

보현보살을 등장시켜 '여래가 세상에 출현하는 이유를 밝히려는 게 『화엄경』 구성 작가가 「여래출현품 제37」을 이곳에 배치한 이유이다. 그 이유를 작가는 열 가지로 나열하고 있지만, 핵심은 하나, 구호중생(救護衆生)이다. 보현의 행원을 닦으면 누구나 부처 되고, 그렇게 하여 부처 된 자는 필연적으로 중생을 구호한다고, 구호 방법은 『화엄경』에 담아두었다고, 작가는 그렇게 말하고 있다.

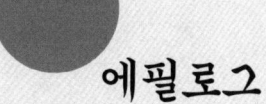

에필로그

○ 에필로그

1.

『화엄경』은 원체 분량이 많다. 전개되는 이야기의 양상들도 또 속에 담겨있는 내용도 참으로 많다. 일일이 다 보고 가면 좋겠지만, 일단은 가벼운 마음으로 전체를 한번 둘러보자는 심정으로 책 이름에 '나들이'를 넣었다. 봄나들이 가듯이 그렇게 설레는 마음으로 가볍게 말이다. 그렇게 하려고 노력했지만, 쉽지 않았다.

『화엄경 나들이』〈첫째 둘레〉를 마치는 이즈음에 그간에 둘러온 길을 돌아보니 아득하다. 『화엄경』의 이름처럼 많은 꽃들로 꾸며진 세상이니 오죽 볼 게 많으랴. 일단 한 바퀴 둘러보자는 생각에 처음 먹었던 마음을 굳게 다졌지만, 좋은 장면이 너무 많아 쉽지 않았다.

길 떠나면서 미리 깃발을 모두 여섯 곳에 높이 꽂아 두고 갈래 길에서 해찰하지 말자 수 없이 다짐했다. ⑴확신의 깃발, ⑵이론의 깃발, ⑶실천의 깃발, ⑷회향의 깃발, ⑸체험 시작의 깃발, ⑹체험 완료의 깃발, 이렇게 말이다.

『화엄경』을 나들이하는 길목에 이렇게 여섯 개의 깃발을 세우려는 필자의 발상은 청량 국사의 『대방광불화엄경소초(大方廣佛華嚴經疏鈔)』에 유래한다. 이 책의 확산과 더불어 화엄의 위대한 스승들도, 『화엄경』을 연출하신 '부처님'이 이미 여섯 깃발을 마련했다고 생각했다. 다만 필자는 연출가의 이름을 '부처님' 대신 '구성 작가'라고 달리 불렀다. 이 점은 철학적 인간학의 방법으로 불교 문헌을 연구하는 학자의 한계이고 비판을 감수해야 할 몫이기도 하다.

『화엄경』 구성 작가는 불교라는 세상의 길목마다 깃발 여섯 개를 꼽아놓고, 세상살이를 하는 사람들을 세 번 돌린다. 돌릴 때마다 작가는 매번의 돌림에서 보여 줄 주제를 단단히 붙들었다. 〈첫째 둘레〉에서는 수행과 그로 인한 결과에 관한 각종 이론을 보여 주었다. 다음으로 〈둘째 둘레〉에서는 〈첫째 둘레〉에서 확인한 이론에 입각한 수행체험을 보여 주었다. 끝으로 〈셋째 둘레〉에서는 삶의 현장에서 살아가는 모습을 선재동자를 등장시켜 보여 주었다.

그런데 작가는 왜, 그런 둘레 길을 세 번 돌리는 기법을 활용했을까? 각각의 둘레에서는 여섯 깃발을 순차로 따라가야 했지만, 인생이란 순차적이지만은 않다. 세상도 그리고 그 속에 사는 세상살이도 수많은 가닥이 얽혀져 있다. 작가는 부득이 세 둘레만 시설했지만, 그 길은 무수하다. 셋으로 무수함을 보이려니 때로는 늘려 펼치기도 하고 녹여 거두어들이기도 하는 소위 항포(行布)와 원융(圓融)의 기법을 솜씨 있게 활용했다.

이 책에서 필자는 경학가들이 『화엄경』 독서에 공식처럼 활용해 온 문답상속과(問答相屬科)의 4분설(四分說)을 기준으로 삼았다.

① 거과권락생신분(擧果勸樂生信分)
② 수인계과생해분(修因契果生解分)
③ 탁법진수성행분(托法進修成行分)
④ 의인증입성덕분(依人證入成德分)

①은 이하 ②, ③, ④의 이야기가 펼쳐지는 의보(依報)와 정보(正報)이다. 비유해서 말하자면 ①이라는 하나의 무대 위에서 세 마당의 연극을 올리는 셈이다. 필자는 ②에 해당하는 제7품에서 제37까지를 ①이라는 무대 위로 올려 〈첫째 둘레〉를 이번 책에 소개했다. 다음 책에서는 무대 ①은 생략하고, ③에 해당하는 「이세간품 제38」을 무대 위로 올려 〈둘째 둘레〉를 출판할 예정이다. 그다음에는 ④에 해당하는 「입법계품 제39」을 무대 위로 올려 〈셋째 둘레〉를 출판할 예정이다.

2.

『화엄경』의 한 품으로 「이세간품(離世間品)」이 한문으로 번역 소개되기 이전, 이미 서진시대 월지국에서 도래한 역경사 축법호 스님이 여섯 권으로 된 『도세경(度世經)』이란 이름으로 단행본을 번역해 내었다. '돈황' 지역에서 살았던 축법호 스님은 진(晉) 나라 무제 시절(265~290년), 서역으로 들어가 많은 경전을 가져와 한문으로 번역한다. 경의 이름에 들어있는 '도(度)' 자는 '이(離)' 자와 의미가 서로 통한다.

한편, 축법호 스님 이전에도 번역본이 있었으니, 우리는 그런 정황을 『출삼장기집(出三藏記集)』의 기록으로 알 수 있다. 경전 목록집인 이 책에 따르면 『보현보살답난이천경(普賢菩薩答難二千經)』이란 이름을 소개하면서 실물은 전하지 않는다고 메모를 붙였다. 경전의 이름에 들어 있는 "이천"이란, 『화엄경』「이세간품」에서 보혜보살이 구름 일 듯 2백 가지 질문을 던지니, 보현보살이 질문마다 10가지씩 물병에서 물 쏟아지듯 2천 가지로 답변하신 것을 두고 한 말이다. 이를 "운흥이백문(雲興二百問) 병사이천답(瓶瀉二千答)"이라 한다.

이 어마어마한 '문-답'에 관통하는 한 줄기는 '세간 일을 하면서도 세간에 물들지 않음'이다. 『서장』에서 말하듯 '고요한 경지'에 빠지지 말고, 때 묻은 옷을 걸치고 세상 먼지 뒤집어써 가면서 궁자(窮子)를 보살피라는 『법화경』 「신해품」의 말씀과도 통한다.

3.

필자에게는 생년월일도 같고 스무 살 적부터 동문수학한 방외지우(方外之友)가 있다. 암도 스님의 인연으로 지학(志學)의 나이에 남쪽 백양사 대중이 되어 진원(眞圓; 1957~2021) 학인이라 불렸고, 약관(弱冠)이 되자 '운허-월운'이라는 출세의 도대강백(都大講伯)을 마음에 모셔 운악산문에 몸을 붙였다. 사부님께서는 향암당(香庵堂)이라 당호를 내려 강(講)을 전수하시며 게문(偈文)에 이렇게 이르신다.

示 香庵堂 眞圓 座主
當知是人荷擔如來阿耨多羅三藐三菩提

'좌주'는 경·율·론 3장을 강론하는 강사에게 붙이는 존칭이다. 그 뜻은 이렇다. "세상 사람 여러분, 아셔야 합니다! 향암당 진원, 이 사람이야말로 여래의 위 없는 깨침을 짊어지고 세상에 전하는 사람입니다."

참으로 그립다 못해 야속한 사람이다. 사부님보다 이태 먼저 적멸에 들었고, 경우(經友)를 두고 갔으니 말이다. 운허 노스님 말년 깊은 사랑을 받더니, 월운 스님 첫 전강 제자가 되었다. 부처님과 조사님께로 기울이는 향심(向心)은 말할 것도 없고, 문장 너머에 속뜻을 읽어내는 경안(經眼)은 최고였다. 사부님께서 마음으로 낳은 맏아드님이시다.

좌주께서는 강당의 그 많은 강본(講本) 중에서 송나라 대혜 종고(大慧宗杲; 1089~1163) 선사의 『서장(書狀)』을 유독 좋아했다. 『화엄경』 「이세간품 제38」의 품 제목에서 보여 주듯 그렇게 세상 살면서 세상에 물들지 않은 삶을 진원 좌주는 몸소 보였다고, 필자에게는 그렇게 기억된다. 『서장』을 좋아하는 성품 때문인지, 매사에 그러려니 하고 살았다. 필자의 기억 속에는 〈서장〉, 〈이세간품〉, 〈진원 스님〉, 이 셋이 항상 겹쳐 보인다.

『서장』에는 남송 당시의 학자이자 장군인 유언수라는 벼슬아치에게 보낸 편지 「답유보학언수(答劉寶學彦修)」가 실려있다. 유언수에게는 아우 유언충(劉彦沖)이 있는데, 아우는 그저 '고요한 공부'만을 좋아했다. 젊은 시절의 훗날 대유학자 주자(朱子)도 통판 벼슬을 하던 유언충에게 수학한 적이 있는데, 희·노·애·락·애·오·욕 등 7정의 감정이 발동하기 이전의 고요한 상태를 유지하면서, 그 기상을 체험하는 도덕 수양에 힘썼다. 대혜 선사는 이것은 잘못된 공부라고 비판하며 매우 걱정했다.

대혜 스님의 『서장』에는 형 유언수에게 보낸 편지 1통, 아우 유언충에게 보낸 편지 2통에서 그런 정황이 보인다. 선어록에서 그토록 금기시하는 '무사갑리(無事匣裏)'에 빠진 것이다. 아무것도 일삼지 않는 속에 빠져서는 안 된다.

4.

20대 시절 처음 만난 진원 좌주는 필자를 '탈공 거사'라 불렀다. 다들 한참 공부하던 시절이니 '탈공 거사'가 무슨 뜻인지 금방 알아차릴 수 있었다. 송나라 때에 참지정사(參知政事) 벼슬을 살았던 그 유명한 탈공 거사 이한로(李漢老)의 행적을 모를 리 없다. 대혜 선사와 이(李) 참정 두 분 사이에 오고 간 편지 4통이 『서장』에 전한다.

필자를 '탈공 거사'라 부르는 진원 좌주의 마음에는 이한로 대감처럼 못난 이 사람에게 벼슬도 높이 살고 불교 수행도 하라는 덕담이셨다. 진원 스님과 필자가 친하게 지내고, 또 진원 스님이 필자를 '탈공'이라 부르는 관계를 월운 스님께서는 알고 계셨다. 필자가 동경대학으로 유학을 떠나던 1988년 게문(偈文)을 내리셨다.

示 | 시
脫空居士 辛奎卓 法子 | 탈공거사 신규탁 법자
脫然獨超空劫外 | 탈연독초공겁외
不忘塗中掛垢衣 | 불망도중괘구의
戊戌末法次日 | 무술말법차일
月雲堂 納漏 | 월운당 납루

깊이 간직하여 임무 수행하라시는 법왕(法王)의 밀지(密旨)이다. 탈공, 공부 잘해 모든 걸 툭 털어버리더라도. 때 묻은 옷 걸치고 세상 속으로 들어가라. 말법도 끝난 다음 날이라신다. 그 말씀 받들어 이제야 답을 올립니다. 다경실(茶經室) 노스님과 스님 두 대에 걸쳐 완수하신 한글대장경, 저부터 읽어 따르며 남에게도 읽어 전하겠습니다.

承 | 승
華嚴宗主 月雲堂 案下 | 화엄종주 월운당 안하
唯願老師不爲慮 | 유원노사불위려
奉行經典永流通 | 봉행경전영류통
乙巳月寒冬天 | 을사월한동천
奎卓 惶恐三拜上 | 규탁 황공삼배상

부록 577

|| 화장세계해도 ||

578 화엄경 나들이, 첫째 둘레

‖ 80화엄경 구조도 ‖

會	住處 (會主) 〈放光〉	品次	說法	入定	分次
제1회	보리도량 (보현보살) 〈齒,眉間〉	1.세주묘엄품 2.여래현상품 3.보현삼매품 4.세계성취품 5.화장세계품 6.비로자나품	如來 依正法	毘盧藏身 三昧	① 擧果勸樂 生信分
제2회	보광명전 (문수보살) 〈兩足輪〉	7.여래명호품 8.사성제품 9.광명각품 10.보살문명품 11.정행품 12.현수품	10信法	未入定 ·· 信未入位故	
제3회	도리천궁 (법혜보살) 〈兩足指〉	13.승수미산정품 14.수미정상게찬품 15.십주품 16.범행품 17.초발심공덕품 18.명법품	10住法	無量方便 三昧	② 修因契果 生解分
제4회	야마천궁 (공덕림보살) 〈兩足趺〉	19.승야마천궁품 20.야마궁중게찬품 21.십행품 22.십무진장품	10行法	菩薩善思惟 三昧	

제5회	도솔천궁 (금강당보살) 〈兩膝輪〉	23.승도솔천궁품	10廻向 法	菩薩智光 三昧	
		24.도솔천궁게 찬품			
		25.십회향품			
제6회	타화자재천궁 (금강장보살) 〈眉間白毫〉	26.십지품	10地法	菩薩大智慧 光明 三昧	
제7회	보광명전 (여래) 〈眉間, 口〉	27.십정품	等覺 妙覺法	刹那際 三昧	
		28.십통품			
		29.십인품			
		30.아승기품			
		31.수량품			
		32.제보살주처품			
		33.불부사의법품			
		34.여래십신상해품			
		35.여래수호 광명공덕품			
		36.보현행품			
		37.여래출현품			
제8회	보광명전 (보현보살) 〈방광없음〉	38.이세간품	二千行	華嚴藏 三昧	③ 托法進修 成行分
제9회	급고독원 (여래·선우) 〈眉間白毫〉	39.입법계품 40.보현행원품 (별행본)	果法	獅子嚬呻 三昧	④ 依人證入 成德分

‖ 3천대천세계 구상도 ‖

천상 天上	공거천 空居天	무색계 無色界	4공천 四空天	비상비비상처천 무소유천 식무변처천 공무변처천		천상계
		색계 色界	정범지 淨梵地	색구경천 선 현 천 선 견 천 무 열 천 무 번 천 무 상 천		
			4선천 四禪天	광 과 천 복 생 천 무 운 천		
			3선천 三禪天	변 정 천 무량정천 소 정 천		
			2선천 二禪天	광 음 천 무량광천 소 광 천		
			초선천 初禪天	대 범 천 범 보 천 범 중 천		
지거천 地居天		욕계 欲界	6욕천 六欲天	타화자재천 화 락 천 도 솔 천 야 마 천		
				도리천 4천왕천 동 지국천 북 다문천	꼭대기 중턱 1.수미산	도리천 4천왕천 남 증장천 서 광목천	9산(山) 8해(海) *수미산을 중심으로 7 금산(金山) 이 둘러있

지상 地上		2. 자쌍산 3. 지축산 4. 담목산 5. 선견산 6. 마이산 7. 상비산 8. 지지산	고, 그 산 안쪽마다 바다가 있어 7해(海)를 이룬다.	인간계 축생계 아귀계
		4대주 　동~승신주　　남~섬부주 　북~구로주　　서~우화주		
		9. 철위산		아수라계
지하 地下	8열 지옥	8한 지옥		
	등활지옥 흑승지옥 중합지옥 호규지옥 대규지옥 염열지옥 극열지옥 아비지옥	알부타지옥 니랄부타지옥 알석타지옥 학학파지옥 호호파지옥 온발라지옥 발특마지옥 마하발특마지옥		지옥계
	지　　　　　　륜 (地 輪)			
	수　　　　　　　륜 (水 輪)			
	화　　　　　　　　륜 (火 輪)			
	풍　　　　　　　　　륜 (風 輪)			

참고 서적

『大方廣佛華嚴經』, 實叉難陀 譯, 고려장.
『大方廣佛華嚴經』, 般若 譯, 대정장.
『華嚴經行願品疏』, 淸涼 疏, 신찬속장.
『注華嚴法界觀門』, 宗密 注, 대정장.
『大方廣佛華嚴經疏鈔』(全 78册), 淸涼, 봉은사, 1856.
『大方廣佛華嚴經』(全 8册) 臺灣: 空庭書苑, 2009.
『大方廣佛華嚴經』(全 10册) 臺灣: 圓道禪院, 2016.
『화엄경 45』, 이운허 역, 동국역경원, 1966. (40권본)
『화엄경 42·43』(전 2책), 이운허 역, 동국역경원, 1968. (80권본)
『화엄경 40·41』(전 2책, 이운허 역, 동국역경원, 1975. (60권본)
『華嚴經疏鈔科圖集』, 김월운 편, 대한불교조계종 교육원, 1998.
『諸敎行相』, 김월운 편, 통도사, 1959.
『華嚴品目』, 묵암 최눌, 한산암, 1790.
『대방광불화엄경』(전 7책), 김윤수 역, 한산암, 2011.
『화엄경청량소초』(전 34책), 석반산 역, 담앤북스, 2020.
『月雲堂家裏事』, 신규탁 엮음, 조계종출판사, 2018.
『규봉 종밀과 법성교학』, 신규탁, 올리브그린, 2013.
『화엄경보현행원품소』, 청량 징관 소, 신규탁 역주, 운당문고, 2022.
『화엄원인론·중화전심지선문사자승습도』, 규봉 종밀 저, 신규탁 역주, 운당문고, 2024.

‖ 찾아보기 ‖

(1)
1불승 144, 170
1심 32, 168, 290, 396, 397, 410, 461

(2)
27단의설 449

(3)
3덕 291
3사 411
3성 294, 295, 350
3종세간 42, 114
3처 회향 321, 319
3편 6위 190, 226
3현위 223, 313

(4)
4무량심 237, 374
4무소외 328
4무애변 414
4무애지 414
4무애혜 414
4선정 37, 374, 441, 580
4섭법 45, 60, 184, 375, 376
4심 410

(5)
5신통력 374
5온 147, 149, 342, 394, 147, 149, 342, 394
5정심관 417

(6)
6바라밀 174, 218, 278, 535, 536
6성취 43, 44
6파철학 52

(10)
10삼매 184
10가지 신통 463
10바라밀 66, 186, 279, 280,

375, 376, 402
10삼매 184
10선업 237, 370
10세계해 109
10신 45, 50, 155, 464, 505, 521, 531, 546
10십심 162, 164, 165, 215
10인(忍) 471, 472, 474, 476, 477
10장 128, 144, 293, 294
10정 128, 441
10종 세계 145
10지 223, 355, 357, 361, 366, 380, 401, 402, 409, 417, 438, 516, 521, 531
10행 223, 230, 240, 274, 280, 287, 293, 313, 521, 531
10회향 128, 229, 313, 325, 327, 333, 335, 357, 521, 531
12유지 398
12분교 42, 79, 558, 559

(ㄱ)

가르침 246, 454
가지(加持) 272, 328
가행정진 244
거과권락생신분 28, 39, 41, 42, 74, 189, 224, 533, 571
거울 260, 391, 404
경권(經卷) 536, 555
경안(經眼) 391, 574
경학 10, 174, 225, 344
고기송 212, 418, 525, 588, 559
과각(果覺) 320
과만 125, 277, 278, 433, 436, 478,
과목치기 27, 28, 39, 254
과문 41, 49, 51, 71, 466
관법 276
관세음보살 319
광소유연 78
교(敎) 559
교기인연분 71, 73, 95
교주난사 44, 48

교즉관 321
교체론 246
구생혹 381
귀류법 449
기호(綺互) 324, 477, 525

(ㄴ)
낙차 482, 483
내유 408
내의 360, 361, 413

(ㄷ)
단멸 463
당기(當機) 517
대반야경 307, 431, 449
대승기신론 24, 183, 216, 247
대위광 태자 78, 79, 115, 116, 117, 116
대위문답 29, 427, 428, 539, 540
대해의 비유 422, 552, 554
덕용해수 183
도덕 감정 182, 183, 186
도세경 225, 572
동국역경원 18, 25, 26, 582

동생중 56, 65
두순 276, 365, 454

(ㅁ)
말솜씨 329, 415, 416
묘승전 197, 208
무공용 410, 412, 413
무명 248, 250, 338, 394, 395, 397, 463
무상(無常) 169, 228, 372, 393, 420
무상(無相) 295, 412, 413, 440, 441, 442, 443
무생법인 391, 392
무생인 473, 474, 477
묵암 최눌 254, 502
문답상속과 28, 29, 223, 254, 427, 530, 533, 537, 538, 571

(ㅂ)
바람 둘레 106, 263
발보리심 215, 228
범망경 263, 295, 296
법계 연기 393, 398, 552

법상종 295, 296, 380, 381
법성 150, 168, 465
법성교학 23, 27, 40, 44, 180, 255, 295, 296, 360, 582
법성종 296, 300, 360, 380, 381, 549, 551, 560
법신 47, 50, 71, 83, 87, 109, 301, 383
법신송 109, 301
변계소집성 294
변재 55, 56, 89, 117, 120, 129, 199, 221, 326, 328, 416, 496, 497, 499, 523
별구 289
보(普) 사상 498
보문국 299
보살영락본업경 194, 196, 401, 402, 407
보신 384, 452, 546
보엄전 261
보현보살 10대 행원 332, 334, 447
본사(本事) 41, 115

본생담 118, 156, 157, 355, 401
불신(佛身) 84, 155, 225, 497
불신론 155, 350, 385
불타발타라 406
비로자나 32, 41, 42, 52, 54, 59, 83, 84, 87, 90, 98, 109, 112, 114, 141, 273, 323, 513

(ㅅ)
사기(私記) 179, 455, 502
사바 71, 106, 109, 111, 112, 140
사분설 123, 385, 571
사사무애연기 554, 555
사성제품 143
사시마지 461, 546
살가야견 377
삼마지 441
삼매 41, 55, 72, 86
삼처 319
서증 287
석경(釋經) 295, 351, 529
석사(釋詞) 29, 179, 549

선견성 192
설법의식분 72, 73
설파 상언 138, 455
성덕 28, 39, 224, 463
세계 10사 101
세계종 108, 113, 264
세계해 68, 81, 89, 100, 107, 262
세친 352, 343, 358, 362, 449
수문석의 360
수순인 391
수인계과생해분 28, 39, 124
승진분 213, 215
승진취후 239, 258, 268
신견(身見) 377
실차난타 26, 67, 242

(ㅇ)
아쇼카왕 429
어편(語便) 329, 415
역경(譯經) 26, 38, 379
연기 64, 99, 163, 165, 271, 395
연기 구성체 271
연기심심 165

열반에 드시는 양상 543, 561
오주인과 530, 532, 537
용수 306, 407, 449
운허 13, 18, 25, 67, 87, 173, 194, 229, 451
원력 59, 90, 102, 172, 315, 382, 419
원성실성 294
월운 328, 351, 417, 442, 451, 452, 453, 502, 527, 534, 549, 576
유가사 378
유가사지론 378, 381, 386, 409
의인증입성덕분 28, 39, 224, 533, 571
의타기성 294
의해승 363, 379, 363, 379, 537
이부종륜론 430
이생중 52, 56, 65
인(忍) 434, 471, 472, 476, 477, 434
인과주반 325

인원(因圓) 432, 436, 437, 478
인원과만 277, 278, 433
인증(人證) 288
인행(因行) 321
일승현성교 281

(ㅈ)
자교오종 24, 459
자분(自分) 213, 215, 439, 440
잡아함경 234, 247, 328, 381, 431, 442, 462, 463
잡화엄식 493
장자(長子) 564
정진바라밀 375
정진소설 73, 95
정현(鄭玄) 359
제교행상 430
제석천의 그물망 111, 260
조도품 173, 535
종자 289, 290, 394, 411, 518
종취론 437
종취통별 454
주(住) 194

중소운분 81
중송 212, 288
중해동청 76
증상연력 329
지루가참 407

(ㅊ)
차별인과 493, 533
차전 469, 551
찬덕현체 265
찰 100
찰종 264
찰해 101, 265
첩전기후 97, 159, 161
청량 징관 38, 74, 138
청법 대중 51, 53, 57, 60, 259
총구 113, 289
총현명체 281

(ㅋ)
커다란 경전 536
큰 경책 553
큰 부인 564
큰 연꽃 84, 98, 107, 110,

111, 263

(ㅌ)

탁법진수성행분 28, 39, 224, 533, 571
탐현기 165
통석어의 360

(ㅍ)

평등인과 493, 533
표전 551

(ㅎ)

학인(學人) 27, 138, 158, 216, 219, 503, 573
해인삼매 184, 350, 382
향상일로 340
허공의 비유 551
현담 9, 171, 360, 437, 454
현수 법장 74, 138, 165, 406
현장 306, 378, 430, 431
현행 127, 290
화신 50, 71, 109, 384, 505, 546
화엄경약찬게 65, 66, 301, 531
화엄경전기 406
화엄법계관문 276, 277, 365
화엄삼매 184, 186, 186, 350
화엄십종분과 27, 253, 537, 538
화엄의 정토 97
화엄종 23, 366
화엄종주 13, 453, 454, 555
화엄품목 254, 430, 494, 502
화장장엄세계 68, 107, 113

수경게
收經偈

금문성법의활연
今聞聖法意豁然
시지본월잉재천
始知本月仍在天
종자불의생애로
從玆不疑生涯路
원사견지상현전
願使堅持常現前

말씀듣자 마음열려
부처인줄 알았으니
일생토록 의심않고
시시때때 활용하리

필자소개

신규탁

1994년 동경대학 중국철학과에서 「圭峰宗密の'本覺眞心'思想硏究」로 문학박사 학위를 받고 연세대 철학과 교수로 부임하여, 화엄철학, 선불교, 중국철학사, 도교사상사 분야 강의. 저서로는 『선학사전』(공저), 『선사들이 가려는 세상』, 『규봉종밀과 법성교학』, 『선문답의 일지미』, 『때 묻은 옷을 걸치고』, 『한국 근현대 불교사상 탐구』 등이 있고, 번역서로는 『벽암록』, 『선과 문학』, 『원각경·현담』, 『화엄원인론·중화전심지선문사자승습도』, 『선문수경』, 『화엄경보현행원품소』, 『안락와 사문일과 경계』 등이 있음. 『불천강경법회요람』, 『화엄종주 경운원기 대선사 산고집』, 『월운당 가리사』, 『화엄경초역해설』, 『못다 갚을 은혜』 등을 편집 번역. 불교평론상, 청송학술상, 연세대 공헌교수상 수상. 한국정토학회장, 한국선학회장, 한국동양철학회장 등 역임.

e메일: ananda@yonsei.ac.kr